몽골의 유라시아 정복과 문화

역사도서관 030

몽골의 유라시아 정복과 문화

토머스 올슨 지음 | 조원 옮김

도서출판 길

지은이 **토머스 올슨**(Thomas Allsen, 1940~2019)은 몽골 연구 분야의 탁월한 학자로, 몽골제국사에 대한 기존의 이해가 정치사 서술에 초점이 맞추어져 있었다면, 이를 유라시아적 규모의 사상적·상업적·물질적·문화적 교류에 관한 연구로 재정립하는 데 큰 기여를 했다고 평가받고 있다. 그는 1962년 포틀랜드 주립 대학을 졸업했으며, 워싱턴 대학과 오리건 대학에서 각각 러시아학과 도서관학으로 석사 학위를 받았다. 1979년 미네소타 대학에서 박사 학위를 받았으며, 같은 해에 웨스턴 켄터키 대학에서 가르치기 시작했다. 이듬해인 1980년 그는 트렌턴(Trenton) 주립 대학 사학과 교수로 부임했으며, 2002년 뉴저지 칼리지를 끝으로 교수직에서 물러났다. 1986년부터 2013년까지 학술 저널 *Archivum Eurasiae Medii Aevi*의 편집진으로 오랫동안 활동했으며, 이에 대한 공로로 그의 75회 생일을 맞아 2014년 제21권(2014~15)이 기념 논문집으로 그에게 헌정되기도 했다. 2002년 '구겐하임 펠로우십'(Guggenheim Fellowship)으로 선정된 바 있기도 하다.
주요 저서로 *Mongol Imperialism: The Policies of the Grand Qan Möngke in China, Russia and the Islamic Lands, 1251-1259*(1987), *Commodity and Exchange in the Mongol Empire: A Cultural History of Islamic Textiles*(1997), *The Royal Hunt in Eurasian History*(2006), *The Steppe and the Sea: Pearls in the Mongol Empire*(2019) 등이 있다.

옮긴이 **조원**(趙阮)은 한양대 사학과를 졸업했으며, 중국 중앙민족대학교에서 석사 학위를, 베이징 대학에서 박사 학위를 받았다. 한양대 비교역사문화연구소 HK연구교수와 서울대 역사연구소 박사후연구원을 역임했으며, 현재 부산대 사학과 교수로 있다. 주요 논문으로 「大元帝國 法制와 高麗의 수용 양상」(『이화사학연구』 54, 2017), 「元 후기 『經世大典』의 편찬과 六典體制」(『동양사학연구』 141, 2017), 「元 중후기 醫政 제도의 변화와 실상: 「至正條格」의 관련 條文을 중심으로」(『역사와세계』 60, 2021), 「원제국 외래 香藥과 카안의 賞賜: 南海海上 생산 香藥을 중심으로」(『동양사학 연구』 159, 2022) 등이 있으며, 저서로는 『제국과 변경』(공저, 혜안, 2017), 『유라시아로의 시간 여행』(공저, 사계절, 2018), 『몽골 평화시대 동서문명의 교류』(공저, 이화여자대학교출판문화원, 2021), 『조선에서 만난 원제국 법률문서』(한국학중앙연구원출판부, 2021), 『관용적인 정복자 대원제국』(공저, 청아출판사, 2023), 『몽골제국 다루가치 제도 연구』(혜안, 2025) 등이 있다.

역사도서관 030

몽골의 유라시아 정복과 문화

2025년 4월 15일 제1판 제1쇄 인쇄
2025년 4월 25일 제1판 제1쇄 발행

지은이 | 토머스 올슨
옮긴이 | 조원
펴낸이 | 박우정

기획 | 이승우
편집 | 이남숙
전산 | 한향림

펴낸곳 | 도서출판 길
주소 | 06032 서울 강남구 도산대로 25길 16 우리빌딩 201호
전화 | 02) 595-3153 팩스 | 02) 595-3165
등록 | 1997년 6월 17일 제113호

ISBN 978-89-6445-297-4 93910

옮긴이의 말

13세기 초에 칭기스 칸이 감행한 군사 원정으로 유라시아에 단일 패권의 몽골제국이 탄생했다. 몽골의 군사 활동을 경험했던 지역에서는 몽골 지배기를 약탈, 살상, 파괴로 점철된 시대로 묘사했으며, 이러한 기록을 통해 몽골의 정복이 유라시아 문명 세계의 문화, 경제, 제도 전반을 후퇴시켰다는 점이 강조되었다. 그런데 근 30년 사이에 몽골제국사에 대한 새로운 역사상이 제시되었다. 몽골제국 시기 역사상 유례없는 '세계 체제'가 형성되었으며, 이로 인해 유라시아적 범주에서 사람과 기술 및 지적 교류가 활발히 전개되었던 사실이 재조명되었다. 사실, 몽골 제국 시대는 다양한 민족의 광역적 이동이 이루어졌으며, 몽골 통치자들이 표방했던 상업주의 제국 정책에 따라 각 지역의 물품이 몽골인들이 마련한 육상과 해상 인프라를 통해 자유롭게 이동하고 교환된 시대였다. 토머스 올슨의 『몽골의 유라시아 정복과 문화』는 몽골제국사 연구에서 이러한 패러다임의 전환에 중요한 영향을 끼친 저작 가운데 하나이다.

몽골제국사에 대한 이해가 기존에 정치사적 서술에 초점이 맞추어져 있었다면, 올슨은 이를 유라시아적 규모의 사상적·상업적·물질적·문화적 교류에 관한 연구로 재정립하는 데 기여했다고 평가된다. 특히 이 책은 몽골제국사 연구의 '문화적 전환'을 가져온 저작이라고 할 수 있을 것이다. 이 책은 몽골제국 시기 유라시아의 동방 중국과 서방 이란의 몽골 정권 사이에 이루어졌던 상품, 기술, 지식의 교류를 면밀한 분석을 통해 독자들을 몽골제국 시기의 문화 교류의 공간으로 이끌고 있다. 저자는 한문, 페르시아어, 아랍어, 러시아어 등의 다양한 사료를 활용해 유라시아에서 광범위하게 전개된 문화적 교류의 실상을 촘촘한 서술을 통해 사실적으로 드러냈다. 그런데 이 책은 단순히 인적 이동과 상품 이동을 중심으로 한 교류의 양상을 보여 주는 데 그치지 않고, 교류가 전개된 각 지역의 정치적·사회적·문화적 배경을 비롯해 교류의 주체와 문화 상품의 선택 과정에서 몽골인들의 주체적 역할을 함께 드러냄으로써 교류사의 총체적 연구 모델을 제시했다. 이러한 탁월함으로 이 책은 근 20여 년 동안 몽골제국사 및 세계사 연구자들에게 깊은 영감을 주었으며, 몽골제국 시대를 '교류의 시대', '교환의 시대'로 볼 수 있도록 새로운 길을 열어 주었다.

이 책은 모두 5부 22장으로 구성되어 있다. 제1부 '배경'에서는 머리말과 몽골제국 이전의 유라시아 교류사를 개괄적으로 다루고 있다. 저자는 이 책에서 몽골제국 시기 유라시아의 다양한 정치체 가운데에서도 중국과 이란의 두 몽골 정권의 관계를 중심으로 천문학과 농업 등과 같은 특정한 문화 상품에 집중해 그 이동과 교류에 초점을 맞추었으며, 교류에서 유목민들의 중심적 역할에 주목했다고 밝혔다. 또한 이러한 광범위한 문화 교류가 몽골의 제국 경영의 일환에서 이루어졌다고 보고 몽골의 문화적 자원 선별의 기제와 동기에 관해 이 책의 마지막에서 다룰 것임을 예고했다. 제2장 '몽골인 출현 이전'에서는 몽골제국 출현 이전의 중국과 이란에서 전개되어 왔던 정치적·문화적·상업적 측면에서의 교류사를 개괄적으로 다루고 있다. 아울러 이 책에서는 교류사에서 잘 알려진 장건(張騫)의 이야기에서부터 당 제국과 페르시아와의 정치적·경제적 교류, 북송(北宋)과 아바스 왕조 간의 교류 등의 사례들을 통해, 이어지는 장(章)들에서 다룰 몽골 통치 아래의 이란과 중국의 문화 교류의 역사적 맥락을 제시한다.

제2부에서는 몽골제국에서 문화적 교류가 전개된 배경으로서 원 제국과 일칸국 간의 정치적·경제적 관계의 추이를 상세하게 다루고 있다. 제3장 '일칸의 형성'에서는 몽골의 서방 원정과 칭기스 칸의 분봉을 시작으로 훌레구가 서방 원정 성공 이후에 이란에서 취했던 '일칸'이라는 칭호, 이란에서의 정치적 지배권을 둘러싼 금장 칸국과의 갈등 및 쿠빌라이에 대한 정치적 지원과 긴밀한 관계에 관해 서술했다. 제4장 '대칸과 일칸'은 쿠빌라이가 대칸에 오른 이후 몽골제국의 정치적 지형과 대칸 울루스의 원과 일칸국 간의 긴밀한 정치적 연대에 관해 다루었으며, 제5장에서는 가잔 칸 시기의 일칸국과 원 조정 간의 관계 변화에 대해 집중적으로 조명했다. 13세기 말 정치적 혼란 중에 칸위에 오른 가잔이 이슬람으로 개종해 이슬람 세계에서의 정치적 권위를 통해 정치적 합법성을 확보하려 했던 것은 잘 알려진 사실이다. 그럼에도 불구하고 원 조정과 여전히 긴밀한 관계를 유지했다. 제6장에서는 14세기 초 몽골제국에서의 내전이 종식되고 훌레구계와 조치계가 재연합했던 시기의 일칸국과 원 조정의 관계를 조명했다. 저자는 이 시기 일칸들이 대칸으로부터 임명장을 받았다는 흔적이 없고 독자적인 정치적 행보를 보이고 있지만, 여전히 원 조정은 일칸 즉위의 정치적 결정에 개입하고 있었다고 했다. 제2부에서 이토록 상세하게 대칸의 조정과 일칸의 정치적 관계를 시기별로 서술하고 있는 것은 거의 한 세기 동안 지속되었던 양자 사이의 문화적 교류가 이러한 긴밀한 정치적 연대에 기반해 이루어졌음을 드러내기 위해서이다. 제7장 '경제적 연대'에서는 앞서 살펴본 두 조정 사이의 정치적 연대와 더불어 경제적 연대의 여러 사례를 소개하고 있다. 원과 일칸국은 인도양을 둘러싼 해상 무역에 관한 정보를 공유했다. 해상을 통해 민간 차원의 경제적 교류가 진행되었으며, 두 조정은 사료

에서 '조공'으로 표현된 형식으로 선물을 교환했다. 제8장 '관계 개관'에서는 앞의 내용을 정리하면서 일칸국에서 정치적 합법성을 위해 대칸의 권위에 의존했으며, 이후 가잔과 계승자들 시기에 이념적 강조점이 변화하기 시작했던 상황을 소개했다.

제3부 '중개자들'은 몽골제국에서 문화 교류를 수행했던 인물들을 조명하고 있다. 문화 교류에서 '브로커'(Broker) 역할을 했던 대표적 인물은 원 제국 조정에서 활약하고 생애 후반부를 이란의 궁정에서 보낸 볼라드(Bolad, 孛羅, ?~1313)였다. 제9장에서는 한문 사료들에서 마르코 폴로(Marco Polo)와 혼동되어 왔던 볼라드의 실체를 둘러싼 논의들을 밝히고, 폴로와 다른 인물인 몽골인 볼라드를 독자들에게 소개한다. 제10장 '쿠빌라이와 볼라드 아카'에서는 볼라드의 출신과 원 조정에서의 활약을 상세하게 다루고 있다. 대칸의 케식 출신이었던 그는 쿠빌라이의 신임을 받아 원 조정의 주요 기관 설립을 주관했으며, 시의사와 어사대, 대사농사, 비서감, 선휘사, 추밀원의 장관직을 두루 역임했다. 요직을 맡는 동안 그는 한인(漢人) 관원들과도 긴밀한 협력 관계를 유지했다. 몽골 관원으로서의 이와 같은 특별한 경력은 그가 이후 이란의 일칸국 조정에서 활동하는 동안 문화 교류의 매개, 주요 전달자로서 활약하는 데 중요하게 작용했다. 제11장 '라시드 앗 딘과 승상 볼라드'는 이란에 파견된 이후 일칸 조정의 관원으로서 새로운 삶을 살게 된 볼라드의 활동과 삶을 다루고 있으며, 특히 일칸 조정에서 권력의 중추에 있었던 라시드 앗 딘(Rashid ad-Din)과의 만남, 교류 및 실제적 협력에 대해 소개한다.

제4부에서는 본격적으로 '문화 교류'의 구체적 사례들을 소개하고 있는데, 모두 7장에 나누어 사서 편찬, 지리학과 지도학, 농업, 요리, 의학, 천문학, 인쇄술에서 나타난 교류 양상을 보여 주고 있다. 제12장 '사서 편찬'에서는 라시드 앗 딘의 『집사』(集史)에 기록되어 있는 세계사 집필을 가능케 한 정보원들을 추적해 간다. 그는 볼라드와 그와 연관된 여러 정보원을 통해 몽골과 인도를 비롯해 유라시아 동부의 방대하고도 상세

한 역사가 기록될 수 있었음을 밝혔다. 저자는 한문 사료의 기록에 나와 있는 볼라드의 흔적들을 통해 그가 주요 자료를 입수한 경위를 제시했다. 뿐만 아니라 한문 자료의 유입과 더불어 서아시아에 등장한 중국의 사서 편찬의 방식과 전통을 소개함으로써 사서 편찬을 둘러싼 중국과 이란의 긴밀한 교류 양상을 드러냈다. 제13장 '지리학과 지도학'에서는 라시드 앗 딘의 소실된 저작에 수록되어 있는 동아시아의 지리 지식, 특히 몽골 초원의 상세한 정보, 원 제국의 행정적 지식, 고려(高麗)와 일본에 관한 기록들을 소개하고 있다. 한편, 지리 지식은 역방향으로도 유입되었음을 밝히며, 원 제국의 비서감에 근무하면서 서아시아의 전통적 도법에 따라 지도 편찬에 참여했던 무슬림 학자들도 소개했다. 제14장 '농업'에서는 몽골제국 시기 일칸국에 소개된 농업 지식에 관해 소개하고 있다. 올슨은 라시드 앗 딘의 『공적(功績)과 생물(生物)의 서(書)』에 반영되어 있는 동아시아의 농업 지식에 대해 소개하면서 이것이 원 제국 대사농사(大司農司)의 수장을 역임했던 볼라드를 통해 소개되었을 가능성을 언급한다. 또한 이 시기 이란 지역에 유입된 작물들과 역으로 13세기 중국에 전해진 서아시아 작물들의 사례를 통해 문화 상품의 최초 전파 및 수용의 시기와 무관하게 문화의 확산과 대중화가 이루어질 수 있음을 밝혔다. 제15장 '요리'에서는 음식 문화에서 나타난 몽골제국에서의 문화 교류의 양상을 소개하고 있다. 특히 14세기 원 제국 궁정에서 편찬된 『음선정요』(飮膳政要)에 언급된 서아시아의 음식 문화를 소개하면서 그 가운데 나타난 문화 교류의 실제적 양상을 드러내고 있다.

제16장 '의학'에서는 몽골제국에서 중시되었던 정복지 의료인들과 그들을 통해 이루어진 의학 지식의 교류에 주목했다. 몽골제국 초기부터 중국 의료인들은 몽골 통치자들을 수행했고, 서아시아의 일칸 궁정에서도 중국 의학은 중시되어 지속적으로 활용되었다. 역으로 원 제국에서도 네스토리우스 기독교 출신 의사들이 활약했으며, 그들을 통해 유입된 서아시아의 의학 지식이 원 제국에서 활용되었다. 제17장 '천문학'에서는

몽골 통치자들의 천문학에 대한 중시에 대해 언급하면서 그 일환으로 중국과 이란에 상호 초빙되었던 천문학자와 그들의 천문학 지식에 관해 구체적 사례를 들어 소개했다. 마지막으로 제18장 '인쇄술'에서는 일칸 국에 전해진 원 제국의 '보초'(寶鈔) 유입에 주목해 화폐 발행 제도와 더불어 서아시아에 소개된 중국 인쇄술에 관해 논하고 있다. 라시드 앗 딘 은 그의 저서에서 중국 인쇄술에 대해 상세히 소개하고 있는데, 이는 분명 볼라드를 통해 전해졌으리라고 추정했다.

　제5부 '분석과 결론'에서는 앞서 4부에 걸쳐 살펴본 몽골제국 시기 의 풍부한 문화 교류의 사례들을 바탕으로 보다 거시적인 분석과 논의 가 이루어졌다. 몽골제국에서 전개된 다양한 문화 교류의 사례를 어떠한 틀에서 이해할 것인가? 저자 올슨은 19~20세기에 걸쳐 유행했던 문화 전파론과 문화 적응론의 틀에서 몽골제국 시기의 문화 교류를 분석하는 한계점들을 지적하면서 인류학자들과 고고학자들에 의해 대두된 '지역 간 상호작용'의 개념을 제시한다. 문명 교류의 글로벌한 역학을 드러내 는 이 개념은 이주와 사람들의 이동을 통한 문화적·경제적 교류와 기술 과 지식의 전파를 총체적으로 다루고 있는데, 저자는 이 책이 문화 교류 에 관한 앞선 이론에서부터 최신 이론을 두루 수용한 결과물임을 밝히 고 있다. 이 책에서는 마지막으로 문화 교류의 행위 주체와 문화 상품의 선별 기제라는 별도의 장(章)을 마련해, 이러한 활발하고 광범위한 문화 교류 이면에 작동했던 몽골제국의 기제가 무엇이었는가를 밝히고자 했 다. 올슨은 전통적 문명 지역인 중국과 이란에서 외부의 지식과 기술에 대해 대개 보수적 태도를 견지했음에도 불구하고, 이러한 교류가 가능했 던 것은 몽골 통치자들의 필요, 취향, 신념이었음을 강조하고 있다. 마지 막 장인 '요약'에서는 이 책에서 다룬 내용들을 통해 도달한 여섯 가지 결론이 제시되고 있으며, 몽골 유목민들이 이 교류의 개시자이자 촉진 자, 행위자였다는 점을 밝히면서 끝을 맺는다.

　이 책은 몽골제국 시기 문화 교류의 풍부한 사례들을 사료에 기반해 제시하고 있다. 이 책의 탁월함은 교류의 다양한 사례에 대해 미시적으로 접근하면서도 몽골제국에서 이루어진 교류의 역동성을 거시적 차원에서 드러내고 있다는 점이다. 세계 학계에 상당히 큰 영향을 남기고 2019년 작고한 올슨의 저작 『몽골의 유라시아 정복과 문화』를 번역하게 된 것은 개인적으로도 큰 행운이자 영광이었다. 이 책은 출간된 지 20여 년이 지났지만, 여전히 몽골제국사 연구 분야에서 중요한 저작으로 손꼽히며 많은 연구자에게 큰 영감을 주고 있다. 이 책을 통해 몽골제국에 대한 균형 잡힌 이해가 제공될 수 있기를 바란다. 무엇보다 세계사의 주변부로 인식되어 왔던 유목민, 특히 몽골인에 대해 문명의 발전을 후퇴시킨 자들이 아니라 문명과 지역을 연결하고 세계사적 교류를 활성화한 장본인으로서의 그들을 새롭게 바라볼 수 있기를 기대한다.

2025년 2월
옮긴이 조원

차례

일러두기

* 본문에서 1, 2, 3···으로 표기된 것은 '원주'이며, •, ••, •••···으로 표기된 것은 '옮긴이 주'이다.
* 본문에 나오는 축약 문헌의 '약어표'는 331~33쪽을 보라.

제1부

배경

제1장

머리말

이 책은 연구의 기본 단계에서 목적과 주제에 상당한 변화가 있었다. 원래 이 책에서 구상한 것은 중국의 몽골 조정 원(元)과 이란의 일칸국 사이의 정치·외교 관계를 탐색하는 것이었다. 특히 내가 관심 있는 주제는 13세기 후반과 14세기 초의 수십여 년에 걸쳐 대두되었던 중앙아시아의 차가타이계와 우구데이계, 그리고 서부 스텝에 자리 잡은 조치계 경쟁자와 사촌들의 군사적 도전을 막기 위한 그들의 공동 노력에 관한 것이었다. 중국과 이란의 이들 정권은 적에 대항해 함께 살아남기 위해 경제적 자원과 군대, 그리고 군사 무기를 공유했다. 시간이 지나면서 나는 이런 교류가 특별한 전문가들, 학술적 저서들, 물질문화, 기술의 광범위한 교섭을 통해 점차 광범위하고 다양해진다는 사실을 깨달았다. 이 주제에 대한 나의 관심은 더욱 커졌고, 결국 이러한 문화적 교류가 어쩌면 그들의 관계에서 가장 중요한 부분일 것이라는 결론에 도달하게 되었다.

그러나 이는 이 작업의 변화에서 첫 번째 단계에 불과했다. 중심 주제로 문화 교류를 정하고 나서 나는 순진하게도 이란에서 활동한 중국인

의사들이 이슬람 의학에 끼친 영향을 밝히는 것과 같은 특정한 교류를 정해 그 '영향'에 대해 파악하게 되리라고 생각했다. 나는 이러한 접근이 방법론, 해석, 근거 측면에서 상당한 문제가 있다는 사실을 곧 깨달았다. 가장 확실한 어려움은 그러한 영향을 입증하기 위해서는 몽골 정복 이전, 정복 시기, 그리고 그 이후 중국과 이슬람 의학에 대한 상세한 지식이 필요하다는 사실이었다. 물론, 이러한 제약은 농학(農學)과 천문학 같은 다른 모든 분야의 교류에도 적용되었다. 그리고 위협적일 정도로 광범위한 주제는 차치하고라도 주로 고도의 전문성을 요하는 이러한 복잡한 문제에 대해 내가 의미 있게 평가할 수 있는 공식적인 훈련과 경험이 부족함을 깨달았다.

이러한 깨달음으로 인해 책의 집필 방향과 주제가 다시 한번 크게 바뀌었다. 이 책에서 나는 주로 중국과 이란 사이의 문화 상품 전파의 성격과 조건에 대해서는 이야기하겠지만 복속민들의 입장에서 새로운 요소들의 수용 혹은 거부와 같은 성가신 주제들은 다루지 않을 것이다. 다시말해 나는 이 두 조정(朝廷)이 서로를 원조하고 지원하기 위한 노력으로 각각 지배하고 있는 이란과 중국에서 각각 문화 자원을 어떻게 활용했는지에 주된 관심을 갖는다.

이러한 방향 전환은 중국과 이란 조정 사이의 외교, 사상, 경제적 관계에 대한 초반의 장이 그 자체로도 흥미롭지만, 여기에서는 몽골에 의해 영감을 받은 문화 교류가 일어날 수 있었던 정치·제도적 맥락을 제공하기 위해 제시했음을 의미한다. 중세 유라시아의 몽골, 기독교, 이슬람의 정치체들 사이의 역학 관계의 변화를 민감하게 다루는 데 중국의 원과 이란의 일칸 사이의 본격적인 외교사를 살펴보는 것은 분명 바람직하지만 이 연구의 목적은 아니다. 사실상 여기서 우선적으로 관심을 갖는 부분은 교류의 전체적인 범위와 빈도, 그리고 강도(强度)이지, 특정한 외교 사절의 외교적 목적이 아니며, 어쨌든 이러한 정보는 사료에서 거의 제공하지 않는다.

그리고 이 연구의 핵심은 중국과 이란 사이의 특정한 문화 상품의 이동을 다루는 것이다. 천문학의 경우처럼 이미 예전부터 연구가 진행된 분야가 있고 농업처럼 아직 연구가 이루어지지 않은 분야도 있지만 나는 각각의 교류에 관해 전체적인 정보를 제공하기 위해 노력할 것이다. 이들 장(章)은 대부분 설명으로 이루어질 것이며 간혹 장기적·단기적 영향이라는 보다 복잡한 주제에 관해서는 제안, 의견 또는 가설을 제시할 것이다. 이 작업이 동서 간의 교류와 영향에 관해 흥미를 가지고 있는 전문가들에게 효과적인 길잡이가 되기를 기대한다.

마지막 장에서는 행위자와 동기에 대한 질문에 초점을 맞출 것이다. 여기에서는 몽골의 문화적 우선순위와 정치적 관심, 그리고 사회적 규범이 중점적으로 다루어진다. 실제로 이 책에서 중요한 주제는 동서 교류에서 유목민의 중점적 역할이다.

내륙 아시아에서 유목민은 세계 문화에 중요한 기여를 해왔다. 그중 기마(騎馬)와 펠트가 두드러진 예로 알려져 있다.[1] 그러나 유라시아를 관통하는 문화 교류에 대한 보다 일반적인 연구들에서는 양 끝단에 있는 위대한 정주 사회가 서로의 생산품과 지식을 갈망하고 수용하는 데에만 주목해 왔다.[2] 여기에 유목민이 등장할 때 그 영향은 일련의 사건에서 그들이 행해 왔던 '교류'와 '파괴'라는 쌍을 이루는 범주 아래에서만 언급되어 왔다.[3] 전자의 경우에 유목민은 평화를 가져와 장거리 여행과 무역

---

1 William Montgomery McGovern, *The Early Empires of Central Asia* (Chapel Hill: University of North Carolina Press, 1939), pp. 1~6.

2 Suliman Ahmad Huzayyin, *Arabia and the Far East: Their Commercial and Cultural Relations in Graeco-Roman and Irano-Arabian Times* (Cairo: Publications de la société royale de géographie d'Egypte, 1942), pp. 18~19, 39.

3 John A. Boyle, "The Last Barbarian Invaders: The Impact of the Mongolian Conquests upon East and West", *Memoirs and Proceedings of the Manchester Literary and Philosophical Society* 112 (1970), pp. 1~15. Reprinted in his *The Mongolian World Empire, 1206-1370* (London: Variorum Reprints, 1977), art. no. I.

을 안전하게 수행케 하였고 마르코 폴로(Marco Polo)와 같은 정주 문명의 대표자가 유라시아의 다양한 문화 지대를 통과하도록 장려하여 (문화) 전파에서 핵심적 인물로서 역할을 맡았다. 후자의 경우에는 반대로 유목민이 그들의 잔혹성과 군사력으로 교류를 방해하고 문화를 파괴했다고 보았다. 일부 민족주의적 역사가들이 보기에 오늘날 그들이 속한 나라의 후진성은 유목민의 정복 활동, 특히 몽골이 인류사를 퇴행시킨 힘 때문이었다.[4]

버나드 루이스(Bernard Lewis)가 지적하듯이, 유목사(遊牧史)에서의 이 두 가지 시각은 상호 배타적이지 않다. 유목민은 어떤 문화적 자원을 파괴하는 동시에 원거리의 문화적 교류가 번영하는 조건을 만들어냈다.[5] 사실상 '팍스 몽골리카'(Pax Mongolica)와 '타타르의 멍에'(Tartar Yoke)가 동일한 정권에서 물려받고 공존했다. 그러나 이러한 공식은 어느 정도 사실이지만 너무 많은 것이 생략되어 있고 설명도 제한적이다. 대륙을 횡단하는 교류에서 유목민의 위치를 충분히 이해하기 위해서는 동서 간에 교류한 상품과 사상을 분류하고 선택하는 복잡한 과정에서 초기 여과 장치로 작용했던 유목민의 정치 문화와 사회적 규범을 보다 깊이 들여다보아야 할 것이다.

실제로 그러한 문화 전파의 가능성은 몽골적 방식의 바로 그 구조와 유목의 기본적인 생태적 필요조건 속에 각인되어 있었다. 상당히 드넓은 땅에서 많은 수의 가축과 적은 수의 사람을 분배해야 했기에 몽골의 인구적 기반은 이웃한 정주민에 비해 상당히 제한적이었다. 칭기스 칸(成

---

4 러시아와 중국의 상반된 견해에 대해서는 Paul Hyer, "The Re-evaluation of Chinggis Khan: Its Role in the Sino-Soviet Dispute", *Asian Survey* 6 (1966), pp. 696~705 참조. 몽골의 견해에 대해서는 Igor de Rachewiltz, "The Mongols Rethink Their Early History", *The East and the Meaning of History* (Rome: Bardi Editore, 1994), pp. 357~80 참조.

5 Bernard Lewis, "The Mongols, the Turks and the Muslim Polity", *Islam in History: Ideas, Men and Events in the Middle East* (New York: Library Press, 1973), pp. 179~98.

吉思汗, Genghis Khan) 시대에 동부 초원(현대의 몽골)의 인구는 70만 명에서 100만 명 사이였다.[6] 게다가 목축민으로서 그들은 자신들 수준에서 정주민을 군사적 통제 아래 두고 행정적으로 관리하고 활용할 수 있는 전문가를 배출하기 어려웠다. 이 중요한 문제를 곧 깨닫고 직면하게 되자, 1221년 서(西)투르키스탄을 정복한 직후에 칭기스 칸은 상업적이고 행정적인 능력을 갖춘 피정복 무슬림들에게 조언을 구하게 되었다. 『몽골비사』(元朝祕史)에 따르면, 그들은 "도시의 법과 관습에 대해 능통했다(balaqasun-u törö yasun)."[7]

제국 내에서 명백히 소수였던 몽골인들은 광대한 점령지를 통치하기 위해 현지에 정치적 연고가 없는 외국인을 다양하게 활용했다. 이 방식은 중국에서 가장 정교하게 발전되어 몽골인은 관원 임용과 승진을 목적으로 원 제국의 인구를 몽골인, 중앙아시아와 서아시아인(색목인), 북중국인, 남중국인의 네 범주로 나누었다.[8] 또한 할당제가 마련되어 몽골인과 서아시아인은 두 중국인 집단의 인재들 가운데 선발된 자들과 '동등한' 대표 지위를 보장받았다. 다음으로 이렇게 임명된 자들은 많은 수로 구성된 다양한 사회 문화 출신의 부관과 서리들을 거느렸다.[9] 또한 원제국에서는 서기, 문지기, 서리, 특히 통역관과 번역가와 같은 하급 관리가 정부와 궁정의 고위 관료로 승진하는 경향이 뚜렷했다.[10] 그래서 중국

---

6 인구밀도에 대해서는 N. Ts. Munkuev, "Zametki o drevnikh mongolakh", in S. L. Tikhvinskii, ed., *Tataro-Mongoly v Azii i Evrope*, 2nd edn (Moscow: Nauka, 1977), p. 394; Bat-Ochir Bold, "The Quantity of Livestock Owned by the Mongols in the Thirteenth Century", *JRAS* 8 (1998), pp. 237~46; A. M. Khazanov, "The Origins of the (sic) Genghiz Khan's State: An Anthropological Approach", *Ethnografia Polska* 24 (1980), pp. 31~33 참조.

7 『元朝祕史』/Cleaves, sect 263, p. 203; 『元朝祕史』/de Rachewiltz, sect. 263, p. 157.

8 蒙思明, 『元代社會階級制度』(香港: 龍門書店, 1967), pp. 25~36. 이 제도는 1278년까지 지속되었다.

9 이 다양성에 대해서는 Erich Haenisch, "Kulturbilder aus Chinas Mongolenzeit", *Historische Zeitschrift* 164 (1941), p. 46에서 처음으로 언급되었다.

〈표 1〉 인적 교류

동아시아의 '서방인들'	서아시아의 '동방인들'
이탈리아인 상인　　의사 사신　　음악인 성직자　행정관	옹구트인 성직자
프랑스인과 플랑드르인 성직자　사신 금세공인　하인	거란인 군인 행정관
그리스인 군인	위구르인 군인 행정관
독일인 광부　　포수	궁정 상인● 의사 필경사
스칸디나비아인 상인　　군인	통역가
러시아인 왕공들　금세공인 사신　　성직자 군인　　목수	티베트인과 탕구트인 군인 성직자 의사
헝가리인 가속 노비(household servants)	몽골인 군인 사신 행정관
알란인 군인　　사신 병기공　왕공	필경사 통역가 씨름선수
아르메니아인 성직자　왕공 상인　　사신	중국인 군인 사신 의사
그루지야인 사신　　왕공	천문학자 행정관 학자

이라크와 시리아의 네스토리우스 교도		요리사
상인	통역가	유모
의사	직물수공업자	아내
천문학자	약용 음료 제조자**	목수
행정관		석수
		화약제조자
아랍과 페르시아인		포사수
씨름선수	행정관	회계사
음악가	통역가	기술자
가수	필경사	농업전문가
상인	직물수공업자	
사신	회계사	
천문학자	건축업자	
의사	설탕 제조업자	
군인	'표범' 사육자	
성직자	지리학자	
포사수	역사가	
시종	양탄자 직조자	

의 몽골 통치자들은 원의 관료제 내에서 다양한 민족적·집단적·언어적 배경을 가진 자들을 제도적으로 함께하게 했다. 즉 원 제국 전역에 문화 전파와 변화를 주도하는 수천 명의 주체가 흩어져 있었던 것이다.

이들 전문가가 제국 내 한 문화권에서 다른 문화권으로 어느 정도 이 동했는지는 〈표 1〉을 통해 파악할 수 있을 것이다. 〈표 1〉에서 동방인은 우리의 목적상 이슬람과 기독교 지역의 '서방'에서 봉사하거나 여행하

- 몽골 통치자들에게 고용된 어용상인들로, '오르탁(Ortaq) 상인'이라고 불렀다.
- ● 서아시아에서 기원한 약용 음료 '셔벗' 제조자들로, 이 책의 저자 토머스 올슨(Thomas Allsen)은 이들을 레모네이드 제조자(lemonade maker)로 표기했다.
10 이는 적어도 유학자들에게 불만이었다. 『元史』, 卷 142, p. 3405 참조. 몽골 조정에서 언어 전문가들의 높은 지위에 대해서는 Thomas T. Allsen, "The *Rasūlid Hexaglot* in its Eurasian Cultural Context", in Peter B. Golden, *Hexaglot*, pp. 30~40 참조.

는 원의 복속민으로 정의되며, 서방인은 동방의 원 제국 내 어디에서든 거주했던 기독교도나 무슬림이었다.

사료의 피상적인 검토만으로도 몽골제국 내에서 봉사자들의 놀라운 범위의 지리적 이동과 민족적·직업적 다양성을 알 수 있다. 몽골인들이 자신들의 제국을 경영하는 데 정주 지역 피정복민들의 방대한 문화 자원을 어떻게 선택하고 활용했는지, 그들이 왜 유라시아 전역에 문화 상품과 문화 전문가를 이동시키기 시작했는지가 바로 이 연구의 주제이다.

제2장

몽골인 출현 이전

몽골제국이 출현할 때까지, 중국과 이란은 1,000년 이상 정치·문화·상업적으로 교류해 왔다. 실제로 중국과 이란은 전근대 시대 동서 간의 종교적·물질적 교류를 주도해 왔으며, 이는 세계사에서 가장 오랫동안 지속되었던 문화 교류의 사례로 평가된다.[1] 과거에 이러한 관계가 매우 광범위하게 전개되었으며 최근에 이는 현대 정부들 간의 긴밀한 외교 및 문화 협력의 견고한 기반으로 활용되고 있다.[2]

고대 이란인에게 중원 왕국은 체나스탄(Chēnastān)이었고 그 백성들은 체닉(Chēnīk)이었다. 중국에서 이란은 처음에 파르티아(Parthia)의 아르사케스 왕조(Arsacid Dynasty, 기원전 247~기원후 227)를 따라 안식국(安

---

[1] 동방과 서방 간의 문화적·정치적 교류의 개관에 대해서는 Joseph Needham, *SCC*, vol. I, pp. 150~248 참조. 교류에 관한 학술적 연구로 야기된 몇몇 논쟁에 대한 개략적 소개로는 Lionel Casson, *Ancient Trade and Society* (Detroit: Wayne State University Press, 1984), pp. 247~72 참조.

[2] 1960년대 이란에 외교관으로 파견되었던 Shen Chin-ting의 "Introduction to Ancient Cultural Exchange between Iran and China", *Chinese Culture* 8 (1967), pp. 49~61 참조.

息國)으로 알려졌고, 이후 사산 왕조(222~651)가 흥기하면서 페르시아를 지칭하는 파사(波斯)로 불리게 되었다.[3] 2세기 전, 즉 전한(前漢, 기원전 202~기원후 9) 시기까지 중국인에게 극서(極西) 지역에 대한 직접적인 지식이 없었던 것은 분명해 보인다. 한무제(漢武帝, 기원전 140~기원전 87) 통치기 중국인 관리 장건(張騫)은 (유라시아) 동부 초원을 지배하고 있던 흉노(匈奴)에 대항하기 위해 월지(月氏, 토하라인)와 동맹을 맺으러 서방으로 파견되었다. 기원전 126년 장건이 조정으로 돌아왔을 때 그는 박트리아(大夏, Bactria)와 파르티아에 대한 구체적인 첫 정보를 가져왔다. 중앙아시아에서 입지가 견고해지자, 기원전 106년 한나라는 동방의 로마 제국(大秦)과 페르시아만에 인접한 파르티아에 사신을 파견했다. 그러나 후한(後漢, 25~220)대에 이르러 타림분지에서 그들의 영향력은 점차 약해졌고 서역과의 공식적 접촉도 중단되었다.[4]

이후 두 세기 동안 중국과 이란이 외교적으로 교류했다는 증거는 없다. 5세기경 키다라인과 에프탈족(族)이 사산 왕조의 동북 변경을 압박하면서 두 나라의 관계가 재개되었다. 이 위협으로 페르시아 조정은 동방에서 동맹 세력을 찾았고 455년에 북위(北魏, 386~535)와 접촉했다. 그 후 동방으로 정기적인 사절단을 보냈는데 이 가운데 아홉 차례 이상은 북위에, 한 차례는 그들을 계승한 서위(西魏, 535~556)에, 두 차례는 남쪽의 양나라(梁, 502~557)에 파견했다. 간접적인 증거에 따르면, 사절단은 대개 육로를 통해 이동했다.[5] 이 관계는 당나라(唐, 618~906) 초기

3 Harold W. Bailey, "Iranian Studies", *BSOAS* 6 (1932), pp. 945, 948; Paul Wheatley, "Geographical Notes on Some Commodities Involved in Sung Maritime Trade", *Journal of the Malayan Branch of the Royal Asiatic Society* 32/2 (1961), pp. 14~15.

4 William Watson, "Iran and China", Ehsan Yarshater, ed., *The Cambridge History of Iran* (Cambridge University Press, 1983), vol. III/1, pp. 537~58.

5 Ildikó Ecsedy, "Early Persian Envoys in the Chinese Courts (5th-6th Centuries AD)", in János Harmatta, ed., *Studies in the Sources on the History of Pre-Islamic Central Asia* (Budapest: Akadémiai Kaidó, 1979), pp. 153~62.

까지 이어졌고, 당의 서역(西域) 정세에 중요한 역할을 했다. 사산 제국의 마지막 군주 야즈데게르드 3세(Iazdegerd III, 632~651)의 아들 페로즈(Peroz)는 아랍-무슬림 군대의 진격으로 고국에서 쫓겨나 중국 궁정으로 피신한 것으로 잘 알려져 있다. 662년 그는 '페르시아의 왕'으로 인정받았지만 그의 왕좌와 왕국을 되찾기 위한 노력에 실제적인 지원을 받지 못했다. 몰락한 왕조의 잔존 세력은 정치적 망명자로서 당나라 조정에 계속 머물렀고 중국 사서(史書)에는 737년까지 기록으로 남아 있다.[6]

8세기 초반 티베트가 타림분지로 세력을 확대하고 751년 탈라스강에서 아랍군이 중국군을 패퇴시키면서 중앙아시아에서 당나라의 입지는 약화되었다. 이러한 후퇴에도 불구하고 740년대와 750년대에 당 왕실은 타바리스탄(Tabaristan)의 페르시아 지방 정권에서 파견한 사절을 맞이했다.[7] 이후 몇십 년 동안 내란으로 인한 약화와 투르크를 계승한 위구르 왕조의 압박으로 당 왕실은 중앙아시아 정세에 영향을 끼치지 못했다. 결국, 당이 붕괴하자 북방은 요나라(遼, 807~1125)로 그 자리를 대체했고 그 거란 통치자가 서역에 관심을 가졌다. 923년 요는 파사, 특히 호라산(Khurāsān)과 트란스옥시아나(Transoxiana)를 지배하던 사만 왕조(Samanids, 875~999)로부터 공물을 받았다. 그리고 다음 해 대식(大食), 즉 바그다드에 있는 아바스 왕조(Abbasids, 750~1258)가 보낸 사절이 도착했다. 1027년 거란에서는 호라산과 아프가니스탄을 다스리는 가즈니 왕조(Ghaznavids)의 마흐무드(Maḥmūd, 재위 998~1030) 궁정에 사절을 파견했다.[8]

---

6 János Harmatta, "Sino-Iranica", *Acta Antiqua Academiae Scientiarum Hungaricae* 19 (1971), pp. 135~43.

7 Edouard Chavannes, *Documents sur les Tou-kiue (Turks) occidentaux*, repr. (Taipei: Ch'eng wen, 1969), pp. 70~71, 91~92, 173.

8 Karl A. Wittfogel and Feng Chia-sheng, *History of Chinese Society, Liao (907-1125)* (Transactions of the American Philosophical Society, n.s., vol. XXXVI; Philadelphia, 1949), p. 347; Sharaf al-Zamān Ṭāhir Marvazī, *Sharaf al-Zamān Ṭāhir Marvazī*

거란과 이웃한 중국 왕조 북송(北宋, 960~1126)도 서역의 왕조들과 꽤 정기적으로 교류했다. 1081년과 1091년 그들은 푸린(拂林), 즉 룸 셀주 크(the Seljuqs of Rum) 왕조로부터 사절을 맞았다. 좀 더 교류가 빈번했던 나라는 대식국, 즉 아바스 왕조였는데, 966년에서 1116년 사이에 이들 은 50여 명의 사신단을 송에 파견했다.[9] 경우에 따라 '사신들은' 외교적 지위를 가장한 상인이었을 수 있지만, 그럼에도 불구하고 동방 이슬람 세계와의 교류는 활발히 이루어졌고 꽤나 정기적이었다. 1126년 여진 (女眞)에게 패배한 후 송나라는 남쪽으로 이주했고, 서방과의 접촉은 급 격히 줄어들었다. 아바스 왕조에서는 1086년과 1094년에 사신을 보낸 후 1205~08년까지 더 이상 파견하지 않았다. 1279년 몽골이 정복할 때 까지 존속했던 남송(南宋)은 중앙아시아를 관통하는 길이 차단되어 더욱 고립되었고, 이 사실은 전통적인 중국 사서에 자세히 기록되어 있다.[10]

이란과 중국 사이의 공식적인 외교 관계는 간헐적이었지만, 문화적·상업적 접촉은 훨씬 더 지속적으로 이루어졌으며 시간이 지나면서 굴곡 은 있었지만 정기적인 교류가 확립된 이후 중단은 드물고 짧았다. 그러 나 그러한 관계가 정확히 언제 시작되었는지에 대해서는 다양한 논의가 있다. 중국산(産) 비단이 서방으로 이동하기 수천 년 전부터 청금석(lapis lazuli), 연옥(nephrite), 터키석(turquoise) 같은 반귀석류를 중심으로 사치 품 위주의 원거리 무역이 있었음이 분명하다.[11] 이것이 청동기 시대의

on China, the Turks and India, trans. by Vladimir Minorsky (London: Royal Asiatic Society, 1942), pp. 19~21, 76~80.

9   Robert M. Hartwell, *Tribute Missions to China, 960-1126* (Philadelphia: n.p., 1983), pp. 71, 72, 195~202.

10 Chau Ju-kua, *His Work on Chinese and Arab Trade in the Twelfth and Thirteenth Centuries, entitled Chu-fan-chi*, trans. by Friedrich Hirth and William Woodville Rockhill, repr. (Taipei: Literature House, 1965), pp. 117~19; Mary Ferenczy, "Chinese Historiographers' Views on Barbarian-Chinese Relations", *AOASH* 21 (1968), pp. 354, 357.

11 Victor Ivanovich Sarianidi, "The Lapis Lazuli Route in the Ancient East", *Archaeology*

'세계 체제', 다시 말해 확장된 상호적인 경제 교류 네트워크를 구성했는지 여부는 논의가 진행 중이다.[12] 전통적으로 학자들은 정기적인 교류가 알렉산드로스 대왕의 원정 혹은 장건의 월지(月氏) 사행을 계기로 훨씬 더 이후에 이루어졌다고 주장해 왔다. 그러나 대부분의 학자들은 이른바 '실크로드'는 기원전 1세기부터 운용되었고 로마, 파르티아, 쿠샨, 한(漢) 제국이 유라시아의 정치적 지형을 점하던 50～150년 사이에 초기의 정점에 달했다는 데 동의한다.[13]

비단을 중심으로 한 상품들이 서방으로 이동했을 뿐 아니라 민속적 모티프에서부터 문자와 종교에 이르기까지 동방에 다양한 문화들이 소개되었다.[14] 중동에 기원을 둔 조로아스터교, 유대교, 기독교, 마니교, 그리고 이슬람교 등 대부분의 주요 종교가 중국에 전해진 반면, 중국 사상은 서방에 진출하지 못했다. 이 흥미롭고도 지속적인 양상은 지금까지 설명된 적이 없었지만 아주 일찍부터 이루어졌던 것 같다. 최근에는 기원전 8세기경에 주(周)나라에 순회 제사관으로 봉사했던 이란인 사제가 있었다는 주장이 제기되었다.[15]

유라시아 전역으로 종교와 상품이 이동하면서 처음에는 상당히 이질적이었던 먼 곳의 예술적 전통에 대한 인식과 이해가 자연스럽게 높아

24/1 (1971), pp. 12～15.

12 André Gunder Frank, "Bronze Age World System Cycles", *Current Anthropology* 34 (1993), pp. 383～429 with invited commentary.

13 Osamu Sudzuki, "The Silk Road and Alexander's Eastern Campaign", *Orient: Report of the Society for Near Eastern Studies in Japan* 11 (1975), pp. 67～92; John Thorley, "The Silk Trade between China and the Roman Empire at its Height, circa AD 90-130", *Greece and Rome*, 2nd series, 18 (1971), pp. 71～80. 이 노선들의 역사적 지리에 대해서는 Suliman Ahmad Huzayyin, *Arabia and the Far East*, pp. 87～110 참조.

14 Paul Pelliot, "Les influences iraniennes en Asie centrale et en Extrême Orient", *Revue Indochinois* 18 (1912), pp. 1～15; Donald Daniel Leslie, "Moses, the Bamboo King", *East Asian History* 6 (1993), pp. 75～90.

15 Victor H. Mair, "Old Sinitic Myag, Old Persian Maguš and English Magician", *Early China* 15 (1990), pp. 27～47.

졌다. 중세 중동에서 전문적으로 만들어진 외국 물품은 그 기원이 어디든지 간 많은 이에게 자동으로 '중국제'로 불렸다.[16] 중국과 이란 사이에 이루어진 도자기, 금속 제품, 건축 장식, 그리고 직물의 광범위한 교류로 새로운 재료, 양식, 그리고 제조 기술이 수용·변용되었다. 예를 들어 당 제국에서는 서방의 '사산 왕조' 실크를 수입했고 중국인들이 이를 모방했다. 경우에 따라 이 시기의 직물에서 중국과 이란의 문양이 완전히 통합된 광범위한 융합이 드러나기도 한다.[17]

중국인과 페르시아인들 사이에서 서로의 역사와 지리에 대한 지식이 전반적으로 확대되었다. 초기 페르시아 사료는 단편적이고 모호했지만, 이란의 문화적 영향권에 속해 있는 아르메니아인들은 7~8세기 중국과 중국인에 대한 명확하고 유용한 언급을 남겼다.[18] 분명히 중국에 대한 아르메니아의 지식은 사산 왕조 군주들이 공유한 것이었다. 반면 중국에서는 서아시아, 특히 이란의 지역, 종족, 상품에 대한 상당한 정보를 훨씬 더 체계적으로 수집하고 보존했다.[19]

16　Tha'ālibī, *The Book of Curious and Entertaining Information: The Latā'if al-Ma'ārif of Tha 'ālibī*, trans. by Clifford Edmund Bosworth (Edinburgh University Press, 1968), p. 141.

17　Jane Gaston Mahler, "Art of the Silk Route", in Theodore Bowie, ed., *East-West in Art* (Bloomington: Indiana University Press, 1966), pp. 70~83; Dorothy G. Shepherd, "Iran between East and West", *ibid.*, pp. 84~105; Jessica Rawson, *Chinese Ornament: The Lotus and the Dragon* (London: British Museum Publications, 1984), pp. 33~62; Aurel Stein, *Innermost Asia: Detailed Report of Explorations in Central Asia, Kan-su and Eastern Iran* (Oxford: Clarendon Press, 1928), pp. 675~78.

18　Moses Khorenats'i, *History of the Armenians*, trans. by Robert W. Thomson (Cambridge, Mass.: Harvard University Press, 1970), pp. 229~31; Ananias of Širak, *The Geography of Ananias of Širak*, trans. by Robert H. Hewsen (Wiesbaden: Ludwig Reichert, 1992), p. 76A.

19　『新唐書』, 卷 221B (北京: 中華書局, 1986, pp. 6258~60)의 페르시아에 관한 장(章)을 번역한 Donald Daniel Leslie and Kenneth H. J. Gardiner, "Chinese Knowledge of Western Asia during the Han", *TP* 68 (1982), pp. 254~308; Edouard Chavannes, *Documents*, pp. 170~74 참조.

이러한 친숙함은 문화 분야에서도 나타났다. 당대까지 이란 세계는 중국의 예능, 특히 음악과 춤에 많은 영향을 끼쳤다. 그리고 같은 시기에 중국의 서적을 처음으로 접한 저명한 무슬림 서지학자 알 나딤(al-Nadīm)은 문자 체계의 특성을 포함한 중국의 관습에 관해 설명했다.[20] 동식물과 그 부산물 또한 대륙 횡단적 교류의 일부분이었다. 여러 페르시아산(産) 식물과 향료가 중국으로 유입되었다. 오랫동안 이러한 모든 전개를 장건의 공으로 돌리는 경향이 있었으나 사실은 수세기에 걸쳐 이루어진 것이다. 한대(漢代)에 개자리와 포도, 남북조 시기의 석류와 고수, 당대(唐代)의 대추야자와 시금치가 전해졌다.[21] 페르시아의 약용식물과 약은 시간이 지나면서 중국에 널리 퍼져 몇몇 전문 약학서에 수록되었다.[22]

또한 서역과 이란에서는 중국에 말(馬), 금은제, 용기, 함(函), 접시뿐 아니라 유리와 수정으로 만든 그릇과 보석류를 보냈다.[23] 답례로 중국에서는 다양한 상품, 특히 제조품을 서역으로 수출했다. 9세기 후반에 작성된 아랍의 상업 지침서에 따르면, 중국이 이슬람 세계에 비단, 검은 담비 모피, 펠트, 향료, 도자기, 종이, 묵, 그리고 공작새와 같은 진귀한 것, 안장(鞍裝), 계피, 약용으로 유명한 순수한 대황(大黃)을 보냈다.[24]

---

20 Mikinosuke Ishida, "Etudes sino-iraniennes, I: A propos du *Huo-siun-wou*", *Memoirs of the Research Department of the Toyo Bunko* 6 (1932), pp. 61~76; Al-Nadīm, *The Fihrist of al-Nadīm*, 2 vols., trans. by Bayard Dodge (New York: Columbia University Press, 1970), vol. I, p. 31 and vol. II, pp. 836~40.

21 이 주제에 대한 고전적 연구로는 Bertold Laufer, *Sino-Iranica* 참조. 특히 pp. 190~92, 208~45, 276~87, 297~99, 395~98 참조. 또한 Edward H. Schafer, *The Golden Peaches of Samarkand: A Study of T'ang Exotics* (Berkeley: University of California Press, 1963) 참조.

22 Joseph Needham, *SCC*, vol. I, pp. 187~88.

23 Yang Hsüan-chih, *A Record of Buddhist Monasteries in Lo-yang*, trans. by Yi-t'ung Wang (Princeton University Press, 1984), pp. 192~93.

24 Ch. Pellat, "Ğāhiẓiana, I", *Arabica* 2 (1955), pp. 157~59.

이러한 상업적·문화적·종교적 교류가 서로 밀접하게 얽혀 있음이 분명하기에 그 다양한 가닥을 서로 분리하는 것은 어렵고도 오해의 소지가 있을 수 있다. 예를 들어 세계 종교의 확산은 상업 교류의 매개가 되었을 뿐 아니라 동기를 제공했다. 수십 년 전 슐리만 후세인(Suliman Huzayyin)이 정확하게 지적했듯이, 직물과 금속, 유리 같은 교역품 자체가 "예술적 모티프를 한 지역에서 다른 지역으로 소개하는 데 최고의 매개"[25] 역할을 했다. 이러한 연관성을 고려할 때 종종 선교사의 역할을 겸했던 상인은 문화 전파에서 가장 중요한 주체 가운데 하나였다. 그들은 주로 중국인이 아닌 서아시아인과 중앙아시아인이었다. 그들은 대개 광대한 무역로상의 요지에 위치한, 동일한 민족 종교적 배경을 지닌 상인 공동체의 네트워크를 통해 활동했다. 시대와 장소에 따라 서로 다른 공동체가 원거리 무역을 장악하고 조직했는데, 유대인, 호라즘인, 바랑기아인, 아르메니아인, 소그드인, 인도인, 위구르인, 페르시아인, 부하라인이 여기에 포함된다. 많은 경우에 한 민족은 다른 민족의 상업 대리자 역할을 했다. 예를 들어 718년 타바리스탄의 페르시아 지도자 가운데 한 명은 당 제국의 변경 지역인 타림분지에서 활동하는 유대인 상인들과 관계를 맺었다.[26]

8세기 중엽까지도 육상 무역로의 종착지였던 장안(長安)과 해상 무역의 주요 항구였던 광동(廣東), 양주(揚州), 천주(泉州)에는 상당한 규모의 페르시아 상인 공동체가 있었다. 여기에는 기착한 원거리 상인과 중국에 영구적으로 정착한 상점 주인들도 포함되어 있었다. 그들은 너무 눈에 띄고 많았기 때문에 현지인들은 그들 중의 이 이방인들에 대한 정형화된 인상을 갖게 되었다. 통속문학의 시각을 통해 볼 때, 페르시아 상인들

---

25 Suliman Ahmad Huzayyin, *Arabia and the Far East*, pp. 217~18. 아울러 Samuel Adrian M. Adshead, *China in World History* (London: Macmillan, 1988), pp. 22~27, 특히 p. 24의 논평도 참조.

26 Aurel Stein, *Ancient Khotan* (Oxford University Press, 1907), pp. 306~09, 570~74.

은 부유하고 관대했으며 희귀 보석을 거래하는 전문가였고 종종 초자연적인 힘도 소유했다.[27]

개인 혹은 집단이 외국에 거주하게 된 유일한 이유가 상업적 관심 때문만은 아니었다. 751년 탈라스 전투 때 사로잡혔던 타환(Ta Huan)은 아바스 왕조에서 임시로 포로 생활을 하며 초기 수도였던 쿠파(Kufah)에서 중국인 방직공, 금은세공업자와 화가들을 보았다.[28] 그러나 이것은 몽골 시대 이전에 서역에 있던 중국인에 관한 몇 안 되는 기록 가운데 하나이다. 좀 더 일반적이면서 아마도 상세히 기록되었던 것은 중국에 있던 이란인에 관한 것이었다. 가장 이른 시기로는 기원후 148년 한나라의 수도 낙양(洛陽)에 인질로 잡혀와 여생을 보낸 파르티아의 왕자 안스카오였다. 그는 바로 불경을 중국에 번역한 것으로 유명한 안세고(安世高, 148?~180?)와 동일 인물인 듯하다.[29] 사산 왕조의 멸망 이후에 많은 이란의 상층 엘리트가 중국으로 망명했다. 그들 중에는 파르티아와 사산 왕조의 주요 귀족 가문이었던 수렌 가문(Suren clan)의 여성이 있었는데, 장안 부근에서 발견한 중국어-중세 페르시아의 이중 언어로 된 묘지명에는 874년의 그녀의 사망이 기려져 있다.[30]

종합해 보면, 이란의 망명자와 상인들은 중세 중국에서 상당한 규모로 지속적인 외국인 거주자 세력을 형성했으며 그들은 수세기 동안 조로

---

27 Edward Schafer, "Iranian Merchants in T'ang Dynasty Tales", *Semitic and Oriental Studies: A Volume Presented to William Popper* (University of California Publications in Semitic Philology, vol. XI; Berkeley, 1951), pp. 403~22; David Whitehouse and Andrew Williamson, "Sasanian Maritime Trade", *Iran* 11 (1973), pp. 45~49.

28 Paul Pelliot, "Des artisans chinois à la capitale Abbaside en 751-762", *TP* 26 (1928), pp. 110~12.

29 Antonio Forte, *The Hostage An Shigao and his Offspring* (Italian School of East Asian Studies, Occasional Papers 6; Kyoto, 1995), pp. 88~90.

30 János Harmatta, "Sino-Iranica", pp. 113~34; Ildikó Ecsedy, "A Middle Persian-Chinese Epitaph from the Region of Ch'ang-an (Hsian) from 874", *Acta Antiqua Academiae Scientiarum Hungaricae* 19 (1971), pp. 149~58.

아스터교, 마니교, 네스토리우스 기독교 등 다양한 페르시아 종교를 위해 세워진 수많은 사원과 신전을 후원했다.[31] 일본의 순례승 엔닌(円仁, 794~864)이 언급한 바에 따르면, 수도와 남부 항구에서뿐 아니라 양자강(揚子江) 하류에 페르시아 공동체가 훼손된 불교 사찰에 1,000냥을 기부했다.[32] 이란인 공동체와 그들의 종교 시설은 매우 중요했기 때문에 중국 조정에서는 그들을 관리하기 위한 특별한 제도를 마련했다. 흥미롭게도 이 관직의 명칭은 사보(sa-po), 이후에 사바오(薩寶, sa-pao)로 기록되었는데, 이는 '카라반의 지도자'를 의미하는 산스크리트어 사르타바하(sārthavāha)에서 연원한다. 당 제국에서 이 관직은 특별히 조로아스터교 사원을 관리하는 일을 담당했지만, 상업과 외교적 업무까지도 망라했음이 분명하다. 이는 유라시아사에서 문화적·종교적·경제적 교류의 밀접한 연관성을 다시 한번 상기시켜 준다.[33]

칭기스 칸 가문의 출현과 광대하고 전례없는 대륙 횡단적 제국이 탄생하면서 동서 교류사의 새로운 장(場)이 갑작스럽고도 예기치 않게 열렸다. 그리고 중국과 이란 사이에서 몽골은 자신들의 목적을 위해 수세기 동안 이어져온 이 관계를 급격하게 이끌었고, 때로는 격동을 겪기도 했다.

31 Donald Daniel Leslie, "Persian Temples in T'ang China", *MS* 35 (1981-83), pp. 275~303.

32 Edwin O. Reischauer, *Ennin's Diary: The Record of a Pilgrimage to China in Search of the Law* (New York: Ronald Press, 1955), pp. 69~70.

33 이 관직과 그 연혁에 대해서는 Albert E. Dien, "The *Sa-pao* Problem Reexamined", *JAOS* 82 (1962), pp. 335~46 참조.

정치-경제 관계

일칸의 형성, 1251~65

1206년, 동부 초원에서 경쟁 부족들과 수십 년 간의 투쟁 끝에 칭기스 칸은 대몽골국(Yeke Mongghol Ulus)의 탄생을 선포했다. 이는 세 대에 걸쳐 세계사에서 가장 큰 육상 제국으로 성장했다.[1] 제국은 남쪽으로 확장하기 시작했고, 탕구트(Tanguts)와 금에 대한 여러 차례의 원정을 거쳐 1215년 중도(中都, 북경)가 함락되었다. 1218년 호라즘샤 무하마드에 대한 상업적 접근으로 몽골의 관심은 서방으로 기울었다. 오트라르(Utrār)에서 호라즘 관리가 몽골에서 보낸 상단(商團)을 약탈한 사건으로 1219년 몽골은 트란스옥시아나를 침입했다. 1220년과 1221년 사이에 호라즘샤의 군대는 완전히 패배하였고, 서투르키스탄과 호라산은 파괴되고 정복당했다.

1224년 칭기스 칸은 몽골로 돌아가 탕구트 원정을 준비했고 3년 후

---

1 중국어로 칭기스 칸계 국가는 내부 문서에서 대몽골국(大蒙古國)이라고 했다. 원조(元朝)라는 명칭은 1271년에 사용하기 시작했는데, 또한 '위대한 왕조'라는 의미도 있다. 상세한 논의는 蕭啓慶, 「說大朝: 元朝 建號前蒙古的漢子國號」, 『漢學研究』 3/1(1985), pp. 23~40 참조.

원정 중에 세상을 떠났다. 칭기스 칸의 셋째 아들이자 후계자로 지명된 우구데이(Ögedei)를 새로운 카안(1229~41)으로 추대하기 위해 칭기스 칸 가문의 왕자들과 대신들이 몽골에 모여 있는 동안 군사 원정은 일시적으로 중단되어야 했다. 1229년 서아시아 정복을 완수하기 위한 원정이 다시 시작되었다. 상당한 진전이 있었는데, 1236년 몽골 군대는 아르메니아와 그루지야, 1243년에는 룸 셀주크를 정복했다. 그러나 우구데이의 아들이자 계승자인 구육(Güyüg, 재위 1246~48)이 다스리는 동안 제왕 간의 긴장이 고조되면서 팽창은 더디게 진행되었다.

구육이 세상을 떠나자 이러한 분열은 더욱 가시화되었고, 많은 논란 속에서 칭기스 칸의 막내 아들 톨루이(Tolui)의 아들 뭉케(Möngke, 재위 1251~59)가 카안이 되었다. 반대파를 누르고 몽골의 에너지를 외부로 돌리기 위해 뭉케는 고려(高麗)와 남송, 그리고 아바스 왕조에 대한 일련의 대규모 원정을 시작했다. [아바스] 원정은 뭉케의 동생 훌레구(Hülegü)에게 맡겨졌으며 1253년에 서방 원정이 시작되었다. 1258년 초 바그다드와 메소포타미아가 점령한 몽골은, 1260년 아인 잘루트에서 이집트의 맘루크에게 패배할 때까지 시리아로 계속 진격했다.

중동에서 몽골의 초기 군사 원정에 관해서는 잘 알려져 있지만, 이렇게 함락된 지역의 정치적 상황은 역사가 복잡해 매우 모호하고 불확실한 측면이 있다. 그러나 분명한 것은 호라산에서 왕자들 간의 지배권을 둘러싼 갈등과 그 결과로 훌레구 치하에서 일칸국이 출현하여 몽골제국의 해체를 초래했고, 동시에 이란과 중국의 관계에 새로운 장을 열었다는 점이다.

이란에서 경쟁은 칭기스 칸이 네 명의 아들에게 처음에 다소 모호하게 시행했던 분봉(分封)에 기원한다. [정확한] 날짜는 알려지지 않았지만, 아마도 트란스옥시아나 정복 이후에 칭기스 칸은 전형적인 유목 방식에 따라 자신의 광대한 영토를 다양한 일족에게 분배했다. 초기 자료인 주베이니(Juvayni, 1226~83)[의 기록]에 따르면, 그는 중국 내의 특정한 영토를 그의 동생과 손자들에게 배분했고 장남 조치(Jochi)에게는 호라즘과 아직 정복되지 않은 킵차크 초원을 주었다. 그의 차남 차가타이(Chaghatai)는 트란스옥시아나 대부분을 받았다. 셋째 아들이자 계승자인 우구데이는 준가리아 일대를 얻었고, 막내 아들 톨루이는 몽골 초원 본토 내 지명이 알려지지 않은 땅을 받았다.[2] 이와 관련해 이란은 언급되지 않았다. 물론, 이란도 포함되어 칭기스 칸의 특정 일족에게 분배될 수 있었으나 이러한 정보는 정치적 이유로 이후 페르시아 역사가들에 의해 감추어졌다. 그러나 모든 것을 감안할 때, 이 분배에 관한 주베이니의 기록이 액면 그대로 받아들여져야 한다고 생각한다. 이 기록에서 가장 주목되는 점은 몽골 지배 아래 있던 중국과 이란의 거대한 정주 사회가 특정 아들에게 분배되지 않았다는 것이다. 제국에서 가장 부유한 이 지역들은 칭기스 칸 가문의 이익을 위해 일반적으로 카안이 관리했다. 또한 각 가문은 이란과 중국에서도 영지를 소유했고 각자 이 영지 관리에 대해 일정한 발언권을 가졌다.

확실히 남아 있는 증거로 볼 때, 몽골의 카안은 항상 서아시아에 대한 통치권을 주장했고 정치와 행정에 관한 문제에 결정적인 영향을 끼쳤다. 몽골이 이 지역을 통치하기 시작한 초기부터 카안의 이름이 주화(鑄貨)에 독점적으로 나타났다. 이 중 초기에 주조된 날짜 미상의 은화(銀貨)와 동화(銅貨)가 키르만(Kirmān)에서 주조되었는데, 여기에는 아랍어로 "정의롭고 / 위대한 / 칭기스 칸"이라는 문구가 새겨져 있다.[3] 우구데이 시기에 이란과 그루지야에서 주조된 다양한 주화에는 "카안 / 정의로운 분"[4]이라는 문구가 새겨져 있다. 더욱 중요한 것은, 1244/45년 투르게네 카

---

2 Juvaynī/Qazvīnī, vol. I, pp. 31~32; Juvaynī/Boyle, vol. I, pp. 42~43. 또한 Marie-Felice Brosset, trans., *Histoire de la Géorgie*, pt. 1: *Histoire ancienne jusqu'en 1469 de JC* (St. Petersburg: Académie des sciences, 1850), pp. 508~09 참조.

3 Seifeddini, vol. I, pp. 154~55.

4 *Ibid.*, pp. 155~58.

툰(Töregene Qatun) 섭정기에 트란스코카서스에서 주조된 것으로 "울룩 망굴 울루스 빅"(Ulugh Manqul ūlūs bik)[5]이라는 문구가 새겨져 있었다. 다양한 해석이 있지만, 이것은 대몽골국을 투르크어로 표기하고 지휘관을 의미하는 몽골어 '노얀'(noyan)에 상응하는 투르크어 벡(beg)이 덧붙여졌음은 분명하다. 이처럼 체재하고 있는 군주가 부재한 상황에서 서아시아의 주화들은 아마도 세상을 떠난 우구데이가 임명했던 초르마간 노얀과 같은 지역의 지휘관이 제국의 이름으로 주조한 것이었다.

구육이 즉위하자 주화에 새겨진 문구는 보다 명확해졌다. 1247년 트빌리시에서 주조된 디르함(Dirham)에는 "신의 힘으로 / 구육의 지배 / 카안의 노예 다우드"(다비드 나린)라는 글귀가 새겨져 있다.[6] 또한 서아시아에서 구육의 군사령관이었던 바이주 노얀은 교황 인노켄티우스 4세에게 보낸 서신에 "카안 자신의 신성한 뜻에 따라" 답서를 보냈다.[7] 조치 가문의 저항에 부딪힌 구육은 조치 가문이 권리를 강력히 주장하고 있는 지역에서 자신의 권위를 분명하게 선전했다.

이러한 권리의 본질은 서아시아의 오이라트계 몽골 공신인 아르군 아카(Arghun Aqa)의 경력에서 잘 드러난다. 투르게네에 의해 호라산의 총독으로 처음 임명된 그는 이후 구육을 섬겼고, 경쟁 관계였던 우구데이 가문과 긴밀한 관계에 있었음에도 불구하고 뭉케에 의해 동일한 직책에 다시 임명되었다.[8] 이러한 결정은 아르군이 비록 카안에 의해 임명되었지만, 그의 측근들 중 이란과 인접 지역에서 각 왕자 가문의 이익을 대변

5 *Ibid.*, pp. 159~63.
6 David M. Lang, *Studies in the Numismatic History of Georgia in Transcaucasia* (New York: American Numismatic Society, 1955), p. 37.
7 Karl-Ernst Lupprian, *Die Beziehungen der Päpste zu islamischen und mongolischen Herrschern im 13. Jahrhundert, anhand ihres Briefwechsels* (Vatican: Biblioteca Apostolica Vaticana, 1981), p. 191.
8 그의 재임명에 대해서는 중국 측 사료와 페르시아 측 사료에 모두 기록되어 있다. 『元史』, 卷 3, p. 45; Rashīd/Karīmī, vol. I, p. 596; Rashīd/Boyle, p. 218 참조.

하는 몽골인 누케르(nökör)들이 포함되어 있었다는 사실을 통해 설명된다.[9] 중국에서처럼 호라산의 다양한 농경지에서 나온 수입은 특정 제왕에게 제국의 수익에 대한 몫으로 할당되었으며, 따라서 그들은 대리자를 통해 인구조사와 징세 같은 주요 행정을 감시할 권한이 있었다.[10]

사실상 이러한 공동 관리 체제가 어떻게 끝났으며 이란이 특정 제왕의 몫이 되었는지는 서아시아에서 훌레구의 등장과 밀접한 관련이 있다. 1251년 카안에 오른 직후, 뭉케는 몽골의 정복을 완수하기 위해 동생을 서방으로 보내기로 결정했다. 훌레구는 이란, 메소포타미아, 시리아, 이집트, 소아시아, 트랜스코카서스에 대한 군사 지휘를 맡았다. 얼마 후 그는 이 지역에서의 원정 대상에 대해 매우 정확한 지시를 받았다. 1253년 여름, 그는 위임받은 서방에서의 임무를 완수하기 위해 몽골에서 출발했다.[11] 이스마일파의 요새를 공격하는 데 성공한 1258년 초 훌레구의 군대는 바그다드를 함락했다. 훌레구는 원정 완료 보고와 함께 전리품을 동방에 있는 뭉케에게 보냈다.[12]

그의 전폭적인 지지자였던 뭉케가 다음 해 세상을 떠나고 1260년 그의 군대가 시리아에서 대패했지만, 훌레구는 서아시아에서 지배력을 공고히 했다. 그의 주요 경쟁자는 뭉케가 카안에 오르는 데 중요한 역할을 한 조치 가문이었다. 코카서스 북쪽과 호라즘의 영토를 장악한 금장 칸국의 통치자는 호라산과 그루지야에 대한 자신들의 권리를 주장했으며, 이를 자신들의 영향력을 중동으로 확장하는 디딤돌로 삼고자 했던 것

---

9 '누케르'에 대해서는 Juvaynī/Qazvīnī, vol. II, p. 255; Juvaynī/Boyle, vol. II, pp. 515~18 참조.

10 이란과 중국에서의 토지와 수익 분배의 근거에 대해서는 이 책 제7장 「경제적 연대」에서 다룰 것이다.

11 Rashīd/Karīmī, vol. II, pp. 685~87; 『元史』, 卷 3, p. 47.

12 Rashīd/Karīmī, vol. II, p. 717; 『元史』, 卷 3, p. 51; Jūzjānī/Lees, p. 431; Jūzjānī/Raverty, vol. II, pp. 1255~57; Grigor of Akanc', "History of the Nation of Archers", trans. by Robert P. Blake and Richard N. Frye, *HJAS* 12/3-4 (1949), pp. 305, 307.

같다. 확실히 훌레구가 호라산에 도착하자, 그와 아바스를 상대로 훌레구의 군사 원정을 지원하기 위해 온 조치 가문의 제왕들 사이에 긴장이 고조되었을 뿐만 아니라 훌레구의 관원과 바투(Batu, 1237~56)의 대리인들 간에 대립이 있었다.[13] 실제로 갈등이 너무 격해져 훌레구는 자신의 군사적 통제 아래 있는 땅에서 조치 가문의 제왕과 관원을 몰아냈다.

이란과 트란스코카서스에서 조치 가문 권리의 종료는 권리 침해로 간주되었는데, 이것은 어느 정도 정확한 표현이었다. 톨루이계에게 편파적인 라시드 앗 딘(Rashīd al-Dīn)은 뭉케가 훌레구에게 내린 지시 사항을 나열한 후에 다음과 같이 서술하면서 이를 인정했다.

> 훌레구 칸이 자신이 하사한 군대를 데리고 영원한 통치자로서 이란 땅에 머물게 될 것이고, 이 영토는 확실하고 안전한 방식으로 그와 그의 신성한 가문에 귀속될 것이라는 생각이 마음에 확고히 자리 잡았음에도 불구하고, [뭉케는] 표면적으로는 "일이 끝나면 본국[몽골]으로 돌아오라"고 말했다.[14]

장 오뱅(Jean Aubin)이 주장했듯이, 뭉케는 일시적인 군사 활동을 위해 훌레구를 이란에 파견했지만, 실제로 그는 항상 톨루이 가문의 독점적 지배 아래 이란을 두고자 했다.[15] 이로써 이란은 더 이상 칭기스 칸 가문 전체를 위해 관리되지 않았고 차가타이, 조치와 동등한 지위의 칸국으로 변모했다. 이러한 방식으로 톨루이 가문의 힘이 금장 칸국의 남측에까지 미쳤고 중동의 막대한 경제적·문화적 부(富)를 공유하지 않고 독점할

---

13 이 분쟁들에 대해서는 선구적 연구인 Peter Jackson, "The Dissolution of the Mongol Empire", *CAJ* 22 (1978), pp. 186~243, 특히 pp. 208~35 참조.

14 Rashīd/Karīmī, vol. II, p. 687.

15 Jean Aubin, *Emirs mongols et vizirs persans dans les remous de l'acculturation* (Studia Iranica, vol. XV; Paris, 1995), p. 17 참조.

수 있었다.

이러한 설명은 화폐를 증거로 뒷받침된다. 훌레구가 등장하기 전 주화에는 뭉케의 이름이 단독으로 등장한다. 1252년 그루지야에서 발행한 디르함에는 "신의 힘으로/황제의 화복으로/온 세계의 뭉케 카안"[16]이라고 새겨져 있다. 페르시아어로 적힌 이 문구에는 카리스마, 하늘로부터의 위임, 세계의 지배라는 몽골적 이데올로기의 기본적 요소들이 모두 포함되어 있으며, 뭉케 재위기 비문에 새겨진 중국식 문구를 매우 정확하게 따랐다.[17] 그런데 훌레구가 중동에 도착하자 그의 이름이 더해졌다. 1254/55년과 1255/56년에 발행된 주화에서는 "지고의 카안, 뭉케 카안/훌레구 칸"이라고 되어 있다.[18] 그러나 훌레구를 칸으로 승격시키려는 시도는 성공하지 못했다. 왜냐하면 그가 덜 높은 일칸(il-qan)이라는 칭호를 위해 칸이라는 호칭을 바로 폐기했기 때문이었다.

이를 채택한 시점은 다소 불확실하다. 1262년까지도 훌레구는 루이 왕에게 보내는 라틴어 편지에서 자신을 칸을 의미하는 참(cham)이자 몽골군 사령관(dux milicie Mungalorum)으로 표현했다.[19] 반면 동시대의 아르메니아 역사가였던 바르단 아레벨티(Vardan Areveltsi, 1198?~1271)는 1255년 이란에 도착한 시점부터 1265년 세상을 떠날 때까지 훌레구를 일칸이라고 불렀다.[20] 마찬가지로 동시대 역사가였던 주베이니

---

16 E. A. Pakhomov, *Monety Gruzii* (Tbilisi: Izdatel'stvo "Metsniereba", 1970), p. 133.

17 1257년에 쓰인 비문은 다음과 같이 시작된다. "영원한 하늘의 힘과 뭉케 카안의 축복과 보호로."
    蔡美彪, 『元代白話碑集錄』(北京: 科學出版社, 1955), p. 20.

18 M. A. Seifeddini, vol. I, pp. 171~72; Michael Weiers, "Münzaufschriften auf Münzen mongolischer Il-khane aus dem Iran", *The Canada-Mongolia Review* 4/1 (1978), p. 46.

19 Paul Meyvaert, "An Unknown Letter of Hulagu, Il-khan of Persia, to King Louis of France", *Viator* 11 (1980), p. 253.

20 Vardan Arewelc'i, "The Historical Compilation of Vardan Arewelc'i", trans. by Robert W. Thomson, *Dumbarton Oaks Papers* 43 (1989), pp. 217~18, 220~21.

는 1256년의 사건과 관련해 일칸이라는 칭호를 사용했다.[21] 그러나 후자는 시대적 착오가 있었던 것 같다. 최근의 연구에서는 이슬람력 657년/1258~59년의 문헌자료와 이슬람력 658년/1259~60년의 주화에서 이 호칭이 훌레구에게 처음 사용되었다고 강하게 주장한다.[22]

몽골 시대 이전에 이 용어는 11세기 후반 셀주크에서 'Elkhane'으로 기록되었으며, 7세기 당나라 승려 현장(玄奘, 602~664)의 중국어 전기의 11세기 위구르 번역본에 일칸(il-qan)이라는 칭호로 등장한다.[23] 원래 투르크어 'il' 또는 'el'은 나라 또는 정치체를 의미했으나, 칭기스 칸 시대에는 '복속된', '온순한', '순종적인', '복종하는'이라는 부차적인 의미를 얻게 되었다.[24] 일칸은 또한 한자어 국왕(國王)과 연관되었을 가능성이 있는데, 두 단어 모두 정권의 군주를 의미한다. 이 칭호는 구이옹(güi-ong)이라는 형태로 몽골어에 차용되어 1217년 북중국에 있던 칭기스 칸의 총지휘관 무칼리(Muqali, 1170~1223)에게 처음으로 내려졌다.[25] 홀레

---

21 Juvaynī/Qazvīnī, vol. III, p. 130; Juvaynī/Boyle, vol. II, p. 632.

22 Nitzan Amitai-Preiss and Reuven Amitai-Preiss, "Two Notes on the Protocol on Hülegü's Coinage", *Israel Numismatic Journal* 10 (1988-89), pp. 117~21; Reuven Amitai-Preiss, "Evidence for the Early Use of the Title *ilkhān* among the Mongols", *JRAS* 1 (1991), pp. 353~61.

23 Anna Comnena, *The Alexiad*, trans. by E. R. A. Sewter (New York: Penguin Books, 1985), pp. 210~11, 299, 312; L. Iu. Tugusheva, trans., *Fragmenty uigurskoi versii biografii Siuantszana* (Moscow: Nauka, 1980), p. 23, Uighur text and p. 44, Russian translation.

24 '반역하는' 혹은 '불복하는'을 의미하는 투르크어 '야기'(yaghi)와 정확하게 대조되는 용어인 '순종'과 '복종'을 의미하는 'il'을 사용한 훌레구와 동시대인이었던 나시르 앗 딘 투시(Naṣīr al-Dīn Ṭūsī)의 사례는 John A. Boyle, "The Death of the Last 'Abbāsid Caliph: A Contemporary Muslim Account", *Journal of Semitic Studies* 6 (1961), pp. 151~52. the fourteenth-century Yemeni lexicon equates the Mongolian and Turkic *il* with the Arabic *mutī'*, "obedient" or "compliant." Peter B. Golden, *Hexaglot*, 187C2, p. 79 and 190C7, p. 112 참조.

25 『元朝祕史』/Cleaves, sect. 202, p. 141, sect. 206, p. 147, sect. 220, p. 161; 『元朝祕史』/de Rachewiltz, sect. 202, p. 114, sect. 206, p. 118, sect. 220, p. 127; Paul Pelliot and

구가 일칸이라는 호칭을 사용한 것은 아마도 서아시아에서 자신의 군사적 책임을 강조하기 위한 것으로, 제국의 먼 지역(변방)에서의 수호자로서의 역할에 주목케 하고, 이 지역에서 자신의 정치적 목적과 야망을 숨기거나 덜 중요해 보이도록 하기 위해서였을 것이다.[26]

그러나 채택 당시 일칸(il-qan)이라는 칭호를 어떻게 이해하든, 칭기스 칸 가문의 위계에서 훌레구와 그의 후계자들에게 종속적인 지위를 부여했다는 점은 의심의 여지가 없다. 내 생각에 이는 상당히 의도적으로 이루어진 것이다. 이란에서의 통치권이 칭기스 칸이 원래 시혜한 것이 아니었기 때문에 금장 칸국이나 차가타이 칸국의 군주들과 동등한 지위를 주장할 수 없었던 것이다. 이러한 태도가 인위적이긴 했지만 창업자의 뜻을 거슬렀다는 혐의를 회피하면서 중동(Middle East) 지역에 대한 효과적인 지배를 가능하게 했다.

이러한 사건의 재구성은 조치 가문의 시각을 잘 반영한 14세기 아랍의 초기 백과사전 저자인 알 우마리(al-'Umari)의 증언으로 확인되었다. 한 부분에서 그는 "톨루이 가문의 훌레구가 그의 형 뭉케 카안의 대표자(mandub)였다"라고 서술했으며, 다른 곳에서는 "훌레구는 독립된 군주로서 통치하지 않았고 그의 형 뭉케 카안의 대리자(na'ib)였다"라고 좀 더 상세하게 밝혔다. 그는 이어서 이 때문에 다른 "칭기스 가문의 제왕들이 훌레구 가문을 비난하며 그들이 칭기스 칸이나 그 후계자들로부터 왕권(mulk)을 물려받은 것이 아니라 찬탈과 세월이 경과하여 얻게 된 것이다"라고 했다.[27]

Louis Hambis, *Histoire des campagnes de Gengis Khan* (Leiden: E. J. Brill, 1951), pp. 363~64.

26 이러한 점에서 1259년 훌레구를 방문한 뭉케의 사절 창더(Ch'ang Te)가 이슬람의 호칭을 중국어 국왕(國王)과 동일시했다는 기록은 흥미롭다. Emil Bretschneider, *Medieval Researches from Eastern Asiatic Sources*, 2 vols. (London: Routledge and Kegan Paul, 1967), vol. I, p. 134 참조.

27 'Umari/Lech, pp. 2~19, 20, Arabic text, and pp. 91~104, German trans. 왕공이

1259년 뭉케가 사망하고 1262년 금장 칸국과의 공공연한 적대 행위
가 발발하면서 이란에서 훌레구의 입지는 정치적·군사적 위험에 놓이
게 되었다. 설상가상으로 그의 두 형제 쿠빌라이(Khubilai, 1215~94)와
아릭 부케(Ariq Böke, ?~1266)의 제위 계승을 둘러싼 경쟁으로 1260년에
서 1264년까지 톨루이 가문의 내전이 발생했다. 초반의 감정이 어떠했
든지 간에, 훌레구는 최후의 승자였던 쿠빌라이를 지지했고 그의 정치
적 지원을 얻게 되었다. 1262년 중국에서 파견된 사절은 이란에 도착해
훌레구가 중동에서 몽골 영토의 정당한 통치자라는 (카안의) 성지(聖旨,
jarliq)를 전달했다.[28] 이에 1264년에 훌레구는 쿠빌라이에게 "카안의 계
승권을 주장하던" 아릭 부케에게 강경책을 취하라는 충언을 담은 서신
을 보냈고, 새 카안은 이를 따랐다.[29]

그의 생애의 마지막 몇 해 동안, 훌레구는 최고 통치자인 쿠빌라이와
긴밀한 관계를 유지했다. 그는 "특정한 일을 기념하기 위해" 이후 남송
을 정복한 바얀(Bayan, ?~1340)을 카안에게 보냈고, 1265년 폴로의 아버
지는 부하라에서 3년을 머문 후에 훌레구의 다른 사절을 만나 그들을 따
라 중국에 갔다.[30] 훌레구와 쿠빌라이는 분열된 제국의 다른 곳에 있는
사촌과 경쟁자들을 상대로 견고한 동맹을 맺었는데, 그 결과 중국과 이
란은 새롭고도 긴밀한 관계로 진입하게 되었다.

<hr>

아닌 술탄의 부관에게 부여된 'nā'ib'라는 용어에 대해서는 H. A. R. Gibb, "Nā'ib",
EI, 2nd edn, vol. VII, pp. 915~16 참조. 'nā'ib'의 낮아진 지위는 이 용어가 몽골로
전해졌을 때 'nayib'로 주둔군 군관이라는 칭호로 사용되었다는 사실로 인해 더욱
강조했음을 알 수 있다. Didier Gazagnadou, "La lettre du gouverneur de Karak: A
propos des relations entre Mamlouks et Mongols au XIIIe siècle", Etudes Mongoles et
Sibériennes 18 (1987), pp. 129~30 참조.

28 Rashīd/Karīmī, vol. I, p. 623, vol. II, p. 732; Rashīd/Boyle, pp. 255~56.

29 Rashīd/Karīmī, vol. I, p. 628; Rashīd/Boyle, pp. 261~62.

30 『元史』, 卷 127, p. 3099; Francis W. Cleaves, "Biography of Bayan of the Barīn in the
Yuan-shih", HJAS 19 (1956), p. 205; Marco Polo, p. 76; Rashīd/Alizade, vol. I, pt. I,
p. 194; Rashīd/Karīmī, vol. I, p. 247.

제4장

대칸과 일칸, 1265~95

이스마일(Ismāʿīlīs)파와 아바스 왕조에 대한 훌레구의 원정은 몽골제국의 마지막 합동 군사 원정이었다. 이후로 칭기스 칸 가문의 제왕들은 점차 그들의 군사적 에너지를 내부로 돌려 14세기까지 간헐적으로 대립을 지속했다. 구육과 뭉케의 즉위로 일시적으로 표면화되었던 경쟁 가문 사이의 긴장은 톨루이 가문의 내전 동안 영원한 분열로 이어졌다. 1264년 쿠빌라이가 제국에서 카안의 지위를 성공적으로 선포했을 때 제국은 네 개의 지역적으로 독립된 칸국으로 분열되어 있었다.

요약하면, 새로운 체제로 하나의 조치 가문, 차가타이 가문, 두 개의 톨루이계 정권으로 재편되었다. 동방에서 중국의 자원을 바탕으로 아릭 부케를 제거한 쿠빌라이는 몽골의 수도를 카라코룸(Qara Qorum)에서 북경으로 옮겼다. 그의 행정적 지배권은 그가 점령한 땅에 국한되었지만 제국 전체에 대한 대칸으로서의 통치권을 지속적으로 주장했다.[1] 1271년 공식적으로 원(元)이라 불렸던 그의 직속령은 결국 중국, 만주

---

1 관련 사례는 Marco Polo, p. 167 참조.

(滿洲), 몽골, 동(東)투르키스탄, 티베트, 한반도, 그리고 동남아시아의 일부 지역을 포괄했다. 중앙아시아에서 대부분의 차가타이 가문은 처음에는 쿠빌라이를 지지했지만, 1269년 쫓겨난 우구데이 가문과 힘을 합쳐 카이두(Qaidu, 1230?~1301)의 지휘 아래 대칸을 왕좌에서 몰아내려 했다. 이들 경쟁자 사이의 주요 격전지는 위구르 지역과 서부 몽골이었다. 볼가강 하류를 중심으로 조치 가문은 시베리아 서부, 호라즘, 코카서스 북부, 킵차크 초원, 그리고 러시아 공국의 대부분을 지배했다. 원래 그들은 아릭 부케를 지지했으나, 그가 항복하자 그들은 쿠빌라이에 대항하는 제왕들의 연합에 합류했다. 마지막으로 이란, 아프가니스탄, 트란스코카서스, 소아시아, 그리고 메소포타미아를 포함하는 훌레구계의 정권은 처음부터 일관되게 쿠빌라이를 지지한 칭기스 칸 가문의 유일한 국가였다. 그들은 호라산에서는 차가타이 가문의 제왕들, 트란스코카서스에서는 조치 가문의 경쟁자들과 충돌했다. 서아시아에서의 이권을 확보하기 위해 이슬람으로 개종한 조치계의 지도자 베르케(Berke, 1257~66)는 아인 잘루트('Ain Jālūt)에서 훌레구의 군대를 무찔렀던 맘루크와 동맹을 맺었다. 이는 칭기스 칸 가문의 제왕이 몽골의 내부 분쟁에 독립된 정권의 외부 세력을 끌어들인 첫 번째 사례였다.

적대 세력에 둘러싸인 일칸은 중국에 있는 조정과의 긴밀한 연대를 유지하기 위해 모든 노력을 기울였다. 그들의 정치적 정당성과 물리적 생존은 상당 부분 중국에 있는 대칸의 지원에 달려 있었기 때문이다. 복속된 통치자임을 자처한 훌레구와 그의 후계자들은 모두 공인된 주권자의 이름으로 통치할 수 있는 권한을 얻고자 했다.

죽기 전에 훌레구는 그의 장남 아바카(Abaqa, 재위 1265~82)를 후계자로 지명했다. 아바카가 처음부터 쿠빌라이의 지명자였다는 명백한 증거는 없지만, 카안이 그의 선출을 승인하고 지지했다고 결론을 내리기에 충분한 근거가 있다.[2] 아바카는 차기 통치자답게 대단히 신중한 태도를 보였다. 라시드 앗 딘에 의하면, 아바카가 부친의 부고(訃告) 소식을 전해듣고 "나의 큰 형(가문의 어른)은 쿠빌라이 카안이다. 그의 승인 (farmān) 없이 누가 (왕좌에) 앉을 수 있겠는가?"라고 했다. 물론, 그의 지지자들은 그를 설득했고 1265년 6월 19일에 그는 아제르바이잔에서 왕위에 올랐다. 그리고 나서 라시드 앗 딘이 이르기를, "쿠빌라이 카안의 궁정에서 파견된 사신과 카안의 이름으로 전해진 조서(詔書, jarligh)가 도착하기를 기다리면서 그는 일종의 임시적 통치권을 행사했다."[3]

아바카가 공식적으로 임명되기까지는 5년의 시간을 기다려야 했다. 1270년 10월 임명장과 왕관, 예복을 가지고 온 쿠빌라이의 사절이 마침내 도착했다. 다음 달이 되어서야 그는 다시 왕위에 오를 수 있었다.[4] 이렇게 지연된 것은 중앙아시아의 먼 거리와 전쟁 발발로 인한 이동의 문제 때문이었다.[5] 그러나 이러한 어려움에도 불구하고 두 조정 사이의 지속적인 사신 왕래가 이루어졌는데, 어떤 경우에는 그들의 공통의 적인 차가타이 칸에 대한 정보를 가진 자들이었고, 어떤 경우에는 상업적 여정을 위해 온 자들이었다. 이외에도 1280년 쿠빌라이가 아바카의 신하들에게 비단과 지폐를 하사받은 것처럼 카안의 선물을 받기 위한 자들도 있었다.[6] 안타깝게도 이들과 다른 많은 교류의 구체적인 외교적 목적에 대해서는 별다른 안내를 받을 수가 없다.[7]

아바카는 대칸에 대한 종속을 알림으로써 만족스러워했고 여러 면에서 그렇게 했다. 1267~68년 클레멘스 4세와 주고받은 서신에서 교황

---

2 쿠빌라이가 아바카를 '사전에 승인'했다는 증거가 있다. Rashīd/Karīmī, vol. I, p. 632; Rashīd/Boyle, p. 265; Hayton (Het'um), *La flor des estoires de la terre d'Orient*, in *Recueil des historiens des croisades, Documents arméniens*, vol. II (Paris: Imprimerie nationale, 1906), p. 175 참조.

3 Rashīd/Jahn I, p. 7.

4 *Ibid.*, p. 28.

5 1260년대 중반 폴로 가문의 어른들은 소(小)아르메니아에서 북중국으로 이동하는 데 3년 6개월이 걸렸다. Marco Polo, pp. 80, 84.

6 Rashīd/Jahn I, p. 19; Bar Hebraeus, p. 456; 『元史』, 卷 11, pp. 222~23.

7 Rashīd/Alizade, vol. I, pt. 1, pp. 220, 443~44.

은 그를 '엘차니 아파차'(elchani Apacha)라고 했고, 그는 교황에게 "카안(chaam)의 능력으로"라고 했다.[8] 마찬가지로 1269년 맘루크 술탄 바이바르스(Baybars)에게 보내는 서신에서도 시작 문구에 그의 통치권자(sovereign)인 카안을 언급한 반면, 자신과 아버지 훌레구는 일칸으로 언급했다.[9] 아바카는 또한 인장(印章)을 얻기 위해 동방으로 사절을 보냈고, 실제로 1267년과 1279년에 일칸이 발행한 통행증에는 '보국안민지보'(輔國安民之寶)라는 인장이 찍혀 있다.[10] 문헌 자료에 따르면, 국내에서 그의 주화는 중국에 있는 그의 주권자의 명의로 주조되었다.[11] 그의 주화 중에는 아랍어로 "카안/최고의, 아바카/일칸, 지고의, 백성들의 왕(al-riqāb, 복속된 백성들)"이라는 문구가, 다른 곳에는 위구르 문자로 된 몽골 문서에 "카안의/이름으로/아바카가/주조한"(Qaghan-u/nereber/Abaqa-yin/deletkegülüksen)이라는 문구가 있다.[12]

1282년 아바카가 세상을 뜨자, 계승권을 둘러싸고 훌레구의 장남인 테구데르(Tegüder)와 아바카의 장남인 아르군(Arghun) 사이에 충돌이 일어났다. 결국 아르군이 물러나는 바람에 군사적 충돌과 이로 인해 자칫 일어날 수 있었던 내전을 피할 수 있었다. 그의 가문에서 가장 먼저 이슬람으로 개종한 테구데르는 이름을 아흐마드로 바꾸고 술탄이라는 칭호를 사용했다. 이는 그의 기독교 신민들을 놀라게 했지만 대다수의 무슬림을 기쁘게 했을 것이다.[13] 원 조정에서 그의 승계를 인정하지 않았을

8   Karl-Ernst Lupprian, *Beziehungen*, pp. 221, 224.
9   Reuven Amitai-Preiss, "An Exchange of Letters in Arabic between Abaɣa Ilkhān and Sultan Baybars", *CAJ* 38 (1994), pp. 16~17, 21~23, 26~27.
10   Rashīd/Alizade, vol. I, pt. l, p. 143; Antoine Mostaert and Francis W. Cleaves, "Trois documents mongols des Archives Secrètes Vaticanes", *HJAS* 15 (1952), p. 483.
11   'Umarī/Lech, p. 19, Arabic text and p. 103, German translation.
12   M. A. Seifeddini, vol. I, pp. 188~89; David M. Lang, *Numismatic History*, pp. 43~44; Michael Weiers, "Münzaufschriften", p. 49.
13   기독교 사료에서는 모두 그가 술탄이라는 호칭을 사용했다는 점을 강조한다. 관련 사례에 대해서는 A. G. Galstian, *Armianskie istochniki o Mongolakh* (Moscow:

가능성이 있는데, 왜냐하면 『원사』(元史)에서 발견되는 이란의 칭기스 칸 가문 출신의 통치자 계보에는 훌레구와 아바카 다음에 아흐마드/테 구데르를 건너뛰고 아르군이 기록되어 있기 때문이다.[14] 그의 재위기가 너무 짧아서 사절을 교류할 기회가 없었거나 혹은 명단에 있었을 수도 있고 그가 인정받았으나 이후에 그의 이름이 삭제되었을 수도 있다. 어 쨌든, 중국어나 페르시아어 사료에는 그가 쿠빌라이에게 임명장을 요청 하거나 받았다는 기록이 발견되지 않는다.

그러나 이것은 아흐마드와 카안과의 관계가 단절되었음을 의미하는 것은 아니다. 예를 들어 마르 야발라하(Mar Yahbh-Allāhā, 1245~1317) 가 대주교직에 선출되는 것에 불만을 품은 네스토리우스 주교들이 그에 게 나아가 "새로운 대주교가 칸 중의 칸, 쿠빌라이에게 그에 관한 중상모 략을 했다"라고 주장하자, 그는 놀라서 이 일에 관해 상세히 조사하도록 명령했다.[15] 따라서 아흐마드가 다수 신민의 종교적 감수성에 호소해 통 치의 합법성의 기반을 넓히고 다양화하고자 노력했다고 결론내리는 것 이 보다 정확할 것이다. 이는 그가 주화에 새긴 이념적 문구와 호칭에서 드러난다. 한 양식에서 그는 자신의 전임자들이 썼던 몽골 문구로 "카안 의/이름으로/아흐마드가/주조한"이라고 새겼다. 또한 변형된 것도 있 었는데, 몽골 문자로 그의 이름 아마드(Amad)가 아랍어 "알 술탄 아흐마 드"(al-sultān Aḥmad)로 바뀌었다. 마지막 세 번째 유형은 모두 아랍어로 된 것으로 앞면에는 "카안/지고의/아흐마드, 일칸"으로 기록되어 있고, 뒷면에는 이슬람의 공식 문구인 "알라 외에는 다른 신이 없다/무하마드 는 신의 선지자/술탄 아흐마드"라고 기록되어 있다.[16]

Izdatel'stvo vostochnoi literatury, 1962), p. 38, from the Chronicle of Bishop Step'anos; and Marco Polo, pp. 457~66 참조.

14 『元史』, 卷 107, p. 2720.

15 Ernest A. Wallis Budge, trans., *The Monks of Kūblāi Khān* (London: Religious Tract Society, 1928), pp. 158~60.

이러한 이념적 변화는 많은 몽골인을 분노하게 했다. 당대 여러 사료는 모두 그의 정치적 반대자들이 그가 몽골 전통과 칭기스 칸의 유산을 배신했다고 비난하며, 쿠빌라이 앞에서 이러한 혐의들을 제가했다는 사실을 증언한다.[17] 아흐마드가 일칸의 전통적 적대 세력인 금장 칸국과 그의 동맹인 이집트 맘루크에 평화를 제의했기 때문에도 몽골 추종자들과의 관계가 악화되었을 수 있다.[18] 어쨌든, 커져가는 불만은 아르군에게 왕위를 차지할 또 다른 기회를 제공했고 쿠빌라이가 일찍이 이를 지지했던 것 같다.

아흐마드는 반대자들이 아르군 주변에 모여들고 있다는 사실을 알고 그의 조카를 체포하고 가두었다. 아흐마드의 수석 부관 가운데 한 명이었던 부카(Buqa)가 아르군을 처치하기 위해 파견되었는데, 그는 아르군을 풀어주고 그에게 그의 경쟁자를 물리칠 수 있도록 조언과 정보를 제공하여 도왔다. 1284년에 경쟁자(테구데르)는 수많은 지지자와 함께 처형당했다.[19]

이 사건에 대한 쿠빌라이의 관심은 그가 이란에 서둘러 보냈던 사절을 통해 드러난다. 첫 번째는 한문 사료에 보루오(孛羅)로 기록되어 있는 조정의 최고위 관료인 볼라드 노얀이 맡았다. 그는 중국에서 오랫동안 봉사해 왔던 시리아계의 이사 켈레메치(Isā Kelemechi, 愛薛 怯里馬赤, 통역관 이사)와 동행했다. 이 임무가 맡겨진 것은 1283년 봄이었는데, 사료에

---

16 M. A. Seifeddini, vol. I, pp. 195~96; David M. Lang, *Numismatic History*, p. 46; Michael Weiers, "Münzaufschriften", p. 53.

17 Hayton (Het'um), *La flor des estoires*, p. 186; Marco Polo, p. 460; Bar Hebraeus, p. 474.

18 Peter M. Holt, "The Īlkhān Aḥmad's Embassies to Qalāwūn: Two Contemporary Accounts", *BSOAS* 49 (1986), pp. 128~32.

19 이 유명한 사건은 여러 사료에 실려 있다. A. G. Galstian, *Armianskie istochniki*, p. 41; M. Brosset, *Histoire de la Géorgie*, p. 601; Bar Hebraeus, pp. 460~72, 477~79; Marco Polo, pp. 464~65 참조.

구체적으로 기록되어 있지 않지만 얼마 후 사절단은 알란군 장교의 호위를 받으면서 중국을 떠났다.[20] 그들은 아르군이 아란(Arrān)에 머물던 1285년 말에 도착했다. 얼마 후인 1286년 1월, 아르군이 지원을 요청하기 위해 동방에 파견한 또 다른 사절 우르두키야(Ūrdūqiyā)가 바라던 대칸의 임명장을 가지고 이란으로 돌아왔다.[21]

　이 사절단에 대해서는 몇 가지 추가적인 설명이 필요하다. 첫째, 1284년 8월 10일 아흐마드의 사형과 1286년 1월 23일 아르군에 임명장이 도착한 시간적 간격은 불과 17개월로, 이란에서의 위기에 놀라울 정도로 빠른 대응이 이루어졌다. 내 생각에 이는 쿠빌라이가 아흐마드를 폐위하려는 시도를 미리 알았고 이를 전적으로 승인했음을 시사한다. 다시 말해 쿠빌라이는 분쟁의 결과가 원 제국에 알려지기 전에 아르군을 지지했던 것이다. 둘째, 아르군에 대한 그의 지지는 쿠빌라이가 승리의 주역인 부카에게 승상(丞相)이라는 명예로운 칭호를 수여한 사실을 통해 한층 더 강조된다. 특히 이 수여에 관해서는 서아시아 사료에 널리 기록되었으며, 당대 그리고 이후의 연대기에서 당대 주요 사건 가운데 하나로 여겨졌다.[22] 실제로 승상(페르시아어로는 'chīnksānk')은 원 조정에서 최고위 관원에게만 주어진 칭호였기에 이는 매우 특별한 경우였다. 1286년 부카가 영예로운 칭호를 받았던 당시, 중국의 기록에 따르면

---

20 『元史』, 卷 123, p. 3038; 卷 134, p. 3249; 『秘書監志』, 卷 1, p. 14a(p. 47); 卷 3, p. 5b (p. 82); 卷 4, p. 3b(p. 114).

21 Rashīd/Jahn I, p. 66. 우르두키야와 그의 이름에 대해서는 Paul Pelliot, *Notes*, vol. I, p. 581 참조.

22 그 승인에 대해서는 라시드 앗 딘 이외에 Abū Bakr al-Ahrī, *Ta'rīkh-i Shaikh Uwais, an Important Source for the History of Adharbaijān*, trans. by J. B. Van Loon ('s-Gravenhage: Mouton, 1954), p. 139, Persian text and pp. 41~42, English translation; A. G. Galstian, *Armianskie istochniki*, p. 40; M. Brosset, *Histoire de la Géorgie*, pt. 1, pp. 602, 606; Stephannos Orbelian, *Histoire de la Siounie*, trans. by M. Brosset (St. Petersburg: Académie imperiale des sciences, 1864), p. 204에 기록되어 있다.

다른 승상은 오직 한 명뿐이었다.[23] 요컨대, 부카에게 내린 칭호는 이란 과 제국 내 몽골 엘리트에게 아르군의 쿠데타에 대한 쿠빌라이의 지지 를 전하는 가장 극적이고도 효과적인 수단이었다. 세 번째이자 마지막으 로 쿠빌라이가 일칸 조정에 보낼 대리인으로 볼라드(Bolad, ?~1313)와 이사 켈레메치를 대표로 선택한 것 또한 대칸이 이란의 충실한 동맹 세 력의 유지를 중시했음을 드러낸다. 처음에는 볼라드가 특사(rasālat)로 서 술되었지만, 그 역시 승상이자 중국에서 여러 중요한 역할을 담당하며 쿠빌라이에게 오랜 신뢰를 얻은 인물이었다.[24] 더 중요한 것은 볼라드가 30년 가까이 서아시아에 머물면서 결과적으로 이란과 중국 사이의 문화 교류의 주요 전달자 역할을 했다는 점이다. 그의 부관 이사 켈레메치는 중국으로 돌아갔고, 그곳에서 보다 작은 규모이기는 하지만 비슷한 직책 을 수행했다. 두 인물 모두 이 연구의 다음 장에서 비중 있게 다룰 것이다.

많은 도움과 격려를 받은 아르군(재위 1284~91)은 이에 회답했다. 우 선 그는 아버지 아바카처럼 쿠빌라이의 임명장을 기다렸다가 전권을 장 악하는 모습을 보였다.[25] 킹메이커였던 부카는 자연히 그의 수석 관료이 자 고문이 되었다. 처음에 그는 광범위하게 권한을 행사할 수 있었지만, 그의 직위와 직함에 대한 자부심이 과도해지자 결국 1289년 아르군은 자신의 구원자를 처형했다.[26]

아르군은 자신의 주권자이자 후원자에게 자신의 복종을 알리는 데 신 경을 썼다. 그의 통치기 주화에는 "카안의/이름으로/아르군/주조한" 혹 은 "카안/지고의/일칸 아르군"으로 조합된 문구가 새겨 있다.[27] 교황과

23 이 직함에 대해서는『元史』, 卷 85, pp. 2120~21; 卷 112, pp. 2794~2800; Paul
    Ratchnevsky, *Un code des Yuan*, 4 vols. (Paris: Collège de France, 1937-85), vol. I,
    pp. 17~19 참조.
24 Rashīd/Alizade, vol. I, pt. 1, p. 518.
25 Hayton (Het'um), *La flor des estoires*, p. 188.
26 Bar Hebraeus, pp. 477~79.
27 M. A. Seifeddini, vol. I, pp. 206~14; Arthur Lane, *Numismatic History*, p. 47; Michael

프랑스의 필리프 4세와 주고받은 외교 서신에서 그는 이 왕들에게 "카안의 축복으로" 편지를 전했고 자신을 "일칸"으로 언급했다.[28] 마지막으로 그는 중국에 사신을 보냈고 원 조정에서 온 사절을 맞이했다. 이러한 교류 목적에 관해서도 역시 정보가 빈약하다. 1286년 쿠빌라이가 이란에 사절을 파견한 것은 위구리스탄에서 우구데이 가문의 지도자 카이두와 그의 동맹인 차가타이계의 통치자 두아(Du'a, 재위 1282~1307)가 행한 군사적 압박이 점점 거세짐을 우려했기 때문이었을 것이다.[29]

1291년 3월 아르군이 사망하자 또다시 왕위계승 경쟁이 시작되었다. 주요 후보자는 아르군의 아들 가잔(Ghazan), 그의 숙부 게이하투(Geik-hatu, 재위 1291~95), 그리고 방계의 바이두(Baidu)였다. 게이하투는 조정에 머물던 불승(佛僧)으로부터 이린진 도르지(Irinjin Dorje)라는 티베트 이름을 받은 후 최종 승자가 되었고 7월에 즉위했으며, 한 달 후에 다시 공식적인 즉위식을 거행했다.[30] 테구데르(아흐마드)의 경우와 마찬가지로 게이하투가 카안으로부터 임명장을 받거나 요청했다는 직접적인 증거는 없다. 반면 게이하투는 아흐마드와 달리 『원사』에 나와 있는 훌레구계의 통치자 명단에 포함되어 있다. 그는 그곳에 중국식으로 표기한 티베트 이름 이린진 도르지(亦憐真朵兒只)로 기록되어 있다.[31]

Weiers, "Münzaufschriften", pp. 53~54.

28 Karl-Ernst Lupprian, *Beziehungen*, p. 245; Antoine Mostaert and Francis W. Cleaves, "Trois documents", p. 450, Mongolian text and p. 451, French translation; Antoine Mostaert and Francis W. Cleaves, *Les Lettres de 1289 et 1305 des ilkhan Arṣun et Öljeitü à Philippe le Bel* (Cambridge, Mass.: Harvard University Press, 1962), p. 17, Mongolian text, p. 18, French translation.

29 『元史』, 卷 11, p. 293. 아르군이 중국으로 파견한 사절은 아래의 다른 내용에서 다룰 것이다.

30 Rashīd/Jahn I, pp. 81~82, 85. 페르시아어 'bakhshi'는 '지식인'과 '스승'을 의미하는 중국어 '박사'(博士)로 거슬러 올라가는 투르크어 'baqshi'에서 유래했다. *DTS*, p. 82 참조.

31 『元史』, 卷 107, p. 2721.

일반적으로 게이하투는 카안의 권위를 인정했지만, 대외적으로 원 조정에 대한 복속을 표현하는 데에는 그의 전임자들만큼 신중하거나 일관되지 않았다. 그가 발행한 대부분의 주화에는 몽골식 문구에 따라 카안의 이름으로 주조되었다는 표현이 있지만, 바그다드나 타브리즈(Tabrīz)에서 주조된 것에는 그의 이름만 새겨졌고 대칸에 관한 언급은 전혀 없다. 또한 일칸이라는 용어는 더 이상 발견되지 않는다. 그의 재위기에 발행된 모든 종류의 동전에는 칭호 없이 그의 이름만 단독으로 나와 있다.[32]

이념적 표현에서 이러한 중요한 변화에도 불구하고 원 조정과의 교류는 지속되었다. 아르군은 재위 말에 신붓감을 얻기 위해서 신하 세 명을 중국에 보냈다. 이에 쿠빌라이는 몽골 귀족 여성인 쿠케진(Kökejin)을 아르군에게 보냈고, 폴로 가문의 세 명이 이 사절과 함께 이란으로 돌아왔다. 그들은 칭기스 칸 가문 제왕 간의 전쟁으로 육상 교통로가 다시 단절되자, 해로를 통해 이동했다. 그들이 이란에 도착했을 때, 아르군은 이미 세상을 떠났고 그의 동생 게이하투가 왕위에 올랐다.[33] 귀환한 사절은 환대를 받았고 쿠케진은 몽골 관습에 따라 고인의 아들인 가잔과 혼약을 맺었다. 라시드 앗 딘에 따르면, 가잔은 또한 당대에 다양한 "키타이(Khitāʾī)인과 중국인 재주꾼들"을 맞이했다.[34] 다른 자료를 근거로 우리는 쿠케진이 훌레구의 제1왕후 도쿠즈 카툰(Doquz Qatun, 1265년 사망)의 토지, 자산, 오르두를 물려받은 사실을 알고 있다.[35]

---

32 M. A. Seifeddini, vol. I, pp. 222~23; David M. Lang, *Numismatic History*, p. 49; Michael Weiers, "Münzaufschriften", pp. 58~60.

33 Marco Polo, pp. 88~91.

34 Rashīd/Jahn II, pp. 13, 39. 이 사절과 폴로 여정의 동행자들에 대한 좀 더 상세한 내용에 대해서는 Yang Chih-chiu and Ho Yung-chi, "Marco Polo Quits China", *HJAS* 9 (1945-47), p. 51; Francis W. Cleaves, "A Chinese Source Bearing on Marco Polo's Departure from China and a Persian Source on his Arrival in Persia", *HJAS* 36 (1976), pp. 181~203 참조.

35 Qāshānī/Hambly, p. 8.

또 하나 주목해야 하는 것은 폴로 가문이 게이하투의 궁정에서 대접을 잘 받고 "대칸의 이름으로" 발급된 네 개의 패자를 가지고 집으로 돌아갔다는 사실이다.[36] 현재 알려진 자료에 따르면, 게이하투가 원 조정과 거리를 두면서 어느 정도의 독립성을 주장했지만, 여전히 모호하게 대칸을 자신의 주권자로 인식했고 완전히 단절할 의도는 전혀 없었던 것으로 보인다. 그러나 그의 통치는 중국과 이란의 몽골 조정의 관계에서 중요한 전환을 의미했으며, 그 변화는 가잔과 그의 후계자들에 의해 가속화되고 공고해졌다.

---

36 Marco Polo, pp. 91~92.

가잔 시기의 지속과 변화, 1295~1304

1291년 왕위계승에 실패한 바이두는 1294년 후반 게이하투를 상대로 반란을 일으켰고, 이는 다음 해 초 게이하투의 사망으로 막을 내렸다.[1] 바이두가 왕위에 있는 6개월 동안에 이란에는 혼란이 지속되었다. 끊임없는 음모와 역모로 훌레구 울루스는 분열되었고 내전으로 붕괴 위기에 처했다.[2] 사망한 경쟁자처럼 바이두는 대칸의 이름으로 한정된 주화를 발행하면서 일칸의 칭호를 뺐다.[3] 그는 통치 기간이 매우 짧았기에 그의 성향이 어떠한지는 차치하고서라도 새로 즉위한 쿠빌라이의 손자 테무르(Temür, 재위 1294~1307)에게 임명장을 요청할 시간이 없었다. 『원사』에도 이란의 몽골 통치자 가운데 바이두에 대한 언급은 없다.

가잔(재위 1295~1304)은 바이두의 위태로운 정권에 반대하는 세력을 이끌었다. 호라산의 총독이자 아버지 아르군으로부터 지명된 가잔은

---

1 Abū'l-Fidā, *The Memoirs of a Syrian Prince*, trans. by P. M. Holt (Wiesbaden: Franz Steiner, 1983), pp. 24~25.

2 Ernest A. Budge, *The Monks of Ḳūblāi Khān*, p. 209의 설명 참조.

3 M. A. Seifeddini, vol. I, pp. 223~24; Michael Weiers, "Münzaufschriften", pp. 60~62.

1291년 게이하투를 위해 물러났다.[4] 이제 그는 유예된 자신의 정당한 계승권을 주장하기 위해 적극적으로 움직였다. 바이두와의 투쟁 과정에서 가잔은 1295년 6월 중순에 이슬람으로 개종했다. 최근 연구에 따르면, 그가 그렇게 했던 것은 이란에 있는 몽골군과 귀족 가운데 상당한 규모의 영향력 있는 자들이 이미 무슬림이 되었기 때문이었다.[5] 이유야 어쨌든지 간에, 경쟁자를 물리치고 1295년 11월 왕위를 계승한 후에 그는 무슬림 통치자로서의 자격을 확립하기 위해 발 빠르게 움직였다.

이는 그의 주화에서 명확하게 드러난다. 아랍의 백과사전학자 알 우마리(al-ʿUmarī)가 정확하게 인식했듯이, 본질적인 변화는 가잔이 "자기 이름만을 주화에 새기고 대칸의 이름을 생략한 것"이었다.[6] 대부분의 주화로 이 증언이 뒷받침된다. 그가 초기에 발행한 주화들에는 아랍어 문구가 새겨져 있는데, "세계의 통치자(Pādshāh)/최고 존엄의 술탄/가잔 마흐무드/신이 그의 통치가 장구하게 하시기를"이라고 자신을 표현했다. 그 이외에도 "페르시아-이슬람"식 칭호가 광범위하고 다양하게 사용되었다. "이슬람의 통치자/황제(Shāhanshāh), 지고의, 가잔 마흐무드", "이슬람의 술탄/가잔 마흐무드", "술탄, 지고의, 가잔 술탄 마흐무드" 등이 있고, 트란스코카서스에서는 "하늘(텡그리, Tengri)의 힘으로/가잔이/주조한"이라는 몽골식 문구로 수정한 주화들이 있다.[7] 이러한 이념적 변화는 가잔의 외교 서신에서도 분명하게 드러난다. 1302년 교황 보니파키우스 8세에게 보낸 몽골어 서신에서 그는 대칸과 일칸이라는 호칭과 관련된 모든 것을 삭제했다.[8]

---

4   Rashīd/Jahn II, p. 15; Rashīd/Karīmī, vol. I, p. 850; M. A. Seifeddini, vol. I, p. 209;
    Michael Weiers, "Munzaufschriften", p. 56.

5   Charles Melville, "Pādshāh-i Islām: The Conversion of Sulṭān Maḥmūd Ghāzān
    Khān", *Pembroke Papers* 1 (1990), pp. 159~77.

6   ʿUmarī/Lech, p. 19, Arabic text and p. 103, German translation.

7   M. A. Seifeddini, vol. I, pp. 227~28; David M. Lang, *Numismatic History*, p. 52.

8   Antoine Mostaert and Francis W. Cleaves, "Trois documents", p. 470, Mongolian text

그러나 이러한 변화가 즉각적으로 이루어졌거나 절대적이었다고 보는 것은 실수이다. 변화는 점진적으로 이루어졌고 불완전했다. 예를 들어 아르메니아 서기관은 가잔을 "퍼디샤 칸"(pādshāh khān)으로 언급했는데, 이는 페르시아와 유목적 전통이 결합된 것이었다.[9] 라시드 앗 딘이 가잔을 언급하며 신에게 그의 술탄국을 보호해 달라고 간청한 아래 기록은 보다 과장적이면서도 혼합적이다.

세상의 군주(Pādshāh), 지상과 시간의 왕 중의 왕(Shāhānshāh), 이란과 투란 왕들의 통치자, 아낌없는 신의 은혜의 현현, 이슬람과 신앙의 가시적 표징, 잠시드(Jamshid), 정의의 수호자, 세계 지배 질서의 창조자, 주권의 높은 깃발, 정의의 양탄자의 수여자, 넘치는 자비의 바다, 군주령의 왕, 칭기스 칸 가문 왕좌의 계승자, 신의 그림자, 땅과 시간 끝까지 알라 신앙의 수호자.[10]

여기에는 정권을 합법화하는 여러 근거가 소환되었고, 주로 이슬람을 언급하지만 고대 이란과 몽골의 정치적 권위의 원천에 대해서도 함께 언급하고 있다. 이러한 문구는 가잔이 시작하고 후원한 라시드 앗 딘의 연대기인 『집사』(集史) 여러 곳에서도 발견된다.

가잔이 교황 보니파키우스 8세에게 보낸 서신에서도 이념적 변화의 단편적 성격이 명확하게 드러난다. 카안의 칭호가 더 이상 언급되지 않았지만 대칸의 중국 인장은 여전히 사용되었다. 인장에는 가잔을 왕(王)으로 선언하고 있다.[11] 그리고 몇몇 주화에서 가잔은 일칸으로 표기되었

---

and p. 471, French translation.

9 Avedis K. Sanjian, *Colophons of Armenian Manuscripts: A Source for Middle Eastern History* (Cambridge, Mass.: Harvard University Press, 1969), p. 49.

10 Rashīd/Karīmī, vol. I, p. 386. 또 다른 예는 p. 214 참조.

11 Antoine Mostaert and Francis W. Cleaves, "Trois documents", p. 483.

고, 그루지야에서 주조된 주화에는 재위 마지막 해까지 전통적인 몽골 문구 "카안의/이름으로/가잔이/주조한"을 담고 있었다.[12] 후자의 경우 카안의 권위를 공개적으로 사용한 것에 대해 두 가지 설명이 가능하다. 먼저 그루지야는 기독교 국가로 이슬람화된 가잔의 권위를 적용하기에 는 부적절했거나 적어도 시급한 문제는 아니었다. 둘째, 금장 칸국에서 는 오랫동안 그루지야에 대해 (소유권을) 주장해 왔고, 아마도 가잔이 이 지역에 대한 대칸의 명목상의 주권을 홍보하는 것이 정치적으로 유리하 다고 생각했을 것이다.

이러한 칭호와 문구의 변화에 관해 어떻게 이해하고 해석하든, 이것이 중국의 대칸과의 단절의 전조를 보여 주는 것은 결코 아니다. 이란에서 불교 지도자를 추방했던 것으로 유명한 가잔은 조정에서 동아시아의 영 향력을 결코 단절하지 못했고, 더욱이 그렇게 의도했다는 어떠한 증거도 없다. 실제로 여러 측면에서 가잔의 통치기는 중국과 이란의 문화 교류 가 절정에 달했던 시기였다. 가잔이 성장기에 동아시아인들 손에 자랐다 는 것은 놀라운 사실이 아니다. 그의 유모 무갈진(Mughāljin)은 이상이라 는 중국인의 아내였다.[13] 라시드 앗 딘에 따르면, 다섯 살 무렵 아바카는 그를 중국인 교사(bakhshī) 바락에게 맡겨 몽골어와 위구르어 문자 및 그 들의 과학과 예절을 가르치도록 했다.[14] 기록에 의하면, 그는 이러한 과 목에 대해 대단한 소질과 열정을 보였다. 그의 아내 중 하나인 몽골인 쿠 케진이 원 궁정에서 많은 시간을 보냈으며, 그녀가 "거란의 기이한 자와 북중국의 희귀한 자를" 데리고 왔다는 사실도 잊어서는 안 된다.[15] 개종 하고 몇 년이 지나 성인이 된 후 그는 몽골의 설 명절인 차간 사르(White

---

12 M. A. Seifeddini, vol. I, pp. 226~27, 231; David M. Lang, *Numismatic History*, p. 51.

13 Rashīd/Jahn II, pp. 3~4.

14 *Ibid.*, II, p. 8.

15 *Ibid.*, II, pp. 13, 39.

제5장 가잔 시기의 지속과 변화, 1295~1304

Festival)와 같은 순전한 몽골 전통에 참여했다.[16] 요컨대, 그의 개종은 아무리 진심이었다 하더라도 중국의 과학, 역사, 요리 혹은 몽골의 풍속에 대한 지속적인 관심을 가로막지는 못했다.

국가적인 사안에서도 동일한 양상이 나타났다. 개종했다고 가잔이 자동적으로 이슬람 정권의 우군이 되고 이교도 정권의 적이 된 것은 아니다. 이슬람으로 개종하고 3년이 지난 후에 가잔은 무슬림 정권과 허가받지 않고 교류했다는 이유로 그의 개종에서 역할을 했던 오이라트 몽골인 노루즈를 처형했다.[17] 그리고 1301년 맘루크와의 협상에서 그의 이슬람 신앙을 내세우면서도, 여전히 모국어로 오래된 몽골인 조력자와 상의했다.[18] 보다 근본적으로 이란의 몽골 조정은 이념적 전환에도 불구하고 칭기스 칸 가문의 제왕 세력 및 경쟁자들과 긴밀하게 얽혀 있었다. 금장칸국과의 갈등은 일시적으로 잦아들었지만 중앙아시아의 우구데이 가문과 차가타이 가문의 연합은 원 제국의 안보와 이란의 오랜 동맹에 심각한 위협이 되었다. 기본적인 자국의 이익 때문에 양자는 지속적인 관계를 유지해야 했다.

사실상 두 조정을 하나로 묶는 연결점은 많았다. 이는 가잔과 쿠빌라이의 계승자 사이의 두 차례 교류에서 잘 드러난다. 중국 사료에서만 알려진 첫 번째 교류는 테무르 카안(成宗, 재위 1294~1307)이 시작했다. 1296년 그는 전도유망한 장수 바이주(Baiju)를 서역으로 보냈다. 가잔은 바이주의 능력에 매우 감명을 받아 그를 궁실의 노복이자 원정군의 부관으로 삼았다. 그는 성심으로 봉사했고 감동한 칸에게 상을 받았다. 그

---

16 Ernest A. Budge, *The Monks of Kūblāi Khān*, pp. 250~51. 좀 더 진전된 논의에 대해서는 Reuven Amitai-Preiss, "Ghazan, Islam and Mongol Tradition: A View from the Mamlūk Sultanate", *BSOAS* 54 (1996), pp. 1~10 참조.

17 Abū'l-Fidā, *Memoirs*, p. 30.

18 Heribert Horst, "Eine Gesandtenschaft des Mamlūken al-Malik an-Naṣīr am Il-khān Hof in Persien", in Wilhelm Hoernerbach, ed., *Der Orient in der Forschung: Festschrift für Otto Spies zum 5. April 1966* (Wiesbaden: Otto Harrassowitz, 1967), pp. 357~58.

후 불분명한 시점에 그는 원 조정으로 귀환했고 그의 활약에 만족한 테무르는 그에게 많은 상과 카안의 은혜를 내렸다.[19] 이 군사적 인재를 "제공해 준 것"은 분명히 두 조정이 우호적이며 실제로 친밀한 관계에 있었음이 드러낸다.

두 번째는 이란에서 이루어졌다. 와사프(Vaṣṣāf)에 따르면, 가잔은 두 명의 신하인 말리크 파흐르 앗 딘 아흐마드(Malik Fakhr al-Dīn Ahmad)와 노가이(Noghai)를 엘치(Elchi, 사신)로 선발해 대칸에게 보냈다. 그들은 카이두·두아와의 전쟁으로 육로가 막혀 해상으로 이동했다. 그러나 그들의 여정에 불운이 닥쳤다. 1301년 강소성(江蘇省) 지역 출신 관원 양수(楊樞)는 중국 해역으로 표류해 온 노가이를 비롯해 그의 동료를 만났다. 이후 1304년에 그들은 원 제국에 공물을 바쳤고 북중국에 있는 훌레구의 자산을 시찰했다. 해상으로 돌아오던 도중에 파흐르 앗 딘은 1305년 인도의 마아바르(Ma'abar) 부근에서 세상을 떠났다. 노가이와 테무르의 사신 양수는 계속 항해하여 1307년에 호르무즈에 도착했다. 때는 그들이 출발한 이후 거의 9년이 되던 해였다. 이 무렵, 가잔의 동생 올제이투(Öljeitü, 재위 1304~16)가 왕위에 있었다.[20]

이 사절들은 활동한 시간 외에도, 몇 가지 측면에서 시사점을 준다. 먼저 사절단은 여러 가지 역할을 수행했음이 분명하다. 우리는 그들의 정치적 목적이 무엇이었는지 들은 바가 없지만, 그들의 경제적 관련 활동

---

19 袁桷, 『淸容居士集』(『四部叢刊』), 卷 34, p. 22b. 원각(1267~1327)이 바이주의 전기를 집필했다.

20 Vaṣṣāf al-Ḥaẓrat, pp. 505~06; H. M. Elliot and John Dowson, trans., *The History of India as Told by its Own Historians*, repr. (New York: AMS Press, 1966), vol. III, pp. 45~47; 黃溍, 『金華黃先生文集』(『四部叢刊』), 卷 35, p. 16a; 『元史』, 卷 21, p. 460. 더 많은 논평과 분석은 V. V. Bartol'd, "Evropeets XIII v. v Kitaiskikh uchenykh uchrezhdeniiakh (K voprosu pizantse Izole)", *Sochineniia* (Moscow: Nauka, 1968), vol. V, pp. 385~87; Paul Pelliot, "Les grands voyages maritimes chinois au début du XVe siècle", *TP* 30 (1933), p. 431 참조.

은 분명하게 언급되어 있다. 그들은 무역을 하기 위해 자본을 가져갔고 중국에서 훌레구의 자산에서 얻은 수익금을 가져왔다(이 주제는 제7장에서 좀 더 상세히 다룰 것이다). 둘째, 그들은 문화 교류에 참여했다. 그들은 '사냥용 표범(치타)' 같은 서아시아의 이국적인 물품을 동방으로 가져갔고 유사한 선물을 가져왔다. 따라서 훌레구 이래로 발전해 왔던 중국과 이란에 있는 몽골 조정 사이에 발전해 온 정치·경제·문화의 광범위한 관계가 가잔의 치세 말년에도 온전히 유지되었고 여전히 꽤 활발했음을 알 수 있다.

제6장

술탄과 대칸, 1304~35

올제이투가 가잔의 계승자로 즉위한 시기는 칭기스 칸 가문의 제왕 사이에 평화가 안착된 시기와 일치한다. 따라서 올제이투와 대칸의 관계는 무엇보다도 이러한 중요한 변화의 맥락에서 다루어야 할 것이다.

앞서 언급했듯이, 아릭 부케와 쿠빌라이 사이의 충돌은 반대파들에게 자립과 개인적 이익을 추구할 수 있는 기회를 제공했다. 그 결과 네 지역의 칸국 사이에 전쟁이 빈번하게 일어났다. 1262~63년, 1265년, 1288년, 1290년 금장 칸국과 훌레구 가문은 코카서스 땅을 놓고 군사적으로 충돌했다. 한편, 1268년, 1275년, 1286년, 1290년에는 카이두가 이끈 동방의 우구데이 가문과 차가타이 가문의 연맹 세력이 몽골 초원과 위구리스탄에서 쿠빌라이 군대를 공격했다. 초기에 중부 시베리아까지 영역을 확장한 조치계는 카이두를 지원하거나 적어도 우호적인 관계를 유지했으며, 쿠빌라이를 전복시키려는 그의 노력에 대체로 동조했다. 그러나 1280년대에 들어서면서 변하기 시작했다. 강력하고 공격적인 이웃인 카이두와 두아에 대한 두려움이 커지자 금장 칸국의 동부 세력은 중국과 이란의 사촌들에게 몇 차례 교섭을 시도했다.[1] 이로써 조치 가문과 홀레구 가문 사이의 갈등이 종식되었고, 이들은 중앙아시아의 연맹 세력이 일으키는, 보다 즉각적인 위협에 주의를 집중할 수 있었다. 카이두와 두아는 점차 고립되었고 1298년과 1301년 사이에 원 제국 군사는 남부 시베리아의 이르티시강을 따라 전개된 일련의 전투에서 조치 가문의 군대와 연합하여 그들을 결정적으로 격파했다.[2] 몇 차례의 소모적인 전투 끝에 세상을 떠난 카이두의 아들 차바르(Chabar)와 전쟁에 지친 두아는 적대 행위를 끝내기로 결정했다. 그들은 1301년 8월 원 제국 조정에 사신을 보내 협상을 시작했고, 1304년 10월 그들은 공식적으로 '복속'을 선언했다.[3]

홀레구 가문은 결정적 전투에 참전하지 않았고 평화 협상에 직접적으로 참여한 것도 아니었지만, 그들은 그 전쟁에 대해 잘 알고 있었고 공동의 적에 대한 대칸의 승리를 기뻐했다.[4] 게다가 새롭게 왕위에 오른 올제이투는 제국이 다시 연합되었다는 사실을 지체하지 않고 이웃 나라에 알렸다. 1305년 프랑스의 왕 필리프에게 보낸 서신에는 칭기스 칸의 후손들이 45년 동안의 내전 끝에 평화를 맞이했다는 사실과 역참이 다시 연결되었다는 사실을 상세하게 설명했다.[5]

기독교에서 수니 이슬람으로 개종한 후 시아파(派)가 되었던 올제이투는 제국의 명목상 재연합과 몽골 칸들과의 우애를 축하하는 한편 그의 무슬림 신민들의 마음을 얻기 위해 노력했다. 그의 통치 시기를 기록한 연대기 작가 카샤니(Qāshānī)는 다른 무슬림 통치자들과 비교하여 올

1 Rashīd/Karīmī, vol. I, pp. 352~53; Rashīd/Boyle, p. 160.
2 상세한 내용과 기록들은 Thomas T. Allsen, "The Princes of the Left Hand: An Introduction to the History of the *Ulus* of Orda in the Thirteenth and Early Fourteenth Centuries", *AEMA* 5 (1985-87), pp. 18~25 참조.
3 Qāshānī/Hambly, pp. 32~41; 『元史』, 卷 21, pp. 454, 460.
4 Qāshānī/Hambly, p. 235.
5 Antoine Mostaert and Francis W. Cleaves, *Lettres de 1289 et 1305*, p. 53, Mongolian text, and p. 54, French translation.

제이투를 신앙심 깊은 인물로 묘사했으며, 예언자의 후예들과 이슬람 성자들에게 베푼 은혜에 대해 기술했다.[6] 원래 니콜라스(Nicolas)였다가 이후 무함마드 쿠다반다(Muhammad Khudābandah)로 개명한 그는 1304년 대관식에서 올자이투(Ūljāītū) 술탄이라는 칭호를 얻었다.[7] 그의 계승과 칭호는 순전히 자체적인 결정이었고, 대칸에게 임명장을 요청했거나 받았다는 어떠한 기록도 없다.

기독교도를 포함해 그의 신민들에게 그는 분명히 이슬람 신앙의 수호자인 술탄이었다.[8] 그의 통치기에 세워졌거나 개조된 공공건물에 새겨진 명문에는 동일한 메시지가 전달되었다. 여기에서 그는 술탄, 왕 중의 왕, "지상에 있는 신의 그림자" 등으로 묘사되었다.[9] 이상하게도 1311~12년 모술(Mosul)의 『쿠란』에 대한 올제이투의 의뢰서에는 일칸이라는 칭호가 다시 등장한다. 이 『쿠란』에는 이 사본의 주문자가 부분적으로 명시되어 있다.

우리의 군주 술탄, 존엄자 일칸, 고귀한 분, 피정복민의 왕, 아랍과 비아랍 세계의 술탄, 술탄, 세계 왕 중의 왕, 지상에 있는 신의 그림자, 그의 노예와 정복 지역을 다스리는 그의 칼리프.[10]

여기에서 '일칸'이라는 칭호가 내포하는 종속적 의미가 크게 줄어들

---

6 Qāshānī/Hambly, p. 228.

7 Qāshānī/Hambly, pp. 17~18, 42.

8 Avedis K. Sanjian, *Colophons*, pp. 51, 53.

9 Sheila S. Blair, "The Inscription from the Tomb Tower at Bastām: An Analysis of Ilkhanid Epigraphy", in C. Adle, ed., *Art et société dans le monde iranien* (Paris: ADPF, 1982), p. 267, Arabic text and p. 265, English translation; André Godard, "Historique du Masdjid-é Djum'a d'Iṣfahān", *Athar-é Irān* 1 (1936), pp. 234~36.

10 David James, *Qur'āns of the Mamluks* (New York: Thames and Hudson, 1988), p. 257, Arabic text and p. 100, English translation. 올제이투가 의뢰한 다른 『쿠란』 증서에도 유사한 특징이 있다. pp. 92, 112~13, 236, 238 참조.

었는데, 이는 페르시아-이슬람식 표현의 긴 수식어 목록에 포함되었기 때문이다. 즉 의뢰서에는 올제이투 통치기에 존재했던 두 이념 체계의 상대적인 무게가 정확하게 반영되어 있다.

거의 유사한 비율로 이루어진 이념적 혼합 양상은 외교 문서에서 찾을 수 있다. 필리프 4세에게 보낸 서신에는 올제이투 자신을 술탄으로 칭했고 원 제국의 통치자 테무르에게는 카안이라는 적절한 칭호를 붙여 주었지만, 결코 그에게 종속되어 있음을 암시하지 않았다.[11] 반면, 이 문서에 찍힌 중국 인장은 원 제국 통치자에 대한 의존적 메시지를 담고 있다. 그런데 "만물을 보살피는 하늘로부터 진정한 명(命)을 받은 존엄한 황제"라고 기록되어 있는 이 명문은 꽤 다르게 해석되어 왔다. 앙투안 모스테르(Antoine Mostaert)와 클리브스(Cleaves)는 이 인장을 연구하면서 "천명을 받은 황제"(天命皇帝)가 올제이투이며, 이 인장이 이란에서 제작되었을 것이라고 주장했다. 그 이유는 원 제국의 통치자가 절대적이고 완전한 주권을 주장하는 황제라는 칭호를 다른 사람에게 양도했을 가능성이 없기 때문이었다.[12] 이러한 분야에서 그들의 권위는 높게 인정할 만하지만, 이 경우에는 그들의 해석이 잘못된 것 같다. 문제의 인장에는 '바오'(寶)라는 글자가 새겨져 있는데, 이는 황제를 위해 제작되었음을 말해 준다.[13] 따라서 "천명을 받은 황제"는 중국의 테무르 카안을 지칭할 가능성이 높다. 요컨대, 원 제국 조정에서 올제이투 즉위 무렵에 사용하도록 이란에 '바오'(寶)를 하사한 것으로 생각된다. 어쨌든 문서에 찍힌 한자어 인장은 외교 관계에서 강력한 주권자의 지지와 권위를 효과적으로 드러내면서도 무슬림 신민들의 지지를 받으려는 올제이투의 노력을 어

11 Antoine Mostaert and Francis W. Cleaves, *Lettres de 1289 et 1305*, p. 55, Mongolian text, and p. 56, French translation.

12 Antoine Mostaert and Francis W. Cleaves, "Trois documents", pp. 484~85.

13 David M. Farquhar, "The Official Seals and Ciphers of the Yuan Period", *MS* 25 (1966), p. 393.

떤 방식으로도 약화시키지는 않을 것이다.

그러나 올제이투 시대에 주조된 주화에 드러나 있는 메시지는 한결같이 이슬람적이다. 그는 "최고의 권능자 술탄/세계와 신앙의 수호자"로 불리거나 "군주/최고의 권능자 술탄/신민들의 통치자(riqāb al-umam)"로 불렸다.[14] 내부 정치의 목적으로 몽골 통치에 이슬람의 얼굴을 입혀 정통성의 근원을 만들어내려는 노력이 지속적으로 이어졌다. 그러나 이는 동시대에 살았던 헤툼(Het'um)이 언급한 바와 같이 동방의 통치자 "테무르 카안"에 대한 "카르반다(Carbanda)의 경의와 존경"을 배제한 것이 아니었다.[15] 그리고 카안의 위상을 존중하는 오랜 관행 외에도 그에게는 여전히 그의 군주와 해야 할 중요한 일이 남아 있었다.

파악할 수 있는 한, 그들의 관계는 우호적이고 꽤나 긴밀했다. 1304년 10월 테무르 카안의 사절이 차바르의 사절과 함께 도착해 제왕들 사이의 화의를 올제이투 즉위 직후에 선언했다. 테무르의 사절에는 그는 가족과 함께 중국에 오랫동안 거주한 무슬림도 포함되어 있었고, 6주간 머무른 후 귀국길에 올랐다.[16] 다음 사절단은 1306년 초 테무르 조정으로부터 "경사로운 소식과 보고 사항들"을 가져와 전했다. 그들은 봄에 출발하기 전에 여러 차례 환대를 받았다.[17] 중국 사료에 따르면, 2년 후 다른 사신이 테무르 카안의 사망과 카이샨(Qaishan, 재위 1307~11)의 즉위를 알리기 위해 서방의 쿠다반다(Khudābandah, 合而班答) 칸에게 파견되었다.[18] 1314년 카이샨의 계승자 부얀투(Buyantu, 아유르바르와다, 재위 1311~20)가 파견한 사신이 또다시 "경사로운 소식"을 가지고 왔다.[19]

---

14 M. A. Seifeddini, vol. I, pp. 235~40; David M. Lang, *Numismatic History*, pp. 57~59.

15 Hayton (Het'um), *La flor des estoires*, p. 214.

16 Qāshānī/Hambly, pp. 31~32, 41. One of the envoys, Muṣṭafā Khwājah, was a descendant of Ja'far Khwājah, the Chu-pa-erh Huo-che of the 『元史』, 卷 120, p. 2960, Chinggis Qan's first imperial agent (*darughachi*) in Peking in 1215.

17 Qāshānī/Hambly, p. 49.

18 『元史』, 卷 21, p. 501.

1316년경 쿠다반다가 보낸 사신은 중국에 도착해 원 제국의 수석 관료였던 테무데르(Temüder)에게 많은 금전과 선물을 주었다.[20]

외교사절의 파견 이외에도 인적 교류가 있었다. 1304년 올제이투가 왕위를 계승한 직후에 새로운 아미르를 임명했는데, 그중에는 이전에 쿠빌라이의 손자로, 이후 이슬람으로 개종했고, 감숙회랑(甘肅回廊) 지역의 탕구트 땅에 영지를 가지고 있던 원 제국 왕자 아난다(Ananda)를 모신 사라칸 바쉬키드(Saraqān Bashqird)라는 사람이 있었다.[21] 또한『원사』에, 1307년 제왕 "쿠다반다에게 예속되어 있던 자들"이 구체적으로 밝혀지지 않은 소요로 인해 흩어졌고 카안이 (조서를 내려) "숨은 자들을 처벌하라고 명했다"라고 서술되어 있다.[22] 이 문장은 모호하지만 쿠다반다에게 중국에 어떤 예속민이 있었다는 사실을 분명히 드러내고 있다. 이 두 조정 사이의 지속적인 접촉과 소통은 연대기 작가 카샤니가 가지고 있는 위구리스탄과 티베트에 있는 장수들과 군부대의 배치에 관한 상세한 정보, 그리고 역사가 와사프가 카이샨과 부얀투의 즉위에 관해 많은 정보를 알고 있다는 사실을 통해 가장 잘 설명된다.[23]

1316년 올제이투가 세상을 떠나자 그의 열 살배기 아들 아부 사이드(Abū Saʿīd)가 칸의 자리를 계승했다. 이 또한 현지의 정치적 합의 아래 이루어진 결정으로, 페르시아나 중국 사료에는 대칸이 이 일에 간여했거나 임명장을 발행했다는 기록이 전혀 발견되지 않았다. 이번에 그를 칸의 자리에 올린 실력자는 추반(Chuban)이란 사람이었는데, 그는 오랫동안 올제이투를 섬겼던 원로 대신이었으며, 이제는 그의 어린 아들을 위

---

19 Qāshānī/Hambly, pp. 166~67. 테무르 카안은 1307년에 세상을 떠났기 때문에 이 사료에서 테무르 카안이 사절을 파견했다고 한 것은 명백한 오류이다.

20 『元史』, 卷 205, p. 4579. 유가(儒家)들은 테무데르를 '사악한 재상'으로 보았기 때문에, 이 선물들이 실제로 알려지지 않은 목적을 위한 뇌물이었을 것이라고 했다.

21 Qāshānī/Hambly, pp. 9, 29.

22 『元史』, 卷 21, p. 472.

23 Qāshānī/Hambly, pp. 202~03; Vaṣṣāf al-Ḥaẓrat, pp. 498~505.

한 섭정이 되었다. 아부 사이드의 재위기 내내 그의 권력과 명성이 자자했기에 당대의 관찰자들은 그를 공동의 통치자로 간주했고, 그는 직접 외국 조정에 사절을 파견했다.[24]

이슬람 명문에서는 아부 사이드를 "세계의 술탄, 지상과 신앙의 존엄자"라고 했고, 그루지야에서의 반란을 진압한 후 '용맹한 칸'이라는 뜻의 바투르 칸이라는 호칭을 추가로 얻었다. 이는 몽골 사료상에 부사이드 바가투르 칸(Busayid Baghatur Qan)이라는 표현으로도 확인된다.[25] 아르메니아 문서에는 한(Łan), 바하투르 한(Bahatur Łan), 술탄(sultan) 등 다양한 호칭이 함께 사용되었다.[26]

그의 주화에 새겨진 이념적 문구는 일관되게 이슬람적이었으며 그의 칭호로 '술탄'이 보편적으로 사용되었다.[27] 그러나 흥미롭게도 예외도 있었다. 1316~18년경 아나톨리아와 아제르바이잔에서 주조된 주화에는 '술탄'과 함께 '일칸'이라는 호칭이 사용되었다.[28] 일칸이라는 용어의 제한적인 부활은 활용할 만한 사료에는 설명되어 있지 않지만, 이 시기에 위구리스탄과 호라산에서의 대규모 공격을 감행한 차가타이 가문과 재개된 적대 관계와 관련이 있을 것이다. 이러한 상황에서 이란의 조정은 원 제국과의 연대를 널리 알릴 결정적인 기회라고 생각했을 것이다.

어쨌든 적대 관계의 재개는 원 제국과의 정기적으로 교류를 하도록 확

---

24 Abū'l-Fidā, *Memoirs*, pp. 72~73, 83, 85~87; Avedis K. Sanjian, *Colophons*, pp. 63~64.

25 V. V. Bartol'd, "Persidskaia nadpis na stene anniskoi mechete Manuche", in his *Sochineniia*, vol. IV, pp. 317~18; Francis W. Cleaves, "The Mongolian Documents in the Musée de Téhéran", *HJAS* 16 (1953), p. 27.

26 Avedis K. Sanjian, *Colophons*, pp. 65, 67~68, 70, 72~73.

27 M. A. Seifeddini, vol. II, pp. 23~37; David M. Lang, *Numismatic History*, pp. 61~65; M. N. Fedorov, "Klad serebrianykh khulaguidskikh monet iz Iuzhnogo Turkmenistana", in *Kul'tura Turkmenii v srednie veka* (Trudy Iu. TAKE, vol. XVII; Ashabad: Ylym, 1980), pp. 97~98.

28 Sheila S. Blair, "The Coins of the Later Ilkhanids: A Typological Analysis", *Journal of the Economic and Social History of the Orient* 26 (1983), pp. 299~301.

실히 자극했을 것이다. 중국 측 사료에 따르면, 1324~32년 약 20명의 사신이 두 조정을 왕래한 것으로 파악된다. 대부분은 아부 사이드가 시작했고 다수는 전통적인 조공 사절로 기록되었다. 그러나 때때로 새롭게 왕위에 오른 카안에 대한 경축 사절, 외교 사절의 행위에 관한 문제, 칭호와 영예 수여를 위해 파견된 다른 사절에 대한 이야기도 전해진다.[29] 후자의 사례로 추반은 명예 작위를 받았는데, 이 이야기는 대칸이 이란 정치에 지속적으로 간여했다는 사실을 보여 준다.

1320년대 초, 조정에서 추반의 권세는 점차 약해지기 시작했다. 먼저 아나톨리아(Rūm)의 총독이었던 그의 아들 테무르 타쉬(Temür Tash)가 1321~22년에 반란을 일으켰다. 추반은 그의 아들의 사면을 얻어내고 그를 동일한 관직에 재임명할 정도로 여전히 힘이 있었지만, 그의 명예는 실추되었고 정치적 취약성이 드러나기 시작했다. 이란에서 그의 지위를 강화하기 위해 그는 아부 사이드를 설득해 어떻게든 대칸으로부터 명예직을 받도록 요청하게 했다. 『원사』에 나와 있는 1324년 11월 28일의 기록에 따르면,

> 제왕 아부 사이드가 그의 장관 추반이 공을 세웠으니 관직을 하사해 달라고 요청하자, 대칸은 추반을 개부의동삼사(開府儀同三司)로 임명하고 익국공(翊國公)으로 봉했으며 은(銀) 인장과 금부(金符)를 하사했다.[30]

1327년 중엽 대칸의 대표단이 차가타이 칸과 금장 칸국을 거쳐 이란에 도착한 후 추반에게 이 영예직을 수여했다. 페르시아 사료에는 원 제국 내에서 제왕 바로 아래 등급에 해당하는 새로운 중국식 직함 '개부의

---

29 『元史』, 卷 29, pp. 643, 645~46, 651, 661~62; 卷 30, pp. 667, 671~75, 677~78; 卷 34, pp. 754, 760; 卷 35, pp. 789, 792; 卷 36, pp. 801, 803, 805; 卷 37, p. 812. 사절의 임무는 이 책 제7장 「경제적 연대」에서 좀 더 구체적으로 살펴볼 예정이다.
30 『元史』, 卷 29, p. 651.

동삼사'가 "사령관 중의 사령관"(Amīr al-umarā) 혹은 "네 칸국의 사령관"(ulūs-hā)으로 꽤 적절하게 번역되어 있다.[31]

그러나 이 시기 아부 사이드와 그의 수석 장관 간의 관계는 파국에 이르렀다. 수여식을 거행하고 몇 달 지나지 않아 모욕을 당해 화가 난 아부 사이드는 추반의 아들 중 하나를 사형시켰고 결국 군사적 충돌이 이어졌다. 추반의 추종자들은 곧 사라졌고 그는 얼마 동안 대칸에게 지원을 호소했다. 결국 헤라트(Herat)로 피신한 그는 그곳에서 지역 군주에게 붙잡혀 아부 사이드의 명으로 사형에 처해졌다.[32]

그의 직함이 추반의 경력이나 삶을 지켜주지는 못했지만 초기에 그러한 요청이 이루어졌다는 것은 분명 중요한 의미가 있다. 이란에는 '중국 카드'가 그들의 내부 정치에서 여전히 유효하다고 본 중요한 인물들이 분명히 있었다. 그리고 원 조정에서 조치 가문과 차가타이 가문에 추반에게 내린 영예를 가감 없이 알린 것도 그 자체로 의미심장하다. 이를 통해 대칸과 이란의 특별한 관계가 여전히 유지되고 있음을 상기시켰고 이는 잊거나 무시해서는 안 될 정치적 현실이라는 점을 분명히 드러낸 것이다.

1335년 아부 사이드가 세상을 떠나자 계승 분쟁으로 내전과 정치적 혼란이 이어졌고 이란에서의 몽골 통치는 급속도로 와해되어 갔다. 아부 사이드는 중국 사료에서 훌레구계의 마지막 통치자로 언급되었고 곧이어 원 제국의 정권도 심각한 내부적 위기에 직면한다. 정기적인 접촉과 협상으로 이어졌던 80년 동안의 정치적 동맹이 막을 내린 것이다.

---

31 Abū Bakr al-Ahrī, *Tarikh-i Shaikh Uwais*, p. 153, Persian text, and pp. 54~55, English translation; Ḥāfiẓ-i Abrū, *Zayl jāmiʿ al-tavārīkh-i Rashīdī*, ed. Khānbābā Bayānī (Salsalat-i intishārāt-i anjuman-i aṣar millī, no. 88; Tehran, 1971), p. 167.

32 이 일화에 대한 보다 상세한 내용은 Thomas T. Allsen, "Notes on Chinese Titles in Mongol Iran", *Mongolian Studies* 14 (1991), pp. 32~34 참조.

제7장

경제적 연대

두 조정 간 관계의 성격과 질적인 면에서의 완전하고 균형 잡힌 그림을 파악하기 위해 그들의 경제적 관계를 간략하게 탐색할 필요가 있다. 다시 한번 강조하지만, 이를 철저하게(혹은 경제 사회 측면에서) 다루려는 것은 아니다. 제7장의 의도는 그들의 문화적 교류에 대한 추가적인 맥락을 제공하려는 것이다.

아바카 통치기에 바르 헤브라에우스(Bar Hebraeus)가 "위대한 상인이자 기독교도"로 표현했던 야쿱이라는 사람이 쿠빌라이 조정에서 돌아오는 길에 호라산에서 세상을 떠났다. 그는 아바카의 대사였던 야쉬무트라는 위구르인과 동행한 것으로 알려졌다.[1] 공식적인 외교 사절과 함께 행해졌던 육상 무역은 육로 여행이 안전할 때 이루어졌다. 그러나 13세기에 접어들면서 중앙아시아에서의 소요와 군사적 충돌로 상인과 사절은 점차 다른 경로로 이동했던 것 같다.[2] 그 결과 인도양은 중심이 아닐지라

---

1 Bar Hebraeus, p. 456.
2 대안 경로, 이를 변경했을 때의 이익과 불이익의 문제에 대해서는 John of Monte

도 중국과 이란 사이의 경제적 관계에서 중요한 위치를 점하게 되었다. 어쨌든 해상 무역에 관한 정보는 훨씬 풍부하게 전해지고 있다.

　물론, 인도양 무역은 몽골보다 훨씬 오래전에 이루어졌고 그들에 의해 시작되었거나 통제된 것은 아니었다.[3] 이 교역 네트워크는 자이툰(泉州) 같은 중국 남부의 항구에서부터 지중해 해안의 알렉산드리아로 이어졌다. 주요 경유지는 인도의 동부 연안에 위치한 마아바르(Ma'abar)였다. 이 왕국은 원 조정에 잘 알려져 있었고, 중국 사료에서는 아바카 통치기의 내전으로 육로가 차단되면서 천주에서 마아바르를 통해 이란으로 이어지는 해상 루트가 활용되기 시작했다고 기록하고 있다.[4] 어쨌든 마르코 폴로와 라시드 앗 딘에 따르면, 마아바르에 중국과 인도, 신두(파키스탄 동남부의 정권)의 상품들이 도착했고 다시 이라크, 룸, 유럽으로 재수출되었다.[5] 중국과 이란의 몽골 조정 사이의 상품 교류는 이집트에 기반을 둔 카리미(Karīmī) 가문 같은 개인 상인이 중요한 역할을 하는, 보다 큰 상업 교류의 일부분을 차지했다.[6]

　몽골인들이 이 무역에 적극적으로 참여했다는 사실은 동시대의 사료에서 자주 등장한다. 예를 들어 마르코 폴로는 페르시아의 호르무즈항

Corvino, a Franciscan in China in the early fourteenth century, in *The Mongol Mission*, p. 226의 기술 참조.

3　중국과 페르시아만 간의 무역, 기간, 항구, 상품, 항로, 그리고 상업제도에 대해서는 Moira Tampoe, *Maritime Trade between China and the West: An Archaeological Study of the Ceramics from Siraf* (*Persian Gulf*), *8th to 15th Centuries AD* (Oxford: BAR Publications, 1989), pp. 77~81, 97~153 참조.

4　『元史』, 卷 210, p. 4669.

5　Marco Polo, pp. 351, 417, 418~19; Rashīd al-Dīn, *Die Indiengeschichte des Rashīd al-Dīn*, trans. by Karl Jahn (Vienna: Verlag der österreichischen Akademie der Wissenschaft, 1980), folio 335r-v, *tafeln* 14-15, Persian text, and pp. 37~38, German translation.

6　Arthur Lane and Robert Bertram Serjeant, "Pottery and Glass Fragments from the Aden Littoral, with Historical Notes", *JRAS* nos. 1-2 (1948), pp. 108~33, 특히 pp. 113~16 참조.

이 중국과 인도에서 온 상품들의 주요 집적지라고 기록했고, 이는 수십 년 후(1327년경) 페르시아만 해역을 항해하던 많은 중국 선박에 관해 언급한 이븐 바투타(Ibn Battutah, 1304~77)에 의해 확인되었다.[7] 올제이투 시기의 연대기 작가 카샤니도 이 무역에 관해 잘 알고 있었다. 그는 북중국과 남중국의 특산품이 먼저 마아바르에 도착했고, 이후에 "대형 선박, 정(jung)"에 적재되어 이란으로 운송되었다는 사실에 주목했다.[8] 물론, 이것은 그 유명한 정크 선박이었다. 그곳에서 때때로 시간을 보냈던 마르코 폴로는 규모, 적재량, 수밀격창, 방향타, 돛대의 활용과 닻 등 중국 원양 선박에 대해 상세하게 묘사했다.[9] 송대(宋代)와 원대(元代) 선박의 실제 면적에 관해서는 불확실하고 논쟁의 여지가 있다. 근래 학자들은 1,200톤에서 적게는 375톤 정도로 추정하고 있다.[10] 그 수치가 얼마가 되었든 간에, 중세 중국의 선박은 규모가 컸고 쾌적했기에 그것을 목격한 서방인과 기독교도, 그리고 무슬림에게 깊은 인상을 남겼다.

우리는 이 인상적인 선박으로 동아시아의 상품들을 이란으로 수송한 몇몇 상인에 관해 잘 알고 있다. 13세기 후반과 14세기 초반에 남부 이란과 이라크에서 몽골의 징세관이었던 이슬람의 장로 자말 앗 딘 이브라힘 이븐 무하마드 알 티비(Jamāl al-Dīn Ibrāhīm ibn Muhammad al-Tībī)는 페르시아만의 카이스섬에 근거지를 두고 대륙을 횡단하는 원거리 무역을 했다. 와사프에 따르면, 이 성공적인 사업은 멀리 떨어진 중국의 상품(biẓā'at)이 극서쪽에서 소비될 정도로 잘 운영되었다.[11] 다른 문헌자료

7 Marco Polo, p. 123; Ibn Baṭṭuṭah/Gibb, vol. II, p. 320.
8 Qāshānī/Hambly, p. 182.
9 Marco Polo, pp. 354~57.
10 Zhou Shide, "Shipbuilding", *Ancient China's Technology and Science* (Peking: Foreign Language Press, 1983), p. 479; H. C. Lee, "A Report on a Recently Excavated Sung Ship at Quanzhou and a Consideration of its True Capacity", *Sung Studies* 11-12 (1975-76), pp. 4~9.
11 Henry M. Elliot and John Dowson, *History of India*, p. 35; Vaṣṣāf al-Ḥaẓrat, p. 303;

에 따르면, 이란에 전해진 상품들에는 향신료, 구리, 자단목, 진주, 보석 등이 포함되어 있다.[12] 물론, 직물도 주요 수입 품목이었다. 운송된 물품량은 기록되어 있지 않지만, 분명히 상당했을 것이다. 동시대인 카샤니는 1311년 바그다드에서 일어난 화재로 100투먼에 달하는 이집트산 및 중국산 직물과 상품이 소실되었다고 기록했는데, 이를 통해 대략의 양을 가늠할 수 있다.[13] 고고학적 증거를 통해 이란에 전해진 중국산 도자기가 상당한 양에 이르렀음이 분명하다.[14] 고고학 문헌을 좀 더 상세히 검토해 보면 이란의 중국산 상품의 성격과 규모가 더욱 명확해진 것이다.

중국과 이란의 조정 간에는 민간과 정부가 후원하는 무역 외에도 공식적 교류가 있었다. 대개는 사료에서 이를 '공물'(貢物)로 표현하는데, 몽골의 사회적 통념과 관습의 관점에서 볼 때 상호주의, 선물 교환의 일환으로 잘 이해할 수 있다. 그러한 교류는 13세기(가령, 가잔이 중국산 특산품을 받음)에 시작되었지만, 아부 사이드(1316~35) 통치기에 두 조정 간에 이루어졌던 일이 더 잘 알려져 있다.

1330년 술타니야의 대주교가 쓴 "대칸의 자산에 관한 책"에 따르면, 아부 사이드와 다른 칭기스 칸 가문의 제왕들이 "매년 살아 있는 표범, 낙타, 송골매, 그리고 많은 양의 보석을 그들의 군주 사이드 칸(카안)에게 보냈다."[15] 이 문헌이 비록 의문스럽고 문제 있는 사료이긴 하지만, 관련된 내용은 『원사』의 기록과 잘 일치한다. 선물의 빈번한 교류는 〈표 2〉에 잘 제시되어 있다.

몇 가지 설명이 더 필요하겠다. 첫째로 사자, 호랑이, 표범을 중국으로

Jean Aubin, "Les princes d'Ormuz du XIIIe au XVe siècle", *Journal Asiatique* 241 (1953), pp. 89~99.

12 Marco Polo, p. 415.

13 Qāshānī/Hambly, p. 109.

14 B. A. Shelkovnikov, "Kitaiskaia keramika iz raskopok srednevekovykh gorodov i poseleni Zakavkaz'ia", *Sovetskaia arkheologiia* 21 (1954), pp. 368~78.

15 Sir Henry Yule, *Cathay*, vol. III, p. 89.

〈표 2〉 선물 교환

선물 일자	원 제국 카안에게 보낸 선물	아부 사이드에게 보낸 선물●
1324년 4월 22일	"공물"	
1324년 5월 9일	"공물"	
1326년 1월 1일		교초 2만 정(錠), 비단 100필
1326년 1월 12일	"진주"	교초 2만 정
1326년 2월 10일	"서역 말"	
1326년 8월 15일	"낙타와 말"	
1326년 9월 23일	"귀금속과 단봉낙타"	
1326년 11월 25일	"호랑이"	
1326년 12월 6일	"말"	
1327년 4월 5일	"표범, 서역말, 패도, 기타 보석류	금과 교초 1만 정
1327년 4월 21일	"표범과 호랑이"	교초 8,000정
1330년 7월 24일	"하례"	
1331년 11월 18일	"공물"(약재)	
1332년 3월 28일		비단 240필
1332년 5월 13일	"토산물"	
1332년 8월 17일	"칠보수정"	
1332년 11월 7일	"데리아카 88근과 패도 80개"	"교초 3,300정"

보낸 목적이 사료에 기록되어 있지 않지만, 이 동물들은 원 제국에서 관리하는 여러 사냥터로 보내진 것이 확실하며, 이 가운데 가장 유명한 것은 콜리지(Coleridge)가 재너두(Xanadu)라고 했던 상도(上都)였다. 둘째, 원 조정에서는 아부 사이드의 선물에 대해 막대한 양의 지폐와 보초(寶鈔)의 현금을 답례로 자주 보냈다. 이 또한 "대칸의 자산에 관한 책"에는 원 제국에 대해 "그들의 모든 왕실 자산이 또한 종이[화폐]로 되어 있다"

● 저자는 〈표 2〉에서 약재를 '아부 사이드에게 보낸 선물'로 표기했으나, 『원사』에 따르면, 아부 사이드가 공물로 보낸 약재였다. 고딕으로 표시한 부분 참조.

라고 기록되어 있다.[16] 분명히 화폐 체계가 금속 통화로 되어 있는 서아
시아로 지폐를 가져갈 수가 없었다. 해결책은 당연히 중국에서 비단을
비롯해 다른 값비싼 물품을 지폐로 구매하는 것이었다. 당시의 기독교와
무슬림 저자들에게 그러한 관행이 잘 알려져 있었다.[17]

칭기스 칸의 광대한 영토 전체에 걸쳐 각각의 제왕들에게 할당된 "분
봉지"는 중국과 이란 조정 사이의 또 다른 중요한 경제적 유대를 형성했
다. 영토와 속민의 하사를 몽골제국에서 나타나는 이른바 '봉건적' 경향
으로 보는 연구가 많이 이루어졌다.[18] 그러나 이 분봉지를 대륙 횡단적
경제 교류 형태로 주목한 경우는 상대적으로 많지 않다.

유목 사회의 정치 문화에서는 지도자가 자신의 부(富)와 자산을 가신
및 추종자들에게 재분배해야 한다. 이는 대규모 연회와 주연의 조직 혹
은 복식(服飾)의 하사 등 다양한 방식으로 이루어진다. 수렵 또한 황실
의 관대함을 드러낼 수 있는 기회였다. 우구데이 시기에 대규모로 정성
스럽게 조직된 사냥을 묘사하면서 라시드 앗 딘은 하루가 끝나면 "군관
(büke'üls)은 모든 왕공과 장군, 병사에게 모아 놓은 몫을 공정하게 배분
해 누구도 자기 몫(naṣib)을 받지 못하는 일이 없도록 했다"라고 했다.[19]

소(牛)와 사람을 포함한 모든 종류의 전리품도 마찬가지로 배분되었
다. 『몽골비사』에 따르면, 칭기스 칸은 정기적으로 전쟁에서 패배한 부

16 *Ibid.*, p. 98.

17 Marco Polo, p. 239; Francesco Balducci Pegolotti, "La Practica della Mercatura", in Sir
    Henry Yule, *Cathay*, vol. III, pp. 154~55; Ḥāfiẓ-i Abrū, *A Persian Embassy to China*,
    trans. by K. M. Maitra, repr. (New York: Paragon Book Corp., 1970), pp. 97~98,
    111~12.

18 관련 사례는 蒙思明, 『元代社會階級制度』(香港: 龍門書店, 1967), pp. 115~26; G. V.
    Melikhov, "Ustanovlenie vlasti mongol'skikh feodalov v Severo-Vostochnom Kitae",
    in Tikhvinskii, *Tataro-Mongoly*, pp. 72ff.; I. P. Petrushevskii, *Zemledelie i agrarnye
    otnosheniia v Iran, XIII-XIV vekov* (Moscow and Leningrad: Izdatel'stvo akademii
    nauk SSSR, 1960), pp. 233ff. 참조.

19 Rashīd/Alizade, vol. II, pt. 1, pp. 248~49; Rashīd/Boyle, p. 65.

족과 포로들을 그의 일족에게 나누어주었다.[20] 처음에 이들은 유목민이
자 부족민이었지만, 몽골의 통치가 정주 지역에까지 미치면서 이러한 관
행은 농경민으로까지 확대되었고, 일부는 제왕과 공신에게 할당되었다.
그 규모는 1252년 쿠릴타이에서 뭉케가 "모든 통치 영역을 나누어(tahsīs
farmud) 그의 모든 일족, 자녀, 형제자매에게 몫으로 주었다(bakhsh)"[21]라
고 한 주베이니의 기술에 잘 담겨 있다.

몽골에서는 일반적으로 그러한 '분배'를 쿠비(qubi)라고 했지만 시간
이 지나면서 귀족에게 하사하는 영토 및 백성과 관련된 중국어·몽골어
어휘가 복잡하고도 혼란스럽게 변화되어 갔다. 그 가운데 가장 일반적인
것은 분봉지를 의미하는 투하(投下), 부족을 의미하는 아이막(愛馬, 몽골
어로 'ayimagh')이 있고, 우리의 목적과 관련하여 가장 중요한 '분배된 토
지'를 의미하는 분지(分地)가 있다.[22] 적어도 대규모로 이루어진 것은 우
구데이 시기에 처음으로 하사된 분지였다. 이 결정 과정에서 많은 논란
과 정치적 논쟁이 벌어졌다. 여기에 가장 열렬하게 반대했던 이는 몽골
에서 가장 영향력 있는 북중국 출신의 고문 야율초재(耶律楚材, 1190~
1244)였다.[23] 그럼에도 불구하고 1236년 북중국(中原)의 넓은 지역에 대
한 분배 계획이 수정되어 시행되었다. 그 결과 인구의 상당 부분이 카
안의 일족에게 분사되었다.[24] 이 시혜 과정에서 우구데이는 모든 주현

---

20 『元朝祕史』/Cleaves, sect. 186, 187, pp. 114~15, sect. 203, pp. 143~44, sect. 242,
  p. 175;『元朝祕史』/de Rachewiltz, sect. 186, 187, pp. 95~96, sect. 203, pp. 115~16,
  sect. 242, pp. 138~39.
21 Juvaynī/Qazvīnī, vol. I, p. 31; Juvaynī/Boyle, vol. I, p. 42.
22 이 용어에 관한 추가적인 논의에 대해서는 Paul Ratchnevsky, "Zum Ausdruck 't'ou-
  hsia' in der Mongolenzeit", in Walther Heissig, ed., *Collectanea Mongolica: Festschrift
  für Professor Dr. Rintchen zum 60. Geburtstag* (Wiesbaden: Otto Harrassowitz, 1966),
  pp. 173~91; Chou Liang-hsiao, "Yuan-tai t'ou-hsia fen-feng chih-tu ch'u-t'an",
  Yuan shih lun-ts'ang 2 (1983), pp. 53~59 참조.
23 Hsiao Ch'i-ch'ing, "Yen Shih (1182-1240)", *Papers on Far Eastern History* 33 (1986),
  pp. 121~22 참조.

(州縣)을 칭기스 칸 가문의 직계 제왕들에게 관대하게 배분했다. 예를 들어 조치의 장남인 오르다(Orda)와 바투(Batu)는 평양로(平陽路)를 받았고, 차가타이는 태원(太原) 지역을 받았다. 그런데 야율초재의 강력한 권고로 대칸은 각 수령자가 분봉지에 자신의 대리자로서 다루가치(darughachi, 達魯花赤)를 둘 수 있지만, 조정에서 임명한 관료들이 세금을 징수한 후 분봉받은 자 혹은 그의 대리인에게 수익을 넘기도록 했다.[25]

백성에게 부과된 세금은 몽골어로 '아카-타무르'(aqa-tamur), 중국어로는 문자 그대로 '다섯 가구의 견사'를 의미하는 오호사(五戶絲)라고 했다. '다섯 호마다 견사를 납부하는 호'의 오호사호(五戶絲戶)라 불리는 가구는 연간 1근(596.82그램)의 견사를 중앙정부에 세금으로 납부하고 6량 4전(238.72그램)을 소유주에게 납부했다. 따라서 정부는 분봉지의 소유주보다 2.5배나 더 많은 양을 거두었다.[26]

우리는 중국에서 훌레구의 분봉지, 그리고 또 다른 경제적 수익에 관해 잘 알고 있다. 『원사』에는 1257년 뭉케가 사여(賜與)의 일환으로 은 100정(錠)과 면포 300필을 훌레구에게 매년 하사했다고 기록되어 있다. 동시에 대칸은 하남 장덕로(彰德路)의 2만 5,056호를 오호사호로 하사했다. 이어지는 기록에 따르면, 1319년 2,929호만이 2,201근의 비단을 생산하는 데 그쳤다.[27] 가구가 급격하게 감소한 이유가 설명되지는 않았지만, 이는 원 조정에서 투하령에 대한 통제를 강화하기 위한 노력과 분명히 관련이 있다. 1316년 올제이투가 많은 하사품을 아끼지 않았던 우승상 테무데르의 손에 이 임무가 맡겨졌다는 점이 흥미롭다. 1319년경

---

24 중국어 '분사'(分賜)는 문자 그대로 '나누어 수여하다'라는 뜻이다.

25 이 사건에 관한 모든 내용은 『元史』, 卷 2, p.35에 기록되어 있다. 또한 『元文類』, 卷 40, pp. 23a~b 참조.

26 『元史』, 卷 93, pp. 2361~62. 온전한 번역은 Herbert F. Schurmann, *The Economic Structure of the Yuan Dynasty* (Cambridge, Mass.: Harvard University Press, 1956), p. 99. 몽골 용어에 대해서는 David M. Farquhar, *Government*, pp. 338, 363 note 244 참조.

27 『元史』, 卷 95, pp. 2417~18.

그는 오호사호의 수를 75퍼센트까지 감소시키는 데 성공했고, 제왕과 공신 관료들의 희생으로 중앙정부의 수입을 늘렸다.[28] 따라서 중국에서 훌레구 가문의 자산 손실은 정책의 부산물이었지, 두 조정 사이의 악화된 관계의 결과는 아니었다.

장덕로의 경우에 훌레구가 이 지역에 대리인을 임명하는 권한을 행사했다는 사실 이외에는 알려진 바가 없다. 그의 재위 말년에 일칸은 중국인 학자 고명(高鳴)을 장덕로총관(彰德路總管)에 임명했다. 이 인선 과정에는 장기간의 협상이 필요했고, 지명된 자가 수락할 때까지 이란에서 세 차례의 사신이 중국에 파견되었다.[29] •

중국에서 임명한 훌레구의 또 다른 관원에 관한 정보가 있다. 그는 아프가니스탄 발흐 출신의 보더나(伯德那)란 사람으로 1220년에 온 가족이 몽골에 투항했다. 『원사』의 전기에 따르면, 보더나는 이후 훌레구를 섬겼고 "하동민부부총관(河東民賦副總管)에 임명되었다. 〔이 임무로〕 인해 그는 하중(河中) 의씨현(猗氏縣)에 거주하다가 이후에 해주(解州)로 옮겼다." 다른 전기 사료에 따르면, 보더나의 직무가 장안(長安)에까지 확장되었던 것으로 보인다.[30] 이 지역들은 모두 산서성(山西省) 혹은 섬서성(陝西省)에 해당하는 지역으로 하남의 장덕로와는 관련이 없는 것이 분명하다. 따라서 그가 산서성 혹은 섬서성 인근에서 훌레구의 다른 경제적 자산을 관리·감독했던 것으로 보인다.

좀 더 분명한 점은 훌레구가 그의 조부가 하사한 중국 내 그의 속민에

28 Elizabeth Endicott-West, *Mongolian Rule in China: Local Administration in the Yuan Dynasty* (Cambridge, Mass.: Harvard University Press, 1989), pp. 97ff. 참조.

29 『元史』, 卷 160, p. 3758.

• 『원사』에는 "훌레구가 서방 원정을 앞두고 그가 현명한 인재(賢才)임을 듣고 세 명의 사신을 파견해 그를 불러오게 하였고, 고명이 왕을 위해 서정을 위한 20여 가지 전략을 제시하자 왕이 여러 차례 그를 칭찬하고 장덕로총관으로 천거했다"라고 기록되어 있다.

30 『元史』, 卷 137, p. 3309; 程鉅夫, 『程雪樓文集』(臺北, 1970), 卷 18, p. 1b.

대한 권리가 있었다는 것이다. 이 내용은 장황하면서도 다소 불분명하게
설명되고 있다.

처음에 칭기스 칸은 각로의 타포응방민호(隨路打捕鷹坊民戶, 수렵과
사냥용 매 관리를 담당하는 호) 7,000호를 훌레구 칸에게 예속시켰다.
1261년 [이들을 관리하기 위한] 제도가 마련되었고 1275년 아바카 칸은
사신을 파견하여 조정으로 [권한을] 귀속시켜 달라는 주를 올렸다. 그들
은 병부(兵部)에 예속되었다. 관리를 위해 대도(大都) 등지의 타포응방제
색인장도총관부(打捕鷹坊諸色人匠都摠管部)에 종속되었다. 이 기구는 정
3품에 해당하며 가잔 칸의 사무를 담당했다. 1304년에 새롭게 [기구가]
설치되어 제왕이 관리를 선발했다. 1311년 다른 관부에 병합되었다. 카르
반다[올제이투] 칸이 먼 곳에 거주하고 있어 관원을 따로 두지 않았으나,
기존의 기구는 폐지되지 않았다.[31]

이 사료의 초반부는 매우 명확하지만 1311년과 그 이후의 일에 대해
서는 설명이 필요하다. 내가 이해하기로 후반부 문장에서 1304년의 "새
로운 기구"는 1311년에 폐지되었고 이 호들에 대한 행정적 책임은 타포
응방제색인장도총관부에 위임되었으며, 이는 1275년의 제도로 되돌아
가는 것이었다. 이러한 해석은 올제이투의 계승자인 "아부 사이드 칸에
게 소속된" 이들의 행정적 지위에 대해 직접적으로 언급하며 대도 등지
의 타포응방제색인장도총관부에 임명된 다루가치가 [이 호들에 대한] 관
리를 기본적으로 맡았다"라고 한 『원사』의 다른 기록으로 뒷받침된다.
사료에서는, 아부 사이드 시대까지 (분봉) 호의 수가 7,000호에서 780호
로 감소했다고 덧붙이고 있다.[32]

---

31 『元史』, 卷 85, pp. 2141~42; Paul Pelliot, *Notes*, vol. I, pp. 5, 120.
32 『元史』, 卷 101, p. 2600.

훌레구의 분봉지가 티베트에도 있음은 잘 알려져 있다. 뭉케가 그곳의 땅을 자신의 일족들에게 분배했다. 훌레구의 분봉지는 티베트 남부의 야르룽(Yar-lung) 협곡이었다. 1300년경까지는 총독(yul bsrungs)이 임명되었고 이 시기에 일칸의 권리가 소멸된 것으로 보이는데, 이는 아마도 교류의 어려움 때문이었을 것이다.[33]

동방에서의 훌레구 영지에 대한 그림을 완성하기 위해 관련성은 있지만 다소 난해한 페르시아 사료들을 간단히 살펴볼 필요가 있다. 라시드 앗 딘에 따르면, 훌레구는 톨루이의 두 번째 아내였던 링쿤(Limqūn) 카툰의 오르두(Ordu) 혹은 영지를 물려받았다. 이 오르두의 위치는 명시되어 있지 않지만 몽골 초원에 있었던 것으로 보인다. 1270년 또는 1280년대 쿠빌라이에 대항해 카이두와 동맹을 맺은 아릭 부케의 아들 멜리크 테무르(Melik Temür)가 이 오르두에 대한 통제권을 장악했다.[34] 중국의 분봉지만큼의 가치는 없었지만, 예속인, 가축떼, 장막, 그리고 장비를 포함한 오르두의 점령은 칭기스 칸의 손자들에게 상당한 손실로 여겨졌다.

중국 사서의 근간이 되는 행정 기록 보관의 전통으로 북중국의 분봉지에 관한 정보는 상당히 풍부하며 종종 학술적 자료에서도 논의되어 왔다. 그러나 이란에서 몽골 통치자들이 농지를 분봉하는 데 유사한 경향을 보인다는 사실은 그다지 주목받지 못했다. 이 자료들은 꽤 엉성하고 불명확하지만 전반적인 증거는 훌레구의 통치 지역에서 제왕과 관료들의 분봉지가 있었으며, 일부는 그곳에 거주하지 않았다는 분명한 결론을 제시하고 있다.

이러한 분봉은 우구데이 통치기에 먼저 기록되었다. 라시드 앗 딘

---

33 Luciano Petech, *Central Tibet and the Mongols: The Yuan-Sa-skya Period in Tibetan History* (Rome: Istituto Italiano per il Medio ed Estremo Oriente, 1990), pp. 11, 16, 38, 56~57, 88~90; Elliot Sperling, "Hülegü and Tibet", *AOASH* 45 (1990), pp. 147~53.

34 Rashīd/Karīmī, vol. I, p. 668; Rashīd/Boyle, p. 312.

은 이란에 있는 콩기라트부 출신들에 관해 언급하면서 "아미르 테수(Tesü)는 원래 카안(우구데이)의 어전(御殿)에서 온 사람이며, 아르군 아카(Arghun Aqa)의 누케르로, 카안의 사람들에게 속한 지역을 관할했다"라고 했다.[35] 금장 칸국의 칸 바투(1256년 사망)의 삶과 시대에 관한 주자니(Jūzjānī)의 기록에 따르면, "이란에서 몽골의 관할 아래 있는 각 지역〔vilāyat〕에서 그는 분봉지〔naṣīb〕를 받았고 그의 분봉지에 대리인〔굼마쉬타건, gumāshtagān〕이 배속되었다."[36] 마지막으로 동시대인인 주자니가 이 사건에 대해 묘사한 바와 같이 주베이니 또한 이란에서의 분봉지에 대해 다음과 같이 언급했다.

그리고 이때〔1257년〕 지역〔vilāyat〕의 인구조사〔shumār〕가 완료되었기 때문에 세계의 통치자〔뭉케 카안〕가 그의 모든 일족과 형제에게 이 지역을 분배했고〔takhsīs farmūd〕, 이것은 적절한 곳에서 언급될 것이다.[37]

안타깝게도 주베이니는 이 주제를 다시 다루지 않았지만, 중국 사료에서는 그의 증언이 충분히 확인된다. 『원사』의 한 장의 기록에 따르면, 1256~57년 겨울 뭉케가 "아무다리야의 복속된 무슬림〔回回〕 인구를 제왕과 공신들에게 분배해 하사했다〔分賜〕."[38] 여기서 이란 북부라고 언급한 곳은 같은 사료의 이전 기록에서 뭉케가 아르군 아카를 아무다리야로 파견했다는 기록을 통해 확인할 수 있으며, 페르시아 사료에서 알 수 있듯이 그는 호라산의 투스(Ṭūs)로 보내졌다.[39]

조각난 정보들을 종합해 보면 이란과 중국에서 거의 동시에 분봉지

35 Rashīd/Alizade, vol. I, pt. 1, p. 413.
36 Jūzjānī/Lees, p. 406; Jūzjānī/Raverty, vol. II, p. 1172.
37 Juvaynī/Qazvīnī, vol. II, p. 260; Juvaynī/Boyle, vol. II, p. 523.
38 『元史』, 卷 3, p. 49.
39 『元史』, 卷 3, p. 45.

가 형성되었음이 명백하다. 두 지역에서 모두 우구데이 시기에 이 제도가 시작되었고 이후 뭉케 시기에 확장되었다. 후자의 경우 시기(1257년)와 용어(分賜)가 정확하게 일치한다. 게다가 중국에서와 마찬가지로 이란에서 누케르, 다루가치, 굼마쉬타건으로 불렸던 수령자의 대리인은 이 분봉지(分地, qubi, bakhsh 또는 naṣīb)의 행정 관리에서 중요한 역할을 담당했다. 마지막으로 이란에서의 이 땅들은 중국에서와 마찬가지로 거주하거나 거주하지 않는 많은 귀족에게 배분되었다. 예를 들어 1265년 차가타이 칸국에서 장기간 민정 장관을 지낸 마수드 벡(Masʿūd Beg)은 카이두와 차가타이 가문의 동맹이었던 바락(Baraq)의 사절로 와서 "그들의 세습 분봉지(inju-ha)의 회계 조사를 요청했다."[40] 더 중요한 것은 쿠빌라이의 사절 역시 그렇게 했다는 점이다. 라시드 앗 딘에 따르면, 1265년경 대칸은 이란에 임시로 파견되었던 바얀 이후 두 명의 사절 사르탁(Sartaq)과 아브드 알 라흐만(ʿAbd al-Rahman)을 훌레구에게 보내 조사하도록 했다. 얼마 후 사르탁과 바얀은 중국으로 돌아왔지만 아브드 알 라흐만은 "명확한 장부 정리(āfragh-i muhāsabāt)를 위해 여기[이란]에 남았다."[41] 조사 대상에 대해서는 명시하지 않았지만, 훌레구 영역에 있는 쿠빌라이 분봉지의 수입이었을 것으로 생각된다.

카안은 토지 이외에 서방에 이동 가능한 자산을 소유했다. 가잔 시대에까지 원 제국의 카안은 이란에 '카안의 사람', 칸치(qānchī)나 몽골어로 목동(牧童)을 의미하는 호니치(qonichi)들이 돌보는 소, 양, 낙타를 소유했다. 흥미롭게도 가잔은 이 가축들의 관리 상태를 주의 깊게 조사했으며, 질병과 절도, 길을 잃어 소실된 모든 것을 보충하도록 명했다. 그가 중국에 있는 그의 자산에 대해 카안이 동일한 태도를 취하게 하려고 했

---

40 Rashīd/Jahn I, p. 9.
41 Rashīd/Alizade, vol. I, pt. 1, pp. 455, 523; Rashīd/Karīmī, vol. I, p. 637; Rashīd/
    Boyle, pp. 270~71.

던 것 같다.[42]

설명의 편의를 위해 중국과 이란 사이의 다양한 유형의 경제 교류 방식을 구분했으나, 실제로 경제적 관계의 다양한 가닥은 대개 서로 얽혀 있고 종종 동일한 사람의 관리 아래 이루어졌다. 이는 앞서 언급한 이슬람력 697년/1297~98년에 가잔이 중국에 파견했던 사절의 경제활동의 범위를 자세히 살펴보면서 설명할 수 있겠다. 와사프에 따르면, 말리크 파흐르 앗 딘 아흐마드와 노가이가 이끄는 사절단이 무역을 위해 값비싼 선물과 "수도의 대형 보관소(khizanat-buzurg)에서 금 10만 디나르"를 가지고 동방으로 파견되었다. 동시에 파흐르 앗 딘은 배당된 배에 자신의 친척을 비롯해 동업자인 이슬람 장로 자말 앗 딘(Jamāl al-Dīn)의 상품들을 채워 넣었다. 남중국에 도착하자 그들은 관세를 면제받고 대도(大都)로 안내되어 가잔의 선물을 테무르 카안에게 진상했으며, 자신들의 상품들을 보여 주었다. 4년간 머문 후 떠날 때가 되자, 그들은 가잔을 위한 선물과 함께 뭉케 카안 이래로 중국에 있는 훌레구의 분봉지에서 징수되지 않았던 견직물을 받았다. 양수라는 사신이 이 수익을 별도의 선박에 싣고 파흐르 앗 딘과 함께 회항길에 올랐다.[43]

이 하나의 여정에서 모든 교류 방식이 명확하게 드러난다. 공식적인 공물과 토산품, 국고의 자본으로 진행된 관무역, 자말 앗 딘 같은 준정부 상업 자본가가 참여하고 궁정에서 운송비를 부담하는 형태의 사무역, 마지막으로 장기간 운용되어 왔던 분봉지 수익, 즉 제국의 수익 가운데 제왕들의 지분이 있다. 정확한 수치는 누락되어 있지만 이 사절에 관한 기록은 두 조정 사이의 교역 규모가 상당한 수준에 이르렀음을 드러내며, 칭기스 칸계의 두 가문이 지속적으로 교류하고, 그들의 우애와 동맹을 유지해야 할 또 다른 이유가 된다.

---

42 Rashīd/Jahn II pp. 339~40.

43 Henry M. Elliot and John Dowson, *History of India*, pp. 45~47; Vaṣṣāf al-Ḥazrat, pp. 505~06.

제8장

중국과 이란 조정 간의 관계 개관

이 장에서는 중국과 이란 조정 간의 관계의 기본적인 특징을 확인함과 동시에 몽골제국 전체의 기본적 구조와 정치적 역동성을 좀 더 명확하게 알아보고자 한다. 이 탐험은 칭기스 칸이 그의 아들들과 일족에게 분배한 영토에서 시작할 것이다.

몽골 정치의 발전을 이해하는 데 중요한 이 사건은 사료상에 상세하게 기록되어 있지 않다. 이미 언급했듯이, 초기의 가장 완성도 있는 기록은 1260년대 주베이니가 제공했다. 매우 중요한 내용이기에 이 구절은 다음과 같이 자세하게 인용했다.

그리고 칭기스 칸이 지배했던 시대에 왕국이 방대해지자, 그는 모두에게 각자의 거주지인 유르트(yurt)를 배정했다. 그의 형제 옷치긴(Otchigin, 斡赤斤)과 그의 손자들에게 중국 지역을 영토로 지정해 주었다. 장남 조치에게는 카얄릭(Qayaliq)과 호라즘에서부터 〔볼가에 있는〕 삭신(Saqsin)과 불가르(Bulghār)까지, 그리고 그 지역부터 타타르(몽골) 말발굽이 닿는 지역까지 영토를 주었다. 차가타이에게는 위구르 땅에서 사마르칸트와 부하라까지 〔영토로 주었고〕, 그의 거주 지역은 알말리크 (Almaliq) 부근의 쿠야스(Quyas)였다. 부친이 재위하는 동안에 계승자 우구데이의 거처는 에밀(Emil)과 〔준가리아의 강에 있는〕 코박(Qobaq) 지역에 있는 그의 유르트였다. 그는 제위에 오르면서 중국과 위구르 사이에 있는 〔몽골인의〕 본토로 궁실을 옮겼다. 그리고 그〔다른〕 거처를 아들 구육에게 넘겼다 …… 〔넷째 아들〕 톨루이〔의 땅〕도 그〔우구데이〕에게 인접해 있었는데, 〔톨루이의〕 이곳은 실제로 원의 중심처럼 제국 중앙부에 자리 잡고 있었다.[1]

주베이니의 기록은 구체적인 내용이 부족하지만, 칭기스 칸의 마지막 시기에 이루어진 분봉에 대해 정확하게 묘사하고 있다. 사실, 조치 가문은 지금의 카자흐스탄 초원, 시베리아 남부, 볼가강 하류, 킵차크 초원, 코카서스 북부와 러시아 공국을 하사받아 점유했다. 그의 차남 차가타이는 서투르키스탄을 확보했고, 그의 셋째 아들이자 후계자였던 우구데이는 준가리아에서 개인 영지를 소유했고, 이후에 제국의 수도 카라코룸에 있는 중부 몽골로 이주했다. 마지막으로 막내 톨루이는 몽골 부족의 본토(urheimat)였던 동부 몽골을 분배받았다.

중국에서는 산동성(山東省)의 익도(益都)에 6만 2,156개의 사호(絲戶)를 소유했던 옷치긴처럼 일족에게 분봉지를 조금씩 나누어 주었다는 사실이 중요하다.[2] 이는 모든 칭기스 칸 가문의 구성원이 지분을 받은 일종의 공동 자산이었다. 이후 몽골 통치가 이란으로 확장되면서 행정 기구가 생겼을 때 이 역시 제왕들에게 공유되었다. 폴 뷰얼(Paul Buell)이 지적했듯이, 그 결과 이 지역은 몽골제국 행상서성(行尚書省)이 관리했다.[3]

---

1 Juvaynī/Qazvīnī, vol. I, pp. 31～32; Juvaynī/Boyle, vol. I, pp. 42～43.

2 이는 적어도 1236년의 수치이다. 『元史』, 卷 95, 옷치긴 노얀(斡眞那顔) 이하 내용 (p. 2413) 참조.

3 Paul Buell, "Sino-Khitan Administration in Mongol Bukhara", *Journal of Asian History*

이러한 행성의 관원은 카안과 제왕이 공동으로 임명한 자들로 구성되었다. 그리고 제왕은 분봉지에 대리인을 임명할 권한을 가졌다. 따라서 적어도 이론적으로 행정 관원은 칭기스 칸 가문의 이익을 대표했으며, 카안은 동족 가운데 최고의 지위를 누렸다. 중앙아시아와 초원 지역에서처럼 중국과 이란에 대한 직접적인 통제권을 가졌던 칸들이 없었다는 점을 다시 강조해야 할 것이다. 즉 피터 잭슨(Peter Jackson)이 주장했듯이, 13세기 중엽에 대두된 4칸국은 칭기스 칸의 초기 분봉에서 비롯된 것이 아니었다. 제국이 네 곳으로 분열된 것은 직계 자손 간의 치열한 투쟁으로 그의 유산을 새롭게 해석하고 재분배한 의도치 않은 결과였다.[4]

따라서 제왕들 간의 이러한 긴장의 주요 원인은 '국경'을 둘러싼 충돌이 아니라 분봉지를 둘러싼 갈등이었다. 카안과 중서성의 관원들은 당연히 제왕의 분봉주로서의 권한과 자원에 대한 접근을 제한하려 했다. 이러한 경쟁은 특히 카라코룸에서 동떨어진 이란에서 첨예했다. 조치의 아들인 바투가 이란과 트란스코카서스에서 그의 통제를 확고히 하거나 그의 영향력을 확장하기 위해 그의 분봉지를 근거지로 삼았다는 점은 의심의 여지가 없다.

뭉케는 즉위 직후에 그러한 가능성을 차단하기 위해 새로운 분봉을 시행했으며, 제왕들 간의 정치적 결속의 양상을 완전히 바꾸어놓았다. 그는 중국과 이란에 있는 가족과 관원에게 새로운 지역을 분봉하는 동시에 두 지역에 대한 톨루이 가문의 직접적인 지배를 확고히 수립했다. 라시드 앗 딘에 따르면, 새로운 통치자는,

13 (1979), p. 147. 좀 더 진전된 논의는 Thomas T. Allsen, *Mongol Imperialism: The Policies of the Grand Qan Möngke in China, Russia and the Islamic Lands, 1251-1259* (Berkeley: University of California Press, 1987), pp. 100~13 참조.

4 Peter Jackson, "From *Ulus* to Khanate: The Making of the Mongol States", in Reuven Amitai-Preiss and David O. Morgan, *Mongol Empire*, pp. 12~37, 특히 pp. 35~36 참조.

그의 형제 쿠빌라이 카안에게 키타이〔북중국〕, 만친〔남중국〕, 카라장〔운남〕, 탕구트, 티베트, 여진의 땅, 솔랑가〔한반도 북부〕, 고려, 그리고 키타이 및 만친과 인접한 힌두스탄의 일부 지역을 맡겼고, 훌레구에게는 서방에 있는 이란, 시리아, 이집트, 룸, 아르메니아를 맡겼는데, 그들 각각의 군대로 그의 우익과 좌익으로 삼았다.[5]

『원사』에는 더욱 간단하게 1251년 뭉케가 "그의 동생 쿠빌라이에게 몽골인이 정복한 중국 땅의 백성을 맡겼다." 그리고 1년 후 그의 동생 "훌레구에게 서역의 나라들과 술탄을 복속시키라"고 명했다.[6]

이제 제국에서 가장 부유하고 인구가 많은 지역에 대한 즉각적인 지배권을 주장한 톨루이 가문은 이름뿐 아니라 실제로도 제왕들 가운데 가장 강력한 세력이 되었다. 물론, 그 결과로 새로운 긴장과 적대감이 형성되었다. 우구데이 가문은 뭉케를 이미 찬탈자로 보았고, 그의 동맹 세력이었던 조치 가문은 뜻밖의 간섭자로 보았다. 그들이 오랫동안 자신들의 특별한 영지로 여기던 곳에서 새 카안이 한 손으로 서아시아에서 분봉지를 확정하고 확장하면서 다른 한 손으로는 이 지역에서 그들의 권리를 억제하고 영향력을 약화시키는 조치를 취한 것은 의심할 여지없이 그들에게 좌절감을 안겨주었다.

1250년대 후반 호라산에서는 조치계 가문의 분봉지에 대한 접근을 둘러싼 대립이 심화되었다. 바투의 두 조카 발라가이(Balaghai)와 투타르(Tutar)는 헤라트로부터 물자와 금전을 거듭 요구했다. 지역 통치자였던 샴스 앗 딘 카르트(Shams al-Dīn Kart)는 그들의 (요구를) 묵살했고 오랜 논쟁 끝에 훌레구는 그 결정을 지지했다.[7]

---

5 Rashīd/Karīmī , vol. II, p. 685.

6 『元史』, 卷 3, pp. 44, 46.

7 Sayf ibn Muḥammad ibn Ya'qub al-Havārī, *Tarikh nāmah-i Harāt*, ed. by Muḥammad Zubayr al-Ṣiddīqī (Calcutta: Baptist Mission Press, 1944), pp. 228~33; Peter Jackson,

트란스코카서스에서의 경쟁은 보다 더 중요해서 장기적인 영향을 끼쳤다. 볼가강 하류에서 기반을 닦을 때부터 조치 가문은 그루지야로 그들의 영향력을 확대해 갔다. 이 지역의 카안 관원들을 견제하기 위해 그루지야의 왕실은 이러한 관심을 반겼다. 가령, 루수단 여왕(Rusudan, 재위 1223~45)은 그루지야의 귀족들을 파견하여 바투의 궁정에서 봉사하도록 했다.[8] 뭉케도 이 특별한 관계를 인정했다. 뭉케는 왕좌를 굳건히 한 후 1252년에 새로운 분봉으로 자기 가문의 지지세력에게 보답했다. 『원사』의 기록에 따르면, 뭉케는

제왕들에게 각 지역을 분배했다. 카단에게는 베쉬발릭 땅, 멜리크 테무르에게는 이르티시강 〔부근 땅〕, 카이두에게는 카얄릭 땅, 베르케에게는 그루지야 땅, 톡토에게는 에밀 땅, 뭉케투와 우구데이 황후 키르기스타니에게는 쿠텐 땅의 서부 지역을 주었다. 이어서 〔카안은〕 우구데이의 모든 후비와 가산을 제왕들에게 분배했다.[9]

동시대인 주베이니 또한 이 분봉에 관해 기록했다. 그는 『원사』의 서술과 동일하게 우구데이의 오르두와 부인들(khavātīn)을 제왕들에게 분배한 사실에 관해 진술하면서 공공연하게 카단, 멜리크, 바투의 형제 베르케의 이름을 언급하면서도 그들의 분봉지에 관한 내용은 모두 누락했다. 이는 그루지야에서의 베르케의 권리가 그의 후원자였던 훌레구 가문에게는 정치적으로 민감한 사안이었기 때문이었음이 분명하다.[10]

뭉케가 재위하는 동안에 그루지야에서의 영향력을 둘러싼 경쟁은 인구조사와 징세 등 일련의 정치적·행정적 갈등으로 국한되었고, 이는 항

"Dissolution of the Mongol Empire", pp. 222~23.

8   S. S. Kakabadze, trans., *Gruzinskie dokumenty IX-XV vv.* (Moscow: Nauka, 1982), p. 71.

9   『元史』, 卷 3, p. 45.

10   Juvaynī/Qazvīnī, vol. III, pp. 69~70; Juvaynī/Boyle, vol. II, pp. 594~95.

상 카안의 후원에 힘입은 훌레구의 승리로 끝났다. 그러나 베르케(재위 1257~66)가 금장 칸국의 칸이 되고 뭉케가 세상을 떠나자 코카서스에서 전면전이 시작되었다. 1262년 베르케는 아제르바이잔 북부를 초토화시 킨 대대적인 공격을 감행했고, 다음 해에 훌레구는 다게스탄(Daghestan) 남부 테레크(Terek)에 이른 원정군을 통해 반격했다.[11] 이 경합의 결과 톨 루이 가문은 칭기스 칸 가문에서 마지막으로 남은 견고했던 동맹을 잃 게 되었다. 그로 인해 그들은 자신들의 정통성에 도전할 뿐 아니라 힘을 합쳐 자신들을 무너뜨리려 했던 세 경쟁 가문과 마주하게 되었다.

뭉케의 새로운 분봉과 톨루이 가문 제왕들의 중국과 이란에 대한 지배 는 이후에 출현한 일칸국과 원 제국의 지리적 토대가 되었을 뿐 아니라 제왕들 간의 경쟁이 격화되어 14세기 초까지 간헐적으로 지속된 칭기스 칸 가문의 내전으로 이어졌다. 이 내부 투쟁에서 중국과 이란의 몽골 조 정은 그들의 태생으로 말미암아 제위와 칭기스 칸의 모든 일족이 함께 소유하고 관리해야 할 땅의 찬탈자로서 보았던 다른 가문의 제왕들에 맞서 급속히 동맹을 맺었다.

이러한 환경에서 두 조정이 군사적·이념적으로 상호 의지했다는 사 실은 놀랍지 않다. 앞서 살펴보았듯, 훌레구에서 바이두까지 일칸 정권 의 정통성은 특성상 파생적인 것이었다. 그들의 통치권은 동방의 카안의 공식적 권위를 받는 데 달려 있었다. 일칸 가문이 아주 잘 알고 있듯이 이는 칭기스 칸이 실시했던 첫 번째 분봉의 산물이 아니다. 뭉케가 실시 한 2차 분봉을 통해 땅과 행정적 권한을 부여받은 것이기 때문이었다.

그러나 가잔과 그의 계승자들에 대해 이념적 강조점에 결정적인 변화 가 생겼다. 이제 이란에서 몽골 통치자들의 정통성은 바로 신앙의 전파 자이자 수호자로서의 면모를 통해 형성된 것이다. 이는 주화에 나타난 변화된 칭호와 새롭게 출현한 사서(史書)의 전통에 잘 반영되어 있다. 라

11 Rashīd/Karīmī, vol. II, pp. 732~33; Kirakos Gandzaketsi, *Istoriia*, p. 237.

시드 앗 딘에게 그의 주권자이자 후원자인 가잔은 더 이상 대칸에게 복종하는 일칸이 아니라 페르시아어로 군주를 의미하는 이슬람의 술탄 파디샤(pādishāh)였다. 그의 지배 영역은 몽골식 표현의 훌레구 울루스[12]가 아니라 이란의 왕국(mamālik-i Irān)이었다.[13] 모든 증거가, 정통성의 기반이 현지 상황에 맞추어 이란에서 변화되기 시작했다는 점을 보여 주고 있다. 물론, 이러한 변화를 설명할 가시적으로 드러난 사건은 없으며, 원 제국 조정과 이란에 있는 동맹 간 관계의 파탄에 대해 알려진 바도 없다. 오히려 가잔 통치기는 칭기스 칸 가문의 제왕들 관계에서 중요한 시기로 카이두와 두아의 패배, 그리고 1304년 평화를 가져온 협상이 이루어진 시기와 일치한다. 원 제국에서는 이념적 전환을 감지하지 못했거나 이란에서의 정권 안정을 유지하기 위해 필요한 수단으로 단순하게 받아들였던 것 같다. 결국 형식적·이념적 의존이라기보다 유용한 군사동맹으로서 훌레구 가문의 존속이 중요했다. 『원사』의 여러 구절에서 다루고 있듯이, 어쨌든 원 제국 조정에서는 가잔과 올제이투, 아부 사이드가 지속적으로 종속된 통치자이자 제왕이며, 그들이 정기적으로 동방으로 사신을 보내 조공을 바쳤다.

훌레구 가문이 새로운 사상적 틀을 택한 것은 정권의 정당성을 다지는 중요한 사건이었지만, 그들의 정치 문화에서 몽골적 요소가 완전히 사라진 것은 아니라는 점도 기억해야 한다. 이슬람 교리를 받아들인 이후에도 가잔과 그의 후계자들은 여전히 전통적인 몽골 방식에 기반해 선왕의 통치권을 사수해야 한다고 느꼈다. 원 제국 초창기에 카안이 불교도의 지지를 얻기 위해 차크라바르틴(cakravartin, 轉輪聖王)으로 변모한 것처럼 일칸이 이슬람 군주가 되려는 시도는 하지 않았다.[14] 카안으로부터

---

12 라시드 앗 딘은 여러 차례 금장 칸국의 영토를 '조치 울루스'라고 했다.

13 I. P. Petrushevskii, "Rashīd al-Dīn's Conception of the State", *CAJ* 14 (1970), pp. 153~54.

14 Herbert Franke, *From Tribal Chieftain to Universal Emperor and God: The Legitimation*

정통성을 부여받은, 복종한 통치자라는 자신들의 정체성을 그대로 유지했다.

실제로 새로운 술탄은 그들의 선조를 대신해 이러한 주장을 강화하기 위해 노력했다. 이는 쿠빌라이의 집권에 대한 라시드 앗 딘의 서술에서 명백하게 드러난다. 가잔 칸의 명을 받아 연대기를 집필한 이 위대한 페르시아 역사가는 쿠빌라이의 제위 계승이 칭기스 칸 가문의 원로들의 승인을 받았기에 완전히 정당성을 얻었다는 사실을 설명하기 위해 상당한 노력을 기울였다. 이를 위해 라시드 앗 딘은 금장 칸국의 베르케가 쿠빌라이와 아릭 부케 간의 내전에서 초기에는 중립적이었으나, 아릭 부케가 패배하자 그는 자유롭게 쿠빌라이의 즉위를 인정했다고 주장했다.[15] 그러나 이 에피소드에 대한 그의 서술은 문학, 화폐 등의 다른 자료와 배치되는데, 이들은 베르케가 처음부터 아릭 부케를 지지했다는 사실을 결정적으로 증명하고 있다.[16] 라시드 앗 딘은 왜 그렇게 계획적이고도 의도적으로 거짓스러운 내용을 썼을까? 이러한 균열을 처음으로 지적한 피터 잭슨은 베르케의 아릭 부케에 대한 지지가 공개적으로 인정된다면 "라시드 앗 딘의 후원자와 밀접하게 연결되어 있는 중국 내 지위의 정통성을 훼손시킬 수 있기 때문"이라고 주장했다.[17] 다시 말해 쿠빌라이의 계승권에 대한 심각한 의문이 제기된다면, 그에게 종속된 일칸의 정통성

---

of the Yuan Dynasty (Munich: Bayerische Akademie der Wissenschaften, 1978, heft 2), pp. 52~76.

15 Rashīd/Karīmī, vol. I, pp. 623, 631; Rashīd/Boyle, pp. 256, 265.

16 주요 증거는 두 가지이다. 아르메니아의 연대기 역사가이자 중립적인 관찰자인 키라코스 간자케치(Kirakos Gandzaketsi)는 훌레구가 쿠빌라이를 도운 반면, 베르케는 "아릭 부케를 지원했다"라고 분명히 언급했다. Kirakos Gandzaketsi, *Istoriia*, p. 236 참조. 베르케가 아릭 부케의 이름이 새겨진 동전을 주조했다는 사실도 마찬가지로 설득력이 있다. A. G. Mukhamadiev, *Bulgaro-Tatarskaia monetnaia sistema* (Moscow: Nauka, 1983), pp. 49~50 참조.

17 eter Jackson, "The Accession of Qubilai Qaʾan: A Re-Examination", *Journal of the Anglo-Mongolian Society* 2/1 (1975), p. 3.

또한 사라지게 되는 것이다. 따라서 가잔은 내부적 이유로 무슬림 통치자로 개종했지만, 그는 여전히 분열된 제국 내에서 자신의 정권이 갖는 특수한 지위에 대해 여전히 민감했고 칭기스 칸 가문의 경쟁자들의 공격에 맞서 서아시아에서 이교도 선조들의 권리를 순전히 몽골적 방식으로 재확인하고자 했다. 각기 다른 집단들에게 종종 다른 이념이 요구되었던 것이다.

이 지속적인 협력 관계를 요약하자면, 1256년 훌레구가 호라산에 도착한 이후부터 1335년 그의 증손자 아부 사이드가 사망할 때까지 중국과 이란의 몽골 조정 사이에 교류가 끊이지 않았다. 그들은 외교적·이념적·군사적으로 서로를 지원했고 정보, 상품, 조공품, 관원, 사신을 교환했다. 그리고 가장 중요한 것은 그들이 피정복민의 다양한 문화적 자원을 활용하고, 분배하고, 교환했다는 점이다. 이제 우리는 대륙을 횡단하는 문화적 교류를 살펴볼 것이다.

제3부

중개자들

제9장

마르코 폴로와 볼라드

문화적 접촉과 교류에 대한 연구는 그 행위자에 관한 문제와 깊은 관련이 있다. 물론, 문화는 상품, 사상, 저술 그리고 사람 등 다양한 방식으로 전달된다. 무역과 조공 혹은 전리품으로 전달되는 물질문화는 예술적 문양과 기술을 먼 곳에까지 전파한다. 텍스트, 특히 종교적 텍스트는 시공을 넘어 특히 도시를 기반으로 하는 대규모의 문명 간에 문화를 전달한다.[1] 앞서 언급했듯이, 몽골 시대에는 네 번째 방식인 직접적인 인간 행위자가 동서 문화 교류에 있어 매우 특별한 중요성을 지닌다. 제국의 관원, 피정복민, 전문가들을 한 문화권에서 다른 문화권 지역으로 이동시키려는 몽골인의 성향을 감안할 때, 다양한 종족적·언어적·종교적 배경을 가진 개개인과 집단 사이에 수많은 조우가 있었다. 이번 장(章)에서는 중세 유라시아 문화사에서의 주요 '중개자들'에 대해 알아볼 것이다.

---

1 Walter Fuchs, "Zur technischen Organisation der Übersetzungen buddhischer Schriften ins Chinesische", *Asia Major* 6 (1930), pp. 84~103.

이들 중개인 가운데 단연코 가장 유명한 사람이 바로 마르코 폴로이다. 잘 알려진 대로, 당대부터 오늘날에 이르기까지 그의 여행은 논란의 중심에 서 있다. 실제로 이 베네치아인이 중국에 발을 들여놓았던 사실에 대해 부정하는 사람이 많다.[2] 그를 옹호하는 이들은 상세한 역사·지리적 논평을 통해 확인하려 했고 특히 투르크인, 이란인, 무슬림, 티베트인, 기독교인의 외국인 인명이 군데군데 나오는 중국 사료에서 그의 이름을 찾으려 했다.

중국 측 사료에서 마르코 폴로를 찾으려는 노력은 1865년 『원사』에 나오는 폴로라는 사람을 이 베네치아인과 처음으로 동일 인물로 보았던 프랑스 학자 기욤 포티에(Guillaume Pauthier)에서 시작되었다. 20세기에 들어서자 앙투안 조제프 앙리 샤리뇽(Antoine Joseph Henri Charignon) 같은 일부 학자는 마르코 폴로 전기에서 이를 고수했고, 중국 학자들 또한 그렇게 보았다. 청(淸)나라 말기부터 민국 초기까지 활동한 저명한 역사가 도기(屠寄)는 이 폴로를 마르코 폴로라고 여겼고, 이를 바탕으로 이 '베네치아인'에 관한 전기를 준비했다.[3]

두 이름을 동일시하는 것은 계속되었는데 이는 역사적·언어학적으로 심각하고, 해결하기 어려운 문제를 내포하고 있었다. 우선 레오나르도 올스키(Leonardo Olschki)가 지적했듯이 당시 중국 사료의 일반적인 관례는 몽골의 라틴, 그리스, 네스토리우스 기독교 봉사자들에게 이름이나 루크, 니콜라스와 같은 세례명을 사용하는 것이었다.[4] 그의 견해는 상당

---

2 내 생각에 폴로는 중국에 있었고, 그의 여정은 중세 유라시아의 귀중한 사료적 가치를 지닌다. 이러한 입장을 옹호하는 근래의 설득력 있는 견해로는 Igor de Rachewiltz, "Marco Polo Went to China", *Zentralasiatische Studien* 27 (1997), pp. 34~92; Jørgen Jensen, "The World's Most Diligent Observer", *Asiatische Studien* 51 (1997), pp. 719~28; Jean-Pierre Voiret, "China 'Objektiv' Gesehen: Marco Polo als Berichterstatter", *Asiatische Studien* 51 (1997), pp. 805~21 참조.

3 屠寄, 『蒙兀兒史記』(臺北: 世界書局, 1962), 卷 117, p. 1b.

4 Leonardo Olschki, "Poh-lo: Une question d'onomatologie chinoise", *Oriens* 3 (1950),

히 정확하다. 만약 원대 사료에서 폴로 일가가 등장한다면 성이 아니라 세례명으로 언급될 것이다.

둘째, 명명 방식의 문제와 상관없이 『원사』에 나오는 폴로는 다른 역사적 인물이며 우리가 곧 보게 되겠지만 상당히 중요한 문화적 중개자로서 정당한 입지를 갖춘 몽골인이었다. 그 신원은 위대한 프랑스 동양학자 폴 펠리오(Paul Pelliot)가 처음으로 밝혀냈다. 일찍이 1914년, 그리고 이후 여러 차례에 걸쳐 펠리오는 중국 사료의 폴로가 마르코 폴로가 아닌, 몽골식 이름 볼라드와 일치한다는 사실을 입증해 냈다. 이 이름은 페르시아 사서에서는 폴라드(Pūlād/Fūlād)라는 이름으로 등장하는데, 그는 1285년 쿠빌라이의 사절로, 이사 켈레메치와 동행하여 이란에 왔다.[5] 이와 동시에 일본 학자들도 독립적으로 연구한 끝에 유사하고도 정확한 결론을 내놓았다.[6]

그의 이름이 많은 오해를 불러일으켰기 때문에 그의 생애와 시대에 대한 검토를 시작으로 그에 관한 다양한 형상을 정립하는 것이 도움이 될 것이다. 폴로는 몽골어 볼라드와 위구르어 볼로드를 중국어로 전사한 것이다.[7] 사실상 볼라드는 중국과 이란 사이의 문화를 중개하는 데 가장 적절한 이름이었다. 그의 이름은 페르시아어로 강철을 의미하는 '폴라드'(pūlād/fūlād)를 몽골식으로 표기한 것이다. 앞서 언급했듯이, 페르시아 사료에서 사용된 그의 직함인 칭상(chīnksānk)은 중국어 청상(丞相, ch'eng-hsiang)으로 원 제국의 최고위 관료인 '승상'을 의미한다.[8] 마지막

---

pp. 183~89.

5 Paul Pelliot, "Chrétiens d'Asie centrale et d'Extrême-Orient", *TP* 15 (1914), pp. 638~40; Paul Pelliot, "Review of Charignon, *Le livre de Marco Polo*", *TP* 25 (1928), pp. 157~64.

6 Kazuo Enoki, "Marco Polo and Japan", *Oriente Poliano* (Rome: Istituto Italiano per il Medio ed Estremo Oriente, 1957), p. 38.

7 Francis W. Cleaves, "Mongolian Documents", pp. 46~47, note 9.

8 '승상'은 몽골식 표현이다. 『元朝祕史』/Cleaves, sect. 132, p. 62 and note 9; 『元朝祕

으로 그에 대한 경칭인 아카(aqa)는 몽골어로 '형' 혹은 '삼촌'을 의미하며, 동족이 아닌 사람에 대한 존경을 표하는 뜻으로 종종 사용되었다.[9] 그의 경우에 이 용어는 칸의 정치적 대가족의 일원이자 황실 지배층의 일원임을 선언하고 칭기스 칸 가문의 명예로운 일원으로서 높은 지위를 드러내는 것이었다.

마르코 폴로와 볼라드가 초기 연구자들에게 종종 혼돈을 주었던 또 다른 이유는 중국어 표기에서 두 사람의 이름이 표면적으로 유사하다는 점 외에 두 사람의 경력이 여러 면에서 유사하다는 점이다. 물론, 두 사람은 시기적으로 거의 동시대에 살았다. 볼라드는 1240년에서 1313년, 마르코 폴로는 1254년에서 1324년 사이에 살았다. 두 사람 모두 쿠빌라이를 섬겼고, 1275년에서 1283년 사이 중국에서의 여정이 겹쳐지기 때문에 서로 마주쳤을 가능성이 있으나 이를 입증하기는 어렵다. 두 사람 모두 중국, 중앙아시아 및 서아시아를 널리 여행했으며, 공식적인 사절로 볼라드는 1283년, 폴로는 1291년에 원 조정에서 이란으로 파견되었다.

이 흥미로운 유사성에 비추어 볼 때, 연구에 대한 열정으로 자신이 원하는 것을 발견하고 서둘러 신원 확인에서 오류를 범한 포티에 같은 개척자에게 지나치게 가혹해서는 안 될 것이다. 그러나 이제 오랜 시간이 지났지만 볼라드의 공로를 인정하고 역사적으로 그를 적절한 위치에 놓아야 할 것이다.

지금까지 볼라드가 학계에서 주목받은 것은 많은 이가 그를 마르코 폴로로 혼동했기 때문에 얻은 것이었다. 그리고 자연스럽게 잘 알려지지 않은 몽골인과 유명세를 얻은 베네치아인 사이의 성급한 비교로 인해 볼라드는 순식간에 불리한 입장에 처했다. 결국, 마르코 폴로가 중국에 있었든 없었든 간에, 세계사적 맥락에서 보면 그는 후대 유럽인들에

史』/de Rachewiltz, sect. 132, p. 56 참조.

9 Francis W. Cleaves, "*Aqa minu*", *HJAS* 24 (1962-63), pp. 64~81.

게 동방의 사람과 상품, 그리고 전설적인 부(富)에 대한 관심을 불러일으켰고, 이들로 하여금 중국의 '위대한 칸'이 기독교인을 따뜻하게 환대해줄 것이라는 믿음을 심어주었다. 나아가 그의 열렬한 독자였던 크리스토퍼 콜럼버스(Christopher Columbus)는 유럽의 해상 진출에서 주역이 되었고, 아시아에 대한 폴로의 설명은 접촉 초기 유럽인이 아메리카 인디언 문화를 이해하는 방식에 상당한 영향을 끼쳤다.[10]

그러나 두 사람을 역사적 맥락에서 판단한다면 다소 다른 평가가 내려질 것이다. 앞으로 살펴보겠지만 볼라드가 중국과 이란 두 곳에서 모두 주요 정치 인사로서 영향력 있는 사람이었던 반면 폴로는 기껏해야 사건 주변부에 머물러 있던 관찰자, 하급 관원이었다. 문화 중개자로서 볼라드의 역할은 더욱 중요했다. 이후의 장(章)에서 설명하겠지만, 사실상 그는 중국과 이슬람 세계 사이의 과학과 기술 및 문화 교류에서 중추적인 역할을 담당했다. 폴로가 자신의 생애에서 볼라드와 비슷한 업적을 남기지 않았다고 하는 것이 마르코 폴로의 오랜 역사적 유산을 훼손하지는 않는다. 그가 중국의 국수를 이탈리아로 가져왔을 것이라는 생각도 더 이상 받아들여지지 않는다.[11] 이탈리아 요리에서 파스타(마카로니)의 중요성이 커진 것은 베네치아인과는 아무 관련이 없으며, 13세기 초 이슬람 지역에서 남유럽에 전해진 찰지고 단단한 밀의 전파와 관련이 있다.[12]

---

10 이들 주제에 대해서는 Abbas Hamdani, "Columbus and the Recovery of Jerusalem", *JAOS* 99 (1979), pp. 39~48; Bertold Laufer, "Columbus and Cathay, and the Meaning of America to the Orientalist", *JAOS* 51 (1931), pp. 87~103; Zhang Zhishan, "Columbus and China", *MS* 41 (1993), pp. 177~87 참조.

11 이러한 신화에 대해서는 Maguelonne Toussaint-Samat, *A History of Food* (Oxford: Blackwell, 1992), pp. 187~89 참조.

12 Andrew M. Watson, *Agricultural Innovation in the Early Islamic World: The Diffusion of Crops and Farming Techniques, 700-1100* (Cambridge University Press, 1983), pp. 20~24; Louis Dupree, "From Whence Cometh Pasta", in Peter Snoy, ed., *Ethnologie und Geschichte: Festschrift für Karl Jettmar* (Wiesbaden: Franz Steiner,

볼라드를 향해 제기한 지금까지의 주장을 입증하기 위해 우리는 중국과 이후 이란에서의 그의 경력을 자세히 살펴보는 것으로 문화 교류에 대한 탐험을 시작해야겠다. 안타깝게도 그는 중국을 떠난 뒤 오랜 시간이 흘러 서방에서 사망했기 때문에 원 제국 자료에서는 그의 전기를 발견할 수 없다. 따라서 그의 경력은 원 제국의 정사, 공문서집, 문집, 그리고 다양한 페르시아 문헌, 특히 라시드 앗 딘의 저작에 실려 있는 관련 내용을 통해 조각을 맞추어야 한다. 그의 직책, 개인적 경험, 다양한 공무 수행 과정에서 맺은 인맥이 몽골 시대 두 문명 간의 문화 교류에 영향을 끼쳤기에 이러한 작업은 충분히 진행할 만한 가치가 있다.

1983), pp. 128~34.

제10장

쿠빌라이와 볼라드 아카

볼라드는 몽골어를 사용하는 두르벤 부족의 일원이었다. 12세기 후반, 미래의 칭기스 칸 테무진(鐵木眞)이 권력을 잡기 시작했을 무렵 그들은 동부 몽골의 유목민 부족에 속해 있었다. 몽골 전통에 따르면, 두르벤은 『몽골비사』의 다소 전설적인 인물인 두아 소코르(Duua Soqor)의 네 아들의 후손이었다. 1187년(혹은 1189년)에 테무진이 처음으로 정치적 계획을 공표한 자리에 두르벤이 참석했으나, 부족 집단 대부분이 반대 진영에 있었다. 사실, 두르벤은 한결같이 칭기스 칸의 주요 경쟁자들과 동맹을 맺었다. 1200년에는 타이치우드, 1201년에는 테무진의 안다(의형제)였던 자무카, 1202년에는 타타르, 그리고 1204년 서부 몽골에서 가장 강력한 부족 연맹인 나이만과 동맹을 맺었다. 동부 대초원에서 일어난 유목민들의 저항을 무너뜨린 후에야 두르벤 전체가 마침내 칭기스 칸에게 복속했다.[1]

---

1 『元朝秘史』/Cleaves, sect. 11, p. 3, sect. 120, p. 52, sect. 141, p. 68, sect. 196, p. 129; Rashīd/Alizade, vol. I, pt. 1, pp. 160, 174, 297, 517~18; Rashīd/Karīmī, vol. I, p. 305.

라시드 앗 딘의 기록에 따르면, 볼라드의 아버지는 칭기스 칸의 아내 보르테 우진의 오르두에 소속되어 바우르치(ba'urchi, 요리사)로 일한 유르키(Jürki)라는 사람이었다. 아울러 그는 칭기스 칸의 천인대(千人隊)에서 백호장을 맡았다.[2] 오늘날 사람들에게는 볼라드가 이후에 맡은 '요리사'라는 직책이 꽤 하찮게 들릴 수도 있을 것이다. 그러나 사회와 정부에서 '세습'의 관념이 강했던 몽골인에게 이는 대단한 권위를 지닌 직함이었으며, 이러한 칭호를 가진 자는 칸에게 접근할 수 있고 그가 신뢰하는 자라는 것을 대중에게 분명하게 알릴 수 있는 직책이었다. 더욱이 칭기스 칸의 천인대 일원이었던 유르키는 몽골 군대의 최정예 부대인 친위대의 무관이었다. 이와 같이, 볼라드의 부족은 오랫동안 몽골 지도자의 반대편에 섰지만, 그의 가족은 칸실과 가장 친밀한 관계를 맺고 있었다. 이러한 관계에 그의 다양한 재능이 더해져 유라시아의 양쪽 끝에서 오래도록 뛰어난 두 차례의 경력을 쌓을 수 있었다.

우리는 1248년에 왕자 쿠빌라이가 저명한 학자인 장덕휘(張德輝, 1197~1274)에게 "장남(도르지)과 볼라드, 그리고 다른 사람들을 가르치라"고 명했을 때, 볼라드에 대해 처음으로 듣게 되었다.[3] 이 시기 볼라드는 아마도 쿠빌라이의 호위대/가속에서 수습으로 일하고 있던 일고여덟 살배기의 아이였을 것이다. 어쨌든 어린 볼라드는 언어에 재능 있는 사려 깊은 문하생이었던 것으로 보인다. 이러한 사실은 1320~22년 편찬된 공문서 판례 모음집인 『원전장』(元典章)의 기록을 통해 확인할 수 있다. 이 자료에 따르면 1269년 중서성(中書省)에서는 수도 주변 매장지 규제에 관한 성지를 "볼라드의 급하고 거친 통역"을 통해 들었다. 동일

이후 서몽골이 형성되는 데 그들의 역할에 대해서는 Hidehiro Okada, "Origins of the Dörben Oyirad", *Ural-Altaische Jahrbücher* 7 (1987), pp. 197~203 참조.

2 Rashīd/Alizade, vol. I, pt. 1, p. 518; Rashīd/Karīmī, vol. I, p. 400; Rashīd al-Dīn, "Shu'abi panjgānah" (ms., Topkapi Sarayi Museum, cat. no. 2932), folio 105v.

3 『元史』, 卷 163, p. 3824.

한 사료에 실려 있는 다른 기록에 따르면, 2년 후 볼라드가 중서성을 위해 묘지에 가옥 축조를 금지하는 성지의 "서면 번역"(文字譯)을 준비했다.[4] 중국어에 능통한 몽골인으로서 볼라드의 봉사가 항상 필요했던 것 같다.

1250년대 볼라드가 어떠한 활약을 했는지에 대해서는 알 수 없지만, 그가 쿠빌라이의 측근 가운데에서 꾸준히 승진했음이 분명하다. 이 측근들은 몽골인, 무슬림, 위구르인, 중국인, 그리고 기타 여러 종족 및 종교 공동체 출신으로 구성된 굉장히 국제적인 집단이었다. 1260년 쿠빌라이는 제위에 오른 후 자연스럽게 자신의 친위대를 조직했고 볼라드는 전도유망한 젊은 친위대원 중의 하나였다. 한번은 카안이 볼라드에게 카슈미르 불교계의 저명한 가문 출신인 테게(鐵哥)를 친위병으로 준비시키는 임무를 맡겼다.[5] 1264년 당시 볼라드가 산동성의 통실(統失)에서 '반군'에 맞서 부대를 이끌었을 때 그는 처음으로 군사 지휘관직을 맡았다. 그는 반란을 성공적으로 진압했고 카안의 명에 따라 지역을 안정시키고 재건하는 업무를 담당했다.[6]

그는 이러한 임무와 다른 의무들을 수행해 군주를 만족시켰으며 다음 임무로 고위 정치 영역에 몸담게 되었다. 라시드 앗 딘에 따르면, 1264년 아릭 부케가 쿠빌라이 카안에게 항복한 후, 카안은

아릭 부케의 아미르들을 잡아 포박하라고 명령했다. 또한 왕자 중에서는 시리기, 타카이, 차라쿠와 바이 테무르, 아미르 중에서는 한툰 노얀, 두르베이, 볼라드 아카에게 (법정에) 앉아 아릭 부케와 그의 아미르들을 심문해 보고하라고 명령했다.[7]

---

4 『元典章』, 卷 30, p. 11a.
5 『元史』, 卷 125, p. 3075.
6 『元史』, 卷 166, p. 3910.
7 Rashīd/Karīmī, vol. I, p. 629; Rashīd/Boyle, p. 262.

그들에 대한 심문 결과, 아미르들은 처벌을 받았고 아릭 부케는 잠정적으로 목숨을 건졌다. 여기서 중요한 것은 정통성이 걸린 가장 민감한 정치적 문제에 직면한 쿠빌라이가 이 문제를 조사하고 해결하기 위해 칭기스 칸 가문의 연장자들과 자신이 가장 신뢰하는 참모들을 선택했다는 것이다. 볼라드는 이제 가장 엄선된 쿠빌라이의 핵심 세력에 속했으며, 다른 중요한 임무와 직책을 곧 맡게 되었다.

첫 번째 임무 가운데 하나로 그는 조회(朝會), 즉위식, 외국 사절의 영접 및 존호의 수여를 주관하는 시의사(侍儀司)의 설립을 도왔다. 이는 볼라드라는 인물이 쿠빌라이의 중국인 측근들과 긴밀하고도 성공적으로 협력하고 있는 모습을 보여 주는데, 이는 원 제국에서 그가 이력을 쌓는 내내 지속되었던 협력의 양상을 가장 잘 보여 주고 있는 사례이다. 특별히 그는 1242년에 쿠빌라이를 처음 만나 1251년 이후 쿠빌라이가 왕공으로서 중국 영토의 행정을 담당하면서 측근이 된 유병충(劉秉忠, 1216~74)과 함께 일하게 되었다. 쿠빌라이가 제위에 오르자, 유병충은 자신의 군주에게 중국적 모델과 통치 방식을 채택할 것을 종종 촉구했다. 1269년 그는 카안에게 적절한 의례와 의식의 필요성에 대해 상주했다.[8] 쿠빌라이는 이에 호의적인 반응을 보이면서 유병충과 볼라드에게 명해 학자들을 선발해 이전 왕조의 궁정 의례를 조사하도록 했다. 유병충의 제자인 조병온(趙秉溫, 1222~93)과 사공(史杠)이 임명되어 조사를 시작했다. 1269년 가을, 카안은 무칼리의 손자인 안톤과 볼라드에게 "몽골 숙위(宿衛) 병사 가운데 몸가짐이나 태도가 단정한 200명 정도를 선발해 (궁정 의례를 거행할 수 있도록) 한 달 동안 훈련을 받게 하라"고 명했다.[9] 『원사』에 따르면, 다음 해 2월 카안은 행궁에 있을 때 "유병충, 볼라

---

8 Hok-lam Chan, "Liu Ping-chung (1216-74): A Buddhist-Taoist Statesman at the Court of Khubilai Khan", *TP* 53 (1967), pp. 98~146. 특히 의례와 의식에 관한 그의 관심에 대해서는 pp. 132~33 참조.

드, 허형(許衡), 태상경(太常卿) 서세륭(徐世隆)이 궁정 의식을 거행했다. 그는 대단히 기뻐했고 그들에게 술을 권하고 은혜를 베풀었다."[10] 볼라드와 그의 중국 동료 사이의 조화로운 협력은 만족스러운 결과를 만들어냈고 1271년 10월에 시의사(侍儀司)가 공식적으로 세워졌다.

그러나 이 기구는 원 제국 궁정 생활에서의 효과적인 의례와 이념적 틀을 짜기 위한 노력의 일부에 불과했다. 정례화된 조상 숭배는 뭉케 시기에 시작되고 쿠빌라이 통치 아래 더욱 확장되고 형식화되었는데, 시간이 지남에 따라 몽골, 중국, 샤머니즘, 불교적 요소가 절충적으로 통합되어 뚜렷한 혼합주의적 성격을 띠게 되었다.[11] 이러한 의례적 삶이 확대된 결과가 바로 태상시(太常寺)였다. 이 기구는 제사를 거행하기 위해 1260년에 설치되었다. 이 의례에는 종종 유목적 방식의 동물 희생이 포함되었다. 1270년대 중반 두 명의 태상경 가운데 하나였던 볼라드는 중국 학자 신도치원(申屠致遠, ?~1298)에게 모혈(毛血)을 바치는 예에 관해 자문을 구하라는 명을 받았다.[12] 분명 볼라드는 이러한 직책에 매우 적합했다. 그는 중국 의례를 잘 이해하고 있었고 요리사, 곧 바우르치로서 동물을 처리하는 적절한 (몽골의) 방식을 알고 있었다. 『원사』에서는 궁정의 네 가지 동물 희생에 관해 서술하면서 "몽골 바우르치는 무릎을 꿇고 희생 제물을 죽였다"라고 분명히 기록했다.[13] 볼라드는 두 문화권에 모두 익숙했으며, 머지않은 미래에 또 다른 문화권에서도 동일한 능력을 발휘할 수 있었다.

그가 다음으로 임명된 곳은 어사대(御史臺)였다. 전통적인 중국의 행

9 『元史』, 卷 67, p. 1665.

10 『元史』, 卷 7, p. 128.

11 Paul Ratchnevsky, "Über den mongolischen Kult am Hofe der Grosskhane in China", in Louis Ligeti, ed., *Mongolian Studies* (Amsterdam: B. R. Grüner, 1970), pp. 417~43.

12 『元史』, 卷 170, p. 3989.

13 『元史』, 卷 77, p. 1923.

정 기구였던 이곳은 1268년에 민정 관료와 군정 관료의 활동을 감독해 (관계에) 청렴함과 효율성이 유지되도록 하기 위해 쿠빌라이가 다시 세웠다. 어사대는 카안과 직접 소통할 수 있는 권한 및 탄핵과 처벌의 권한이 있었기 때문에 상당한 정치적 영향력을 행사했다.[14] 이 기구는 각각 두 명의 어사대부(御史大夫)와 어사중승(御史中丞)이 이끌었다. 볼라드가 처음으로 임명된 날짜는 기록되어 있지 않지만 1271년 초에 어사중승을 지냈으며, 1275년 봄에는 어사대부로 승진했다. 그해 말 쿠빌라이는 우수 테무르(玉昔帖木兒)를 그의 동료로 임명했다.[15] 우수 테무르는 아를라트족(族) 출신의 몽골인으로, 라시드 앗 딘의 사서에서는 우즈 테무르(Ūz Tīmūr)로 기록되어 있는데, 칭기스 칸의 누케르 후예였다.[16] 중국인 감찰어사 요천복(姚天福)은 주를 올려 이 두 명의 장관 체제가 비대하고 비효율적이기에 둘 중 한 명을 해임해야만 상황이 개선될 수 있다고 한 사실로 보아, 이 둘이 잘 어울리지 못했던 것이 분명하다. 쿠빌라이는 상소를 받아들여 이를 문제의 두 당사자에게 보냈고, 연하인 볼라드가 1277년 즈음 해당 직책에서 사임했다.[17] 볼라드는 다른 중요한 직책을 계속 맡았는데, 실제로 새로운 직책을 맡았다는 점에서 이 강제적인 사임이 불이익 없이 이루어졌음이 분명하다.

어사대에서 근무를 시작하던 당시, 볼라드는 또 다른 전형적인 중국 기구로서 그 기원이 한대(漢代)까지 거슬러 올라가는 대사농사(大

---

14 Charles O. Hucker, *The Censorial System of Ming China* (Stanford University Press, 1966), pp. 25~28; Charles O. Hucker, "The Yuan Contribution to Censorial History", *Bulletin of the Institute of History and Philology, Academia Sinica*, extra vol., no. 4 (1960), pp. 219~27.

15 『元史』, 卷 7, p. 132; 卷 8, pp. 166, 170.

16 『元史』, 卷 119, p. 2947; Rashīd/Alizade, vol. I, pt. 1, p. 430.

17 Po-chu-lu Ch'ung, *Chü-t'an chi* (Ou-hsing ling-shih ed.), ch. 2, p. 31b; 『元史』, 卷 168, p. 3960. 그가 사직한 정확한 날짜는 불분명하지만, 1277년 4월까지는 어사대부로 불렸다. 『元史』, 卷 9, pp. 188~89 참조.

司農司)의 관원으로 임명되었다. 1261년 몽골은 처음으로 그러한 기구의 필요성을 인식하고 적어도 명목상으로 권농사(勸農司)를 설립했다.[18] 1260년대 후반에 그러한 활동을 개선하고 확장하기 위한 노력이 시작되었다. 이 활동이 조직된 방식은 원 제국의 궁정 정치와 문화 중개인으로서 볼라드의 역할에 대해 많은 것을 알려 주고 있다. 이 기구의 위상을 높이기 위해 쿠빌라이 친위대에서 비체치(bichēchi, 서기관)를 역임했던 고천석(高天錫)이 노력을 기울였는데, 그의 가문은 톨루이 가문에서 오랫동안 봉사해 왔다. 『원사』의 기록에 따르면 고천석은,

> 승상 볼라드와 좌승(左丞) 장문겸(張文謙, 1216~83)에게 다음과 같이 말했다. "농업과 양잠은 의복과 음식의 근본이기에 이 자원들에 힘을 쏟지 않으면 백성의 옷과 음식이 부족해 가르침[教化]이 제대로 이루어지지 않을 것입니다. 옛날 제왕의 정치는 이보다 먼저인 것이 없었습니다. 바라건대, 유념하여 주십시오." (볼라드) 승상은 이를 카안에게 알렸고, 카안은 흡족해하면서 명령을 내려 사농사(司農司)를 세웠다.[19]

여기에서 그의 중국인 동료들은 볼라드를 자신들의 목적을 위해 대표로 내세웠는데, 이는 몽골 조정에서 중국인들의 뜻이 때때로 몽골인 대변자를 통해 가장 잘 관철되었음을 보여 준다.

새 기구는 1270년 3월에 공식적으로 세워졌으며 초대 수장은 장문겸이었다. 그는 주를 올려 황실의 영지[籍田]를 경작하고 농경과 양잠을 도입하기에 앞서 제사와 다른 의례들을 먼저 행할 것을 요청했다.[20] 이것은

---

18 이 기구의 연혁과 이후의 변화에 대해서는 David M. Farquhar, *Government*, pp. 214~17 참조.

19 『元史』, 卷 153, p. 3614. 이 단락에서는 1264년(中統 4)으로 되어 있지만, 1268년(至元 4)이 되어야 할 것이다.

20 『元史』, 卷 157, p. 3697; 卷 7, p. 128; 『元文類』, 卷 40, p. 17a.

보기에 따라 분리된 활동인 것 같은 농업의 활성화와 의례가 실제로 밀접한 관계가 있으며, 볼라드가 이 둘과 모두 관련이 있다는 사실을 보여주고 있다.

볼라드의 농업 관련 업무 참여는 옹호자 역할에서 끝나지 않았다. 1271년 카안의 명에 따라 기구는 대사농사(大司農司)로 격상되었다. 또한 쿠빌라이는 이후 어사중승(御史中丞) 볼라드를 대사농경(大司農卿)에 임명했다. 조정에서 중국 문화에 호의적인 몽골인 가운데 하나였던 한툼(Hantum, 安童)은 이에 대해 "볼라드는 감찰 및 지휘 직무를 겸하고 있는데 이전에 이러한 관례는 없었습니다"라고 하면서 받아들일 수 없다고 항의했다. 간단히 말해 중국적 관행과 규범에 따르면, 이것은 명백한 이해 상충의 사례였다. 그러나 쿠빌라이는 미동도 하지 않은 채 상소문을 돌려주면서 이르기를, "사농(司農)은 사소한 일이 아니다. 내가 깊이 생각한 끝에 볼라드를 장관으로 임명한 것이다"라고 했다.[21] 이렇게 유목민 출신이 다른 유목민의 반대를 무릅쓰고 세계에서 가장 오래되고 생산적인 농업기구의 수장이 되었다.

볼라드는 대사농경으로서 다양한 책임과 경험을 쌓았다. 그는 황하(黃河)와 그 지류를 따라서 다리와 운하, 제방 및 제방의 유지·보수를 담당하는 도수감(都水監)을 감독했다.[22] 또한 그는 순행권농사(巡行勸農使)를 관할했는데, 그 임무는 농민에게 새로운 농업 정보와 기술을 보급하는 것이었다. 아울러 그는 장관으로서 농업 장려를 위해 관원과 소속 관리의 업무에 대한 상벌을 주관했다.[23]

볼라드가 여전히 자신의 유목적 유산과 목축 생산에 대한 감수성을 견지하고 있었다는 사실은 1275년 그와 카안 사이의 대화에서도 드러난

---

21 『元史』, 卷 7, p. 132.

22 『元史』, 卷 7, p. 138; 卷 8, pp. 148, 166.

23 『元史』, 卷 7, p. 138; 卷 8, p. 152.

다. 이 흥미로운 일화는 『원사』에 다음과 같이 기록되어 있다.

대사농사(大司農司)에서 아뢰기를, "중서성(中書省)에서 공문을 보내 카안의 직할지 내에서 추곡(秋穀)을 거두기 시작하라 했으나, (우리는) 가축을 방목하는 데〔芻收〕방해될까 하니 청하건대 농민들이 복경(覆耕)하는 것을 금지시켜 주십시오"라고 했다. (그러나) 카안은 농사가 더 유익하다고 판단해 조를 내려 (이를) 금하지 못하게 했다.[24]

볼라드가 이때 주장한 것은 서아시아에서 잘 알려진 것으로 유목민과 농부들이 합의하여 갓 수확을 마친 밭에 가축을 방목해 풀들을 뜯고 거름을 주도록 하는 방식이었다.[25] 쿠빌라이는 적어도 그의 영지에서 이루어지는 연례화된 농업 주기에서 어떠한 방해도 용납하지 않았음이 분명하다.

볼라드는 여러 공무에 몰두하면서 황실 기록 보관소 설립이라는 또 다른 사업에 참여했다. 지금까지의 익숙한 방식에 따라 이 임무 역시 볼라드와 그의 중국인 동료 유병충에게 맡겨졌고, 1273년 말 이들은 '비서감'(秘書監)을 설립하라는 명령을 받았다. 원래 구성된 비서감에는 행정관원 이외에도 사가와 공문서 기록 보관인이 있었다.[26] 그 기구의 역할은 도서, 지도, 서화, 그리고 주술과 지리학 관련 금서(禁書)의 수집과 보관이었다.[27]

볼라드는 비서감 관원은 아니었지만 기구의 발전에 적극적으로 참여했다. 그의 주도로 다양한 기록이 이관되고 인력이 배치되었으며, 볼라

---

24 『元史』, 卷 8, p. 152.

25 Anatoly M. Khazanov, *Nomads and the Outside World* (Cambridge University Press, 1984), pp. 33~37.

26 『秘書監志』, 卷 1, pp. 1a~b(pp. 21~22).

27 David M. Farquhar, *Government*, p. 137.

드와 유병충은 함께 카안에게 추가적인 자금을 요청했다.[28] 그는 금서의 관리에도 관심을 기울였고, 1277년에는 중국 동료들과 함께 비서감에서 보관하고 있는 "문헌, 공문서, 서적 및 서화"의 손상과 도난에 관해 조사하라는 카안의 명령을 받았다.[29]

1277년 볼라드는 새롭고 중요한 임무가 주어졌다. 그의 중국에서의 경력을 밝히는 데 중요한 의미가 있기 때문에 『원사』에 실린 전문을 인용하고자 한다.

> 카안은 대사농사(大司農司), 어사대부(御史大夫), 선휘사(宣徽使), 영시의사사(領侍儀司事)의 직책을 맡고 있는 볼라드를 추밀부사(樞密副使)에 임명하고, 현재 맡고 있는 선휘사와 영시의사사를 겸하게 했다.[30]

많은 정보를 담고 있는 이 글에서 우리는 다음과 같은 사실을 확인할 수 있다.

1. 선휘사로서 볼라드는 궁정에서 식음(食飮)을 총괄하는 관원이었다.[31] 즉 가족의 전통에 따라 볼라드는 바우르치였다.
2. 볼라드는 시의사(侍儀司)의 고위직을 역임했으나 다른 곳에서는 언급되지 않는다.
3. 볼라드는 상당히 영향력 있는 기구였던 추밀원(樞密院) 관원으로 승진했다.
4. 마지막으로 아마도 가장 중요한 것은, 이 구절이 『원사』에서 쿠

---

28 『秘書監志』, 卷 1, pp. 2a~b(pp. 23~24); 卷 2, pp. 1a~b(pp. 51~52).
29 『通制條格』(杭州: 浙江古籍出版社, 1986), 卷 28, p. 316; 『秘書監志』, 卷 6, p. 1a(p. 169).
30 『元史』, 卷 9, pp. 188~89.
31 선휘원(宣徽院)과 그 방대한 부속 기구에 대해서는 David M. Farquhar, *Government*, pp. 73~82 참조.

빌라이를 섬긴 여러 볼라드가 바로 하나의 역사적 인물, 즉 우리의 볼라드라는 사실을 명확히 확인시켜 준다는 것이다.

당시 볼라드가 파견된 추밀원은 1263년에 설립되었다. 볼라드는 부사(副使)로서 군사 정책을 수립하고 논의하는 소수의 관원 가운데 하나였다. 양자강(揚子江) 하류의 강남 일대가 함락된 이후, 볼라드는 남쪽에 주둔군을 배치해 송나라 영토에서 몽골의 지배를 공고히 하는 데 기여했다. 이러한 결정은 실제로 이 지역을 정복한 바얀 같은 현장의 지휘관과 볼라드 같은 추밀원 관원 사이의 협의를 통해 이루어졌다.[32] 그는 또한 곧 군사의 징발과 교체 및 승진에 관한 논의에 참여했다. 1278년 초, 쿠빌라이는 볼라드를 불러 군역을 수행할 성인 남성이 없는 군호(軍戶)에서 군 복무를 대체할 인력을 뽑을 때 따라야 할 지침에 관한 논의에 참여하도록 했다.[33] 얼마 후 볼라드는 카안에게 주를 올려 공을 세운 무관의 직위를 아들이나 조카가 승습하는 몽골적 관행을 수정해 달라고 요청했다. 쿠빌라이는 이를 승인하여 현역 중 전사하거나 병환으로 사망한 경우를 제외하고 공이 있는 자를 후임자로 선정하도록 했다. 전사하거나 병으로 사망한 경우에는 아들이나 조카가 승습하거나 한 단계 낮은 직위에 임명하도록 했다.[34] 같은 해 봄 볼라드는 원정을 떠났다. 그는 잘라이르족(族) 출신의 사령관 토곤(Toghön)과 제왕 우룩다이(幹魯勿台, Urughdai)와 함께 쿠빌라이가 준가리아와 이르티시강 유역에 카이두에 대항해 파견한 군대의 일원으로 출정했다. 쿠빌라이의 아들 노모간(Nomoghan)이 지휘하던 이 원정은 왕공 사이의 불화와 이탈로 곧 중단되었고, 이에 볼라드는 1279년 말 다시 조정으로 되돌아왔다.[35]

---

32 『元史』, 卷 99, p. 2545; Hsiao Ch'i-ch'ing, *Military*, p. 118.

33 『元典章』, 卷 34, p. 30a; Gunter Mangold, *Das Militärwesen in China unter der Mongolenherrschaft* (Bamberg: aku Fotodruck, 1971), p. 126.

34 『元典章』, 卷 8, p. 16a; 『元史』, 卷 98, p. 2516; Hsiao Ch'i-ch'ing, *Military*, p. 84.

여기서 그는 행정 업무를 재개했다. 군사령관의 임명도 포함되어 있었는데, 여기에는 복건 지역의 반란 세력을 진압하는 데 공을 세운 자를 카안의 대리자로서 다루가치직에 추천하는 것도 포함되었다. 다루가치는 원 조정과 군사 체계 전반에서 찾아볼 수 있는 중요한 직책이다.[36] 부장관으로서 볼라드는 군사 정보 수집 업무도 수행했는데, 그는 곧 멸망해가는 왕조의 마지막을 지키기 위해 결사적으로 항전했던 송나라의 저명한 충신 문천상(文天祥, 1236~82)을 심문하기도 했다. 문천상은 1279년 11월 전쟁 포로로서 대도(북경)에 도착했고, 한 달 후에 볼라드와 마르코 폴로가 '바일로 아크마드'(Acmat the Bailo)라고 했던 아흐마드에게 '적대적인 심문'을 받았다. 이 죄수는 공적인 책임과 정치적 충성의 본질에 관해 볼라드와 격렬한 토론을 벌이기도 했다. 몰락한 나라를 꿋꿋하게 옹호한 그는 결국 감옥으로 보내져 3년 후에 처형당했다.[37]

볼라드가 추밀부사(樞密副使)를 역임하는 동안 맡은 가장 중요한 사건은 아흐마드 암살 조사였다. 실제로 이것은 라시드 앗 딘과 마르코 폴로가 상세하게 서술한 것처럼 당대에 가장 널리 알려진 사건 가운데 하나였다.[38]

1262년경 악명 높았던 재무장관 아흐마드는 쿠빌라이를 위해 봉사했다.[39] 유능한 관료 정치가이자 재무 관료로서 원 제국 국고에 지속적인

---

35 『元史』, 卷 133, p. 3233; Rashīd/Karīmī, vol. I, pp. 632~33; Rashīd/Boyle, p. 266.

36 『元史』, 卷 131, p. 3193; 卷 134, p. 3261.

37 Liu Yüeh-shen, *Shen-chai Liu hsien-sheng wen-chi* (Yuan-tai chen-pen wen-chi hui-k'an ed.), ch. 13, pp. 12aff.; H. W. Huber, "Wen T'ien-hsiang", in Herbert Franke, ed., *Sung Biographies* (Wiesbaden: Franz Steiner, 1976), vol. III, pp. 1187~1201, 특히 pp. 1198~99; Richard L. Davis, *Wind against the Mountain: The Crises of Politics and Culture in Thirteenth Century China* (Cambridge, Mass.: Harvard University Press, 1996), pp. 177~79.

38 Marco Polo, pp. 214~16.

39 A. C. Moule, *Quinsai with Other Notes on Marco Polo* (Cambridge University Press, 1957), pp. 79~88; Herbert Franke, "Aḥmad (?-1282)", in Igor de Rachewiltz *et al.*,

수익을 창출한 아흐마드는 곧 고위 관직에 올랐고 황제의 신뢰를 얻었다. 그러나 그의 오만함과 부패 행위, 그리고 외국인이라는 점 때문에 곧 중앙정부의 중국 관원과 마찰을 빚게 되었다. 1278년 최빈(崔斌)은 카안에게 주를 올려 아흐마드를 고발했다. 이듬해 쿠빌라이는 어사대 관원 볼라드와 상위(相威)에게 명해 아흐마드의 행적, 특히 그가 정원 외 관리를 임명한 행위에 관해 조사하도록 했다. 두 사람은 개평(上都)에서 역마를 타고 이동해 아흐마드가 병을 핑계 삼아 심문을 피해 머물러 있던 대도에 도착했다.[40] 그럼에도 불구하고 쿠빌라이는 아흐마드를 여전히 신뢰했고, 1280년 그의 후계자인 친킴(Chinkim, 眞金)이 아흐마드가 잔인하고 부패한 자라고 공격했을 때조차 확고하게 그의 혐의를 믿지 않았다.

관료들이 아흐마드의 막강한 권력을 억제하는 데 실패하자 증오의 대상이 된 승상을 암살하려는 사적 모의가 이루어졌다. 중국인 '승려들'과 '주술사들'이 주도한 대중적 모의는 1282년 초 아흐마드를 살해하는 데 성공했다. 암살 이후 이어진 소요 가운데에서 여전히 아흐마드의 무고(誣告)를 믿었던 쿠빌라이는 볼라드와 다른 관리들을 파견해 이 사안을 조사하고 죄인들을 처벌케 했다. 이들은 5월 1일 수도에 도착했고 다음 날 주범을 처형했다. 피살된 승상은 명예롭게 장례를 치렀고 카안의 명으로 그의 가족은 추가적인 조사에서 제외되었다. 이후 쿠빌라이는 볼라드와 이 사안을 논의하는 과정에서야 비로소 아흐마드의 '악행'의 전모를 알게 되었다. 격노한 카안은 모든 사건에 대한 즉각적인 조사를 명령했고 그 결과 수많은 아흐마드 관련 자와 가족이 처형되거나 처벌을 받았다.[41]

이것이 볼라드가 중국에 있는 동안 그의 군주를 위해 맡은 마지막 주

eds., *In the Service of the Khan: Eminent Personalities of the Early Mongol-Yuan Period (1200-1300)* (Wiesbaden: Harrassowitz, 1993), pp. 539~57.

40 『元史』, 卷 128, p. 3130; 卷 173, p. 4038.

41 『元史』, 卷 205, pp. 4563~64; Rashīd/Karīmī, vol. I, p. 603; Rashīd/Boyle, p. 292.

요 임무였다. 이란에서의 새로운 임무를 따라가기 전에, 원 제국에서 그의 경력과 경험을 간략하게 평가해 볼 필요가 있겠다.

첫째, 그의 정치적 지위를 평가하기 위해서는 정권의 기본적인 조직적 특성을 명확히 파악해야 한다. 쿠빌라이 카안 아래에는 세 개의 주요 정부 기구가 있었다. 행정 전반을 총괄하는 중서성, 군사 정책의 수립과 북중국의 주둔군을 관리하는 추밀원, 마지막으로 다른 정부 부서들을 감찰하는 어사대가 있다. 세 기구 모두 카안과 직접적으로 소통했으며, 볼라드는 이 가운데 두 기구에 속해 있었다. 또한 선휘사의 총괄자인 바우르치로서 볼라드는 황가 통치집단의 일원이자 진정한 내부자였다. 따라서 그는 군주와 행정에 관해 직접적으로 소통했을 뿐 아니라 개인적으로도 지속적으로 교류했다. 이 때문에 중국인 동료들은 그의 지원과 중재가 그들의 정책 수립에 상당히 중요하다고 생각했던 것이다. 그는 정부와 군대, 궁정에서 매우 중요한 인물이었다. 현대적인 정치 용어로 그는 "유력한 인맥을 가진 자"였다. 1282년 안주(安州)의 장욱려(張拗驢)라는 사람이 볼라드 승상의 관인(官印)을 위조하려고 했을 때 즉시 처형당한 사실은 놀라운 일이 아니다.[42]

둘째, 특히 우리의 목적에서 중요한 것은 볼라드가 맡은 다양한 직책을 통해 중국 사회와 문화를 가까이에서 관찰할 수 있는 기회를 가졌다는 점이다. 그는 중국어와 중국 제도, 그리고 종종 공동의 업무를 위해 협업했던 여러 중국 지식인들 대표들을 잘 알고 있었다. 그들의 정책에 대한 (볼라드의) 지지는 중국 문명에 대해 그의 존경(존중)을 보여 주고 있다. 이 첫 번째 단계의 경력에서 얻은 지식과 태도는 이란에서의 이후의 활동에 실제적인 영향을 끼쳤는데, 생애 마지막 28년 동안 그는 중국과 동부 이슬람 세계 사이의 대사(大使)와 정치 고문, 그리고 문화 교류에서 주요 전달자로 일했다.

---

42 『元史』, 卷 12, p. 240.

라시드 앗 딘과 승상 볼라드

볼라드를 아르군에게 사절로 보내기로 한 결정은 동행자였던 이사의 열전(列傳)에 아주 상세히 나와 있다. 이 기사에 따르면, 이사는 "먼 지역의 사절"로 파견된 적이 있었기 때문에 승상 볼라드의 보좌로 동행하게 되었다.[1] 기록에는 언급되어 있지 않지만, 그는 서역 출신으로 통역관 역할을 수행했음이 분명하다.

앞서 보았듯이, 볼라드와 이사는 위험천만한 여정 끝에 1285년 말 이란에 도착했고, 그곳에서 쿠빌라이의 축복으로 아르군의 두 번째 임명식이 거행되었다. 1286년 초 두 사신은 고국으로 향하는 긴 여정을 다시 시작했다. 그들 각각의 운명은 정거부(程鉅夫, 1249~1318)가 쓴 이사 전기에 다음과 같이 기록되어 있다.

그들은 귀국길에 (카이두와 두아의) 모반을 접했고, 사신 볼라드와 부

---

1 程鉅夫, 『程雪樓文集』, 卷 5, p. 3b. 『元史』, 卷 134, p. 3249와 『원사』 「애설전」(愛薛傳)을 번역한 Arthur C. Moule, *Christians in China before the Year 1500* (London: Society for Promoting Christian Knowledge, 1930), p. 229 참조.

관 이사는 서로 헤어지게 되었다. 〔이사는〕 돌과 빗발치는 화살을 피해 죽음의 땅을 빠져나와 2년 후에 경사〔대도〕에 도착했다. 그는 아르군 칸이 바친 보석으로 장식된 허리띠를 진상했고, 오고간 여정에서 관찰한 모든 것을 아뢰었다. 카안〔쿠빌라이〕은 대단히 기뻐하고 조정 대신들에게 탄식하며 말했다. "볼라드는 우리 땅에서 태어나 내가 주는 녹을 받았으나 (지금은) 그곳에 안착했다. (반면) 이사는 그곳에서 나서 고향이 그곳에 있지만 (지금은) 나에게 충성하고 있다. 그들이 얼마나 서로 다른가!"[2]

이를 통해 우리는 볼라드의 임무가 일시적이었지만 되돌아올 수 없게 되자, 그는 일칸의 조정에서 일하도록 설득당했다는 결론을 내릴 수 있다. 또한 쿠빌라이의 볼라드에 대한 실망은 이사의 충성과 용기를 극화하기 위해 이사의 전기 작가가 다소 과장한 것이었다. 쿠빌라이가 볼라드에게 귀환하라고 명령했다는 흔적은 전혀 없고, 반대로 그가 이란에 머물면서 톨루이 가문을 위해 기꺼이 봉사했다는 증거는 도처에 있으며 후에 원 조정에서 공개적이고 눈에 띄는 방식으로 이를 인정했다.

볼라드의 두 번째 경력에 대한 상세한 내용으로 넘어가기 전에, 그의 정체를 둘러싼 이전의 혼란과 이 책의 논의에서 그의 정체 확인이 중심적인 역할을 한다는 점에서 명백한 사실을 강조하고 재확인하는 것은 충분한 의미가 있을 것이다. 중국 사료에서의 보루오(孛羅)와 페르시아어 사료의 폴라드(Pūlād)는 동일 인물이다. 예를 들어 중국 사료에서는 보루오가 승상이자 선휘사였다고 했고, 라시드 앗 딘은 폴라드가 승상이자 요리사〔바우르치〕였다고 했다. 다른 곳에서는 폴라드 아카(Būlād Āqā)가 "승상이자 바우르치로서 쿠빌라이 카안을 위해 봉사했다"라고 했다.[3] 요컨대, 쿠빌라이의 보루오가 라시드 앗 딘의 폴라드이며, (그가) 우리의

---

2 程鉅夫,『程雪樓文集』, 卷 5, pp. 3b~4a.
3 Rashīd al-Dīn, "Shuʻab-i panjgānah", folio 131v; Rashīd/Alizade, vol. I, pt. 1, p. 518.

볼라드라는 사실은 의심의 여지가 없다.

사라진 관원에 대한 쿠빌라이의 태도가 어떻든 간에, 볼라드는 이란에서 환대받았음이 분명하다. 그는 '카안의 대사'(ilchī-i Qaʾān)로 왔지만 일칸의 고문이 되었다.[4] 알 우마리는 왕좌의 소유자(sāhib al-takht, 카안)가 이란의 왕국, 훌레구와 그의 후계자들의 조정에 대단히 존경을 받는 관원(amir)을 파견했다는 기술을 통해 그의 새로운 지위와 임무에 관해 간접적으로 언급했다.[5] 이름이 언급되지는 않았지만, 당대 궁정 기록은 그가 틀림없이 볼라드일 것이라는 결론을 뒷받침한다. 1287년으로 거슬러 올라가 일칸 아르군 시기의 심하게 손상된 몽골어 문서 뒷면에는 볼라드와 여러 다른 관원에 관한 '증거'(몽골어로 'barvan-a', 페르시아어로 'parvānah')가 있다.[6] 날짜와 볼라드가 서명자 명단에서 첫 번째라는 사실을 고려할 때, 그가 처음부터 일칸 조정에서 중요한 위치를 점하고 있었다고 결론내릴 수 있을 것이다.

그가 존경받았다는 것을 입증해 주는 또 다른 증거는 그의 새로운 가정에서도 발견된다. 그는 시린(Shirin)이라는 여성을 아내로 맞았는데, 그녀는 세상을 떠난 일칸 아바카(1282년 사망)의 후비(egechi)였다.[7] 그러한 특혜는 전례가 없었던 것은 아니지만 확실히 드물었으며, 볼라드가 칭기스 칸 가문의 정치적 대가족의 일원임을 재확인하는 실제적인 표지(標識)였다. 라시드 앗 딘이 아미르 볼라드에 대해 "카안(쿠빌라이)을 섬기는 아들이 있었다"라고 기록한 사실로 미루어, 흥미롭게도 이러한 결혼은 그가 이란에서 두 번째 가정과 함께 두 번째 경력을 시작했음을 의미했다.[8] 안타깝게도 볼라드가 남겨두고 온 가족에 대한 다른 기록은 발

---

4 Vaṣṣāf al-Ḥaẓrat, p. 272. 여기에서 대사는 몽골어 엘치, 즉 '사신'을 말한다.

5 ʿUmarī/Lech, p. 19, Arabic text, and p. 103, German translation.

6 Gerhard Doerfer, "Mongolica aus Ardabīl", *Zentralasiatische Studien* 9 (1975), pp. 206~07.

7 Rashīd/Jahn I, p. 5.

견되지 않는다.

카안의 고문이자 대리자로서 볼라드는 궁정 정치에 적극적으로 참여했다. 일칸에게 접근할 수 있는 권한과 위대한 명성은 그에게 상당한 영향력을 가져다주었고, 사료에서 드러나고 있듯이 그는 이것을 기꺼이 활용했다. 한번은 그는 속국 군주의 즉위에 개입했다. 대루르(Lur-i Buzurg)의 아타벡인 유수프 샤(Yūsuf Shāh)가 세상을 떠나자, 그의 아들 아프라시압(Āfrāsiyāb)은 친위대에서 복무하고 있었는데, 나탄지(Naṭanzī)에 따르면, 그는 볼라드 승상이 가장 선호했던 자로서 그의 아버지를 이어 임명되었다. 몽골의 전형적인 방식에 따라 그의 형제 아흐마드(Aḥmad)가 아프라시압을 대신해 (몽골) 궁중의 질자(質子)가 되었다.[9] 중국에서 했던 대로 볼라드는 고위 관원 선발의 주요 인적 자원 가운데 하나인 칸의 친위대 궁정에 새로운 사람들을 소개하고 훈련시켰다.

또한 볼라드는 평판이 좋지 않은 관리들을 숙청하는 데에도 간여했다. 가장 악명 높았던 것은 말리크 자랄 앗 딘(Malik Jalāl al-Dīn)으로 부카의 음모에 가담하여 해임되었지만, 이름이 알려지지 않은 조정의 친구들의 중재로 처벌은 면했다. 1289년 여름 말리크는 궁정으로 가는 중에 볼라드 아카를 만나 "해임된 상황과 원인"에 대한 질문을 받았다. 말리크는 결백을 주장하면서 자신의 고난을 통치자의 잘못된 판단으로 돌렸다. 이 이야기는 곧 아르군의 귀에 들어갔다. 아르군이 볼라드와 함께 진위 여부를 검증한 후에 말리크는 친위대원에게 붙잡혀 처형당했다.[10] 볼라드가 경력과 생사 여탈권을 쥐고 있는 위치에 있었음이 분명하다.

게이하투 재위 연간에 볼라드는 실패로 끝난 지폐 도입 등과 같은 주요 사안에 관해 자문을 받았다. 하지만 이 시기 그의 중요성과 권력

---

8 Rashīd/Alizade, vol. I, pt. 1, p. 518.

9 Muʿīn al-Dīn Naṭanzī, *Muntakhab al-tavārīkh-i muʿīnī*, ed. by Jean Aubin (Tehran: Librairie Khayyam, 1957), pp. 45～46.

10 Rashīd/Jahn I, p. 84.

이 약화된 듯 보였다. 게이하투가 세상을 떠나자 바이두(Baidu)와 가잔 (Ghazan) 두 명이 왕좌를 놓고 경쟁을 벌였다. 이 내전으로 일칸 정권이 붕괴할지도 모르는 긴장된 상황에서 볼라드는 두 진영 사이에서 중재자 역할을 했다. 1295년 5월, 두 경쟁자가 아제르바이잔 남부에서 협상을 진행하던 중 바이두는 볼라드를 가잔에게 보내 그의 도전자가 회의 장소에서 그가 온 길로 반드시 돌아가게 했다. 라시드 앗 딘은 바이두가 그렇게 한 것은 가잔이 아르다빌(Ardabīl) 근처의 시야쿠(Siyah Khu)산을 경유하는 다른 길을 택하게 된다면, 그곳에 주둔하고 있는 자신의 지지자들이 반대편으로 돌아설 수 있으리라 염려했기 때문이라고 했다.[11]

표면상으로 볼라드는 바이두의 사람처럼 보였지만 이는 아마도 오해였던 것 같다. 볼라드의 지위와 배경을 감안할 때 이러한 상황에서 값비싼 대가를 치를 내전을 막기 위해 중재인으로서 좀 더 중립적인 능력을 발휘했던 것 같다. 어쨌든 정권 교체기에 그가 정확히 어떠한 역할을 담당했는지는 알 수 없지만, 가잔이 승리한 후 새로운 정권에서 존경받는 일원이 되었다는 점에서 그가 이전에 바이두의 목표와 긴밀하게 연관되어 있다고 보기는 어려울 것 같다.

가잔의 즉위가 조정에서 볼라드의 지위에 영향을 끼치지 않았다고 할 수는 없을 것이다. 알 우마리는 새로운 통치자가 "그(카안)의 아미르(볼라드)의 권위에 관심을 기울이지 않았고, 그 결과 지위와 명성을 잃었다"[12]라고 주장했다. 분명히 볼라드의 정치적 영향력은 줄어들었지만, 이는 칸위 쟁탈전에서의 파벌과 지지의 문제라기보다는 가잔이 그의 수많은 무슬림 신민에게 더욱 친숙한 모습을 보여 주기 위해 노력한 결과로 보아야 할 것이다.

---

11 Rashīd/Jahn II, pp. 65, 71. 바르 헤브라에우스의 연대기는 바이두가 가잔에게 파견한 많은 사절을 언급하고 있으나 이름은 기술되지 않았다. Bar Hebraeus, pp. 500~04 참조.

12 'Umarī/Lech, p. 19, Arabic text, and p. 103, German translation.

볼라드의 지위 하락은 어느 정도 대중을 의식한 의도적인 조치였을 가능성이 높다. 이는 가잔이 독립적인 이슬람의 군주로서 새로운 지위를 부각하려는 노력의 일환이었을 것이다. 실로 볼라드는 가잔과 좋은 관계를 유지했고 배후에서 심심치 않게 권력을 행사했음이 분명하다. 어쨌든 이 기간 동안에 볼라드는 정권에서 가장 눈에 띄고 영향력 있는 정치적 인물 가운데 하나인 라시드 앗 딘과 인연을 맺게 되었다. 그리고 이 시점부터는 볼라드의 활동과 업무는 대개 라시드 앗 딘과의 협력의 산물이었기 때문에, 이 유명한 정치가이자 학자의 삶과 시대에 관해 간략히 살펴볼 필요가 있겠다.

라시드 앗 딘은 1247년 하마단(Hamadān)에서 유대인 약사의 아들로 태어났다.[13] 의사로 훈련받은 그는 서른 살에 이슬람으로 개종했으며, 게이하투(1291~95) 재위기에 일칸을 위해 봉사하기 시작했다. 그는 가잔 치하에서 개혁의 신봉자이자 기획자로 두각을 나타냈다. 이러한 정책의 주안점은 경제와 재정 수입의 회복이었다. 이를 위해 가잔은 라시드 앗 딘의 조언대로 세금과 임대료를 정상화하고 감면했으며 재정 부처의 부패 근절을 위해 노력했을 뿐 아니라 세금 감면을 통해 버려진 농지에 사람들이 다시 거주할 수 있게 하고 파괴된 관개 시스템을 복원했으며, 토지대장을 새롭게 작성하고 유목민의 약탈로부터 농민을 보호하고, 새로운 농업 기술의 장려를 위한 방법을 모색했다.[14]

---

13 놀랍게도 정치적·문화적 인물로서 이견이 없을 만큼 중요함에도 불구하고 라시드 앗 딘에 관해 전면적으로 다룬 전기가 없다. 그의 생애와 활동에 관한 간략한 소개로는 David O. Morgan, "Rashīd al-Dīn", *EI*, 2nd edn, vol. VIII, pp. 443~44; Josef Van Ess, *Der Wesir und seine Gelehrten* (Wiesbaden: Franz Steiner, 1981), pp. 1~13; Reuven Amitai-Preiss, "New Material from the Mamlūk Sources for the Biography of Rashīd al-Dīn", *Oxford Studies in Islamic Art* 12 (1996), pp. 23~37; Edward G. Browne, *A Literary History of Persia*, vol. III: *The Tartar Domination* (*1265-1502*) (Cambridge University Press, 1969), pp. 68~87 참조.

14 I. P. Petrushevskii, *Zemledelie*, pp. 55~62; Bertold Spuler, *Die Mongolen in Iran*, 4th edn (Leiden: E. J. Brill, 1985), pp. 263~69.

이후로 라시드 앗 딘은 권력의 중심에 있었지만 항상 그와 경쟁 관계에 있는 관료들과 협력해야 했다. 그 마지막 인물인 타즈 앗 딘 알리 샤 (Taj al-Dīn ʿAlī Shāh)가 1318년 라시드 앗 딘의 파멸을 가져왔다. 그는 올제이투 칸에 대한 독살 혐의를 받아 아부 사이드(Abū Saʿīd)의 명령으로 잔혹하게 처형당했다.[15] 그 이후 그의 막대한 자산은 파괴되거나 몰수당했다. 이로 인해 우리가 살펴볼 중국에 관한 저작을 포함해 라시드 앗 딘의 풍부한 문학적 유산의 일부가 안타깝게도 소실되었다.[16]

라시드 앗 딘과 볼라드는 상당히 바쁜 사람들이었지만 그들은 여러 차례 다양한 기회로 만났다. 1305년 새 술탄 올제이투의 결혼식에서 라시드 앗 딘이 신부를 인도할 때 볼라드 승상은 신랑 곁에 서 있었다.[17] 또한 그들은 국무를 수행할 때 서로 만났음이 틀림없다. 볼라드가 올제이투의 군영을 따라 함께 이동하거나 때로는 그 책임자였기 때문에, 이러한 일은 잦았을 것이다.[18]

올제이투 재위 연간에 볼라드는 일종의 정치적 재기에 성공해 다시 정권의 고위 재상 중 하나로 인정받았다. 올제이투 통치기에 관한 카샤니 (Qāshānī)의 역사책(『올제이투사』)에 나와 있는 관원 명단에서 볼라드는 세 번째 "위대한 아미르로 볼라드 승상"으로 언급되었는데, 이는 쿠툴룩 샤(Qutlugh Shāh)와 추반의 뒤를 잇는 것이었다.[19] 세 사람은 종종 함께 일했다. 올제이투는 왕위에 오른 직후에 이 세 명의 관원과 일반적인 정

---

15 라시드 앗 딘의 몰락과 처형을 야기한 조정 내의 파벌 싸움에 대해서는 Charles Melville, "Abū Saʿīd and the Revolt of the Amirs in 1319", in Denise Aigle, ed., *L'Iran face à la domination Mongol* (Tehran: Institut français de recherche en Iran, 1997), pp. 92~94 참조.

16 Karl Jahn, "The Still Missing Works of Rashīd al-Dīn", *CAJ* 9 (1964), pp. 113~22.

17 Qāshānī/Hambly, p. 42.

18 Qāshānī/Hambly, p. 236.

19 Qāshānī/Hambly, p. 8. 여기서 볼라드는 카라키타이(Qarākitāi)라고 불렸다. 물론, 그는 두르벤 출신이었다. 아마도 이는 '키타이 출신'에 대한 오류로 보아야 할 것이다.

부 정책과 특별한 사업에 대해 논의했으며, 그들은 올제이투에게 관원의 청렴과 효율성에 관해 함께 건의하기도 했다.[20] 그렇다고 이 세 사람이 동등한 위치에 있었다는 말은 아니다. 일부 자료에서는 쿠틀룩 샤와 추반이 더 중요한 인물이었다는 강한 인상을 준다. 확실히 외국인 관찰자는 그들을 그렇게 인식했다.[21]

원로 정치가로서의 조언을 제공하는 것 외에 볼라드는 여전히 활발하게 군사 임무를 수행했다. 1307년 5월 올제이투가 몽골인이 아직 정복하지 않은 험준한 길란(Gīlān)에서 원정 활동을 할 때, 볼라드는 군수물자의 보급을 담당했다.[22] 그리고 1312년에도 여전히 말 위에 있었는데, 아마도 이때 70대였을 것이다. 이때 그의 군주는 금장 칸국의 아제르바이잔 원정의 주요 노선에 위치한 다르반드(Darband)와 아란의 방위를 맡겼다.[23]

그러나 이것은 수많은 중요한 경력 가운데 마지막 임무였다. 유목민 출신답게 볼라드는 1313년 4월 26일에 "동영지(冬營地)가 있는 아란 초원에서" 세상을 떠났다.[24]

생전과 사후에 볼라드는 상당히 존경받았던 인물이었다. 라시드 앗 딘은 자주 그에 대한 찬사를 아끼지 않았으며, 이란의 몽골 왕실에서도 그의 죽음을 애도했다. 중국에서도 그는 잊혀지지 않았다. 그가 죽기 몇 해 전, 원 조정에서는 그에게 높은 작위를 내렸다. 『원사』에 따르면, 1311년 7월 6일에 "추밀원 관원인 볼라드를 택국공(澤國公)에 봉했다."[25] 이 구

20 Ḥafiz̤-i Ābrū, *Zayl*, p. 67; Qāshānī/Hambly, p. 239.

21 Abū'l-Fidā, *Memoirs*, pp. 41~42.

22 Ḥafiz̤-i Ābrū, *Zayl*, p. 73; Charles Melville, "The Ilkhān Oljeitü's Conquest of Gīlān (1307): Rumor and Reality", in Reuven Amitai-Preiss and David O. Morgan, eds., *The Mongol Empire and its Legacy* (Leiden: Brill, 1999), p. 105.

23 Qāshānī/Hambly, p. 142.

24 *Ibid.*, p. 147.

25 『元史』, 卷 24, p. 543.

절은 간결하지만 꽤 유용한 정보를 담고 있다. 우선, 그가 28년 전에 중국을 떠났음에도 불구하고 그는 여전히 추밀원 관원으로 기록되었다는 사실을 통해 여전히 원 조정의 신하로 인식되었음을 알 수 있다. 둘째로 더 분명한 것은 볼라드의 원래 주인이 그를 여전히 높이 평가했다는 점이다. 이는 그가 하사받은 국공(國公)이라는 작위에 대한 상세한 검토를 통해 드러났다. 택국공은 원 제국의 9개의 훈작 가운데 세 번째로 높은 작위로서, 칸의 혈통에만 내리는 왕과 군왕(郡王) 두 개의 작위 뒤를 잇고 있다. 이러한 높은 작위에는 대개 영토 명칭이 추가되었는데, 이 경우에는 원 제국의 중서성(中書省)의 행정구역인 택주(澤州)가 해당하며, 이는 오늘날의 산서성(山西省) 지역이다.[26] 많은 제왕과 고관들이 분봉지가 중서성(中書省)의 관할구역에 있었다.

볼라드가 세상을 떠나기 전에 이 작위를 받았는지는 알 수 없다. 확실한 것은 그가 받은 다음 영예는 그에게 전해지지 않았다는 것이다. 그가 세상을 떠난 해인 1313년, 원 조정에서는 바이주를 다시 서방으로 파견해 카르반다(올제이투)와 상의하여 볼라드 승상에게 금인(金印)을 하사했다.[27] 쿠빌라이의 실망에도 불구하고 원 조정에서는 이란에서 볼라드의 장기간에 걸친 임무에 관해 지속적인 보고를 받았고 승인했음이 분명하다. 그가 지속적으로 임무를 잘 수행했다고 그들이 판단했기에 그에 따른 보상을 받은 것이다.

임무를 수행하면서 볼라드는 보다 실제적인 보상을 받았음이 틀림없다. 1314년 봄, 샤말리키(Shāhmalikī)와 "볼라드 승상의 아들" 피르 하미드(Pīr Ḥāmid) 사이의 혼약이 성사되었는데, 6,000개의 비단 카펫이 빙재(聘財)로 명시되었다.[28] 이는 4,000파운드에 가까운 액수로 빙재는 가문

---

26 譚其驤 主編, 『中國歷史地圖集』 7, 元明時期(上海: 中國地圖出版社, 1982), map 7-8, lat. 35° 30′, long. 112° 50′ 참조.

27 袁桷, 『清容居士集』, 卷 34, p. 22b.

28 Qāshānī/Hambly, p. 154.

의 상당한 부를 드러내고 있다.

라시드 앗 딘과 볼라드의 다양한 문화 사업의 협력에 대한 논의의 출발점으로 그들의 정치적 협력에 대한 탐색을 시작하고자 한다. 내 생각에 이는 자연스레 중국의 사안과 중국적 모델로 이어졌다. 이는 어느 정도 두 재상이 상호간의 이해와 공동의 문제를 논의하는 과정에서 무의식적으로 시작되었을 것이다. 원 조정에서 어떻게 일을 수행했는지에 관한 문의가 있었다는 사실이 라시드 앗 딘의 글에서 잘 드러난다. 이 페르시아 역사가는 쿠빌라이 통치기에 관한 기록에서 중국의 일련의 행정 절차, 부서, 관직명, 그리고 임기에 대해 설명했다.[29] 예를 들어 진술서에서 신원을 확인하기 위해 때때로 '지문'(khaṭṭ-i angusht)을 채취한다고 언급하며 이는 중국의 유서 깊은 관행으로 당대로 거슬러 올라간다고 했다.[30] 그가 언급한 직함과 부처는 보통 중국식 명칭과 함께 제시되었는데 대체로 꽤 정확했다. 라시드 앗 딘이 언급한 '왕샤이'는 지역의 군정 장관인 '원수'(元帥)에 상응하고, '핀잔'(finjān)은 정부관원 '평장(정사)' (平章政事)과 일치한다. 당연하게도 볼라드가 소속되었던 기구들이 눈에 띄는데, '츄비반'(chubīvan), 몽골식 발음으로 '츄미온'(chümui ön)은 추밀원을 지칭하는 것으로 중국식으로는 '슈미위엔'(Shu mi yuan, 樞密院)이고, '츄시타이'(zhū shitāi) 또는 '위시타이'(Yü-shih t'ai)는 어사대를 지칭하며 몽골식으로는 '유시타이'(üshi-tai)이다.

라시드 앗 딘은 또한 칸 발릭(북경)에는 "조정의 기록 보관소"(dafātir-i dīvān)가 있고 "그곳에서 (모든 것)을 잘 보관하고 있었다"라고 기록했다. 이 경우 중국식 명칭은 알려져 있지 않지만, 이 기구를 비서감(秘書監)과

---

29 Rashīd/Karīmī, vol. II, pp. 642~44; Rashīd/Boyle, pp. 278~81. 여기에 모든 용어가 설명되어 있다.

30 중국에서의 시행에 대해서는 Bertold Laufer, "History of the Finger Print System", *Annual Report of the Board of Regents of the Smithsonian Institution, 1912* (Washington, D.C.: Government Printing Office, 1913), pp. 631~52, 특히 pp. 641ff. 참조.

연관짓는 것이 합리적일 것이다. 어쨌든 라시드 앗 딘은 이 문서고에 '훌륭한 책들'(dasātīr)이 포함되어 있다고 했는데, 그는 여기에 상당한 관심을 갖고 있었다. 이는 페르시아어본과 아랍어본으로 남아 있는 라시드 앗 딘의 작품 목록에 나온다. 이 자료에는 "한자에서 페르시아어로 번역된" 네 권의 책이 기록되어 있는데, 그 가운데 한 권은 "중원 왕조의 정부 조직과 행정, 그리고 그들의 제도에 따른 업무 수행 방식"에 관한 내용을 다루고 있다.[31]

이러한 일반적 서술에서 지칭하고 있는 중국 저작이 무엇인지는 기술되어 있지 않지만, 라시드 앗 딘의 또 다른 작품인 『진보지서』(珍寶之書, Tanksūq-nāmah)가 답을 제공하고 있다고 생각된다. 목차에는 중국어에서 번역한 정치에 관한 유사한 저작이 나열되어 있으며, 이는 두 부분으로 구성되어 있다. 첫 번째 부분에서는 관작에 따라 좌부와 우부의 관원(amīr)이 기록되어 있고, 두 번째 부분에서는 '정부의 법, 조직과 정책'에 관한 저작으로 '타이쿠루룬'(Tāi khū lū lun)이라는 이름이 붙어져 있다.[32] 허버트 프랭케(Herbert Franke)는 수십 년 전에 이것을 '태화율'(泰和律)이라고 추정한 바 있다.[33] '태화(泰和) 연간의 법령'으로 구성된 이 책은 여진의 금조(金朝, 1126~1234)에서 당률(唐律)을 참조해 제정하여 1201년에 반포된 법전이다. 몽골은 금이 멸망한 이후부터 1271년까지 북중국에서 이 법전을 사용했다. 흥미롭게도 이 법전은 더 이상 중국어로는 남아 있지 않고 후대의 중국 법전에 파편화되어 수록되어 있으며,

---

31 A. M. Muginov, "Persidskaia unikal'naia rukopis Rashīd al-Dīna", *Uchenye zapiski instituta vostokovedeniia* 16 (1958), p. 374; Rashīd/Quatremère, pp. CXXXIX, CLX~CLXI. 아랍어 목록에는 '한어(漢語)에서 페르시아 아랍어'로 번역된 정치에 관한 유사한 서적들이 나열되어 있다.

32 Rashīd al-Dīn, *Tanksūq-nāmah yā ṭibb ahl-i Khitā*, ed. by Mujtabā Mīnuvī (Tehran: University of Tehran, 1972), p. 81.

33 Karl Jahn, "Some Ideas of Rashīd al-Dīn on Chinese Culture", *CAJ* 14 (1970), p. 137 note 8 참조.

제11장 라시드 앗 딘과 승상 볼라드 129

부분적으로는 페르시아어로 번역된 내용이 『진보지서』에 남아 있다.[34]

중국 조정의 제도와 용어에 대한 이러한 관심과 익숙함은 라시드 앗 딘의 저술에서 발견되는 차용어 형식으로도 드러난다. 예를 들어 그가 제국의 고위 관원, 직함 및 기구를 수식하기 위해 '위대한'과 '위엄 있는'을 의미하는 페르시아어 'buzurg'을 거듭 사용한 것은 중국의 공식 명칭에서 '큰'을 의미하는 '대'(大)를 사용하는 것과 유사하다.[35] 원 제국에서 대(大)는 제국의 지위를 드러내는 데 일반적이고도 널리 사용되었다. 가장 주목되는 것은 대원(大元)이라는 제국의 명칭 자체에서 드러난다. 물론, 이러한 내용에 관한 라시드 앗 딘의 핵심 정보원이었던 볼라드 아카는 한때 대사농(大司農)의 직함을 가진 적이 있었다.

보다 실용적이고 개인적 차원에서 볼라드의 중국에서의 경험은 이란의 긴급한 문제에 대한 해결책을 모색하는 데 활용되었다. 예를 들어 가잔이 노예로 팔리거나 걸인으로 전락한 몽골인이 상당히 많다는 사실에 근심하자, 그는 구제책으로 그들에게 '자금'을 제공해 제국의 군대에서 복무하는 등 적절한 지위와 기능을 회복케 하는 제도를 마련했다. 몇 년 후에 어려웠던 1만 명의 사람이 모여 친위대(kabtūvāl, 몽골어로 'kebte'ül')로 편성되어 볼라드의 지휘 아래 배치되었다.[36] 앞에서 보았듯이, 볼라드는 중국에서 친위대를 위한 신병 훈련으로 경력을 쌓기 시작했지만 마찬가지로 원 조정에서 사회복지와 관련한 정책에 간여하기도 했다. 1281년 초, 칸은 지폐(鈔), 금과 은의 형태로 준비된 자금을 볼라드에게 주었고, 볼라드는 필요한 백성에게 지급해 준 바 있었다.[37]

---

34 Paul Heng-chao Ch'en, *Chinese Legal Traditions under the Mongols: The Code of 1291 as Reconstructed* (Princeton University Press, 1979), pp. 10~14.

35 예를 들어 Shimo Hirotoshi, "Two Important Persian Sources of the Mongol Empire", *Etudes Mongoles et Sibériennes* 27 (1996), pp. 222~23 참조.

36 Rashīd/Jahn II, pp. 311~12. 번역된 전문은 A. P. Martinez, "The Third Portion of the History of Ğāzān Xan in Rašīdu'd-Dīn's *Ta'rīx-e mobārik-e Ğāzānī*", *AEMA* 6 (1986-88), pp. 111~13 참조.

중국에서의 그의 경험은 이란 조정에서 실천 방안과 전례로 제공되었다. 볼라드는 가잔과 라시드 앗 딘에게 볼라드는 가장 유용하고 자주 자문을 구한 조언자였을 것이다. (그는) 존경받는 몽골인 고위 관리로 조화와 혁신을 선호하며 중국에서처럼 이란에서도 개혁을 촉진한 인물이었다. 결국, 그가 자기 민족의 전통에 깊이 뿌리내린 베테랑이자 중국에 있는 대칸의 대리인으로 활동했기에 어느 누구도 볼라드가 칭기스 칸 가문의 전통을 배신했거나 "반몽골적 활동"으로 제국을 전복하려고 했다고 쉽게 비난할 수 없었을 것이다.

조정에서 유목민 전통주의자들과의 논쟁은 볼라드에게 분명히 중요한 자산이었고, 그러한 분투를 그는 오랫동안 경험해 왔다. 폭넓고 다양한 경력을 통해 그는 유병충과 라시드 앗 딘 같은 현지 학자들과 함께 일하면서 유목민 정복자와 제국의 정주지 엘리트 사이에서 효과적으로 중개자로 역할할 수 있음을 입증했다.

우리의 볼라드는 일반적으로 글을 아는 몽골인이자 라시드 앗 딘의 정보 제공자로 꽤 정확하게 묘사된다.[38] 하지만 그는 그 이상의 인물이었다. 그는 몽골 지식인으로, 국제 감각이 뛰어났고, 정무 능력도 탁월했다고 평가해도 좋을 것이다. 그는 외국 문화와 그 주요 지도층 인사들을 지속적으로 접했지만 몽골 전통과의 유대를 결코 포기한 적이 없다.

예전의 많은 유목민은 중국 문화에 동화되고 한시(漢詩)를 씀으로써 지식인으로 인정받았다. 그러나 이들은 중국인이었지, 몽골 지식인이 아니었다. 볼라드는 중국과 이후 페르시아 문화에 조예가 깊었지만, 죽는 날까지 몽골의 관습과 계보에 대해서도 '전문가'였다.

라시드 앗 딘에게 볼라드는 완벽한 협력자였다. 오늘날 라시드 앗 딘

---

37 『元史』, 卷 11, p. 229.

38 D. 〔György〕 Kara, *Knigi mongol'skikh kochevnikov* (Moscow: Glavnaia redaktsiia vostochnoi literatury, 1972), p. 21.

은 몽골제국의 탄생과 팽창으로 주어진 기회를 최대한 활용한 학자로도
유명하다. 그는 친구 볼라드와 마찬가지로 고위직을 얻었고 큰 영향력을
행사했으며 개인 재산도 상당히 축적했다.[39] 이 점에서 그들은 다른 많은
사람과 비슷했지만 그들이 매우 독특하고 매력적인 이유는 그들이 유라
시아에 걸쳐 있는 몽골제국이 드러내는 문화적 가능성을 인식하고 개인
적으로 실현했던 극소수의 사람이었기 때문이다. 지금부터 살펴보겠지
만, 라시드 앗 딘과 볼라드는 정기적으로 그러한 기회를 만들어냈고 활
용했다. 그들이 진행한 공동 작업 가운데 가장 눈에 띄는 것은 자신들이
속한 세계의 주요 정주 문화와 유목 문화에 대한 유라시아 최초의 체계
적인 대규모의 역사서였다.

---

39 I. P. Petrushevskii, "Feodal'noe khoziaistvo Rashīd al-Dīna", *Voprosy istorii* no. 4
(1951), pp. 87~104; Birgitt Hoffman, "The Gates of Piety and Charity: Rashīd al-
Dīn Faḍl Allāh as Founder of Pious Endowments", in Denise Aigle, *Iran*, pp. 189~
202에서의 논의 참조.

제4부

문화 교류

사서 편찬

라시드 앗 딘은 당시 알려진 세계의 역사를 체계적이고도 종합적으로 다루려고 한 최초의 학자였다.[1] 『집사』(集史, *Jāmiʿal-tavārīkh*)로 불리는 결과물은, 저자 스스로 서문에서 지적하고 있듯이, 전례가 없는 범위를 다루고 있고 연구 방식도 독보적이다.

지금까지 어느 시대에도 세계 전역의 모든 사람과 다양한 종족의 역사에 대한 일반적인 설명을 기록한 사서는 집필되지 않았다. 이 나라(이란)에도 다른 나라와 도시 역사에 관한 책이 없었으며, 옛 군주 가운데에서 누구도 이를 조사하거나 검토한 자가 없었다. 이 시대에, 신께 찬미를, 그리고 신으로 말미암아 지상에서 거주할 수 있는 땅 끝까지 모두 칭기스칸 가문의 지배 아래 놓이게 되었으며, 북중국과 남중국, 인도, 카슈미르, 티베트, 위구르 (지역), 다른 투르크계 부족, 아랍인 및 프랑크인 출신의

---

1 최고의 소개글은 Karl Jahn, "Rashīd al-Dīn as World Historian", in *Yadname-ye Jan Rypka* (Prague: Academia; The Hague: Mouton, 1967), pp. 79~87; John A. Boyle, "Rashīd al-Dīn: The First World Historian", *Iran* 9 (1971), pp. 19~26이다.

철학자, 천문학자, 역사가, (다양한) 종교와 종파에 속하는 (모든) 자가 위대한 하늘을 섬기며 대규모로 연합했다. 그리고 각각은 연대기와 역사, 그리고 자신들 고유의 신앙에 관한 문서를 가지고 있으며, (각자) 이에 관한 일부분에 대한 지식이 있다. 천하를 장식하고 있는 지혜는 이 연대기와 설화의 상세한 내용에서 완벽한 강요를 (나의) 존엄한 이름으로 완성하라고 한다. …… 이 책은 전체적으로 전례가 없는 것으로 각종 역사서를 종합한 것이 될 것이다.[2]

1308년경 최종적으로 완성된 『집사』에는 성서의 예언자들의 역사, 무함마드와 이슬람의 출현, 칼리프와 주요 술탄, 몽골과 투르크족의 역사, 칭기스 칸 가문의 흥기, 그리고 중국인, 인도인, 유대인 및 프랑크인에 관한 개별적인 서술, 광범위한 계보의 부록과 지리적 개요가 포함되어 있다.

물론, 이란에서는 라시드 앗 딘 전에 몽골과 몽골이 정복한 민족의 역사를 쓰려는 노력이 있었다. 이들 중 가장 유명한 것이 1260년대에 쓴 주베이니의 『세계정복자사』(Tārikh-i Jahāngushāy)인데, 1280년대 시리아 연대기 작가인 바르 헤브라에우스에 의해 높은 평가를 받고 활용되기도 했다.[3] 이 두 작품 모두 상당한 가치가 있으나 구성과 범위뿐 아니라 편찬 방식에서도 후대의 페르시아 역사가들이 잘 알고 있듯이, 라시드 앗 딘의 역사와 극명한 대조를 이루고 있다.[4]

후자에 관해 먼저 이야기하면, 라시드 앗 딘은 세계사 편찬에서 이슬람 사료의 한계를 인식했다. 이슬람 전통은 그에게 "모든 것 중에서 가장

---

2 Rashīd/Alizade, vol. I, pt. 1, pp. 16~17.

3 Bar Hebraeus, p. 473.

4 예를 들어 파들알라 이븐 루즈비한(Faḍlallāh ibn Rūzbihān, 1455~1521)은 라시드 앗 딘이 방법(uslūb) 측면에서 다른 이슬람 역사가들과 구별된다고 언급했다. Vladimir Minorsky, *Persia in AD 1478-1490* (London: Royal Asiatic Society, 1957), p. 10 참조.

민을 만한 것"이었지만, 그는 "다른 민족의 역사에 관한 한 그것에 의존할 수 없음"을 기꺼이 인정했다.[5] 그 해결책은 물론 중국어, 카슈미르어, 위구르어, 몽골어, 히브리어, 아랍어, 티베트어, 그리고 프랑크어 등 다양한 외국어 자료와 정보원을 활용하는 것이었다. 라시드 앗 딘은 "앞서 언급한 민족들의 학자들과 명사들에게 탐문하여 [그들의] 고서로부터 내용을 발췌해 냈다"라고 했다.[6]

경우에 따라 우리는 그 협력자들의 신원을 알 수 있다. 인도의 역사와 불교적 가르침에 관한 그의 서술은 부처의 생애와 가르침에 관한 산스크리트어 자료를 라시드 앗 딘에게 제공한 카슈미르의 승려 카말라쉬리(Kamālashri)의 도움으로 작성되었다.[7] 이러한 협력이 가능했던 것은 카슈미르가 우구데이와 뭉케 통치기 동안에 몽골의 속국이었고, 그 후 일칸 조정과 긴밀한 정치적 관계를 맺었기 때문이었다.[8] 이와 관련하여 볼라드의 중국에서의 첫 번째 임무 가운데 하나가 카슈미르 불교 명망가 출신의 테게(鐵哥)를 훈련시켜 쿠빌라이 친위대에서 복무하게 한 사실은 중요하다.[9] 따라서 라시드 앗 딘의 협력자는 카말라쉬리의 영입에 유용한 정보와 인맥을 가지고 있었을 가능성이 크다.

라시드 앗 딘의 협력자이자 정보 제공자 가운데 잘 알려져 있고 가장 중요한 사람은 볼라드 자신이었다. 라시드 앗 딘은 수많은 조력자에게 그의 사서를 준비할 수 있게 해준 것에 대해 감사를 표하면서 다음의 사

---

5 Rashīd/Alizade, vol. I, pt. 1, p. 23.

6 *Ibid.*, p. 17.

7 Karl Jahn, "Kamālashri: Rashīd al-Dīn's Life and Teaching of Buddha", *CAJ* 2 (1956), pp. 86 note 12, 99, 105, 120, 121ff. 그의 국제적인 면모로 페르시아사가 또한 불교를 드러내는 중앙아시아-위구르 자료를 활용했다. Klaus Röhrborn, "Die islamische Weltgeschichte des Rašīduddīn als Quelle für den zentralasiatischen Buddhismus?", *Journal of Turkish Studies* 13 (1989), pp. 129~33 참조.

8 Karl Jahn, "A Note on Kashmir and the Mongols", *CAJ* 2 (1956), pp. 176~80.

9 『元史』, 卷 125, p. 3075.

람들에게 특별한 은혜와 감사를 표했다.

　　이란과 투란의 군대 사령관인 존귀한 아미르, 지상의 왕국들의 총독이자 볼라드 칭상(chīnsāng) ─ 그의 존귀함이 영원하기를! ─ 지상의 다양한 학문 분야, 투르크계 부족들의 계보와 그들의 역사적 사건, 특히 몽골 역사에 관한 지식에서 필적할 만한 자가 없다.[10]

　　이러한 평가는 분명 과장되었지만 당시의 군주 가잔을 포함하여 대다수의 동시대인이 가지고 있던 견해였을 것이다. 가잔은 부족의 역사와 계보에 대한 자신의 해박한 지식을 자랑스러워했으며 군주에게 초기 몽골사의 상세한 내용을 가르쳐준 볼라드를 칭찬했다.[11]

　　각 지역의 출처와 정보 제공자에 대한 의존은 『집사』가 라시드 앗 딘이 구성한 대규모의 다양한 연구팀의 결과물이자 합작품으로 봐야 함을 의미한다. 또한 그는 상당히 바쁜 재상이었고 관련된 모든 외국어를 구사할 수 없었기 때문에, 원시 자료를 바탕으로 진행된 기초적인 편찬 작업은 다른 사람들이 수행하는 경우가 많았다. 볼라드는 당연히 몽골 자료에 대한 예비 조사를 하고 나서, 라시드 앗 딘에게 페르시아어 번역본이나 요약본을 제공했다. 그리고 17세기 역사가 아불 가지(Abū'l Ghāzī)가 전한 후대의 기록을 믿는다면, 볼라드 역시 바쁜 일정으로 이 편찬 사업에 필요한 자료를 정리하는 데 도움을 줄 "고대 몽골어를 아는 대여섯 명"의 조수가 필요했다.[12]

　　따라서 이 방대한 역사 편찬 사업은 중국에서 남유럽에 이르는 유라

10　Rashīd/Alizade, vol. I, pt. 1, pp. 66~67.

11　Rashīd/Jahn II, pp. 142, 172.

12　Aboul Ghāzī Bēhādour Khān, *Histoire des Mongols et des Tatares*, trans. by Petr I. Desmaisons, repr. (Amsterdam: Philo Press, 1970), p. 35. 볼라드의 조사를 보좌한 자에 대해서는 현재까지 확인된 바가 없지만, 아불 가지의 자료는 꽤 타당해 보인다.

시아의 주요 문화와 문명의 지적 전통에 접근할 수 있게 해준 보조 연구자와 위원회의 도움으로 라시드 앗 딘이 착수하고 완성했다. 이러한 편찬 방식은 왜 라시드 앗 딘이 사망하고 몇 년 동안 전(前) 위원회의 구성원이었던 카샤니가 자신이 『집사』의 실제 저자이며 사망한 재상이 다른 사람의 저작을 통해 거짓으로 공로를 인정받고 금전적 보상을 받았다는 납득할 수 없는 주장을 제기했는지 설명해 준다.[13]

라시드 앗 딘의 증언에 따르면, 이 놀라운 편찬 사업을 시작하고 후원한 자는 가잔이었다. 이란에 있는 몽골인이 그들의 영화로운 과거가 잊히는 것을 두려워한 그는 라시드 앗 딘에게 몽골제국의 부상과 팽창에 대한 상세한 요약을 의뢰했다. 『집사』의 핵심 내용인 이 책은 모두 4부로 구성되어 있다. 제1부에서는 몽골과 투르크 부족, 제2부에서는 칭기스 칸의 생애와 시대, 제3부에서는 우구데이에서 테무르 카안에 이르기까지 그 후예들, 그리고 마지막 제4부에서는 이란의 훌레구 가문에 관한 내용을 다루고 있다. 특히 앞의 세 권은 별도로 편찬된 『중국사』와 함께 동아시아에 대한 방대한 양의 정보를 담고 있으며, 이 지역에 대한 이슬람의 지식에 비약적 발전을 가져왔다. 이들은 또한 라시드 앗 딘과 볼라드 사이의 지적 동반자 관계의 성격과 정도를 분명히 드러내고 있다.

『집사』에서 「부족지」는 여러 면에서 가장 주목할 만하다. 이는 남부 시베리아의 오이라트에서부터 서부 초원의 킵차크까지 내륙 아시아의 모든 유목 민족을 다루고 있다. 라시드 앗 딘은 대부분에서 그들의 지리적 위치, 종족적 기원과 분포, 칭기스 칸 시대의 역사로 시작한다. 그리고 나서 그는 보통 그들이 칭기스 칸의 국가(대몽골국)에 편입된 배경을 설명한다. 경우에 따라 매우 간략할 수 있고, 특히 옹구트(Öngüt, 雍古)와 케레이트(Kereit, 克烈), 나이만(Naiman, 乃蠻) 같은 주요 부족을 다룰 때

---

13 Qāshānī/Hambly, pp. 54, 240. 좀 더 진전된 논의로는 David O. Morgan, "Rashīd al-Dīn and Ghazan Khan", in Denise Aigle, *Iran*, pp. 182~84 참조.

에는 매우 상세하기도 했다. 이 기본적인 정보에 개별 부족의 특정한 생활방식과 신앙에 대한 서술이 추가되기도 한다.

각 부족에 대한 일반적 특징에 이어 부족의 유명한 인물들의 역사가 이어진다. 이 목록은 종종 긴데, 개인과 가족, 관직 및 그들의 삶에서의 주요 사건이 꽤 상세히 소개된다. 여기에는 무칼리와 수부데이(Sübedei, 1176~1248) 같은 주요 인물뿐 아니라 칭기스 칸 가문의 제왕을 모시는 지위가 낮은 인물도 있다. 언급한 자들 가운데 대부분은 중국이나 이란에서 봉사했지만, 때때로 금장 칸국이나 차가타이 칸국에서 근무했던 자들도 포함되어 있다.

라시드 앗 딘의 증언에 따르면, 「부족지」의 자료 중 일부는 몽골어로 기록된 문서로 '칸들의 보고'에 보관되어 있었다.[14] 그러나 그의 정보 대부분은 문맹률이 높은 부족 사회에서 기대할 수 있는 구술 전통에서 유래한다. 수집된 전통적인 구술 자료는 이란에서 근무하는 부족 출신들, 특히 유명하거나 명성 있는 자들에게 초점을 맞췄다.[15] 현지 자료들이 불충분하면 그와 그의 보조원들은 여행자와 사신, 그리고 킵차크 같은 부족 출신의 "지식인"에게 자문을 구했다. 후자의 경우에 제보자는 아마도 가잔에게 특사로 파견된 '킵차크 통치 집단" 출신의 쿠무르비쉬(Qūmūrbīsh)였다.[16] 이와 유사하게 라시드 앗 딘은 중국에서 근무하는 잘라이르족(族) 출신 관료들에 대해 알고 있었는데, 이는 그들의 친척 가운데 한 명이 이란에 사절로 왔기 때문이었다.[17]

그러나 이들 부족의 문화에 대한 다양한 정보는 몽골 전통에 정통한

---

14 Rashīd/Alizade, vol. I, pt. 1, p. 480; Rashīd/Karīmī, vol. I, pp. 173, 178. 좀 더 참고할 만한 자료로는 Shimo Satoko, "Three Manuscripts of the Mongol History of *Jāmi'al-tavārıkh*, with Special Reference to the History of the Tribes", *Etudes Mongoles et Sibériennes* 27 (1996), pp. 225~28 참조.

15 Rashīd/Alizade, vol. I, pt. 1, pp. 192~93.

16 *Ibid.*, pp. 66, 351~52.

17 *Ibid.*, p. 145.

볼라드로부터 나왔다. 이 정보의 범위와 성격은 예상치 못한 가치가 있었다. 몽골어 방언의 차이에 관한 논의, 여러 부족 사이의 관습 비교, 삼림 부족인 우량카다이(Uriyangqadai) 땅의 기후 환경 및 종교의식의 특성, 나이만에서 가신들의 특정 직함에 관한 내용이 그러했다.[18]

볼라드는 쿠빌라이의 유모 및 처첩들과 그들의 이름, 후손, 일족, 출신 부족, 그리고 호칭에 관한 자세한 정보에 대해서도 책임을 졌던 것이 분명하다. 쿠빌라이가 가장 총애했던 아내 차비(Chabui)를 언급할 때, 라시드 앗 딘은 그녀의 칭호가 "카안의 정궁(khatun-i buzurg)을 의미하는 중국어 '췬취'(qūnqū)이며, 이는 정확하게 음사한 것으로 '황후'를 의미한다"라고 했다.[19]

물론, 대부분의 경우에 라시드 앗 딘은 정보의 정확한 출처를 밝히지는 않았지만, 우리는 다른 출처의 도움으로 볼라드의 기여를 구체적으로 파악할 수 있다. 예를 들어 아룰라트부에 관해 얘기하면서 라시드 앗 딘은 고위 무관이었던 보랄다이(Boraldai)●의 자제들이 쿠빌라이를 섬겼으며, "이들 가운데 바우르치였던 우즈 테무르는 위대한 아미르로서, 특별히 총애를 받았으며 명성이 뛰어났다"라고 기술했다.[20] 우즈 테무르는 볼라드가 중국에서 봉사할 때 함께했던 우수 테무르와 동일 인물이었다. 두 인물 모두 바우르치였으며, 1270년대에는 어사대부(御史大夫)를 지냈다. 우수 테무르의 경력에 관한 라시드 앗 딘의 간략한 기록은 꽤 정확하다. 특히 그가 하사받은 별호(inaq)에 관한 부분이 흥미롭다. 이것은 분명히 『원사』에 실려 있는 그의 전기의 내용을 전거로 한다.

세조(世祖, 쿠빌라이) 시기 우수 테무르가 일찍이 총애를 받았으나 이

---

18 *Ibid.,* pp. 222, 293, 374~75, 461~62.
19 *Ibid.,* pp. 300, 400, 519.
● 『몽골비사』에는 '보오르추'라고 되어 있다.
20 *Ibid.,* p. 430.

제12장 사서 편찬 141

에 부합하는 칭호가 없었기에 우룰룩 노얀(月呂魯那演)이라는 별호를 하사했는데, 이는 중국어로 '유능한 관원(能官)'을 의미한다.[21]

원 조정에서 우즈 테무르의 지위에 대한 라시드 앗 딘의 정보는 분명히 볼라드의 개인적 경험과 직접적 지식에서 나온 것이다.

그 협업의 결과물은 내륙 아시아의 모든 주요 유목 민족의 역사, 지리적 분포, 종족적 기원과 민속을 체계적으로 다룬 상당히 독보적인 저작이었다. (유라시아) 서부 초원의 스키타이인에 대한 헤로도토스의 기록을 제외하고 유사한 범위와 내용을 다루는 연구가 선행된 적이 없었으며, 19세기 러시아의 지리학자와 민족학자들이 제국의 유목민에 대한 저술을 편찬하기 시작했을 때까지 이와 유사한 것은 없었다. 중세 초원의 역사에 대한 정보의 원천으로서 이 저작은 유례가 없으며 손이 닿지 않은 진정한 금광이었던 셈이다. 예를 하나 들면, 여기에 기록된 부족의 기원에 대한 토착 전설과 신화는 중요한 사상적 정보를 제공하고 있고, 경우에 따라서는 수많은 구전적 전통처럼 핵심적인 역사적 정보도 실려 있다. 라시드 앗 딘의 잘라이르족(族)에 대한 서술이 대표적인 예가 될 수 있다. 주에브(Zuev)가 보여 주고 있듯이, 그들 부족의 역사와 이주, 분화에 관한 이야기는 그들의 현지 구전 전통에서 일반적으로 섞이고 왜곡되었지만, 사실 중국과 다른 사료에서 기록하고 있는 실제의 역사적 사건과 연결될 수 있다.[22] 칭기스 칸 가문과 연혼 관계에 있던 옹기라트부의 종족 탄생 신화에는 초원 민족의 우주관, 정치 문화, 신화에 관한 귀중한 정보가 담겨 있으며, 일부는 스키타이 시대로까지 거슬러 올라갈

---

21 『元史』, 卷 119, p. 2947. 표기된 '우룰룩'(月呂魯)은 투르크어로 '지속적인'과 '영원한'을 의미하는 'ürlüg'이고, '노얀'(那演)은 지휘관을 의미하는 몽골어 'noyan'이다.

22 Iu. A. Zuev, "*Dzhāmiʻal-tavārīkh* Rashīd al-Dīna kak istochnik po rannei istorii Dzhalairov", *Pisʼmennye pamiatniki vostoka, 1969* (Moscow: Nauka, 1972), pp. 178~85.

수 있다.[23]

「부족지」에서 주로 구술 전통에 의존했다면 이어지는 칭기스 칸의 삶에 관한 글은 대개 몽골어로 된 공식 기록과 설화를 포함하는 문헌 자료에 의존했는데, 안타깝게도 지금은 모두 전하지 않는다. 여기에서도 볼라드가 유일하지는 않더라도 자료의 주된 기여자였다는 것은 의심의 여지가 없다.

라시드 앗 딘에게 제공된 몽골 자료에 관해 그는 여러 차례 언급했는데, 다음 단락에서 상세하게 기술하고 있다.

과거에 그 시대의 대인과 학자들 가운데 몇몇 인물이 칭기스 칸과 그의 후예들의 세계 정복, 성채의 함락과 지배에 관해 기록을 남겼지만, 이는 몽골 제왕들과 지휘관들이 알고 있는 사실 혹은 믿음과 상반된 것이었다. 그 결과, 이 정권(dawlat)에 대한 사실과 배경에 관한 지식은 불완전했고, 이 역사와 관련된 위대하고 가치 있는 일에 관해 정보가 거의 없었다. 그럼에도 불구하고 시대마다 (그들은) 몽골식 표현과 문자로 그에 관한 실제 연대기를 썼고 그것들은 모아지지도 정리되지도 않은 채 각각의 편편으로 보고(寶庫)에 보관되었다. 그것은 외부자와 주요 인물로부터 숨겨지고 은폐되었는데, 이것은 깊이 이해할 수 있는 기회나 권한이 누구에게도 주어지지 않았다.[24]

적어도 제국 서부에서 이 자료들은 『알탄 뎁테르』(*Altan Debter*) 또는 『금책』(金冊)으로 불렸는데, 라시드 앗 딘은 이 자료들이 항상 "위대한 아미르들이 보관하고 있다"라고 덧붙였다.[25] 이들 책, 좀 더 정확히 이 기

23 Rashīd/Alizade, vol. I, pt. 1, pp. 389~90; Thomas T. Allsen, *Commodity and Exchange in the Mongol Empire: A Cultural History of Islamic Textiles* (Cambridge University Press, 1997), pp. 69~70.

24 Rashīd/Alizade, vol. I, pt. 1, pp. 63~64.

록물에 이 이름이 붙은 이유는 금색이 제국의 색이고 칭기스 칸 가문과 관계된 모든 것이 '황금'으로 특징되기 때문이다.[26] 가령, 다소 이후에 중국과 몽골에서 유통된, 역시 '금책'으로 불린 다른 책이 있었는데, 이는 전혀 다른 저작으로 칭기스 칸 숭배 의례와 관련한 책이었다.[27]

몽골 지배층은 적어도 이 자료들의 몽골어본이 창업자와 관련이 있다는 점에서 강한 영적인 힘을 지닌 신성한 것으로 여겼음이 분명하다. 라시드 앗 딘은 "비밀스럽고 (가잔만이) 알고 있는 몽골의 이야기가 있지만, 이 책에는 기록되지 않았다"라고 했다.[28] 이 자료에 대한 접근은 당연히 엄격히 통제되었다. 그것들은 보고에 보관되었고 오직 가잔 칸의 '측근'에게만 맡겨졌다.[29] 위대한 아미르이자 인정받은 권위자 볼라드는 접근 권한을 가진 사람들 가운데 한 명으로, 라시드 앗 딘에게 몽골어 원본의 페르시아 번역과 몽골 원문에서 발췌한 자료들을 제공한 것은 그(와 그의 연구자들)였다. 볼라드와 그의 동료들이 그 자료들을 소(小)아르메니아의 왕자이자 가잔과 친분이 두터웠던 왕자 헤툼(Het'um) 같은 사람에게 전해 주었을 가능성도 있다. 그는 14세기 초 몽골에 관한 이야기를 썼는데, "타타르의 역사가 말하는 대로 모든 것"을 썼다고 주장한 바 있다.[30]

그 형태에 관해 라시드 앗 딘은 한 구절에서 "몽골 역사에 관한 책들과 두루마리들"이라고 언급하고 있다.[31] 이를 통해 우리는 서로 다른 기원을 가진 다양한 자료를 다루고 있으며, 그 가운데 두루마리는 중국에서

---

25 *Ibid.*, p. 479.

26 *Ibid.*, p. 390; Henry Serruys, "Mongol *Altan* 'Gold'=Imperial", *MS* 21 (1962), pp. 357~78, 특히 p. 375 참조.

27 Klaus Sagaster, trans., *Die Weisse Geschichte* (Wiesbaden: Otto Harrassowitz, 1976), pp. 192, 200, 222, 365.

28 Rashīd/Jahn, II, p. 171.

29 Rashīd/Alizade, vol. I, pt. 1, p. 65.

30 Hayton (Het'um), *La flor des estoires*, p. 213.

31 Rashīd/Karīmī, vol. I, p. 416.

만들어졌거나 중국의 영향으로 제작되었을 가능성이 높다고 결론내릴 수 있다. 이러한 형식의 다양성은 내용에서도 잘 드러난다. 라시드 앗 딘은『알탄 뎁테르』를 하나로 연결되거나 완결된 서사로 여겨서는 안 된다고 분명히 밝혔다. 오히려 이들은 다른 연대기(tavārīkh)와 기록(dafātir)으로 대개 불완전하며 서로 다른 사람이 작성한 것이었다. 게다가 서술 방식이 시대마다 바뀌었는데 처음에는 없던 연대표는 몇 년 후에 추가되었다.[32] 따라서 라시드 앗 딘은 몽골인의 신화적 조상인 알란 고아(Alan Gho'a)와 도분 바얀(Dobun Bayan, 메르겐)의 시대를 "그들의 연대기에 나오는 부분, 그리고 경험 많고 연륜 있는 원로들의 견해"를 바탕으로 추론해야 했다.[33]

이렇게 다양하고, 상충되고, 파편화된 이야기 외에도 전체 혹은 요약본으로 보존된 원본 문서도 있었다. 라시드 앗 딘은 칭기스 칸의 동생 조치 카사르의 아들 이름과 수를 확인하기 위해 "이야기와 연대기에서" 발견되는 자료를 칙령(jarligh)과 비교하기도 했다.[34]

외교 서신 또한 근거가 되었다. 그러한 문서 가운데 하나는 1209년 위구르인의 복속 요청에 관한 것으로 라시드 앗 딘의 책과 중국어 연대기인『성무친정록』(聖務親征錄), 그리고『몽골비사』에 수록되어 있다. 이들 자료를 비교하면,『알탄 뎁테르』의 내용과 몽골제국의 역사 기록의 국제적인 성격을 알 수 있다.

배경을 설명하자면, 1209년에 위구르는 카라 키타이(Qara Qitai) 치하에서 저항하기 시작했고 몽골 세력이 강성해짐을 깨닫고, 그들의 군주는 칭기스 칸에게 서신을 보냈다. 라시드 앗 딘(의 책)에 기록된 내용은 다음과 같다.

---

32 *Ibid.*, p. 229.

33 *Ibid.*, p. 166.

34 *Ibid.*, p. 204.

사신을 보내 구르칸(Gür Qan)의 정황을 비롯해 많든 적든 제가 아는 다른 모든 것을 〔당신에게〕 아뢰고 성심을 다해 당신을 섬기겠습니다. 제가 이런 생각을 하고 있는 중에 칭기스 칸의 사신이 먼저 도착했습니다.

마치 "하늘에 구름이 걷혀 맑게 개고 그 속에 있던 밝은 태양이 밖으로 나온 듯했고, 강 위에 얼어붙었던 얼음이 깨져 맑고 깨끗한 물이 드러나는 것과 같다"라고 생각했습니다.

마음속에서 커다란 기쁨이 가득 찼습니다. 그래서 이 위구르 전역을 바치고 칭기스 칸의 종이자 아들이 되고자 합니다.[35]

한문 버전은 다음과 같다.

사절단을 보내 〔저의〕 진심 어린 뜻을 전하고 귀부하고자 했습니다. (그런데) 어찌 먼 곳에서 사신이 복속한 (이) 나라에 강림하셨습니까? 이는 마치 구름이 걷혀 태양이 드러나고 얼음이 녹아 물이 흐르는 것 같아 기쁨을 주체할 수 없습니다. 이후로 모든 백성을 이끌고 종이자 아들이 되고자 합니다.[36]

마지막으로 클리브스가 번역한 좀 더 상세한 몽골어로 된 버전은 다음과 같다.

위구르의 〔통치자〕 이디쿠트는 칭기스 칸에게 사신을 보냈다. 그가 왔을 때, 두 명의 사신 아드키락(Adkiragh)과 다르바이(Darbai)가 (알현을) 요청하자 그가 이르기를,

---

35 *Ibid.*, pp. 309~10.
36 『聖武親征錄』, 王國維, 『蒙古史料校注四種』(臺北: 正中書局, 1975), p. 152.

146 제4부 문화 교류

태양을 본 것처럼

구름이 걷혔을 때

강물을 발견한 것처럼

얼음이 완전히 녹았을 때

나는 칭기스 칸의 이름과 명성을 듣고 매우 기뻤다. 만약 칭기스 칸께서 〔나에게〕 호의를 베푼다면,

만약 내가 황금 허리띠의 고리에서 하나만 얻을 수 있다면, 진홍색 옷 조각을 하나만 얻을 수 있다면

나는 다섯째 아들이 되어 〔나의〕 능력을 〔당신에게〕 바치겠습니다.[37]

세 자료에 있는 유사한 구절로 인해 라시드 앗 딘이『몽골비사』에 직접 접근할 수 있었다는 잘못된 결론이 내려졌다. 그러나『몽골비사』는 상당히 다른 별개의 저작으로 판본과 연대는 여전히 논란 중에 있다.[38] 논란이 있는 자료이지만『알탄 뎁테르』와는 분명히 동일시할 수 없다. 『알탄 뎁테르』에는 오히려 세 사서에서 공유하고 있는 원시 사료가 수록 되어 있었다.[39] 위구르의 복속 사례처럼 원본 문서는 분명히 칭기스 칸 가문의 조정에서 세심하게 보관하고 있는 위구르어 혹은 몽골어 원본일 것이다. 따라서 다양한 내용을 담고 있는『알탄 뎁테르』는 몽골 초기 역 사와 그 기원에 대한 자료집으로서 가장 잘 설명할 수 있을 것이다. 이후 에 살펴보겠지만, 이 자료는 중국에서 중국인 학자들이 자신들의 문화적

37 『元朝祕史』/Cleaves, sect. 238, p. 172.

38 Chirine Bayani, "L'histoire secrète des Mongols —une des sources de *Jāme-al-tawārīkh* de Rachīd ad-Dīn", *Acta Orientalia* (Copenhagen) 37 (1976), pp. 201~12.

39 Igor de Rachewiltz, "The Dating of the *Secret History of the Mongols*", *MS* 24 (1965), pp. 185~206; Hidehiro Okada, "The Chinggis Khan Shrine and the *Secret History of the Mongols*", in Klaus Sagaster, ed., *Religious and Lay Symbolism in the Altaic World and Other Papers* (Wiesbaden: Otto Harrassowitz, 1989), pp. 284~92.

목적을 위해 시작한 것이다.

창업자의 후예에 관해 상세히 소개되어 있는 제3권 칭기스 칸 가문의 역사는 중국에 대한 이야기가 포함되어 있는데, 이것은 주로 쿠빌라이 궁정에서 근무하던 사람들의 목격담에 바탕을 두고 있다. 라시드 앗 딘은 볼라드가 정보의 주된 출처였다는 사실을 쉽게 인정했다.[40] 볼라드가 송의 고위 관원을 심문하고 조정에서의 군사 전략 회의에 참여했기에 라시드 앗 딘이 송조(宋朝)의 몰락을 상세하게 잘 알고 있었다. 예를 들어 그가 양자강에 있는 악주(鄂州), 중국어로 어저우이자 오늘날의 도시 무창(武昌)에서의 화약(和約)을 주도한 송조의 장군으로 언급한 키야이 다우(Kiyāī Dāū)[41]는 틀림없이 대대로 남송의 몰락으로 비난받아 왔던 '최후의 간악한 재상' 가사도(賈似道, 1213~75)였다.[42]

그렇다고 볼라드가 전한 모든 내용이 정확하거나 신뢰할 수 있다는 뜻은 아니다. 분명 이 자료는 편견, 기억의 오류, 전달 과정에서의 혼란으로 인해 비판적으로 읽어야 한다. 앞서 살펴보았듯이, 볼라드는 아흐마드의 주요 조사관이었고 라시드 앗 딘은 그가 한툼 노얀과 함께 이러한 조사를 진행했다고 기술했는데, 그 일이 있던 1282년은 한툼이 금장 칸국에 억류되어 있던 시기로 이는 분명히 불가능했다.[43] 그러한 오류에도 불구하고 쿠빌라이 통치 아래의 중국에 대한 라시드 앗 딘의 기록은 사건을 이해하는 데 필요한 몽골적 관점을 제공하고 있으며, 명백한 편견과 불편한 진실의 은폐조차도 초기 원 제국의 이념과 정치에 대해 유용한 통찰을 제공한다. 어쨌든 라시드 앗 딘과 볼라드는 이란에 있는 독자들에

---

40 Rashīd/Karīmī, vol. I, p. 638; Rashīd/Boyle, p. 273.

41 'Kiyāī'는 'Kiyās'로 읽어야 할 것이다.

42 Rashīd/Karīmī, vol. I, p. 604; Rashīd/Boyle, p. 229 and note 135; Herbert Franke, "Chia Ssu-tao (1213-75): A 'Bad Last Minister'?", in Arthur F. Wright and Denis Twitchett, eds., *Confucian Personalities* (Stanford University Press, 1962), pp. 224~27.

43 Igor de Rachewiltz, "An-t'ung", in Igor de Rachewiltz *et al.*, *In the Service of the Khan*, p. 10.

게 당대 중국인의 삶과 정부에 대한 전례없는 그림을 제공했다. 아울러 그들은 또 다른 저서에서 중국 문화와 역사에 대해 폭넓게 설명했다.

올제이투가 라시드 앗 딘에게 원래의 저작을 확장하여 알려진 세계들을 포함시켜 쓰도록 명했을 때 『중국사』 부분 또한 많은 이가 기여한 합작품이 되었다. 서문은 볼라드의 도움으로 집필되었는데, 볼라드는 친구에게 중국의 인구와 도시, 교통에 관한 일반적인 정보뿐 아니라 별도의 장(章)에서 다루게 될 주제인 인쇄술 같은 중국 문화의 특정 측면에 대한 구체적인 정보를 제공했다.[44]

이 책의 두 번째 부분은 성격이 전혀 다른데, 다른 조력자의 도움을 받아 편찬되었다. 이는 라시드 앗 딘의 서술에서 드러난다.

북중국과 남중국 황제들의 역사와 이야기는 고대에서부터 시작되는데, 그들의 저술에 나타나는 편년과 통치자에 의한 구분 방식에 따라 『가잔의 축복받은 역사』(즉 『집사』)를 보완했다.[45]

신화적인 이야기들이 뒤섞인 왕조와 통치자에 대한 간략한 윤곽만을 제공하여 중국의 역사에 대한 유용한 정보는 없지만, 무슬림이 처음으로 접한 중국 사서라는 점에서 상당히 귀중한 문화적 자료라 할 수 있겠다.[46]

라시드 앗 딘은 이 편찬 사업을 진행하면서 중국인 동료 리타지(李大遲, Litājī)와 니커순(倪克孫, K.msūn)*의 도움을 받았다고 기록했는데, 그

---

44 Rashīd al-Dīn, *Die Chinageschichte des Rasīd al-Dīn*, trans. and ed. by Karl Jahn (Vienna: Herman Böhlaus, 1971), folio 391v, *tafel* 1, Persian text, and pp. 19~20, German translation.

45 Rashīd/Karīmī, vol. I, p. 235.

46 역사적이고 철학적인 이 글에 대한 또 다른 이해를 위해서는 Karl H. Menges, "Rašidu'd-Dīn on China", *JAOS* 95 (1975), pp. 95~98 참조.

들은 그 세 명의 저자가 편찬한 중국 연대기에서 자료를 제공한 바 있었다. 그들의 이름은 푸힌(Fūhīn), 페이호(Fīkhū), 시훈(Shīkhūn)으로 대략 복원했지만, 그들은 모두 허샹(Hūshāng)이라는 호칭을 가지고 있고, 라시드 앗 딘은 박시(bakhshi)라고 했다. 이는 중국어 화상(和尙), 즉 '불교 승려'를 적절하게 번역한 것이다.[47] 이 정보를 바탕으로 허버트 프랭케는 라시드 앗 딘이 쓴『중국사』의 근간이 된 중국어 원본을 불교 전통에서 찾아야 한다고 했다. 그리고 그의 서술은 실제로 원나라의 승려이자 불교학자 염상(念常, 1282~1341)의『불조역대통재』(佛祖歷代通載)와 상당히 공통되는 부분이 있다. 그러나 염상의 작업이 1340년대에야 완성되었기에 라시드 앗 딘의 사서는 이 연대기에 직접적으로 의존할 수 없었지만 프랭케가 지적했듯이, 아직 추적되지 않은 출처에 의존하여 집필되었다.[48] 어쨌든 라시드 앗 딘의 '세계의 역사' 가운데 중국에 관한 장은 다른 내용과 마찬가지로 현지의 자료에 기반하고 있다.

『집사』의 또 다른 부록이자 볼라드가 직접 참여한 마지막 부분은「오지파」(五支派, Shu'ab-i panjgānah)로, 프랑크족, 유대인, 아랍/무슬림, 중국인, 그리고 몽골인을 망라하여 다룬다. 뒷부분에서는 14세기에 이르기까지 칭기스 칸의 모든 후손의 광범위한 계보를 다루고 있다. 대부분의 경우 그들의 이름은 아랍어와 몽골/위구르 문자로 기록되어 있다. 또한 쿠빌라이와 같은 중요한 칭기스 칸 가문의 제왕에 대해서는 그들의 아내와 재상의 명단이 긴 목록으로 있고 직책, 가족, 종족 배경을 포함하고 있다. 한 부의 미발표 원고로 알려진 이 책은 보다 유명한 티무르계의

- 이 명칭은『집사』의 각 사본에 각각 다르게 표기되어 있어, 명칭의 발음과 인물에 대해 학계의 일치된 견해가 도출되지 못했다. 이 책에서는 한유림(韓儒林)의 한자 표기 방식을 참고했다(韓儒林,『中國通史參考資料』, 제6권, 258쪽).

47 Rashīd al-Dīn, *Chinageschichte*, folio 393r, *tafel* 4, Persian text, and pp. 23~24, German translation.

48 Herbert Franke, "Some Sinological Remarks on Rašīd al-Dīn's History of China", *Oriens* 4 (1951), pp. 21~24.

계보를 다룬『고귀계보』(Mu'izziz al-ansāb)의 기반이 되었는데, (여기에) 몽골에 관한 장(章)은 내용이 추가되었지만, 프랑크족과 유대인에 관한 장은 삭제되었다.[49]

비록 거의 활용되지는 않았지만 「오지파」에는 다른 곳에서 볼 수 없는 정보들을 담고 있어 매우 귀중한 가치가 있다. 몽골(제국) 시대에 집필된 계보와 티무르 시대의 계보 간의 간극은 부족 사회에서의 이 같은 '정치적 문서'의 중요성에 대해 많은 것을 드러낸다.[50] 라시드 앗 딘은 이 책 서문에서 칭기스 칸 가문의 계보에 관한 자료가 몽골의 책(Kitab-i mugūl)과 일치한다고 했다.[51] 이에 대해 그는 생존해 있는 초창기 세대의 후손들과 이에 관한 전문가였던 볼라드에게 분명히 확인을 받았을 것이다.

종합하면,『집사』에 나오는 동아시아에 관한 방대한 정보는 정확하고 중국에 초점을 맞추고 있지만, 그 범위는 티베트, 위구리스탄, 동남아시아, 일본, 한국, 시베리아, 만주 같은 인접 지역까지 망라하고 있다. 대체로 이는 무슬림이 유라시아 동쪽 끝 지역에 대해 가졌던 가장 완벽하고 매력적인 그림이었다. 그리고 라시드 앗 딘이 쓴 사서를 발췌한 14세기 역사학자 아부 솔라이만 바나카티(Abū Solaymān Banākatī)의 저서를 통해 중국에 대한 서술은 17세기까지 다양한 형태로 재생산되었다.[52]

몽골제국 시대에 많은 역사적 정보가 서방으로 흘러갔는데, 그 반대의

---

49 Zeki Velidi Togan, "The Composition of the History of the Mongols by Rashīd al-Dīn", *CAJ* 7 (1962), pp. 68~71. "Shu'ab-i panjgānah"의 원본 cat. no. 2932는 토카피 궁전 박물관에 소장되어 있다.

50 Sholeh A. Quinn, "The *Mu'izz al-ansāb* and the 'Shu'ab-i panjgānah' as Sources for the Chaghatayid Period of History: A Comparative Analysis", *CAJ* 33 (1989), pp. 229~53의 연구 참조.

51 "Shu'ab-i panjgānah", folio 4r.

52 Banākatī, *Tārīkh-i Banākatī*, ed. by Ja'far Shi'ār (Tehran: Chāpkhānah-i Bahram, 1969), pp. 337~59; Karl Jahn, "China in der islamischen Geschichtsschreibung", *Anzeiger der phil.- hist. Klasse der österreichischen Akademie der Wissenschaften* 108 (1971), pp. 63~73.

경우는 어느 정도였을까? 중국인은 동일하게 이슬람과 서아시아에 관한 문헌을 확보했을까? 이 질문에 답하자면, 『집사』는 당대 군주였던 가잔을 위해 쓰였지만 『원사』는 그렇지 않았음을 떠올려야 할 것이다. 중국 역사 서술의 전통에 따라 원 제국 시기에 보관된 기록에 근거했지만 명(明, 1368~1644)의 학자들이 편찬하고 이념적 수정을 가했다. 이는 페르시아에서의 (몽골) 역사가 제국 전역에 큰 관심을 보였던 반면 원의 역사가 상당히 편협한 시각을 가지고 있었던 이유이다. 예를 들어 『원사』는 류큐열도에 대해서는 상당한 분량의 장(章)을 할애하고 있으나 금장 칸국은 사실상 무시했다. 분명히 원 제국 통치자들의 생각에 조치 가문이 류큐보다 훨씬 중요했겠지만, 『원사』의 명나라 저자들은 그렇지 않았다. 그 결과, 제국의 극동 지역에는 중국인 라시드 앗 딘도 없었고 『집사』와 유사한 저작도 없었다. 그렇지만 중국의 원 제국 내에서 유통되었던 새로운 정보가 있었고 서방 지역에 관한 적어도 한 편의 저작이 있었다.

원 제국 이전에 이란과 메소포타미아, 그리고 지중해 동부에 대한 중국인의 지식은 왕조사와 여행기, 그리고 문학작품에 산재되어 있었다. 몽골 시대 이전에는 이들 지역에 대한 체계적인 지역의 역사서가 없었다.[53] 이를 최초로 집필을 한 사람은 원 제국의 학자 샴스(Shams[al-Dīn], 1278~1351)로 그의 선조는 아라비아(大食)에서 왔다. 몽골의 서아시아 침공 이후에 그의 조부 루큰(Rukn[al-Dīn])은 중국으로 이주했다. 우구데이 통치 연간에 그는 북중국의 여러 로(路)의 징세를 담당했고 하북성(河北省)의 진정(眞定)에 정착했다. 그의 부친 오치는 유학자의 길에 들어섰고, 샴스는 아홉 살에 아버지를 이어 학문에 정진했다. 그는 빠른 속도로 성장했고 그의 명성이 곧 조정에까지 전해졌다. 1330년 그는 처음

---

53 한나라에서 당나라에 이르기까지 서역에 대한 중국인의 이해에 관한 개괄적 소개로는 Wolfram Eberhard, "Die Kultur der alten Zentral- und West-asiatischen Völker nach chinesischen Quellen", *Zeitschrift für Ethnologie* 73 (1941), pp. 231~32, 240~42, 261~63 참조.

으로 관직에 올랐고, 이후 그는 다양한 직책을 맡아 성실하게 소임을 다했다.『원사』에 나오는 그의 전기에 따르면, 그의 학문은 중국 경전뿐 아니라 "천문, 지리, 음악, 수학, 치수학, 그리고 외국 문학"을 아울렀다. 그런데 그의 전기에서는 이러한 관심 외에도 역사에 대한 깊은 관심이 있었음을 드러내고 있다. 이 분야에서 그의 작품으로는 금대(金代) 애종(哀宗) 연간을 다룬『금애종기』(金哀宗記)와 정대(正大) 연간(1224~31)의 저명한 관원들의 전기를 수록한『정대제신열전』(正大諸臣列傳) 등이 알려져 있는데, 안타깝게도 현재 모두 소실되었다. 그리고 우리의 관점에서 가장 중요한 것은 서역의 기이한 사람들의 전기를 다룬『서역이인전』(西域異人傳)이다.[54]

내가 아는 한, 샴스의『서역이인전』은 서아시아사를 다룬 원 제국의 유일한 중국 저작이다. 17세기 문헌 목록에서 마지막으로 언급된 이 책이 소실된 상황에서 사람들은 이러한 유형의 역사서가 중국, 아랍, 그리스·로마 전통에 깊이 뿌리를 두고 있다는 사실만 알 수 있다. 중국에서는 기원전 2세기, 이슬람 특히 아랍 사회에서는 기원후 9세기로 거슬러 올라간다. 두 경우 모두 장르가 갖추어지자 수만 편의 전기가 집필·수집되었다. 분명 방식과 선정 기준, 그리고 표현의 차이는 있지만, 후대가 그들의 행동을 본받거나 또는 반면교사로 삼을 수 있는 본보기를 제공하고자 했던 동기는 꽤 유사했다.[55] 한화(漢化)된 아랍인이었던 샴스는 무리 없이 둘 중 하나를 모델로 삼거나 아니면 두 전통을 어려움 없이 결합시켰을 수 있다. 분명히 그가 선정한 사람들, 정보의 출처, 그리고 저

---

54 『元史』, 卷 195, pp. 4351~53; 陳垣, 『元西域人華化考』 trans. by Ch'ien Hsing-hai and L. Carrington Goodrich (Los Angeles: Monumenta Serica and the University of California, 1966), pp. 60~62, 174~76.

55 이 두 전통에 대한 개괄적 소개로는 Denis Twitchett, "Chinese Biographical Writing", in W. G. Beasley and E. G. Pulleyblank, eds., *Historians of China and Japan* (London: Oxford University Press, 1961), pp. 95~114; R. Stephen Humphreys, *Islamic History: A Framework for Inquiry* (Minneapolis: Bibliotheca Islamica, 1988), pp. 173~75 참조.

작에 활용된 사료들은 현재로서는 답할 수 없는 질문이지만, 그의 『서역 이인전』이 발견된다면 그 자체로 탁월한 문화적 자료가 될 것이라는 데에는 의심의 여지가 없다.

전반적으로 볼 때, 당시 역사적 자료들은 대개 서방으로 흘러갔다. 그 이유를 조사해 봐야 할 터인데, 일부는 명백하고 또 일부는 잘 드러나지 않는 문화적 흐름과 연관이 있어 보인다.

우리는 라시드 앗 딘이 상세히 기록한 특정 일화로서 1234년 금나라 마지막 황제의 죽음을 살펴볼 수 있다. 이 사건을 기술할 때, 그는 여러 해석을 인용하면서 그들 사이의 차이에 대해 언급했다. 그 하나는 알탄 칸(Āltān Khān, 哀宗, 1198~1234)이 변장하여 잠적했다는 것이고, 다른 하나는 라시드 앗 딘이 『중국사』(Ta'rikh-i Khitāi)에서 인용한 것으로 몽골의 금나라 마지막 수도인 채주(蔡州) 공격 당시에 발생한 큰 불길에 휩싸여 황제가 사망했던 것이다. 그의 견해에 따르면 이 기록은 사실과 달랐다. 라시드 앗 딘은 알탄 칸이 퇴위하고, 그의 코르치(qorchi, 弓士)를 왕좌에 앉힌 후에 몽골이 도시를 점령하기 전날 목을 매서 죽었다고 주장했다. 뒤따른 혼란을 비롯해 그의 운명을 둘러싼 엇갈린 소문으로 그의 불탄 시신은 찾을 수 없었을 것이다.[56] 실제로 라시드 앗 딘이 내린 결론은 모든 면에서 알려진 사실과 일치했다. 애종은 군정장관 완안승린(完顔承麟, 1202~34)을 후계자로 삼은 후에 목을 매 자살했다.[57] 그리고 그의 시신이 발견되지 않은 것도 사실이다.

라시드 앗 딘은 어떻게 이 사건에 대해 정확한 견해를 택할 수 있었을까? 그 답은 당연히 볼라드에 있다. 그는 중국에서 다양한 경험과 폭넓은 인맥을 가지고 있었다. 우선 볼라드와 금조의 마지막 시기를 기록한 왕악(王鶚, 1190~1273)은 모두 쿠빌라이와 상당히 가까운 신하였다. 금

---

56 Rashīd/Karīmī, vol. I, p. 461; Rashīd/Boyle, pp. 40~41.
57 『金史』, 卷 18(北京: 中華書局, 1975), pp. 402~03.

의 멸망에 대한 왕악의 사서 『여남유사』(汝南遺事)는 사실 원 제국에서 집필했던 『금사』 「본기」의 주요 자료였다. 공교롭게도 금사(金史)를 집필하기 위해 이 사서를 증보한 사람이 아랍 출신의 역사학자 샴스였다.[58]

볼라드와 왕악이 만난 적이 없다고는 해도 그들이 10년 이상 궁정에서 같이 근무했다는 점에서 만나지 않았을 가능성은 낮다. 몽골사에 관한 한 전문가로서 (볼라드는) 그러한 정보의 다른 출처가 있었다. 여기서 볼라드가 무엇보다 "역대 왕조의 기록들"을 관장하는 상당히 중요한 역사 기록 보관소인 '비서감'의 설립과 발전에 주요 역할을 했던 사실을 기억해야 할 것이다.[59] 이 기록 보관소(라시드 앗 딘이 다프테르 디반 (Dafātīr-i dīvān), 즉 황실 보관소로 알고 있는)에 접근할 수 있었던 볼라드는 당연히 이란에 도착하기 훨씬 전에 이미 중국과 몽골 사료의 편찬과 보관에 간여하고 있었다. 따라서 라시드 앗 딘과 중국인의 기록이 같은 자료를 반영했다는 점은 놀랍지 않다.

그런데 중국 사서 편찬과 볼라드의 관계는 여기서 끝나지 않는다. 그가 13세기 중반 쿠빌라이의 중국인 고문에 의해 시작된 왕조사 편찬 작업에 대해 알고 있었던 것에는 의심의 여지가 없다. 이 편찬 사업의 주요 인물은 왕악으로 그는 금에서 성장하고 교육받았다. 그는 끈질기게 쿠빌라이에게 "그의" 왕조사를 편찬하도록 승인하고 후원하도록 설득했다. 1266년 카안의 승인으로 왕악은 역사 편찬에 관한 조정 회의를 열었다.[60] 그는 『금사』(金史)를 위한 주장을 개진하면서 항상 현명하게 이 편찬 사업과 몽골 초기사와 관련된 자료의 보존과 편찬을 연결지었다. 그는 『금사』와 『요사』(遼史)에 활용되는 사료들이 몽골의 흥기와 칭기스 칸의 영

---

58 Hok-lam Chan, "Prolegomena to the *Ju-nan i-shih*: A Memoir on the Last Chin Court under the Mongol Siege of 1234", *Sung Studies Newsletter* 10, supplement 1 (1974), pp. 2~19, 특히 p. 13.

59 『元史』, 卷 90, p. 2296.

60 『元史』, 卷 5, p. 86.

광스러운 업적을 조명하게 될 것이라고 주장했다. 동시에 그는 몽골 초기 사료를 찾아내 몽골사의 원시 사료로 보존해야 한다고 촉구했다.[61]

결국 몽골 궁정에서는 이러한 제언을 받아들여 14세기에 바로 앞선 왕조인 요(遼, 907~1125), 금(金, 1115~1234), 송(宋, 960~1279)의 왕조사를 편찬했다.[62] 이 방대한 편찬의 첫 단계에서 사업을 시작하는 과정에서 중국어와 몽골어로 된 예비 자료를 수집하기 위한 인원이 선발되었다.

볼라드가 이 사업에 참여했다는 직접적인 증거는 없지만, 그는 몇몇 주요 인사를 알고 있었다. 예를 들어 그는 왕악의『금사』편찬 요청을 지지한 유병충과 가까운 사이였다. 또한 금조에 관한 자료 수집을 도왔던 한림시강학사(翰林侍講學士) 서세륭(徐世隆, 1206~85)도 1270년 볼라드가 궁정 의례에 관한 직책을 맡았을 때 함께 일했다. 볼라드와 이들의 관계, 그리고 역사에 대한 그의 관심을 고려할 때, 그가 이들의 활동을 알고 있었다고 생각하기는 어렵지 않다.

마찬가지로 중요한 것은 그가 몽골의 옛 자료의 수집을 맡은 사르만(Sarman, 撒里蠻)을 알고 있다는 증거가 있다는 것이다. 이 가능성을 제대로 가늠하기 위해 먼저 중국 문헌에 산재되어 있는 관련 내용들로 그의 경력(그는 공식적 전기가 없다)을 파악해 보아야겠다. 사르만(사르반)이라는 그의 이름으로 볼 때, 그는 몽골인이었다.[63] 그는 1270년 조정에서 "비공식적으로 생각을 공유하고 교훈을 나누는" 자리에서 관련 주제에 대해 칭기스 칸의 격언을 적절하게 인용했던 것으로 처음 언급되었다.[64]

---

61 Chan, "Wang O's Contribution to the History of the Chin Dynasty", in Chan Ping-leung, ed., *Essays in Commemoration of the Golden Jubilee of the Fung Ping Shan Library, 1932-1982* (Hong Kong University Press, 1982), pp. 355~56 note 34, 366~67.

62 Chan, "Chinese Official Historiography at the Yuan Court: The Composition of the Liao, Chin, and Sung Histories", in John D. Langlois, ed., *China under Mongol Rule* (Princeton University Press, 1981), pp. 56~106.

63 『秘書監志』, 卷 1, p. 11b(p. 44).

64 『元史』, 卷 115, p. 2888.

다음으로 1281년 그는 한림학사승지(翰林學士承旨)이자 회동관(會同館)●의 총괄자였다. 그 후인 1284년과 1291년에 태상시(太常寺)에서 직책을 맡았다.[65]

가장 중요한 것은 사르만이 쿠빌라이 이전 카안들에 관해 남아 있는 몽골 기록을 모아 편집하는 임무를 맡았다는 점이다. 1287년 카안은 "태조(太祖, 칭기스 칸) 이래 역대 실록을 위구르식 (몽골)문으로 편찬하는 것"[66]을 승인했다. 그의 작업은 우룩다이(Urughdai, 兀魯帶)라는 또 다른 몽골인과의 협업으로 이루어졌으며, 그 결과 몽골어 실록이 탄생해 처음에 필사본 형태로 전해졌다. 1290년에 구육과 우구데이 치세의 기록이 완성되었고, 1303년 한림국사원(翰林國史院)에서 자료를 번역하고 수정해 테무르 카안에게 『오조실록』(五朝實錄)이라는 이름으로 바쳤는데, 이는 칭기스 칸과 그의 명목상 후계자이자 섭정이었던 톨루이, 우구데이, 구육, 그리고 뭉케의 통치기를 아우른다.[67]

여기서 분명한 것은 그가 원 조정에서 초기 몽골사를 조사한 주요 인물로 원시 자료를 수집하고 선별했을 뿐 아니라 역시 실록도 작성한 인물이었다는 것이다. 중국인 학자들이 시작한 이러한 노력 덕에 이후에 라시드 앗 딘이 활용한 다양한 사료가 만들어졌고, 이는 그가 『알탄 뎁테르』로 알고 있던 것이었다. 역시 볼라드가 가장 유력한 전달자였음이 틀림없다.

볼라드가 사르만과 교류했다는 증거는 정황만 있지만 충분히 설득력이 있다. 먼저 그들은 공통의 관심사를 가졌고 동일한 사회적 네트워크 내에서 활동했다. 가령, 1284년 사르만이 황실 영지에서 제사를 진행했을 때, 그는 태상시 주관 아래 제사를 지냈다. 볼라드는 분명 이 시기에

● 외국 사신이 머무는 곳이다.

65 『元史』, 卷 11, p. 235; 卷 13, p. 264; 卷 16, p. 353.

66 『元史』, 卷 14, p. 294.

67 『元史』, 卷 15, pp. 308~09; 卷 16, pp. 338, 341~42; 卷 21, p. 455.

이란으로 가는 중이었지만 1270년대 이 기구의 설립을 도왔고 수장을 맡아, 이곳의 몽골인 관원을 교육시켰다. 만약 1284년에 사르만이 주요 의례를 주관했다면, 그는 신참이 아니었을 것이다. 그리고 그 임무의 준비는 볼라드가 아직 중국에 있으면서 태상시에 적극적으로 간여하던 시기였을 것으로 보인다. 또한 사르만은 볼라드가 설립을 도왔던 또 다른 기구인 비서감, 즉 사료 보존 서고와 같은 기구의 업무에 관여했다. 이는 볼라드가 서방으로 가기 전후에 이 둘이 접촉했다는 결정적 증거가 된다.[68] 마지막으로 볼라드 여정의 동반자였던 이사 켈레메치와 사르만을 연관짓는 자료가 있다. 1283년 3월 사절로서 출발하기 직전, 이사('Īsā, 愛薛)는 사르만과 함께 상업 정책에 관한 조정 회의에 참여했다. 이 논의에서 사르만의 역할은 칭기스 칸 시기의 적절한 선례를 찾아 제공하는 것이었다.[69] 그리고 사르만과 무역의 관련성으로 그가 라시드 앗 딘이 언급했던 사르반(Sārbān)과 동일 인물일 가능성이 더욱 높아지는데, 이 페르시아 사가는 그가 이사 켈레메치, 그리고 다른 아미르와 함께 외국 상인들과의 어떤 의심스러운 거래에 연루되었다고 기술했다.[70]

볼라드, 그리고 라시드 앗 딘이 중국에서의 이러한 역사 편찬 사업에 관해 알고 있었다고 한다면 그 결과는 무엇일까? 첫째, 가장 분명한 것은 공유된 사료의 문제이다. 이미 언급했듯이 동일한 몽골 사료가 『집사』와 『몽골비사』, 그리고 중국어 연대기인 『성무친정록』에 반영된 것은 확실히 전례가 없는 일이다. 다음으로 명조(明朝) 건국 2년 후에 18명의 중국인 학자들이 급히 편찬한 『원사』 「본기」(本紀)에 자료들이 제공되었다는 점을 강조할 필요가 있다.[71]

68 『秘書監志』, 卷 1, p. 11a(p. 41); 卷 7, p. 13a(p. 207).

69 『元典章』, 卷 27, p. 1a.

70 Rashīd/Karīmī, vol. I, p. 679; Rashīd/Boyle, p. 330.

71 Paul Pelliot and Louis Hambis, *Histoire des campagnes de Gengis Khan*, pp. xiii~xv. 『원사』의 편찬 과정에 대해서는 Francis W. Cleaves, "The Memorial for Presenting the

또한 당시의 이란과 중국에서 행해진 다양한 역사 편찬 사업 조직의 유사성이라는 문제가 있다. 중국에서 왕조사 편찬의 전통은 사마천(司馬遷)과 반고(班固)와 같이 학자 개인에 의해 시작되었으나, 당대(唐代)부터 이러한 저작의 편찬은 구성된 조직에 맡겨졌다. 이러한 관행은 원 제국 때까지 이어져 '조사와 편찬의 전담 조직'이 몽골 초기 자료 수집과 세 왕조*의 역사 편찬을 위해 구성되었다. 왕악과 사르만처럼 여기에서 특정 인물이 항상 책임을 맡았지만, 이 작업이 혼자서 진행되지 않았던 것도 사실이다. 그들은 대개 자신들의 연구 보조원, 번역가 등을 거느리고 있었다. 14세기경 최종적으로 세 왕조의 역사를 편찬한 이 조직은 상당히 국제적인 조직으로 중국인, 몽골인, 투르크인, 여진인, 그리고 몇몇 무슬림이 참여하고 있었다.[72] 물론, 『집사』 편찬에서도 마찬가지였다. 그 역시 한 쌍의 중국인, 몽골인 한 팀, 그리고 수석 편찬자인 라시드 앗 딘을 필두로 페르시아인을 포함한 아주 다양한 배경을 지닌 정보원으로 구성된 조직 또는 일련의 하부 기구에 의해 집필된 '국제적인' 프로젝트였다.

몽골 초기에 관한 자료 조사는 팀워크와 상당히 광범위한 관계망이 필요했으며, 우리가 지금 트랜스내셔널 또는 다문화적 역사 편찬이라고 하는 방식이 반복해서 이루어졌다. 또한 이는 제국의 양쪽 끝 지역에서 진행되었다. 1307년, 그리고 다시 몇 년 후 원 조정에서는 칭기스 칸 시대에 관한 오래된 고려(高麗)의 기록을 요청해 확보했으며, 동시대에 라시드 앗 딘은 근동에서의 처음으로 출현한 몽골에 대해 기록한 이븐 알 아티르(Ibn al-Athīr)의 유명한 연대기 같은 오래된 아랍어 사료에서 자료

Yuan shih", *Asia Major* 1 (1988), pp. 59~69, 특히 pp. 66~67 참조.

● 요, 금, 송을 말한다.

72 Chan, "Wang O's Contribution", pp. 347, 367~71; Herbert Franke, "Chinese Historiography under Mongol Rule: The Role of History in Acculturation", *Mongolian Studies* 1 (1974), p. 17.

들을 찾았다.[73]

역사 편찬에서 이 같은 집단적이고 다민족적인 접근 방식은 어느 정도 당면한 작업의 규모와 어려움으로 인해 생겨난 것으로 보이며, 항상 책임 공유와 분담, 회의제적 의사 결정을 선호하는 몽골 특유의 행정 방식에 의해 강화되었던 것 같다. 이는 원 제국에서 고안한 것으로 일반적으로 본토 출신과 외국인 관리가 짝을 이룬 관직의 중복 설치와 관리들이 회의를 거친 후에 집행하는 (그리고 책임을 지는) 방식에서 발견할 수 있다.[74] 다양한 영향이 있었겠지만 중국의 집단적인 역사 연구 편찬의 선례가 있었던 것은 분명하며, 동아시아로부터의 이 절묘한 문화적 흐름의 통로로 다시 한번 라시드 앗 딘의 주요 협력자였던 볼라드를 생각할 수 있을 것이다.

마지막으로 중국에서 사용한 역사 편찬 방식은 몽골 시대와 그 이후 동부 이슬람 세계에 어느 정도 영향을 끼친 것으로 보인다.

중국에서 공식적인 역사 편찬은 일정한 양식을 따랐다. 왕조사에서 본기(本紀)는 조정 활동에 대한 연대기적 기록으로 구성된 것으로 연대순으로 정리했는데, 이는 사망한 황제의 후계자가 각 정권 말년에 편찬하는 실록(實錄)에 기반한다. 이 실제 기록은 '기거주'(起居注)에서 나온 것이다. 이는 황제의 언행을 기록한 궁중 작성자에 의해 관리되었다가 보존과 이후의 편찬을 위해 역사 편찬 기구에 넘겨졌다.[75]

이러한 방식은 비공식적으로나마 제국 초기에서도 드러난다. 예를 들

---

73 Walter Fuchs, "Analecta zur Mongolischen Uebersetzungsliteratur der Yuan-Zeit", *MS* 11 (1946), pp. 57~58; Rashīd/Karīmī, vol. I, pp. 229, 381~82; Ibn al-Athīr, *Al-Kamil fi alta'rikh*, ed. by C. J. Thornberg, repr. (Beirut: Dar Sader, 1966), vol. XII, p. 385.

74 이 점에 대한 유익하고 관련 근거를 기반으로 한 논의에 대해서는 Elizabeth Endicott-West, *Mongolian Rule in China*, pp. 44ff. 참조.

75 Charles S. Gardner, *Chinese Traditional Historiography* (Cambridge, Mass.: Harvard University Press, 1961), pp. 88~94.

어 1222년 칭기스 칸이 투르키스탄에서 원정 마지막 시점에 도교(道敎) 도사인 장춘진인(長春眞人, 1148~1227)을 만났을 때다. 이를 목격한 이지상(李志常, ?~1256)에 따르면, 칸은 두 차례에 걸쳐 그들의 대화를 기록하도록(記, 錄) 명령했다.[76] 원 제국에서 이 절차는 정례화되고 공식화되었다. 1320년대 중국의 몽골 조정을 방문한 오도릭(Odoric)에 따르면, "네 명의 서기관이 왕의 모든 말을 기록했다."[77] 중국 조정에서와는 달리, 기거주는 물론 몽골어로 작성되었고 모국어로 된 실록이 되었다. 중국 사료에서는 이 기록을 투오부치옌(脫卜赤顔, to-pi-ch'ih-yen)이라고 했는데, 이는 요약과 축약을 의미하는 몽골어 토브치얀(tobchiyan)이었으며 '실록'과 동일시했다.[78] 기거주는 이후에 『원사』 편찬에 활용될 것을 예상하여 중국어로 번역되었다. 1315년경에 진행된 번역 가운데 하나를, 아프가니스탄 발흐 출신의 차간(察罕, Chaghan)이 담당했다.[79] 그런데 중국어로 번역될 때조차도 이 기록들은 몽골의 '국사'(國史)라고 여겨 비밀에 부쳐져 배포가 제한되었다. 특히 칭기스 칸에 관한 부분이 그러했는데, 때로는 중국인 고위 관료도 '외부자'라는 이유로 제한되었다.[80] 물론, 이는 앞에서 라시드 앗 딘이 『알탄 뎁테르』가 "외부자들에게 숨겨지고 은폐되었다"라고 한 서술과도 일치한다.

기거주로부터 이러한 자료를 준비하는 과정은 지속적으로 이루어졌

76 Li Chih-ch'ang, *Hsi-yü chi*, in Wang, *Meng-ku shih-liao*, pp. 342, 356; Li Chih-ch'ang, *The Travels of an Alchemist*, trans. by Arthur Waley (London: Routledge and Kegan Paul, 1963), pp. 102, 113.

77 Odoric of Pordenone, "The Eastern Parts of the World Described", in Sir Henry Yule, *Cathay*, vol. II, p. 224.

78 Francis W. Cleaves, "The Sino-Mongolian Inscription of 1362 in Memory of Prince Hindu", *HJAS* 12 (1949), p. 67, Mongolian text, and 91, English translation; 『元史』, 卷 36, p. 803.

79 『元史』, 卷 137, p. 3311.

80 許有壬, 『圭塘小稿』(景印文淵閣四庫全書), 卷 10, p. 9a; 『元史』, 卷 35, p. 789; 卷 181, p. 4179.

으며 조정에서도 중요한 사안이었을 것이다. 이러한 사실은 쿠빌라이 연간의 몽문본(蒙文本)과 한문본 실록이 1304년 원 제국의 설립자가 사망하고 10년이 지난 시점에 테무르 카안에게 진상되었다는 『원사』의 기록을 통해 알 수 있다. 진상한 자, 그리고 아마도 편찬한 자는 한림학사승지인 사르만이었을 것이다.[81]

이러한 편찬 방식이 이란에서 알려졌고, 심지어 어느 정도 이란에서도 행해졌다는 여러 증거가 있다. 라시드 앗 딘의 쿠빌라이의 재상에 관한 기록에 따르면, 위구르 출신의 이그마쉬(Yighmish)가 "그들의 관례대로 카안의 말을 기록했다."[82] 그런데 라시드 앗 딘이 그러한 관행을 알고만 있었던 것이 아니라 사르만과 동료들이 원 조정에서 편찬한 몽문 사료 토브치얀의 일부를 접했을 가능성도 상당히 높다.[83] 라시드 앗 딘은 그의 몽문 사료를 언급할 때 'ahd ba-'ahd ta'rīkh-i ṣaḥīḥ'라고 표현했는데, 이는 "역대 황제의 진정한 기록"을 의미한다.[84] 이 용어는 중국 사학 전통에서의 실록을 깔끔하고 정확하게 기술하고 정의한 것이다. 이는 한자어 실(實)과 아랍-페르시아어의 'ṣaḥīḥ'가 '진실한', '사실의', '진본의', '진정한'과 같이 상당히 유사한 범위의 의미를 가지고 있다는 사실을 통해 더욱 확실해진다. 따라서 'ta'rīkh-i ṣaḥīḥ'는 한자로 된 원문의 직역으로 이해하면 되겠다.

간접적이지만 이러한 방식이 이란에서도 도입했다는 증거가 있다. 라시드 앗 딘 자신도 일칸국, 특히 후대의 통치기에 관한 기록은 일종의 조

---

81 『元史』, 卷 21, p. 457.

82 Rashīd/Karīmī, vol. I, pp. 643, 657; Rashīd/Boyle, pp. 279, 298; "Shu'ab-i panjgānah", folio 131r.

83 한학에서는 1304년 토브치얀이 사절과 함께 서방으로 갔을지 모른다는 견해와 이란에서는 그것을 『알탄 뎁테르』로 알게 되었다는 견해가 있다. William Hung, "The Transmission of the Book Known as the *Secret History of the Mongols*", *HJAS* 14 (1951), pp. 469~81, 특히 pp. 470, 474 참조.

84 Rashīd/Alizade, vol. I, pt. 1, p. 64.

정의 '일지'에 근거했던 것 같다. 이러한 방식은 카샤니의『올제이투사』와 같이 훌레구 가문에서 편찬한 다른 사서에서 보다 명확하게 드러난다. 여기에는 확실히 중국 정사(正史) 편찬의 영향이 반영되어 있다. 본기와 실록에서처럼 그는 연도별, 월별, 그리고 때로는 일별 순서로 사건을 기록했는데, 사람들이 주목한 바대로 이 모든 것은 '일지'가 존재했음을 보여 준다. 따라서 올제이투 재위 연간의 모든 행적은 일 단위 또는 주 단위로 상세히 재구성될 수 있었다.[85]

이러한 방식이 차가타이 칸국에서도 도입되었다는 증거가 있다. 1230년대에 대해 라시드 앗 딘은 "통치자의 모든 말을 매일 받아적는 것이 관행이었다." 그리고 "(제왕들) 모두가 신하 중에서 한 명을 임명해 자신의 말을 기록하게 했다"라고 했다. 차가타이의 서기관은 북중국에서 온 투르크 출신의 바지르(Vazīr)/후지르(Hujīr)였다.[86] 이러한 관행은 계속 이어져 티무르 조정에서까지 지속되었다. 야즈디(Yazdī)에 따르면, 티무르는 "위구르 학자들(bakhshiyān)과 페르시아인 서기관(dabīrān)"에게 자신의 언행과 행적을 기록하도록 했다. 초기의 기록은 먼저 티무르가 검토했고, 이후에 보다 완성된 사서(史書)가 되었는데 이러한 관행은 바로 1420년 샤루흐(Shāh Rukh)의 사신이 이후 명나라 조정을 방문했을 때 목도한 것이었다.[87] 이 사례에서 중개자의 역할을 한 것은 원 제국과 티무르의 역사 편찬에서 중요한 역할을 했던 이들로, 어느 곳에서나 볼

---

85 Qāshānī/Hambly, editor's "Introduction", p. vi; Charles Melville, "The Itineraries of Sultan Öljeitü", *Iran* 28 (1990), pp. 56~57 and appendix, 64~66.

86 Rashīd/Karīmī, vol. I, p. 549; Rashīd/Boyle, p. 155; Juvaynī/Qazvīnī, vol. I, p. 227; Juvaynī/Boyle, vol. I, p. 272.

87 Sharaf al-Dīn 'Alī Yazdī, *Ẓafar-nāmah*, vol. I, ed. by M. 'Abbāsī (Tehran: Chap-i rangin, 1957), pp. 18~19; John E. Woods, "The Rise of Tīmūrid Historiography", *Journal of Near Eastern Studies* 46/2 (1987), p. 82. 명나라의 관행에 대해서는 Ḥafiẓ-i Abrū, *Persian Embassy*, pp. 56~57 참조.

수 있는 위구르 출신 서기였다.[88] 티무르 제국의 정치적 계승자였던 인도의 무굴 제국에서도 이러한 관행이 이어졌다. 악바르(Akbar, 재위 1556~1605)의 궁정에는 "사건" 또는 '소식 기록자'인 'vāqi'-navīs'가 있었다. 14명 가운데 두 명은 상시로 황제의 언행을 기록하는 일을 담당했다. 이것을 황제가 직접 수정했고 그것으로부터 '요약본'(ta'liqah)으로 된 일지가 만들어졌다. 그것이 바로 토브치얀이나 실록으로 볼 수 있는 것이었다. 아불 파즐(Abū'l-Fazl)은 "이 관직의 흔적은 고대에 존재했던 것 같지만" "이 관직의 보다 고귀한 목적은 현재 왕조에서야 인식되었다"라고 주장했다.[89] 그러나 이것은 확실히 티무르 제국의 관행을 따른 것으로 궁극적으로는 중국의 제도로 거슬러 올라간다.

결론적으로 원 조정과 일칸 조정에서 후원한 사서 편찬 사업의 관련성은 다음과 같이 요약할 수 있다.

——그들은 중국에서 발전해 온 공통의 사료와 편찬 방식을 공유했다.

——그들은 중국 전통의 정사(正史) 편찬에서 집단적 접근의 특징을 공유했다.

——라시드 앗 딘의 핵심적인 역사 고문이었던 볼라드는 그러한 전통에 익숙했고 서세륭과 사르만 같은 원 제국의 사관과 교류했으며, 서방으로 오기 전에 원 제국의 주요 사서 보관 서고 가운데 하나인 비서감에 오랫동안 간여했다.

---

88 V. V. Bartol'd, "Otchet o komandirovke v Turkestan", in his *Sochineniia*, vol. VIII, p. 131과 티무르 왕조의 사서에 반영된 위구르 영향에 대해서는 각주 25 참조.

89 Abū'l Fazl, *The 'Ain-i Akbari*, trans. by H. Blochmann and H. S. Jarret, repr. (Delhi: Atlantic Publishers, 1979), vol. I, pp. 268~69 참조. Pierre du Jarric, *Akbar and the Jesuits: An Account of Jesuit Missions to the Court of Akbar*, trans. by C. H. Payne (London: Routledge, 1926), p. 11의 관련 내용의 자료들은 동시대 예수회 편지를 출처로 한다.

이것은 그들 각각의 사서 편찬 노력이 적극적 또는 의도적으로 조율되었음을 주장하는 것이 아니다. 그들은 오히려 점차 닮아가고 서로 연결되었는데, 이는 곧 유사한 문화적·정치적 관심사에서 비롯되었다. 몽골의 후원으로 이루어진 『집사』와 세 왕조사의 편찬은 근대 이전 사서 편찬의 위대한 여정이자 성취 가운데 하나로 평가되어야 할 것이다.

제13장

지리학과 지도학

앞 장에서 언급했듯이, 『집사』에는 상당한 양의 지리적 정보가 실려 있다. 라시드 앗 딘은 역사 서술에는 "기후와 경로, 나라의 지도(ṣuvar)가 첨부되어야 한다." 이어서 "두 부분으로 구성된 이 책은 앞서 언급한『집사』 부록이 될 것이다"라고 했다.[1] 나아가 그는 자신의 지리서를 다음과 같이 설명했다.

> 이 나라(이란)에서 이전에 알려지고 책에 기술된 것과 이 행운의 시대에 인도, 남중국, 프랑스, 북중국 등지의 사상가와 학자들의 책에서 발견하고 이후 검증한 내용을 (기반으로) 하여 가능한 조사하고 확인한 기후, 나라, 도로 및 거리에 관한 지도들이다. 이 모든 내용은 (지리학에 전념한) 제3권에서 실제적이고 상세히 확인된다.[2]

---

1 Rashīd/Alizade, vol. I, pt. 1, pp. 16~17.
2 *Ibid.*, p. 39.

라시드 앗 딘의 저작에 대한 아랍어와 페르시아어 요약본에는『제역도지』(諸域圖志, Ṣuvar al-āqālīm)라는 제목의 지리서에 대해 자세히 설명되어 있다. 이 문헌에 따르면, 이 책은『집사』제3권이 아닌 제4권에 해당한다. 그 내용에는 7개 지역의 경계, 즉 세계 주요 나라들과 정권의 범위와 위치, 주요 도시, 강, 호수, 바다, 계곡 그리고 산, 경도와 위도, 주요 도로에 따라 배치된 이정표, 몽골 통치자의 명령으로 유라시아를 관통해 세워진 역참(yāmhā) 목록이 포함되어 있다. 이 모든 것은 문헌 자료와 목격자들의 증언을 바탕으로 한다. 마지막으로 이 모든 자료는 저자가 고안한 방식에 따라 지도에 표기되었다.[3]

상당히 유감스럽게도 이 지리서는 우리에게 전해지지 않았다. 실제로 바실리 바르톨트(Vasilii Bartol'd)를 비롯해 일부 학자들은 그 완성 여부를 의심했다. 가령, 도르테아 크라울스키(Dorthea Krawulsky)는『제역도지』가 계획되었으나 집필되지는 않았다고 주장한다.[4] 반면 토간(Togan)과 얀(Jahn)은 완성되었지만 이후에 소실되었다고 주장했다. 내 생각에는 여러 근거가 후자의 주장을 강하게 뒷받침하고 있다.[5] 가장 설득력 있는 것은 1310년 라시드 앗 딘이 쓴『기진서』(寄進書, Vaqfnāmah)에서 그의『수집된 저서들』(jāmi'al-taṣānīf) 중에『제역도지』와『제국지』(諸國志, Ṣuvar al-buldān) 두 권에 '삽화'(muṣauvar)가 많이 들어 있어 재간행을 위해 대형 용지가 필요하다고 언급하고 있다는 사실이다.[6]

3 A. M. Muginov, "Persidskaia unikal'naia rukopis", pp. 373~74; Rashīd/Quatremère, pp. LXXIII~LXXIV, French translation, and p. CLX, Arabic text.

4 Dorthea Krawulsky, Iran — Das Reich der Īlhāne: Eine topographische-historische Studie (Wiesbaden: Ludwig Reichert, 1978), pp. 26ff.

5 Ahmet Zeki Validi (Togan), "Islam and the Science of Geography", Islamic Culture 8 (1934), pp. 514~15, 517, 522, note 17, and 525, note 29; Karl Jahn, "The Still Missing Works of Rashīd al-Dīn", pp. 119~20; Karl Jahn, "Study of the Supplementary Persian Sources for the Mongol History of Iran", in Denis Sinor, ed., Aspects of Altaic Civilization (Bloomington: Indiana University, 1963), p. 197.

6 Rashīd al-Dīn, Vaqfnāmah-i Rab'-i Rashīdī, ed. by M. Minuvī and I. Afshār (Tehran:

틀림없이 그의 생애 동안에 몇 개의 사본이 존재했고, 상당 부분은 아마도 1318년 라시드 앗 딘이 사형당한 후 타브리즈에 있는 그의 거주지가 파괴된 소요로 인해 소실되었을 것이다. 하지만 일부는 사파비 왕조(Ṣafavid) 시대까지 살아남은 것으로 보인다. 적어도 저명한 역사가 이스칸다르 문시(Iskandar Munshī, 1561~1634)는『제역도지』를 당대의 '표준 지리서' 가운데 하나라고 평했다.[7]

이 저작의 운명이 어떠했든 간에, 그 소실은 오늘날 학계에 대단한 손실임이 틀림없다. 이는 라시드 앗 딘의 남아 있는 저작에 담긴 동아시아의 지리 지식을 살펴보면 충분히 알 수 있는데, 이는 광범위하고 상세하며 놀라울 정도로 정확하다.

라시드 앗 딘이 몽골 본토의 지형에 대해 잘 알고 있다는 것에서부터 시작할 수 있겠다. 그는 칭기스 칸에 관한 역사와 투르크-몽골계 부족의 역사에서 동부 대초원이 산, 강, 그리고 또 다른 자연적 특징에 관한 풍부한 정보를 제공한다. 고유 지명이 풍부하게 제공되었고 때때로 필사자의 오류로 잘못 기재되기도 했지만, 쉽게 바로잡을 수 있었고 대체로 정확했다. 사실, 이란 북서부에서 쓰인 저작의 몽골 역사 지리 관련 기록은 현지 사료, 특히『몽골비사』의 기록으로 명확하게 확인할 수 있다.[8] 이는 라시드 앗 딘이 자신의 자료로서 현지 자료와 현지 출신 정보 제공자들이 자료를 모두 효과적으로 활용했기 때문이라고 할 수 있다.

라시드 앗 딘이 상세한 내용을 제공한 것은 아니지만 극동의 한국과

Offset Press, 1972), p. 212.

7 Iskandar Munshī, *History of Shah 'Abbas the Great*, trans. by Roger M. Savory (Boulder, Colo.: Westview Press, 1978), vol. II, p. 1170.

8 Nicholas Poppe, "On Some Geographical Names in the *Jāmiʿal-Tawārix*", *HJAS* 19 (1956), pp. 33~41; John A. Boyle, "Sites and Localities Connected with the History of the Mongol Empire", *The Second International Congress of Mongolists* (Ulan Bator: n.p., 1973), vol. I, pp. 75~80; Kh. Perlee, "On Some Place Names in the *Secret History*", *Mongolian Studies* 9 (1985-86), pp. 83~102 참조.

일본에 대한 기본적인 지리에 대해서도 잘 이해하고 있었다. 이전 세대의 이슬람 지리학자들은 한국을 알 신라(al-Shīlah)라고 했는데, 이는 본토의 신라 왕조(668~935)에서 비롯된 것으로 그들의 지식은 모호하고도 정형화되어 이를 하나의 섬으로 보는 경향이 있었다.[9] 라시드 앗 딘은 북부를 솔랑가(Sūlāngah, 몽골어 솔롱고스에서 유래), 그리고 중부와 남부를 코리(Kūlī, 중국어 가오리(高麗)에서 유래)라고 했는데, 한국을 반도로 알고 있었고 이름은 언급하지 않았던 중간 크기의 발해만으로 중국과 분리되어 있다고 이해했다. 그가 유일하게 언급한 도시 전주(Jūnjū)는 북쪽의 충주나 남쪽의 청주일 것이다. 페르시아 역사가가 자민쿠(Jaminkū, 고대 중국어 지펀귀(日本國)에서 유래)라고 부른 일본에 대해 그는 대양해(Daryā-i muḥīt)라고 불리는 태평양의 한 섬으로 묘사했다. 그곳은 인구와 산이 많고, 여러 광산이 있다고 했는데, 일본의 풍부한 구리 매장량과 관련이 있을 수 있다.[10]

중국에 관한 서술은 좀 더 광범위하고 명쾌하다. 물론, 무슬림은 여행기와 체계적인 지리서에서 자주 언급했던 중국에 관해 오랫동안 알고 있었다. 그러나 몽골 시대에는 그에 관한 정보의 양과 세부적인 내용이 상당히 풍부해졌고 새로운 지식이 외국의 자료를 통해 들어왔다. 가령, 라시드 앗 딘은 초기 무슬림 작가들이 전혀 언급한 적이 없었던 약 25개 중국 도시를 언급했다.[11] 또 다른 예로 그는 『제역도지』에서 상세하게 기록했던 역참에 관해 잘 알고 있었다. 이것은 쿠빌라이와 중앙아시아의

---

9   Kei Won Chung and George F. Hourani, "Arab Geographers on Korea", *JAOS* 58 (1938), pp. 658~61. 페르시아의 교훈적인 문학에서도 신라가 중국에 종속되어 있었다고 언급했다. Julie Scott Meisami, trans., *The Sea of Precious Virtues (Baḥr al-Favā'id): A Medieval Islamic Mirror for Princes* (Salt Lake City: University of Utah Press, 1991), pp. 279, 376 note 38 참조.

10 Rashīd/Karīmī, vol. I, pp. 461, 639, 644~47; Rashīd/Boyle, pp. 41, 274, 281, 284.

11 Donald Daniel Leslie, "The Identification of Chinese Cities in Arabic and Persian Sources", *Papers on Far Eastern History* 26 (1982), pp. 4~17.

카이두(Qaidu) 및 두아(Du'a)의 충돌에 관한 그의 논의에서 확인되는데, 그는 원 조정에서 최근에 "극서에 있는 아지치(Ajiqi, 阿只吉)의 전략적 지점(sübe)에서부터 극동에 위치한 무칼리까지 이어지는 역참로를 설치하고 각 지점에 순찰병을 배치했다"라고 언급했다.[12] 이 사례에 관한 그의 증언은 1281년 원 제국에서 봉사하던 차가타이계의 아지치가 산서성(山西省) 동북쪽의 태화령(太和嶺)에서부터 위구리스탄에 위치한 베쉬발릭(Beshbaliq, 別失八里)까지 서른 곳에 새로운 역참을 설치했다고 기록한 중국 측 사료와 완전히 일치한다.[13] 몽골 역참과 "위대한 길"의 이정표에 관한 라시드 앗 딘의 지도가 발견된다면 유라시아의 역사 지리와 중세 지도 편찬에 대한 우리의 지식에 중요한 기여를 할 것이다.

마찬가지로 인상적인 것은, 원 제국 지방 행정구역인 싱(shīng, 省)의 행정 지리에 관한 라시드 앗 딘의 설명이 상세하며 전반적으로 정확하다는 점이다. 분명 이전의 어떠한 무슬림 저술가도 중국 영토 구성 체계에 대해 이토록 깊이 있고 종합적인 지식을 가진 적이 없었다. 게다가 행정 용어와 지명 모두 한자식으로 표기되어 있어, 대부분 쉽게 알아볼 수 있거나 복원할 수 있었다.[14]

그의 서술은 다시금 자료 출처에 대한 의문을 불러일으키는데, 우선 볼라드를 살펴보아야겠다. 라시드 앗 딘의 글에는 볼라드의 흔적이 분명하게 드러나는 부분이 있다. 예를 들어 라시드 앗 딘은 여름 수도이자 사냥터인 상도(上都)에 관해 부지와 시설, 북경과 이곳 사이의 길과 거리, 마을에 관해 자세히 설명했다. 또한 그는 당시 상도의 중국식 명칭인 카이 밍푸(Kāi Mink Fū), 즉 개평부(開平府)를 알고 있었다. 마찬가지로 여

---

12 Rashīd/Karīmī, vol. I, p. 675; Rashīd/Boyle, p. 326.

13 『元史』, 卷 11, p. 231; 卷 63, p. 1569.

14 Rashīd/Karīmī, vol. I, pp. 644~46; Rashīd/Boyle, pp. 281~84. 이 서술의 정확도에 대해서는 Romeyn Taylor, "Review of Rashīd al-Dīn, *Successors of Genghis Khan*", *Iranian Studies* 5 (1972), pp. 189~92 참조.

름 궁정 가운데 한 곳의 중국식 명칭인 량탄(Lank Tan 혹은 Liang T'ien)●
도 알고 있었다. 이러한 정보가 볼라드로부터 나왔다는 것은 중국 사료
에서 그의 몽골인 제보자가 종종 상도에 있었고, 그가 아흐마드를 조사
하는 과정에서 개평에서 대도(大都) 사이의 역참을 여러 차례 이용했다
는 점에서 명백하다.[15]

그러나 이것은 이야기의 일부에 불과하다. 라시드 앗 딘은 외국 지리
에 대한 정보를 수집할 때 중국을 포함한 외국 서적에 의존했다고 여러
차례 밝혔다. 구체적인 저작을 확인할 수는 없지만 출처와 전달 방식은
어느 정도 확신을 가지고 파악할 수 있다.

몽골은 18세기까지 지도 제작의 고유한 전통을 만들어내지 못했지만
적어도 동아시아에서는 정통성과 통치권 개념과 밀접한 관련이 있는 지
도에 일찍부터 깊고 지속적인 관심을 보였다.[16] 1255년, 중국 남서부에
있는 대리국의 통치자는, 황제의 명령으로 뭉케 카안에게 자신의 영토
를 그린 '지도'를 바쳤고, 1292/93년 자바(Java)의 군주는 침략한 몽골
군에게 지도와 호적부를 바쳤다. 또한 1276년 바얀은 최근 함락된 송의
도시 임안(臨安)에 입성하자마자 '지도와 서적' 목록을 작성했다.[17] 외국
지도의 수집이 체계적으로 조직되었다는 것은 1277년에 세워진 외국 사
신 숙소(會同館)에서 다른 임무와 함께 외국의 지리(郡邑), 역참, 목초지,
그리고 산천의 험준하고 평이함(險易)을 담은 지도(圖) 수집을 맡았다

● '龍庭'을 말한다.

15 Rashīd/Karīmī, vol. I, pp. 620, 641~42; Rashīd/Boyle, pp. 252, 276~77;『元史』,
　 卷 128, p. 3130; 卷 205, p. 4563.

16 G. Henrik Herb, "Mongolian Cartography", in J. B. Harley and David Woodward,
　 eds., *History of Cartography* (University of Chicago Press, 1992-94), vol. II, bk. 2,
　 pp. 682~85. 탁발 위(魏)의 '신성한 지도'와 정치적 권위에 대해서는 Yang Hsüan-
　 chih, *Record of Buddhist Monasteries*, pp. 104, 115 참조.

17 『元史』, 卷 166, p. 3910; 卷 162, p. 3802; 卷 127, p. 3112; Francis W. Cleaves,
　 "Biography of Bayan of the Bārin", p. 256.

는 사실을 통해 뒷받침된다.[18] 여기서 한자 험(險)은 '험난하다', '협소한 통로', '전략적 지역'이라는 의미로, 몽골어로는 '협소한 통로', '바늘 구멍', '전략적 지점'을 의미하는 수베(sübe)를 의미한다.[19]

중국의 원 제국에는 전략 요충지와 역참에 관한 지도가 분명히 있었다. 진짜 문제는 라시드 앗 딘이 어떻게 이 자료에 접근할 수 있었을까 하는 것이다. 언제나 그렇듯 가능성 있는 경로는 볼라드인데, 그는 원 조정 내 지도의 주요 보관서인 비서감의 설립을 도왔고 깊이 간여했다. 라시드 앗 딘이 언급한 지리학과 지도학에 관한 중국 서적의 분명한 출처로서 『집사』에 실린 삽화 중 일부가 중국 지도와 지형을 연상시키는 방식으로 그려진 이유가 바로 여기에 있다.[20]

그런데 지리 지식의 흐름은 양방향으로 이루어졌다. 일부 무슬림 학자로 구성된 비서감에서 원 제국 황실을 위해 서아시아의 지리학과 전통을 반영하여 독창적인 편찬 작업이 이루어졌다. 비서감에서 동방과 서방 간의 과학적·학술적 정보를 교환하는 데 적극적으로 간여했음이 분명하다. 이 장과 다음 장에서 살펴보겠지만 비서감 관원들의 관심 분야는 광범위했고 그들의 지적 자원도 풍부했으며 학술적인 면에서 그들이 봉사하는 제국과 조정의 세계주의적인 면모를 충실히 반영했다. 이는 오랜 기간 중국에서 전통 학문의 중심지이자 문화적 규범을 감독해 온 비서감 수장에 이사 켈레메치가 서아시아에서 장기 체류하고 돌아온 직후 임명되었다는 사실을 통해서도 잘 드러난다.[21]

---

18 『元史』, 卷 85, p. 2140.

19 Ferdinand D. Lessing, *Mongolian-English Dictionary* (Bloomington, Ind.: Mongolia Society, 1973), p. 74.

20 『元史』, 卷 90, p. 2296; Priscilla Soucek, "The Role of Landscape in Iranian Painting to the 15th Century", *Landscape and Style in Asia* (Percival David Foundation Colloquies in Art and Archaeology in Asia 9; London, 1980), pp. 91~92.

21 '비서감'(秘書監)은 '비서성'(秘書省)으로도 불렸는데, 3세기에 기원을 두고 있고 청대(淸代)까지 존속되었다. 그 역사적 변화와 활동에 대해서는 P. A. Herbert, "From

지리학적 지식을 동방으로 전달한 핵심적인 인물은 자말 앗 딘(Jamāl al-Dīn, 札馬魯丁)으로 그는 뭉케 통치기에 중국에 도착했다. 천문학자이자 수학자인 그는 저명한 전임자 알 비루니(al-Bīrūnī)와 알 콰리즈미(al-Khwārazmī)와 마찬가지로 지리학 분야에 상당한 공헌을 했다.[22] 『원사』에 따르면, 1267년 자말 앗 딘은 카안에게 일련의 천문기구를 바쳤으며, 그 가운데 하나가 '쿠라이이아얼즈'(苦來亦阿兒子)로 지구의를 의미하는 페르시아어 'kurah-i arẓ'를 상당히 정확하게 음사(音寫)한 것이다. 사료에 따르면, 이 기구는

중국어로 지리지(地理志)이다. 그 제작 방식은 나무로 원구(圓毬)를 만들고, 그 가운데 7할은 물로(이를) 초록색으로 표현하고, 3할은 육지로 백색으로 표현한다. 모든 강, 하천, 호수, 바다를 (원구) 전체에 걸쳐 모두 연결된 혈맥처럼 그렸다. 또한 작은 정사각형들을 그려 지역의 면적과 도로의 길이를 측량할 수 있도록 했다.[23]

이 기구와 다른 기구들이 중국에서 만들어졌지만 그 영감은 서아시아의 모델과 전통을 긴밀하게 따랐음이 분명하다. 원 궁정에서는 이 지구의를 통해 당시 알려진 세계를 표현했으며, 여기에 이슬람 세계와 서부 유라시아 지리에 상당한 주의를 기울였을 것이다.

Shuku to Tushuguan: An Historical Overview of the Organization and Function of Libraries in China", *Papers on Far Eastern History* 2 (1980), pp. 93~121 참조. On Isā's appointment, dated July 25, 1287, 『秘書監志』, 卷 9, p. 5a(p. 253); 『元史』, 卷 134, p. 3249.

22 그의 배경과 경력에 대해서는 이 책 제17장 「천문학」에서 상세히 다룰 것이다.

23 『元史』, 卷 48, p. 999; Walter Fuchs, *The Mongol Atlas of China by Chu Ssu-pen and the Kuangyü-t'u* (Peking: Fu Jen University, 1946), p. 5. 나무와 혼응지, 그리고 이후 다양한 금속으로 이루어진 구(球)의 제작에 대해서는 Emilie Savage-Smith, "Celestial Mapping", in J. B. Harley and David Woodward, *History of Cartography*, vol. II, bk. 1, pp. 48~49 참조.

자말 앗 딘의 다음 지리학 사업은 1285년 조정에서 비서감에 명했던 방대한 지리학 총서를 준비하는 것이었다. 『원사』에서는 이를 자말 앗 딘의 지구의와 마찬가지로 지리지(地理志)라고 했지만 비서감의 자료* 에서는 이를 『대(원)일통지』(大元一統志)라고 했다. 특히 후자의 사료에는 조정에서 비서감에 "만방의 도지(圖志)를 집대성하고" 나아가 "이들을 하나로 모아 전하도록 하라"고 명했다고 기술되어 있다.[24] 이 기록을 통해 편찬 사업의 범위가 당시의 알려진 세계 전체는 아니더라도 몽골 제국 전체를 포괄했던 것이 분명했던 것 같다.

사업 책임자는 자말 앗 딘이었다. 1288년에 작성된 비서감의 다른 기록에는 따르면, 『지리도지』(地理圖志)의 편찬을 총괄하는 관원이 서역 출신의 자말 앗 딘이었는데 중국어를 구사하지 못하여 통역관 1명을 배정받았다.[25] 비서감에 소속된 중국인 학자 우응룡(虞應龍)의 도움으로 완성된 결과물은 지도가 포함된 인문지리서였다. 원 제국의 문인이었던 허유임(許有壬, 1287~1364)에 따르면, "1291년에 이 저서는 755권으로 완성되었고, 『대(원)일통지』로 명명되어 비서감에 보관되었다."[26]

약 12년 후에 증보(增補)된 『대(원)일통지』가 조정에 진상되었으며, 이는 모두 1,000권으로 구성되었다. 이 저작의 편찬자는 비서감 관원이었던 몽골인 보랄키(孛蘭奚)와 중국인 학자 악현(岳鉉, 1249~1312)으로, 그들의 저서는 자말 앗 딘의 지리서 중간본(重刊本)이자 증보본(增補本)으로 이해해야 한다.[27]

• 『비서감지』(秘書監志)를 말한다.

24 『元史』, 卷 13, p. 277; 『秘書監志』, 卷 4, p. 1a(p. 109); Kōdō Tasaka, pp. 78~79.

25 『秘書監志』, 卷 1, p. 10a(p. 39).

26 許有壬, 『至正集』(『(景印)文淵閣四庫全書』), 卷 35, pp. 4a~b.

27 『元史』, 卷 21, p. 450. 진헌한 자들로 기록된 이름은 "小蘭禧, 岳鉉 等"이다. 이 단락에서 작다는 의미의 '小'는 『비서감지』에 쓰인 글자로, 이와 유사한 글자인 '孛'의 분명한 오기이다. 『秘書監志』, 卷 9, pp. 1a(p. 245), 10b(p. 264)에는 '孛蘭奚'로 기록되어 있다. 또한 錢大昕, 『補元史藝文志』(史學叢書: 臺北, 1964), 卷 2, p. 9b 참조.

안타깝게도 초판본은 모두 분실되었고 중간본의 잔본만 남아 있는데, 30여 권의 잔본이 여러 문집 혹은 도서관에 흩어져 있다. 남아 있는 자료는 대부분 북중국을 다루고 있으며, 작은 마을과 대도시에 이르는 거리, 강 등이 꽤 상세하게 기록되어 있다.[28]

『대(원)일통지』가 서아시아에 대해 무엇을 언급했는지 알 수는 없지만, 원 조정에서 근무한 무슬림 지리학자들의 지도학적 유산을 조사해 보면 서방의 이슬람에 대한 정보를 포함하고 있다는 사실이 분명해진다. 동아시아의 지리학에서 이슬람 영향의 가장 눈에 띄는 분명한 증거는 14~16세기 중국과 한국의 여러 지도에서 수없이 발견된다.

원 제국의 저명한 중국 지도 제작자인 주사본(朱思本, 1273~?)은 여행가, 지리학자, 시인, 저명한 도사 등으로 다양한 분야에서 활약했다.[29] 1320년경 그는 중국, 몽골, 중앙아시아를 포함하는 지도인 「여지도」(輿地圖)를 편찬했다. 중국의 격자계를 활용한 그의 지도는 주요 도시, 강, 지형 등을 상세하고 정확히 표시했다. 중국의 각 성마다 별도의 지도가 제공되었다. 비슷한 시기 주사본의 동료였던 이택민(李澤民)은 극서부에 관한 많은 자료를 포함하는 「성교광피도」(聲敎廣被圖)를 제작했다. 현재 두 지도의 원본은 모두 소실되었지만, 다행히 그들의 중요한 지도학적 작업이 후대의 여러 지도에 보존되었다. 그 가운데 가장 오래된 지도는 1402년 권근(權近)*이 제작한 조선의 지도 「혼일강리역대국도지도」(混

---

28 우리에게 전해진 『대(원)일통지』에 대해서는 L. Carrington Goodrich, "Geographical Additions of the XIV and XV Centuries", *MS* 15 (1956), pp. 203~06; Endymion Wilkinson, *The History of Imperial China: A Research Guide* (Cambridge, Mass.: Harvard University Press, 1973), p. 113 참조.

29 간략한 소개는 K'o-k'uan Sun, "Yü Chi and Southern Taoism during the Yuan", in John D. Langlois, ed., *China under Mongol Rule* (Princeton University Press, 1981), pp. 251~52 참조.

• 저자 올슨은 권근의 「혼일강리역대국도지도」라고 기술했지만, 실제로 김사형·이회·이무 등이 제작하고 권근이 발문을 썼다.

一疆理歷代國都之圖)이다. 다음으로 1541년에 제작된 나홍선(羅洪先)의
「광여도」(廣輿圖)가 있는데, 그는 자신의 작업이 주(사본)과 이(택민)의
지도에 기반했다고 분명히 밝혔다. 마지막으로 1600년경에 제작된 것으
로 추정되는 작자 미상의 「대명혼일도」(大明混一圖)가 있다.[30]

이 지도에서 주목되는 점은 서방에 대한 표현 방식이다. 특히 놀라운
것은 아프리카가 삼각형으로 그려져 있고 지중해 형태를 바로 알아볼
수 있다는 점이다. 게다가 아프리카의 경우에 30곳 이상의 지명이, 서유
럽은 100곳 이상의 지명이 기술되어 있는데, 그 대부분을 알아볼 수 있
다. 독일의 경우 아루마니아(A-lu-man-ni-a)라는 지명이 사용되었다.

상당히 인상적인 사례이나 원 제국의 서방을 묘사한 지도의 전부는 이
것으로 끝나지 않는다. 1329년과 1332년 사이에 원 조정에서는 공식적
으로 「서북지리도」(西北地理圖)*를 간행했다. 명나라 초기에 방대한 사
료를 모아 편찬한 『영락대전』(永樂大典)에 수록되어 있는 이 지도는 원
의 영역을 넘어선 몽골제국의 영역을 담고 있다. 이 지도는 격자로 배열
되었고 각 사각형은 중국의 100리(里)를 나타냈다. 지도에는 이스파한
(Iṣfahān)과 술타니야(Sulṭāniyyah) 등 아부 사이드 영토의 30여 도시가 기
록되어 있다. 또한 일칸국의 서부에 있는 다마스쿠스와 이집트 등의 몇
몇 지역이 나와 있다. 이들 지명 대부분은 『원사』「지리지」(地理志)에 내
용이나 설명 없이 기록되어 있다.[31]

---

30 Walter Fuchs, The "*Mongol Atlas*" of China, pp. 7~14; Joseph Needham, *SCC*, vol. III,
    pp. 551~56, and map 44; Gari Ledyard, "Cartography in Korea", in J. B. Harley and
    David Woodward, *History of Cartography*, vol. II, bk. 2, pp. 235~45, and map, p. 246;
    Walter Fuchs, "Drei neue Versionen der chinesischen Weltkarte von 1402", in Herbert
    Franke, ed., *Studia Sino-Altaica: Festschrift für Erich Haenisch* (Wiesbaden: Franz
    Steiner, 1961), pp. 75~77.

•   「원경세대전서북지도」(元經世大典西北地圖)로도 불린다.

31 중국 원본의 재간행에 대해서는 Sven Hedin, *Southern Tibet* (Stockholm: Lithographic
    Institute of the General Staff of the Swedish Army, 1922), vol. VIII, plate 8,
    facing p. 278 참조. 명칭에 대한 방대한 해설을 수반한 도식적인 설명에 대해서는

마지막으로 14세기에 한화(漢化)된 아랍인 샴스(Shams)가 제작한 『서국도경』(西國圖經)에 수록된 지도가 있다. 한자 '도'(圖)는 물론 '삽화'와 '지도' 모두를 의미한다. 따라서 제목은 천위안(陳垣)과 캐링턴 굿리치(Carrington Goodrich)처럼 "서역에 대한 삽화책"으로 번역할 수도 있을 것이다. 그러나 샴스가 '천문, 지리, 수학'에 조예가 깊었지만 예술적 재능이 없었다는 점에서 제목은 아마도 지리서 또는 지도책을 나타내는 것일 것이다. 지금은 남아 있지 않아 이 책의 내용과 적용 범위에 대해서는 더 이상 알 수가 없다.[32] 라시드 앗 딘의 『제역도지』처럼 이 지도책의 소실은 상당히 유감스러운 일이다.

14세기 중국에서 제작된 이 지도서들, 특히 이택민의 지도는 무슬림 중개자들에게 큰 빚을 졌다. 어느 무슬림 자료들이 활용되었는지 구체적인 사례를 통해 확실하게 밝힐 수는 없지만, 기본적 윤곽과 전달 경로는 분명하다. 첫 번째는 당연히 13세기 무슬림에게 알려진 세계에 대한 많은 정보를 제공한 자말 앗 딘의 지리지이다. 자말 앗 딘은 또한 서아시아의 다양한 지도를 수집했다. 1286년에 작성된 『대(원)일통지』의 준비에 관한 비서감의 진행 관련 기록에 따르면, 자말 앗 딘을 포함한 수뇌부의 논의 끝에 편찬자들이 이용할 수 있는 '지리 자료'(地理文字)에 관해 상주했다. 가령, "예전 북중국(漢兒田地)(즉 宋)'에 '40~50권의 지리서(冊)가 있었습니다.'" 그리고 우리의 목적에 가장 부합하는 내용이 이어서 기술되어 있다. "이슬람 지도(回回圖子)'가 우리에게 있으니, 종합해 하나의 지도를 편찬하겠습니다."[33] 이 구절에서 몇 가지 중요한 결론을

Emil Bretschneider, *Medieval Researches*, vol. II, map facing title page and pp. 96~138. 또한 Paul Pelliot, "Note sur la carte des pays du Nord-Ouest dans le *King-che ta-tien*", *TP* 25 (1928), pp. 98~100; 『元史』, 卷 63, pp. 1571~74 참조.

32 『元史』, 卷 195, p. 4353; 陳垣, 『元西域人華化考』, p. 62. 『서국도경』은 18세기까지도 존재했던 것으로 보인다. 錢大昕, 『補元史藝文志』, 卷 2, p. 9b.

33 『秘書監志』, 卷 4, p. 3a(p. 114).

도출할 수 있다. (1) 『대〔원〕일통지』의 편집본은 분명히 외국, 특히 이슬람 세계를 포함했다. (2) 이 부분을 준비하면서 편찬자들은 다양한 이슬람의 지도학적 자료에 의존했다. 그리고 (3) 따라서 이 지도들이 자말 앗딘과 함께 온 것이거나 그가 중국에 도착한 이후에 전해졌을 가능성이 있다.

물론, 이러한 자료들은 조정과 각 기구가 보관하고 있었지만, 주사본 등 언급한 모든 지도 제작자는 관원으로서 자말 앗 딘의 지구의와 비서감 서적에 접근할 수 있었을 것이다. 이슬람 지도에 관해서는 어느 정도 가늠이 되지만, 어떤 지도 제작 전통이 표현되었는지에 대한 문제는 여전히 숙제로 남아 있다. 이후의 논의는 바로 입증하기는 어렵지만 그럴듯한 일련의 가설을 제시한 것이다.

중국-한국 지도에서 서유럽에 대한 상세한 묘사는 알 이드리시(al-Idrīsī, 1100~65?)라는 이름을 거듭 떠올리게 했다. 잘 알려진 바와 같이, 이 위대한 학자는 시칠리아의 노르만 왕 로저(Roger)의 궁정에서 일하면서, 유럽 전역을 망라하는 지리서와 지도집을 편찬했다. 또한 이드리시는 젊은 시절 프랑스와 영국을 여행했고, 시칠리아에서는 서부 라틴에 대한 정보에 쉽게 접근할 수 있었다.[34]

사실, 중국 지도 제작에서 이드리시의 기여는 입증 가능하다. 그의 지도에 있는 유럽과 아프리카의 지명과 이택민 지도에 나와 있는 지명을 목록, 배열, 언어 형식 면에서 면밀히 비교하면 그 연관성을 입증할 수 있다. 이에 관해서는 자주 언급되지만, 내가 아는 한 아직 연구된 바는 없다.

---

34 S. Maqbul Ahmad, "Cartography of al-Sharīf al-Idrīsī", in J. B. Harley and David Woodward, *History of Cartography*, vol. II, bk. 1, pp. 156~74, 특히 pp. 156~57, 163, 167. 이드리시의 세계 지도 사진에 대해서는 Howard R. Turner, *Science in Medieval Islam: An Illustrated Introduction* (Austin: University of Texas Press, 1995), p. 127, fig. 8.5 참조.

또 다른 가능성 있는 자료는 1290년 일칸국에서 제작된 서방에 관한 지도책이다. 이것이 중국에 전달되어 1320년에 제작된 지도에 영향을 끼칠 충분한 시간이 있었을 것이다. 현재 소실된 이 책은 쿠트브 앗 딘 시라즈(Quṭb al-Dīn Shīrazī, 1236~1311)가 아르군(재위 1284~91)을 섬길 때 궁정에 진상한 것이다. 동시대인이었던 라시드 앗 딘은 (이에 관해) "지중해(Darya-i Maghrib)와 그 만과 해안선을 포함하여 서부와 북부의 여러 지역(vilayat)을 망라한 지도이다"[35]라고 했다. 그의 시대에 매우 존경받는 '학자'(mard-i dānishman)였던 쿠트브 앗 딘은 천문학자 나시르 앗 딘 투시(Naṣir al-Din Ṭūsī, 1201~74)의 제자로 마라게(Marāghah)의 천문대에서 한동안 일했고, 이후에 룸(Rum)에서 판관으로 근무했으며, 1282년에는 테구데르의 사절로 이집트에 파견되었다.[36] 라시드 앗 딘과 개인적으로 알고 지냈던 사실은 그의 폭넓은 연줄을 통해 그의 지도가 중국에 전해졌을 가능성에 설득력을 더해 준다.

마지막으로 라시드 앗 딘을 잊어서는 안 된다. 지도가 포함된 그의 지리서는 프랑크의 학자들과 서적을 일부 참고하여 1310년경에 완성되었고, 이는 1320년대 중국의 지도 제작 사업에 정보를 제공할 수 있는 충분한 시기였다. 이 기간 동안에 두 조정 사이의 잦은 접촉과 라시드 앗 딘이 활동한 광범위한 대륙 횡단적 학술 교류망을 고려할 때, 이러한 가능성을 배제할 수 없다.

지리학적 지식이 전해진 것은 분명하지만 지도 제작법은 어떻게 된 것일까? 조지프 니덤(Joseph Needham)은 중국에서 진정한 계량적 지리학은 기원후 2세기경 중국에서 격자 체계의 발전으로 시작되었고, 지도 제작에서 수학적 접근이 지속적으로 이루어져 원대와 명대에 절정에 달하

---

35 Rashīd/Karīmī, vol. II, p. 822.
36 Aydin Sayili, *The Observatory in Islam and its Place in the General History of the Observatory*, 2nd edn (Ankara: Türk Tarih Kurumu Basimevi, 1988), pp. 19, 206, 214~18; Rashīd/Karīmī, vol. II, p. 788; Bar Hebraeus, p. 467.

게 되었다고 주장했다. 또한 그는 이러한 격자 체계가 특히 몽골 시대의
이슬람 지도 제작에 자극을 주었으며 이것이 유럽의 지도 제작자에게도
영향을 끼쳤을 것이라고 주장했다.[37]

그러나 이러한 주장에 대해 최근 코델 이(Cordell Yee)가 몇 가지 근거
를 들어 반박했다. 첫째, 중국 도법의 격자 체계는 주장보다 훨씬 더 늦
게 출현했다. 가장 명백한 초기 사례는 1136년의 것이다. 둘째, 코델 이
는 격자 체계가 고정된 '좌표 체계'가 아니라고 주장했다. 격자 체계는
거리를 측량하기 위해 고안된 것이지, 실제 좌표에 따라 공간을 구성하
거나 위치를 지정하기 위한 것이 아니라고 했다. 다시 말해 중국의 도법
전통은 니덤의 생각처럼 계량적인 것이 아니라 본질적으로 텍스트 중심
적인 것이었다.[38]

이러한 기술적 문제에 대해 독자적으로 판단을 내릴 수는 없지만, 이
슬람 지도의 전통에서 경도와 위도를 나타내기 위해 격자선을 사용한
것은 세계 지도에 다양한 나라(āqālīm)를 표시하기 위한 노력에서 시작
되었음은 분명하다.[39] 물론, 나라 표시 체계는 초기 헬레니즘 전통으로
거슬러 올라가며, 중국식 격자 체계와는 다르다.

그리고 무엇보다 중요한 것은 영향에서의 우위의 방향에 관한 논의
에서 이슬람 지도 제작에서 위도와 경도의 사용이 생각보다 훨씬 이전
에 출현했다는 '새로운'(오랫동안 간과되어 왔던) 증거를 고려해야 한다
는 점이다. 대부분의 연구는 이 주제에 대해 1340년 함드 알라 무스타우
피 카즈비니(Ḥamd-Allāh Mustawfī Qazvīnī, 1281~1339)가 제작한 지도에

37 Joseph Needham, *SCC*, vol. III, pp. 533~65.
38 Cordell D. K. Yee, "Taking the World's Measure: Chinese Maps between Observation
    and Text", in Harley and Woodward, *History of Cartography*, vol. II, bk. 2, pp. 124~
    26.
39 Gerald R. Tibbetts, "Later Cartographic Developments", in J. B. Harley and David
    Woodward, *History of Cartography*, vol. II, bk. 1, pp. 148~52.

서 최초로 격자 체계가 도입되었고, 다음으로는 1420년 하피지 아브루 (Ḥāfiẓ-i Abrū, ?~1430)의 저서에 수록된 지도였다고 주장한다. 그러나 가장 오래된 격자 체계는 13세기 초반으로 거슬러 올라가는데, 1208년 투스(Ṭūs) 출신의 무함마드 이븐 나집 바크란(Muḥammad ibn Najīb Bakrān)이 제작한 지도에서 발견된다. 이 지도는 천에 제작되었는데, 바크란의 언급에 따르면 오래된 천문표에서 취한 자료들을 활용했으며 오류를 줄이기 위해 세심하게 대조했다.[40] 지도 자체는 소실되었지만 바크란은 『세상의 서(書)』(Jahān-nāmah)에서 그 특징과 기법을 상당히 상세하게 기술했다. 그는 경계 표시, 도시, 강, 바다, 사막, 산, 그리고 나라들을 나타내기 위해 사용되는 다양한 색과 상징에 대한 설명으로 시작했다. 그러고 나서 "동쪽에서 서쪽으로, 그리고 북쪽에서 남쪽으로 흐르는 많은 붉은 선, 이것들은 경도(ṭūl)와 위도('arẓ)의 선들(khuṭūṭ)"이라고 했으며, 그의 지도의 "큰 장점"은 "경도와 위도로 각 도시의 위치를 확인할 수 있는 것이다"라고 덧붙였다.[41] 따라서 무스타우피로부터 130년 전에 이슬람 경위선망을 사용했다고 할 수 있으며, 이는 몽골 통치기 중국에서 서방의 이란으로 전해진 고유한 기술이라는 주장을 결정적으로 약화시킨다. 다시 말해 자말 앗 딘이 1267년 카안에게 진상한, 즉 색상을 통한 표현과 격자 체계를 갖춘 지도는 이슬람 세계의 선례를 완벽하게 따른 것이었다.[42]

기술 전파의 문제를 차치하고라도 중국과 이란 사이의 지리학적 지식

---

40 이슬람 지도 제작에서 전기적인 정보와 지도의 위치에 대한 논의는 Mukhammad ibn Nadzhīb Bakrān, *Dzhakhān name* (*Kniga o mire*), ed. by Iu. E. Borshchevskii (Moscow: Izdatel'stvo vostochnoi literatury, 1960), pp. 10~11, 16~19에서의 편찬자 소개 참조.

41 Muḥammad ibn Najīb Bakrān, *Jahān nāmah* (Tehran: Ibn-i Sīnā, 1963), pp. 10~12, quote on p. 11.

42 이 단락과 그 의미에 대해 처음으로 주목하도록 해준 케임브리지 대학의 찰스 멜빌 (Charles Melville) 박사에게 감사드린다.

의 교류는 지속적으로 유산을 남겼다. 1402년 권근(權近, 1352~1409)의 지도는 한반도에서 가장 흥미로운 전통을 확립했고, 이후로 한국 문화에서는 지도와 지도책이 널리 유행하게 되었다. 이러한 지도들은 처음부터 항상 세계적 차원을 포함하고 있었다.[43] 새뮤얼 에이드리언 애드셰드(Samuel Adrian Adshead)가 주장했듯이, 결과적으로 근대적 세계 체제의 형성에 끼친 중세의 가장 중요한 공헌 가운데 하나는 지리적 정보의 확산과 '통합'이었다. 이 지식 체계가 형성된 후 새로운 세계 질서의 '영구적인' 요소가 되었다.[44] 그리고 몽골제국이 그러한 지식의 촉진과 탄생, 그리고 보급에 중요한 역할을 했다는 것은 분명한 사실이다. 때때로 이것의 신속한 확산은 유명한 여행가 마르코 폴로와 이븐 바투타뿐 아니라 팍스 몽골리카(Pax Mongolica) 체제에서 유라시아를 횡단한 수많은 상업적·외교적·종교적 임무를 수행한 많은 사람들과도 관련이 있다. 예를 들어 폴커 라이허트(Folker Reichert)는 최근 1242년과 1448년 사이에 동방과 서방의 기독교 세계에서 126명 이상의 개인 혹은 사절단이 중앙아시아나 동아시아를 향해 떠난 것으로 파악했다.[45] 이는 분명 중요한 사실이지만, 이란과 중국 사이의 지도 제작자의 공헌과 학자, 학술서 및 자료의 교류도 잊어서는 안 될 것이다.

이러한 교류는 송에서 명에 이르기까지 중국인이 왜 그들의 서쪽, 그리고 남서쪽의 땅과 바다를, 폴 휘틀리(Paul Wheatley)가 언급했던, "아랍-페르시아의 시각"으로 보게 되었는가를 설명해 준다.[46] 이러한 정보

---

43 Shannon McClure, "Some Korean Maps", *Transactions of the Korean Branch of the Royal Asiatic Society* 50 (1975), pp. 76~87.

44 Samuel Adrian Adshead, *China in World History*, pp. 168, 171~72.

45 Folker E. Reichert, *Begegnungen mit China: Die Entdeckung Ostasiens im Mittelalter* (Sigmaringen: Jan Thorbecke, 1992), pp. 288~93.

46 Paul Wheatley, "Analecta Sino-Africana Recensa", in H. Neville Chittick and Robert I. Rotberg, eds., *East Africa and the Orient: Cultural Synthesis in Pre-Colonial Times* (New York: Africana Publishing Co., 1975), pp. 113~14.

가운데 일부, 특히 인도양에서 선원들이 축적한 정보는 비공식적인 경로를 통해 유통되었지만,[47] 일부는 분명 몽골인이 고용한 무슬림들이 소개했으며, 이는 자신들의 정치적·문화적 목적을 위해 의도적으로 그러한 자료를 수집한 것이었다.

　이러한 접촉과 교류의 결과로 중국, 특히 원 제국은 아프리카와 유럽, 그리고 그 사이의 육지와 바다에 관해 놀라울 정도로 상세한 지식을 갖추고 있었다.[48] 반면 대항해 시대 이전에 사하라사막 이남의 아프리카와 아시아에 대한 유럽의 지식은 상세하지 않고 지도상으로도 잘 표현되지도 않았다. 이것은 유럽인이 일찍부터 아랍의 철학과 의학, 과학을 열심히 배웠음에도 불구하고 17세기에서야 이슬람의 지리학 문헌을 접했던 반면, 중국에서는 몽골 정책의 직접적인 결과로 13세기에 소개되었다는 사실로 어느 정도 설명 가능하다.[49]

47　항해도에 대해서는 Marco Polo, pp. 235, 243, 319, 434; L. Carrington Goodrich, "The Connection between the Nautical Charts of the Arabs and those of the Chinese before the Days of the Portuguese Navigators", *Isis* 44 (1953), pp. 99~100 참조. 인도양과 아프리카에 대한 '비공식적인' 원 제국의 저서에 관한 논의는 Shinji Maejima, "The Muslims in Ch'üanchou at the End of the Yuan, Part I", *Memoirs of the Research Department of Toyo Bunko* 31 (1973), pp. 47~51 참조.

48　Walter Fuchs, "Was South Africa Already Known in the 13th Century?", *Imago Mundi* 9 (1953), pp. 50~51. 명나라를 능가하는 원 제국의 지리학적 지식의 우수성에 대해서는 Gang Deng, *Chinese Maritime Activities and Socioeconomic Development, c. 2100 BC-1900 AD* (Westport, Conn.: Greenwood Press, 1997), pp. 55~58 참조.

49　이슬람 지리서에 대한 유럽의 유입 시점에 대해서는 Marina Tolmacheva, "The Medieval Arabic Geographers and the Beginnings of Modern Orientalism", *International Journal of Middle East Studies* 27 (1995), pp. 141~56 참조.

제14장

농업

라시드 앗 딘과 볼라드의 문화적 협력에서 흥미롭지만 덜 알려진 측면 가운데 하나가 농업 분야이다. 볼라드가 대사농사(大司農司)의 설치를 도왔고 초기에 이를 이끌었다는 사실을 기억할 것이다.[1] 한대(漢代)까지로 거슬러 올라가는 중국의 유서 깊은 기구로, 심지어 유목민이 세운 내륙 아시아의 왕조에서도 유사한 기구를 두었다.[2]

1270년에 설립된 대사농사는 1261년 쿠빌라이가 집권한 후 세운 권농사를 대체했다.[3] 원 제국에서 명칭이 자주 바뀌었던 이 기구는 설립 당

---

1 Francis W. Cleaves, "The Sino-Mongolian Inscription of 1362", p. 66, Mongolian text and p. 90, English translation.

2 Charles O. Hucker, *A Dictionary of Official Titles in Imperial China* (Stanford University Press, 1985), pp. 453, 469; Gerhard Schreiber, "The History of the Former Yen Dynasty, part II", *MS* 15 (1956), p. 136; Karl A. Wittfogel and Feng Chia-sheng, *History of Chinese Society, Liao*, pp. 135, 138~39, 149.

3 설립 일자, 기구 명칭, 관원의 관품표는 『元史』, 卷 87, p. 2188; 『元典章』, 卷 2, p. 12a 참조. 핵심적인 구절의 프랑스어 번역은 Paul Ratchnevsky, *Un Code des Yuan*, vol. I, pp. 189~91 참조.

시에는 남송(南宋)이 패망하기 전이어서 북중국 지역의 농업과 양잠, 수자원의 관리를 맡았다.[4] 1270~90년 이 기구에는 순행권농사(巡行勸農使)의 도(道)급 지방 관원이 있었다. 1275년부터 몇 차례에 걸쳐 이 순행 관원의 업무는 볼라드가 이끌던 제형안찰사(提刑按察司)에게 일정 기간 동안 넘겨졌다.[5] 이 조직의 기본적 업무는 "〔백성에게〕 중요한 농무를 완수하도록 권면하는 것이었다."[6] 좀 더 구체적으로 살펴보면 이 기구는 50명의 농민 가구로 구성된 지방의 (기층) 공동체인 사(社)와 공조해 농업 기술을 개선하고 새로운 종자를 도입하여 생산성을 높이는 일을 담당했다.

따라서 볼라드가 이란에 도착했을 당시 세계에서 가장 높은 생산성을 자랑하는 중국 농업에 대한 풍부한 경험을 가지고 있었다. 사료에서 직접적으로 언급하고 있지는 않지만, 볼라드는 농업의 부흥을 주요 목표로 삼은 일칸국에서 광범위한 개혁을 설계한 라시드 앗 딘과 가잔에게 확실히 자신의 지식을 제공했을 것이다. 이미 언급했듯이, 이 조치에는 세제 개혁, 몽골 투르크계 지배층의 약탈 관행 저지, 관료 부패의 단속, 그리고 생산력 향상 등의 방안이 포함되어 있었다.[7]

후자의 목적으로 가잔은 새로운 작물들을 적응시키기 위한 시범 농지가 있는 타브리즈로 새로운 종자와 작물들을 보냈으며, "그 싹과 가지"를 접붙여 수확량을 높였다.[8] 동부 이슬람 세계에서 전례가 전혀 없었던 것은 아니지만, 이 이란판 대사농사는 확실히 볼라드에게 꽤 익숙한 중

---

4 원 제국 관직 역사에 대해서는 David M. Farquhar, *Government*, pp. 214~17; 『元史』, 卷 93, pp. 2354~56; Herbert F. Schurmann, *Economic Structure*, pp. 43~48, 50~56 참조.

5 『元史』, 卷 7, p. 128; 卷 8, p. 166.

6 『元史』, 卷 8, p. 148.

7 개괄적인 내용은 I. P. Petrushevskii, *Zemledelie*, pp. 55~62 참조.

8 Rashīd/Jahn II, p. 207. 또한 Aly Mazahéri, *La vie quotidienne des Musulmans au Moyen Age* (Paris: Librairie Hachette, 1951), pp. 242~43 참조.

국 모델을 따른 것이었다.[9] 이러한 관련성은 농촌 경제를 개선하기 위한 노력의 결과를 보급하기 위해 선택된 매개인 농서(農書) 편찬을 살펴보면 잘 드러난다.

이러한 저서는 이슬람 세계에서 오랜 전통을 지닌 것으로, 가장 초기에 아랍어로 쓰인 것이 10세기로 거슬러 올라간다.[10] 이것과 이후 저작들은 주로 초기 지식, 특히 메소포타미아와 그리스어로 된 것을 활용했고 여기에 현지의 경험과 이슬람 시대의 혁신이 더해졌다.[11] 이후에 나온 페르시아 문헌은 아랍의 전통 및 고대 그리스와 긴밀하게 연결되어 있었다. 이전 모델과 마찬가지로 페르시아 농서들은 문헌적 전통과 실제 경험을 결합한 것이었다.[12]

---

9   호라즘에는 물을 관리하는 관원(amīr-āb)과 농업 관료(miʻ-mār)가 있었는데, 그들의 역할은 농업의 진작이었다. Heribert Horst, *Die Staatsverwaltung des Grosselǧügen und Horazmšahs (1038-1231): Eine Untersuchung nach Urkundenformularen der Zeit* (Wiesbaden: Franz Steiner, 1964), pp. 59~60, 137 참조.

10 이 문헌에 대한 연구로는 Mustafa al-Shihabi, "Filāha", *EI*, 2nd edn, vol. II, p. 900; Claude Cahen, "Notes pour une histoire de l'agriculture dans les pays musulmans médiévaux", *Journal of the Economic and Social History of the Orient* 14 (1971), pp. 63~68; Manfred Ullman, *Die Nature-und Geheimwissenschaften im Islam* (Handbuch der Orientalistik, Ergänzungband VI. 2; Leiden: E. J. Brill, 1972), pp. 427~51 참조.

11 이슬람에 끼친 그리스, 특히 후기 고전주의 저작 『게포니카』(*Geponica*)의 기여에 대해서는 John L. Teall, "The Byzantine Agricultural Tradition", *Dumbarton Oaks Papers* 25 (1971), pp. 40~44; J. Ruska, "Cassionus Bassus Scholasticus und die arabischen Versionen der griechischen Landwirtschaft", *Der Islam* 5 (1914), pp. 174~79; N. V. Pigulevskaia, *Kuľtura Siriitsev v srednie veka* (Moscow: Nauka, 1979), pp. 184~85. 예를 들어 농업 문학에서 지역의 전통에 대해서는 Daniel Martin Varisco, "Medieval Agricultural Texts from Rasulid Yemen", *Manuscripts of the Middle East* 4 (1989), pp. 150~54 참조.

12 Živa Vesel, "Les traités d'agriculture en Iran", *Studia Iranica* 15 (1986), pp. 99~108; Jürgen Jakobi, "Agriculture between Literary Tradition and Firsthand Experience: The *Irshād al-Zirāʻā* of Qāsim b. Yūsuf Abū Nasrī Havarī", in Lisa Golembek and Maria Subtelny, eds., *Timurid Art and Culture: Iran and Central Asia in the Fifteenth Century* (Leiden: E. J. Brill, 1992), pp. 201~08.

페르시아 농서 가운데 가장 흥미로운 것은 가잔 통치기에 편찬되었는데 타브리즈에서 행해진 농업 활동과 관련이 있었다. 오랫동안 이 서적의 저자와 제목이 알려지지 않았지만, 최근 라시드 앗 딘이 편찬한 『공적(功績)과 생물(生物)의 서(書)』(Kitab-i Āthār va Ahyā)로 밝혀졌다. 그의 다른 저작들과 마찬가지로 라시드 앗 딘은 체계화된 사본 체계를 마련해 그 저작들이 지속적으로 남아 있도록 애를 썼다. 『공적과 생물의 서』의 경우에, 라시드 앗 딘의 『기진서』에 따르면 그는 관원(mutawallī)에게 지시해 필경사를 고용하여 매년 이 저작의 페르시아어본과 아랍어본이 간행되도록 했다. 또한 타브리즈의 라비 라시디(Rab'-i Rashīdī)의 마드라사(madrasah)에 거주하는 학자들에게 농서를 포함해 라시드 앗 딘 저작 가운데 하나를 페르시아어 사본 또는 아랍어 사본으로 만들게 했다.[13] 이러한 대비에도 불구하고 『공적과 생물의 서』 사본은 대부분 소실되고 실체는 점차 잊혀졌다. 그 결과 이는 문헌학적으로 희귀해졌다. 1905년 나짐 다울라(Najm Daulah)는 이를 『이란의 농업, 조경사 그리고 열정에 관한 서(書)』(Majmu'ah-I'ilm-i Irānī dar zira'at va baqhbānī va ghairah)라는 농서집의 일부로 저자와 원제목 없이 테헤란에서 출판했다.[14]

접근의 어려움으로 현대 학계에서는 이 귀한 자료를 거의 활용하지 못했다. 예외적인 경우가 소비에트의 역사학자 페트루솁스키(I. P. Petrushevski)였다. 그는 몽골 통치기 페르시아 농업에 관한 연구에서 이를 광범위하게 인용했으며, 사료로서의 그 중요성을 여러 차례 강조했다. 페트루솁스키는 라시드 앗 딘이 이 농서를 저술했다는 사실을 몰랐지만 석판본에 대한 주의 깊은 검토를 통해 꽤 타당한 결론을 내렸으며, 이는 주목할 만하다. 첫째, 이 농서는 접근 방식이 실용적이며 간결하고 직

---

13 Rashīd al-Dīn, *Vaqfnāmah*, pp. 237, 240.

14 O. P. Shcheglova, *Katalog litografirovannykh knig na persidskom iazyke v sobranii LO IV AN SSSR* (Moscow: Nauka, 1975), vol. II, pp. 670~71.

접적인 문체로 작성되었다. 둘째, 다른 저작들과 달리 문헌학적 전통보다는 직접적인 경험에 바탕을 두고 있다. 셋째, 이 농서는 가잔 통치기에 시작되어 그의 후계자 올제이투 시기에 완성되었다. 넷째, 그 기본적인 구성은 특정 작물과 식물, 농산물을 상세히 다루고 있다. 마지막으로 페트루솁스키는 이 농서가 접붙이기와 같은 특정한 농업 기술에 관해 상세하게 기술하고 있고, 여러 주요 작물과 식물의 지리와 분포에 관한 자료를 제공하고 있다는 점에서, 바로 이 농서를 독보적인 사료로 평가하고 있다.[15] 이외에도 우리가 예상하고 있듯이 라시드 앗 딘의 시야가 중국에서 이집트, 그리고 그 사이의 모든 지역을 포함하는 유라시아 전역을 아우를 정도로 폭넓다는 점을 덧붙일 수 있을 것이다.

라시드 앗 딘 저작의 요약본에서도 기록하고 있듯이, 『공적과 생물의 서』 원본에는 다음과 같은 제목의 장(章)이 포함되어 있다.[16]

1. 해와 계절	14. 해충 박멸
2. 물, 지세(地勢)와 기후	15. 가금류
3. 경작 방식, 시기와 방법	16. 사육 가축과 야생동물
4. 수리와 관개	17. 꿀벌
5. 제방 건설	18. 흉작과 그 예방
6. 종자와 뿌리	19. 종자, 곡류, 주류 등의 저장
7. 파종	20. 가옥과 보루 등의 건설
8. 토종과 외래 초목	21. 선박과 교량 등의 건설

---

15 I. P. Petrushevskii, "Persidskii traktat po agrotekhnike vremeni Gazan-khan", in *Materialy pervoi vsesoiuznoi nauchnoi konferentsii vostokovedov v. g. Tashkente* (Tashkent: Akademii nauk Uzbekskoi SSR, 1958), pp. 586~98. 간략하지만 좀 더 접근성 있는 연구로는 I. P. Petrushevskii, *Zemledelie*, pp. 24~26 참조.

16 A. M. Muginov, "Persidskaia unikal'naia rukopis Rashīd al-Dīna", pp. 371~73; Rashīd/Quatremère, pp. CLVI~CLVIII, Arabic text and pp. CXII~CXIV, French translation.

9. 접붙이기   22. 우수한 품종의 다양한 동물

10. 비료   23. 채광 방식

11. 과실, 야채, 허브   24. 금속과 보석의 특징

12. 밀, 보리, 곡류

13. 특용작물, 면화 등

    그런데 우리에게 전해진 『공적과 생물의 서』에는 순수 농업에 관한 장만 포함되어 있으며, 건설·관개·채광·건축·목축에 관한 내용은 소실되었다.[17]

    물론, 우리의 관점에서 가장 흥미로운 것은 저작의 남아 있는 부분 가운데 중국 농업에 관한 자료가 상당히 광범위하고 상세해 라시드 앗 딘이 간접적이라도 농업에 관한 방대한 중국 문헌을 접했을지 모른다는 의문을 갖게 한다는 점이다.

    유목민이 세운 원 제국에는 다소 역설적이게도 농서가 풍부했다. 이 가운데 1313년에 출간한 왕정(王禎)의 『농서』(農書)와 1314년에 편찬한 노명선(魯明善)의 『농상의식촬요』(農桑衣食撮要) 두 권은 라시드 앗 딘의 농서가 가잔 재위 연간에 시작되었기 때문에 시기적으로 더 늦다.[18] 농업에 관한 정보를 제공한 가장 유력한 후보는 1273년 대사농사에서 편찬한 『농상집요』(農桑輯要)이다. 이 책은 중국인 관원들이 주축이 되어 이

---

17 이 내용에 관한 근래의 상세한 논의에 대해서는 A. K. S. Lambton, "The Āthār wa ahya' of Rashīd al-Dīn and his Contribution as an Agronomist, Arboriculturist and Horticulturalist", in Reuven Amitai-Preiss and David O. Morgan, *Mongol Empire*, pp. 126~54. 또한 Karl Jahn, "Still Missing Works of Rashīd al-Dīn", p. 118 참조.

18 이 저서들에 대해서는 Alexander Wylie, *Notes on Chinese Literature* (Shanghai: Presbyterian Mission Press, 1922), p. 94; Francesca Bray, *Agriculture*, in Joseph Needham, *SSC*, vol. VI, pt. 2, pp. 53, 59~64, 71~72. 농사에 관한 광대한 전통적 중국 문학에 대해서는 Liou Ho and Claudius Roux, *Aperçu bibliographique sur les anciens traités chinois de botanique, d'agriculture, de sericulture et de fungiculture* (Lyon: Bose Frères et Riou, 1927) 참조.

전 농서, 특히 535년의『제민요술』(齊民要術)과 같은 초기 농서에서 크게 영향을 받고 당대의 경험을 통해 얻게 된 새로운 지식을 추가하여 편찬되었다. 대부분의 작물과 농업 기술은 북중국 농업에 적합한 것으로 아직 정복되지 않은 남방 지역에 해당하는 것은 아니었다.[19] 생산력 향상을 위해 농민 공동체(社)에 배포하기 위한 관방 농서로 기획된『농상집요』는 원과 명의 여러 판본을 거치면서 상당한 성공을 거두었다.[20]

이 책은 제목이 없이 전체 7권(卷)과 10개 항목(門)으로 구성되어 있으며 제목은 다음과 같다.[21]

제1권	1. 농업 지침
	2. 경작과 개간
제2권	3. 파종(곡류)
제3권	4. 뽕나무 재배
제4권	5. 양잠
제5권	6. 채소
	7. 과실
제6권	8. 대나무와 초목
	9. 약초
제7권	10. 가축(어류 포함)

이 저서는 몇 가지 이유로 가장 유력한 선택이다. 첫째, 그 내용은 라

---

19 Paul Pelliot, *Notes*, vol. I, pp. 499~500; Amano Motonosuke, "On *Nung-sang chi-yao*", *Tōhōgaku* 30 (1965), English summary, pp. 6~7; Amano Motonosuke, "Dry Farming and the *Ch'i-min yao-shu*", in *Silver Jubilee Volume of the Zinbun-Kagaku-Kenkyusyo Kyoto University* (Kyoto University, 1954), pp. 451~65; Francesca Bray, in Joseph Needham, *SCC*, vol. VI, pt. 2, pp. 55~59.

20 吳晗,『燈下集』(北京: 新知三聯書店, 1961), pp. 11~13.

21 『農桑輯要』目次; Francesca Bray, in Joseph Needham, *SCC*, vol. VI, pt. 2, p. 71.

시드 앗 딘의 중국 농업 부분과 겹치며, 과실수, 곡류, 채소, 뽕나무, 양잠에 관한 논의를 포함한다. 둘째, 『농상집요』는 라시드 앗 딘의 긴밀한 협력자였던 볼라드 아카가 대사농사에 있을 때 편찬·배포되었다. 요컨대 라시드 앗 딘이 중국 농업에 관한 자료를 수집했을 당시 『농상집요』는 최신의 자료이자 접근하기 쉬운 농서였다.

이제 『공적과 생물의 서』의 내용을 살펴보자. 무슬림은 분명히 오랫동안 쌀, 비단, 계피 등의 특정 작물과 농산품을 중국과 연관지어 왔다. 그런데 라시드 앗 딘의 중국 농업에 대한 방대한 지식은 실로 획기적인 발전을 보여 준다. 인도와 중국의 작물에 관해 다루고 있는 『공적과 생물의 서』의 긴 장(章)에서 라시드 앗 딘은 많은 외래 식물, 특히 중국 식물의 식물학적 특성과 활용, 그리고 증식 방법에 관한 상세한 정보를 제공하고 있다. 그는 대개 "만지(남중국)와 키타이(북중국)의 언어로" 식물 이름을 기술했는데, 일부는 꽤 정확하고 일부는 오류가 있지만 종종 복원할 수 있었다. 다음은 이 주제에 관한 라시드 앗 딘의 정보 범위와 특징을 드러내는 일부 작물이다.[22]

1. 코코넛. 페르시아어 'jawz-i handī, bādn'로 표기, 전와어(轉訛語)로 'yā-zū', 한자 'yeh-tzu'〔椰子〕.

2. 계피. 페르시아어 'dar-chīnī, kūī-sī'로 표기, 첫 번째 음절은 한자로 'kuei'〔桂〕가 분명함.

3. 후추. 페르시아어 'filfil, hursīū'로 표기, 한자 'hu-chiao'〔胡椒〕에 상응.

4. 빈랑. 페르시아어 'fulful, fnām'로 표기, 정확히는 'fin-lam', 한자로 'pin-lang'〔檳榔〕.

22 Rashīd al-Dīn, *Āthār va Aḥyā*, ed. by M. Sutūdah and I. Afshār (Tehran University Press, 1989), pp. 70, 77, 80, 83, 86~87, 89, 95~96.

5. 차. 페르시아어 'chā', 'chah'로 표기, 한자로 'ch'a'〔茶〕. 차에 관해서는 길게 서술했는데, 특히 그 약용성과 북방에서 생산을 장려하기 위한 쿠빌라이의 노력을 다루었다. 이는 중국 차에 대한 이슬람의 최초의 기록은 아니지만 현대에 이르기까지 가장 긴 기록이다.[23]
6. 단향목. 페르시아어 'sandal-i safīd, tālī(tān의 전와어)h·ng로 표기, 한자 t'an-hsiang〔檀香〕.
7. 여지. 'līchīū'로 표기, 한자 'li-chih'〔荔枝〕, 상록 과수. 라시드 앗 딘이 정확히 기술하고 있듯이, 이 나무(dirakht)는 복주(福州)와 천주(泉州) 근방의 광동(廣東)에서 자란다.[24]

라시드 앗 딘은 보다 일반적인 맥락에서도 중국 작물에 대해 논했다. 가령, 오렌지(nāranj)에 대해서는 쿠파(Kūfah), 바그다드, 이란, 이집트, 중국 등 다양한 곳의 품종을 다루며 상당히 다양한 품종이 있다고 꽤 정확하게 언급했다.[25] 마찬가지로 대추('anāb)에 관한 논의에서 이란 북부의 고르간(Jurjān, Gorgan) 대추가 "일부 마을에서 잘 자란다"라고 했고, 이어서 중국과 원 제국에 복속된 위구리스탄에서는 "(대추가) 상당히 크고 무성하며 맛있는 요리를 할 수 있다"라고 했다. 이어서 "다른 땅의 대추보다 좋고 위구리스탄에 주주크(Jūjūq)라는 도시가 있는데 그곳의 대추 품질이 최고다"라고 했다.[26]

23 Bertold Laufer, *Sino-Iranica*, pp. 533~54.
24 여지에 대해서는 Frederick J. Simoons, *Food in China: A Cultural and Historical Inquiry* (Boca Raton, Ann Arbor, and Boston: CRC Press, 1991), pp. 206~10. 여지에 대한 중국의 특별한 저서 『여지보』(荔枝譜)가 있다. 이는 1059년 채양(蔡襄)이 집필했다. Liou Ho and Claudius Roux, *Aperçu bibliographique*, pp. 20~21 참조.
25 Rashīd al-Dīn, *Āthār va Aḥyā'*, p. 51. On the "twenty-seven varieties", see Shiba Yoshinobu, *Commerce and Society in Sung China*, trans. by Mark Elvin (Ann Arbor: University of Michigan Center for Chinese Studies, 1970), p. 89.

마지막으로 라시드 앗 딘은 중국 농작물의 다양한 활용에 대해서도 잘 알고 있었다. 그는 뽕나무(dirakht-i tūt)에 관한 세부 항목에서 중국인은 잎사귀를 누에의 먹이로 활용하는 것 외에도 나무껍질로는 일상용 종이를 만든다고 했다. 반면 비단 자체는 황실에서 사용할 특별한 종이를 준비하는 데 사용된다고 기술했다. 또한 남중국에서는 뽕나무 열매(khar-tūt)로 과실주를 만든다고 했다.[27]

그런데 중국 농업 및 생산물에 관한 지식의 증가가 유라시아 전역에서 새로운 작물과 새로운 취향의 확산과 어느 정도까지 연관이 있는 것일까? 내가 보기에 여러 증거가 이러한 방향을 가리키고 있다. 우선 라시드 앗 딘의 저서에는 이러한 양상의 몇 가지 일반적인 실마리가 있다. 한 구절에서 그는 다음과 같이 언급했다.

(가잔이) 명(命)을 추가로 내려 타브리즈에 없는 다양한 과실수, 방향 식물과 곡물의 종자를 각 나라에서 가져와 그 순과 가지들을 접붙이게 했다. 그들은 모두 그 작업에 몰두했는데, 지금은 모두 타브리즈에서 볼 수 있으며, 매일의 산출량은 설명할 수 없을 정도로 많다. …… 가잔은 인도와 중국, 그리고 먼 나라에까지 각 지역에서만 생산되는 작물의 종자를 얻기 위해 사절을 보냈다.[28]

다른 곳에서 라시드 앗 딘은 반대 방향으로도 상당한 교류가 있었다고 기록했다. 그가 언급했듯이, "모든 나라에서 다양한 종류의 과실수"를 가져왔고 그곳〔새로운 수도인 대도(大都)〕 과수원과 정원에 심어져 대부분은 열매를 맺었다."[29] 이는 마르코 폴로가 언급했던 대도의 궁전에서 자

---

26 Rashīd al-Dīn, *Āthār va Aḥyā'*, p. 40; Frederick J. Simoons, *Food in China*, pp. 223~25.

27 Rashīd al-Dīn, *Āthār va Aḥyā'*, pp. 36~38. 종이 제작에 대해서는 Shiba Yoshinobu, *Commerce and Society*, pp. 103~10 참조.

28 Rashīd/Jahn II, p. 207.

라는 많은 종류의 과실수를 통해 확인된다.[30]

어느 정도 묘목에 대한 관심은 이를 재생과 장수의 상징으로 여기는 몽골인들의 태도, 그리고 생명수의 개념과 관련이 있다. 이에, 우구데이를 시작으로 몽골의 카안들은 장수를 위해 제국 전역에 나무들을 심도록 격려하며 명령을 내렸다.[31] 원 제국에는 선휘원에 "공물로 진상된 과실수의 재배를 관장하는" 특별한 관청[局]이 있었다.[32]

구체적인 식물에 관해 사료는 기대만큼 충분하거나 상세한 정보를 제공하지 않는다. 그러나 『공적과 생물의 서』에 한 가지 사례가 명확하게 기록되어 있다. 기장(gāvars)에 관해 라시드 앗 딘은 "키타이의 투키(tūkī)에는 다양한 종류가 있다"라고 기술한 후 다음과 같이 언급했다.

> 그리고 이 왕국(즉 이란)에는 작은 투키(tūkī)가 있다. 북중국에서 온 중국인(Khitāyān)이 그것을 마르브(Marv)에 가져와 그곳에 심었고, 쿠이(Khūi, 아제르바이잔)에 한 중국인이 정착하면서 그곳에도 심어 번식했다. 이때 그들(중국인)은 투키를 그곳에서 타브리즈와 다른 지역으로 가져갔고, 이후 각지로 전해졌다.[33]

아주 유익한 정보를 제공하고 있는 이 구절에 관해 몇 가지 언급할 사항이 있다. 첫째, 구체적인 숫자가 언급되어 있지 않지만 당시(1340년대) 무스타우피가 쿠이의 주민들이 중국[Khitāī]계라고 했다는 사실은, 그 공동체가 상당한 규모로 중간 규모의 마을에서 지배적인 세력을 형

29 Rashīd/Karīmī, vol. I, p. 639; Rashīd/Boyle, p. 274.

30 Marco Polo, p. 210.

31 Christopher Dawson, *The Mongol Mission*, p. 13; Marco Polo, p. 249; Jean-Paul Roux, *La religion des Turcs et des Mongols* (Paris: Payot, 1984), pp. 171~74.

32 『元史』, 卷 87, p. 2204.

33 Rashīd al-Dīn, *Āthār va Ahyā'*, pp. 144~45.

성했고, 몇 세대에 걸쳐 민족적 정체성을 유지해 왔음을 의미한다.[34] 따라서 이(쿠이)는 이란에서 중국 문화의 영향을 끼치는 효과적이고 장기적인 매개가 되었으며, 다른 작물과 식물도 이 지역으로 잘 전해졌을 것이다. 둘째, 전파된 주요 작물인 투키는 보다 분명히 확인할 수 있다. 이에 관해서 중세 투르크어 사전이 상당히 도움이 된다. 여기에서는 투르크어 'tügü'와 'tüki'라는 단어를 껍질을 벗기거나 탈곡한 기장의 일종으로 정의한다.[35] 물론, 기장은 북중국에서 오랫동안 경작되어 아마도 그곳에서 처음으로 재배되었을 것이다. 그 지역에서 주식이었고 몽골제국 시기에 수많은 품종으로 개량되었다. 라시드 앗 딘이 언급한 투키에 가장 적합한 후보는 중국인이 'shu'〔黍〕라고 하는 차지고 껍질이 벗겨진 기장(Panicum miliaceum)이다.[36] 라시드 앗 딘이 언급했듯이, 이 품종은 몽골에 도착했을 당시 동부 이슬람 세계에서 재배되지 않았다는 증거도 있기에 이란에 완전히 새로이 도입된 것이다.[37] 그러나 한어로 기장이 일관되거나 명확하지 않기에 다른 가능성 역시 배제할 수 없다는 점은 유념해야 할 것이다.

동부로 전해진 식물들도 기록했는데, 가장 잘 알려진 것은 13세기에 남중국에 소개된 다양한 귤속(Citrus)이다. 여기에도 작물의 특성, 소비, 확산의 매개에 관한 정보가 있다. 해당 식물은 페르시아어와 아랍어

---

34 Ḥamd-Allāh Mustawfī Qazvīnī, *The Geographical Part of the Nuzhat al-Qulūb*, ed. by Guy le Strange (London: Luzac, 1915), p. 85.

35 Mahmūd Kāšrarī, *Compendium of the Turkic Dialects (Dīwan Lurāt at-Turk)*, trans. by Robert Dankoff (Sources of Oriental Languages and Literature, vol. VII; Cambridge, Mass.: Harvard University Printing Office, 1982), vol. II, p. 269; Peter B. Golden, *Hexaglot*, 202B19, p. 256.

36 Francesca Bray, in Joseph Needham, *SCC*, vol. VI, pt. 2, pp. 434~48, 특히 p. 440.

37 이것은 적어도 야율초재의 증언으로 그는 1219~20년 사마르칸트를 여행했다. Igor de Rachewiltz, trans., "The *Hsi-yü lu* by Yeh-lü Ch'u-ts'ai", *MS* 21 (1962), pp. 21, 57 note 99. 여기에서 야율초재는 "기장〔黍〕, 찹쌀, 대두를 제외한 모든 종류의 곡식이 그곳〔사마르칸트〕에 있다"라고 했다.

로 리무(līmū)라고 하는데, 레몬의 한 종류일 가능성이 높다. 오랜 세월 감귤 재배의 중심지인 이란 남서부, 메소포타미아 전역, 그리고 바그다드 부근에서 폭넓게 재배되었다.[38] 이 과일로 현지인은 레모네이드(ab-i līmū)와 태양빛 아래에서 졸여 끈적하게 만든 과실 음료인 럽(rub)을 만들었다. 럽은 해열과 변비약으로도 사용되었다.[39]

리무의 중국 유입에 관한 문제는 다양한 종류의 귤속류가 몽골제국 시기에 남방에서 광범위하게 재배되었다는 사실로 인해 복잡해졌다. 예를 들어 알 우마리가 기술한 킨사이(Khansā, 항주)의 리문(līmūn)이 있다.[40] 레몬(citrus-limon)과 라임(citrus aurantifolia)처럼 재배한 모든 귤속류의 역사는 혼동스럽다. 레몬은 비교적 늦은 시기 인도에서 재배되었고, 이후 10세기에 이슬람 세계와 12세기 리멍(Li-meng)이라는 이름으로 남중국, 특히 해남과 광동으로 확산되었다는 것이 지금의 정설이지만, 동부 히말라야에서 처음으로 재배되었기에 '중국'산이라고 주장하는 이들도 있다.[41] 또한 모든 귤속류는 품종을 쉽게 교배했기 때문에 특수 개량종이 수없이 많았고, 이로 인해 명명 방식에 혼란이 생겼다. 최근까지 레몬·라임·유자 등 모든 종류의 귤속류를 아우르는 용어로 '레몬' 그리고 이

38 L. P. Smirnova, trans. and ed., '*Ajā'ib al-dunyā* (Moscow: Nauka, 1993), pp. 493, Persian text, and 184, Russian translation; Muhammad Rashid al-Feel, *The Historical Geography of Iraq between the Mongolian and Ottoman Conquests, 1258 -1534* (Nejef: al-Adab Press, 1965), vol. I, pp. 221~22; 'Umarī/Lech, p. 89, Arabic text, and 150, German translation.

39 Al-Samarqandī, *The Medical Formulary of al -Samarqandī*, ed. and trans. by Martin Levy and Noury al-Khaledy (Philadelphia: University of Pennsylvania Press, 1967), pp. 65, 177 note 51.

40 'Umarī/Lech, pp. 30~31, Arabic text, and 111~12, German translation. Khansā/Quinsai에 대해서는 A. C. Moule, *Quinsai and Other Notes on Marco Polo*, p. 3 참조.

41 Andrew Watson, *Agricultural Innovation*, pp. 46~48; Joseph Needham, *SCC*, vol. VI, pt. 1, pp. 363~77; Edward H. Schafer, *Shore of Pearls* (Berkeley: University of California Press, 1970), p. 47; Shiu Iunin, "Lemons of Kwantung with a Discussion Concerning Origin", *Lingnan Science Journal* 12, supplement (1933), pp. 271~94.

와 유사한 라임(lime), 리무(līmū), 리먼(li-men), 리무나(līmūnah)를 사용해 왔다.[42]

혼란을 드러내는 여러 사료가 있지만 서아시아의 레몬이 남중국에 소개되었다는 명백한 증거가 있다. 일반적으로 그렇듯이 베르톨트 라우퍼(Bertold Laufer, 1874~1934)가 이 가능성을 처음으로 제시했다. 지방지와 『명사』(明史), 『청사』(淸史)에 따르면, 광동 부근의 여지만(荔枝灣)에 원 제국의 황실 과수원이 있었는데, 이곳에서 전문적으로 리무(li-mu)를 재배했다. 800그루의 나무를 심었고 담당 관원들은 특사를 통해 갈수(渴水)로 황실에 공납했다. 이는 셔얼비에(she-lī-pīeh, 舍兒別)와 동일한 것으로, 곧 귤속, 설탕, 장미수로 만든 아랍과 페르시아 음료수인 샤르밧(sharbat), 우리가 잘 아는 셔벗(sherbet)이다. 라우퍼는 주로 리문(li-mun)과 리무(līmū) 사이의 발음의 유사성을 근거로 이 특정 품종 레몬이 근래 서아시아에서 광동으로 수입된 것이라고 결론내렸다.[43]

언어학적 근거에 더해 이슬람의 자료, 즉 라시드 앗 딘의 글에서 뒷받침할 만한 자료를 찾아볼 수 있다. 첫째는 전통적으로 페르시아의 중신이 쓴 서신에 나온다. 물론 이 자료의 진위 여부에 대해 근래 의문이 제기되었고, 이들 서신이 테무르 시대에 날조되었다는 A. H. 모턴(A. H. Morton)의 주장이 설득력을 얻고 있다.[44] 그럼에도 불구하고 그 출처가 무엇이든 이들 서신에는 중국의 서아시아산(産) 귤속류에 관해 매우 구체적이고 정확한 자료를 제공하고 있다. 이 서신 가운데 하나에는 "남중국〔Sīnī〕에서 유명한 1만 개의 달콤한 레몬〔līmū-I shīrīn〕"을 포함해, 겨

---

42 명명법에 대해서는 Helen M. Johnson, "The Lemon in India", *JAOS* 57 (1937), pp. 381~96 참조.

43 Bertold Laufer, "The Lemon in China and Elsewhere", *JAOS* 54 (1934), pp. 148~51. Marco Polo, p. 245에서 공식적 요청을 받은 밀수업자들이 계절마다 대칸에게 과일을 진상했다고 기술했다.

44 A. H. Morton, "The Letters of Rashīd al-Dīn: Īlkhānid Fact or Timurid Fiction?", in Reuven Amitai-Preiss and David O. Morgan, *Mongol Empire*, pp. 155~99.

울철 보관을 위해 준비 중인 다양한 과일 목록이 있다. 이어서 그는 "이 가운데 5,000개는 바그다드 북쪽에 있는 바쿠바(Ba'qubā)에서, 나머지는 바그다드에서 남쪽으로 15킬로미터 떨어진 힐라(Hillah)에서 올 예정이다"라고 쓰고 있다.[45] 작성자는 분명히 중국 농업에 관해 잘 알고 있었고, 리무가 그곳에 유입된 것이라고 생각했다. 그리고 위조된 편지든 아니든 간에, 리무(līmū)에 대한 내용은 앞에 인용한 중국 측 기록 및 라시드 앗 딘의 또 다른 서술과 완전히 일치한다. 『공적과 생물의 서』에서 리무에 관해 그는 이러한 레몬 품종을 야쿠비(ya'qūbī, Ba'qubā의 오류)라고 하면서 연한(tanuk) 껍질과 탁월한 향기가 있다고 했다. 그는 또한 리무가 바그다드와 속국에서 발견되며, 동일한 품종이 현재 샤방카라(Shabānkarah)와 슈스타르(Shustar)에서도 발견되었다고 기록했다.[46] 후자의 자료는 (이를) 가져온 사람에 관한 단서를 제공한다. 라시드 앗 딘에 따르면, 광동의 몽골 관원 가운데 하나가 투스타르(Tustar) 출신의 루큰 앗 딘(Rukn al-Dīn)이었는데, 이는 이 과일이 풍성했던 쿠지스탄(Khūzistān)의 마을 슈스타르의 다른 이름이었다.[47]

종합해 보면, 수집된 자료들은 몽골제국 시기의 서아시아에서 유입되어 원 제국 궁정에서 서아시아 전문가들의 손에 의해 제조된 음료인 셔벗의 필수 원료 중 하나로 제공되었음을 알 수 있다. 광동과 천주에서 외국인과의 무역, 접촉, 교류로 인해 중국 동남 해안은 당대(唐代)부터 청대에 이르기까지 새로운 작물과 식물의 주요 창구 역할을 했다. 따라서 광동 지역으로 리무가 유입된 것은 잘 확립된 확산 경로의 일부였다.[48]

---

45 Rashīd al-Dīn, *Mukātabāt-i Rashīdī*, ed. by Muḥammad Shafi' (Lahore: Punjab Educational Press, 1947), p. 206.

46 Rashīd al-Dīn, *Āthār va Aḥyā'*, p. 54.

47 Rashīd/Karīmī, vol. I, p. 645; Rashīd/Boyle, p. 283.

48 Hugh R. Clark, "Muslims and Hindus in the Culture and Morphology of Qanzhou from the Tenth to Thirteenth Century", *Journal of World History* 6 (1995), pp. 69~70 참조.

원 제국 시기에 유입된 것으로 보이는 또 다른 작물은 당근으로 중국어로는 '서역 무'를 의미하는 'hu lo-po'(胡蘿卜)로 불렸다. 적어도 몽골 제국 시기 이전 중국에서는 이 작물에 관한 언급이 없었다. 흥미롭게도 라시드 앗 딘은 당시 당근(gazar)은 토양이 적합한 곳이라면 어디든 이란 전역에 급속히 퍼져나갔다고 언급했다.[49] 이는 당근이 이란에서 자리 잡고 있는 중이어서 중국에 전해진 것은 비교적 늦은 시기였다는 라우퍼의 주장을 뒷받침한다.[50]

그러나 이러한 작물 교류에 관한 균형 있고 온전한 시각을 갖기 위해 최초 유입에만 주목해서는 안 될 것이다. 귤속류처럼 복잡한 역사를 가진 콩과의 사례가 이에 대해 아주 유용한 시각을 제공할 것이다.[51] 한자로 '잠두'(蠶豆) 혹은 누에콩으로 알려진 파바 콩(Vicia faba L.)은 송대에 전래되었으나 명대에 이르러 대중화되었다.[52] 따라서 이 서아시아 작물은 원 제국의 수입품은 아니었지만, 분명 몽골 통치기에 중국 내에서 확산되었을 것이다. 일반 콩이나 완두콩(Pisum sativum L.), 한자로 '완두'(豌豆)도 마찬가지인 것 같다. 원 제국 이전 시기에는 종종 '서역 콩'을 의미하는 '후도우'(胡豆), 이후에는 '위구르 콩'을 의미하는 '후이허도우'(回紇豆)로 불렸으나, 명대에는 일반적으로 '무슬림 콩'을 의미하는 '후이후이도우'(回回豆)라고 불렸다.[53] 이는 이전에 유입된 작물이 원 제국에서 대중화된 또 다른 사례로서, 원 제국의 무슬림 사이에서 꽤 익

49 Rashīd al-Dīn, Áthār va Ahyá', pp. 195~96.
50 Bertold Laufer, Sino-Iranica, pp. 451~54.
51 앨프리드 W. 크로즈비(Alfred W. Crosby)가 언급했듯이, 콩류와 완두콩은 구세계와 신세계에서의 품종에서조차 구분하기가 어렵다. Alfred W. Crosby, *The Columbian Exchange: Biological and Cultural Consequences of 1492* (Westport, Conn.: Greenwood Press, 1972), p. 172.
52 Bertold Laufer, *Sino-Iranica*, pp. 307~08. 누에콩에 관한 자세한 중국 자료에 대해서는 Li Ch'ang-nien, *Tou-lei* (Peking: Chung-hua shu-chü, 1958), pp. 351~54 참조.
53 Bertold Laufer, *Sino-Iranica*, pp. 305~06; Li, *Tou-lei*, pp. 331~35.

숙했고, 몽골 궁정에서 재배를 적극적으로 장려한 것으로 알려진 작물이다.[54]

이는 지난 세기 전반기 문화 전파 연구에서 주목한 초기 도입이 가장 중요한 시점이 아닐 수 있다는 사실을 강조한다. 그 이유는 수용·도입·적응이 수대 혹은 수세기 후에나 이루어질 수 있음이 명백하기 때문이다.[55] 간단히 말해 최초의 교류에 초점을 맞춘 연대기는 '드러난 기간'의 길이에 대해서는 언급할 수 있지만 문화적 도입의 실제 과정에 관해서는 언급하지 않는 경우가 많다. 이 점은 중국의 수박 역사에서 잘 드러난다. 명대 중국인은 서역 과일을 의미하는 'hsi-kua'(西瓜)가 몽골 통치 아래 전해졌다고 믿었다. 라우퍼가 밝힌 바에 따르면, 최초의 유입은 사실상 오대(五代) 시기(907~960)에 이루어졌다.[56] 명대 논자들은 그 연대에 관해 잘못 알고 있었다. 하지만 그들의 착오는 그 자체로 중요한 문화적 사실이었다. 많은 새로운 품목, 특히 식물들은 몽골제국 이전에 등장했고 원 제국에서 대중화되어 중국의 사회 문화적 흐름을 바꾸었다. 이로 인해 명나라 학자들은 이를 최초의 전파로 착각했던 것이다. 리무의 사례처럼 완전히 새로운 품종의 수박이 서역으로부터 전해졌을 가능성이 있다. 이븐 바투타는 중국에서 발견한 "아주 좋은 수박들"이 "호라즘과 이스파한(Iṣfahān)에 있는 것들"과 유사하다고 암시하듯이 말했다.[57] 수박을 의미하는 몽골어 아르부스(arbus)가 페르시아어 하르부자(kharbuzah)에서 온 것이라는 사실은 몽골제국 시기에 이 작물의 인기가 다시 높아졌음을 보여 준다.[58] 조정의 정원(官園) 몇 군데에서 수박 재배

54 『元史』, 卷 183, p. 4214.

55 Gang Deng, *Chinese Maritime Activities*, p. 156에서는 농작물의 확산은 '아주 천천히' 이루어졌다고 언급하고 있다.

56 Bertold Laufer, *Sino-Iranica*, pp. 438~45.

57 Ibn Baṭṭuṭah/Gibb, vol. IV, p. 889.

58 Antoine Mostaert, *Le matériel mongol du Houa I I Iu de Houng-ou (1389)*, ed. by Igor de Rachewiltz (Mélanges chinois et bouddhiques, vol. XVIII; Brussels: Institut belge

를 담당하는 재종제거사(栽種提擧司)가 있었다는 점에서도 그러했다.[59]

면화는 원 제국 이전에 해외에서 유입되어 몽골 통치 아래 널리 확산된 또 다른 중요한 사례이다. 중국인을 포함해 많은 이가 또다시 그 최초의 도입 시점을 원 제국 시기로 보았다. 이 경우 그 결론이 더 그럴듯해 보이는데, 원 조정이 목화 재배의 확산을 적극적으로 장려했기 때문이다.[60]

결론적으로 몽골은 이슬람 세계의 새로운 작물과 품종을 중국에 소개했고, 마찬가지로 서역에서 온 더 이른 시기의 작물을 대중화하는 데 기여했다. 다음 장(章)의 요리에 관한 부분에서도 살펴보겠지만, 몽골 통치자들은 쌀과 같이 오래된 중국 작물이 이란에 전해지는 데도 이와 비슷한 영향을 끼쳤다.

des hautes études chinoises, 1977), vol. I, p. 37.

59 『元史』, 卷 87, p. 2206.

60 Paul Pelliot, *Notes*, vol. I, pp. 484~506, 특히 pp. 504~05; Andrew Watson, *Agricultural Innovation*, pp. 31~41.

제15장

요리

대개 몽골제국의 바우르치는 '요리사'로, 때로는 '집사'나 '병참장교'로 번역되는 중요한 직책이었다.[1] 앞서 말한 바와 같이, 몽골 가문에 구조적·이념적으로 카안 가문에 뿌리를 두고 있는 몽골의 가산제적 관념에서 바우르치라는 직함은 통치자와의 친밀함을 분명히 나타내며 그의 대리로 행할 수 있는 권한을 드러냈다. 요리사는 황실 친위대(keshig)의 관원으로 그 하나인 숙위(宿衛, kebte'ül)는 칭기스 칸과 우구데이 통치기에 음료와 식사(undān ide'en)의 준비와 공급을 감독했다. 직책에 따른 임무 외에도 이들은 현역 군 지휘관을 맡았다.[2] 예를 들어 1250년대에 이스마일파(Ismaʿīlīs)와 아바스를 상대로 거대한 몽골 야전군을 이끌었던

---

1 표준 중국어로는 '주사'(廚師)로 번역된다. Antoine Mostaert, *Le matériel mongol*, vol. I, p. 39. 이 어휘와 그 기원에 관한 간략한 논의에 대해서는 Gerhard Doerfer, *Türkishe und mongolische Elemente im Neupersischen* (Wiesbaden: Franz Steiner, 1963), vol. I, pp. 202~05 참조.

2 『元朝祕史』/Cleaves, sect. 213, pp. 153~54, sect. 232, p. 170, sect. 278, p. 220; 『元朝祕史』/Igor de Rachewiltz, sect. 213, p. 122, sect. 232, p. 134, sect. 278, p. 168.

케드 부카(Ked Buqa)도 바우르치라는 직함을 가지고 있었다.[3]

실로 부엌은 제국에서 여러 눈부신 경력이 시작되는 곳이다. 볼라드와 그의 아버지는 모두 바우르치였으며, 볼라드의 친구이자 동료였던 라시드 앗 딘도 동일한 직책을 지녔다. 그의 '초기' 경력에 관해 바르 헤브라에우스는 다음과 같이 기록했다.

> 이제 라시드 앗 다울라(Rashīd ad-Dāwlā)라는 이름의 한 유대인은 게이하투가 요구하는 모든 종류의 적합한 음식을 어디서든 준비하도록 임명되었다.[4]

맘루크(Mamlūk) 자료에서 이를 온전히 확인할 수 있다. 기록하기를, 가잔 통치기 라시드 앗 딘이 군주의,

> 조언자, 친구, 식사 동반자, 동지이자 요리사였다. [서술이 이어졌다. 가잔은] 그와 그의 아들이 손수 만든 음식 이외에는 먹지 않으려고 했다. 그들은 그를 위해 은제 용기에 요리를 했고, 금 접시와 잔에 담아서 그에게 진상했다.[5]

이들 요리사에 대한 신뢰는 보안과 관련 있음이 분명하다. 가잔은 후계자 계승 분쟁 끝에 권좌에 올라 항상 독살 위협에 처했고, 이는 오직 충성스러운 바우르치에 의해서만 저지될 수 있었다. 실제로 몽골제국에서 독(과 독살의 소문)은 종종 정치적 무기로 자주 사용되었다. 가잔과 다른 칭기스 칸 가문의 제왕들은 칭기스 칸의 아버지 예수게이(Yisügei)가

---

3 Juvaynī/Qazvīnī, vol. III, pp. 72, 94; Juvaynī/Boyle, vol. II, pp. 596, 611.

4 Bar Hebraeus, p. 496.

5 Reuven Amitai-Preiss, "New Material from the Mamlūk Sources", p. 25.

그의 원수였던 타타르인이 제공한 독이 든 음식을 먹고 사망했다는 사실을 잘 알고 있었다.[6]

청기스 칸 가문의 바우르치가 준비해야 했던 음식은 시대에 따라 변했다. 초기에는 당연히 몽골의 전통 음식이었고, 이는 초원의 투르크계 유목민의 음식과 유사하게 기본적인 영양 공급원은 고기와 유제품, 그리고 야채였다. 이러한 변화는 달라진 생태 조건과 특정한 역사적·문화적 요인으로 설명 가능하다.[7]

말고기는 선호했지만 분명 주식은 아니었다. 양고기는 정기적으로 먹었고 때로는 신선한 상태로 먹었지만, 대부분은 건조, 냉동, 절임, 훈제 방식으로 보관했다. 어떤 종류이든 간에, 대부분의 고기는 삶아서 야생 마늘 혹은 양파를 곁들여 먹었다. 육류 소비에는 분명 계절에 따른 변화가 있었다. 겨울에는 가축화된 고기가 더 많이 소비되었던 반면 여름에는 사냥한 동물의 고기가 보다 중요해졌다.

유제품은 신선한 상태에서 먹는 경우는 드물었지만 유목민의 식사에서 중요한 역할을 했다. 여기에는 치즈, 요구르트, 그리고 암말의 젖을 살짝 발효한 것으로 유명한 쿠미스(kumys)와 같은 유목민이 창안한 다양한 제품이 포함된다. 이 역시 계절에 따라 만들어진 것으로, 몽골인과 다른 유목민에게 얼마나 중요한지는 영적 삶에서 그 역할에 잘 나타나 있다. 유제품, 특히 쿠미스는 제국 시대부터 현재까지 몽골 의식에서 기

---

6 『元朝祕史』/Cleaves, sect. 67, p. 18;『元朝祕史』/Igor de Rachewiltz, sect. 67, p. 26.

7 다음의 논의는 Nurila Z. Shakanova, "The System of Nourishment among the Eurasian Nomads: The Kazakh Example", in Gary Seaman, ed., *Ecology and Empire: Nomads in the Cultural Evolution of the Old World* (Los Angeles: Ethnographics Press, 1989), pp. 111~17; N. L. Zhukovskaia, *Kategorii i simvolika traditsionnoi kul'tury Mongolov* (Moscow: Nauka, 1988), pp. 69~85; John Masson Smith, "Mongol Campaign Rations: Milk, Marmots and Blood?", *Journal of Turkish Studies* 8 (1984), pp. 223~28에 기반한다. 목격자의 서술은 Christopher Dawson, *The Mongol Mission*, p. 17 참조.

본적인 요소로 자리 잡았다.

채소의 소비는 대개 야생의 식물과 정주민과의 교역 혹은 조공으로 공급된 것으로 한정되었다. 이렇게 얻은 곡물은 죽이나 기름에 튀긴 빵으로 만들어졌다.

그들의 음식 문화에서 초기의 보수적인 성향은 몽골인의 동물 피에 대한 태도에서 드러난다. 신선한 상태로 섭취하거나 국물과 순대 재료로 쓰인 피는 식단에서 중요한 구성 요소로 여겨졌기 때문에 도살 방식은 몽골인에게 주된 관심사였다. 동물을 도살할 때 그들은 가슴을 절개하고 심장을 짜서 나중에 사용하기 위해 피를 사체에 보관한다. 이는 모든 피를 쏟아버리는 서아시아의 무슬림 혹은 유대인의 코셔(kosher) 관념과는 분명히 다르다. 이러한 상반된 방식으로 목을 베어 도살하는 서아시아 방식이 금지되자 제국 내에서 종종 충돌이 일어났다. 라시드 앗 딘에 따르면, 이 몽골 고유의 도살 방식은 최초의 몽골 법전인 칭기스 칸의 야삭(jasaq)에 포함되어 있었다.[8]

몽골인은 일부 요리 전통을 끈질기게 고집했지만, 시간이 지나면서 자신의 취향과 필요에 따라 다양한 음식을 차용하여 이에 적응했다.[9] 1246년 수사 카르피니(Carpini, 1182?~1252)가 구육의 즉위식에 참석했을 때, 연회에서 언급한 유일한 음식은 소금을 치거나 치지 않은 고기와 국물이었는데, 이는 분명 일반적인 몽골 음식이었다.[10] 그러나 10년

---

8 Rashīd/Alizade, vol. II, pt. 1, pp. 184~85; Rashīd/Boyle, pp. 77~78. 이슬람의 관례에 따른 차가타이의 도살 금지에 대해서는 Jūzjānī/Lees, p. 397; Jūzjānī/Raverty, vol. II, p. 1146 참조.

9 쿠빌라이 시대에 발생한 동물 도살법에 관한 갈등과 유지에 대해서는 『元史』, 卷 10, pp. 217~18; 『元典章』, 卷 57, pp. 11a~b; Rashīd/Karīmī, vol. I, p. 654; Rashīd/Boyle, pp. 293~94; Paul Pelliot, *Notes*, vol. I, pp. 77~78; Paul Ratchnevsky, "Rašīd al-Dīn über die Mohammedaner-Verfolgungen in China unter Qubilai", *CAJ* 14 (1970), pp. 163~80 참조.

10 Christopher Dawson, *The Mongol Mission*, p. 63.

이 채 지나지 않아 빌렘 판 루브룩(Willem van Rebroeck/Guillaume de Rebrouck, 1248~55)이 제국의 중심지 카라코룸에 도착했을 때, 그는 음식 양은 적었지만 더 다양해진 것을 발견했다. 버터와 기장, 삶은 반죽덩어리, 시큼한 우유, 효모를 넣지 않은 빵, 조리용 기름, 포도주, 봉밀주, 식초, 그리고 아몬드, 포도, 건자두를 포함한 다양한 과일과 견과류가 있었다.[11]

몽골제국의 요리는 개선된 듯했지만, 농경 사회의 주민들에게 아주 원시적이지는 않더라도 여전히 평범해 보였다. 그러나 이는 쿠빌라이 통치기에 공식적인 카안의 권좌가 있는 몽골의 동부 조정이 초원에서 막대한 농업 자원과 풍부한 요리 전통이 북중국으로 이전하면서 변화가 나타났다. 이는 마르코 폴로가 조정에 머물면서 경험한 것이었다. 그는 호화로운 연회에서 수천 명을 수용한 '대형 연회장'에 관해 놀라움을 감추지 못하며 상세히 묘사했다. 관대한 주최자였던 카안은 행운을 누리는 그의 손님들에게 포도주, 음료수, 암말 젖(쿠미스), 그리고 낙타유 등의 다양한 음료를 제공했다.[12]

음식에 대해서는 얼마나 많은지 여러분이 짐작하고도 남을 테니, 나는 여기서 아무 이야기도 하지 않겠다. 그(카안)는 다양한 야생, 가축화된 동물, 그리고 가금류와 생선 요리를 접한다. 이 계절이 되면, 그리고 그가 원할 때에 그의 고귀함과 위엄에 합당하게 다양하고 다른 방식으로 가장 우아하게 준비한다.[13]

그러한 음식들은 분명히 초원의 거친 음식을 넘어 최고급 요리의 위상을 얻게 되었다. 음료에 관한 문제를 제외하고 구체적인 내용은 없지만,

---

11 Rubruck/Jackson, pp. 204, 207; Christopher Dawson, *The Mongol Mission*, pp. 172, 174.
12 Marco Polo, pp. 209, 218.
13 *Ibid.*, p. 220.

원 제국 궁정에서는 이제 카안의 여러 신하와 손님의 차별화된 입맛에 맞추기 위해 노력했는데, 이를 위해 유라시아 전역에서 공급된 재료와 요리 실력이 요구되었음이 분명하다.

몽골 궁정의 세계주의를 여실히 보여 주는 이 엄청난 일은 선휘사의 책임 아래 이루어졌다. 이 기구는 마르코 폴로가 중국에 머무는 몇 년 동안 우리의 변함없는 동반자인 볼라드가 관할하고 있었다. 그리고 만약 마르코 폴로가 옳다면 볼라드는 쿠빌라이의 '고귀함과 위엄'에 걸맞은 훌륭한 연회를 준비했을 것이다.

물론, 볼라드는 취사병처럼 대연회장의 사람들을 위해 실제로 요리한 것은 아니었다. 대신 그는 바우르치라는 기존의 직책에서 발전한 선휘원의 수장을 맡았는데, 이 기구는 인적 규모와 기능적 측면에서 훨씬 더 확장되었다. 쿠빌라이 재위 연간에 규모가 커진 이 기구는 카안의 음식과 음료, 황실 연회를 주관하고 평시에 상당한 규모의 궁정 인원, 근위대, 노복을 부양했다. 이 기구는 대부분 북중국에 위치한 방대한 산하 기구의 조직망도 관할했는데, 이 기구들은 궁정에 필요한 모든 식료품을 생산하거나 조달했다. 여기에는 양조와 포도주 제조 전담 기구, 곡물 창고, 농산물 창고, 둔전, 연료 공급, 사료, 황실 목장 관할 기구, 마지막으로 황실의 식사에 올릴 사냥감을 공급하는 수렵 감독 기구가 포함되어 있었다.[14] 이 기구는 중국에서 외국, 특히 이슬람 요리의 영향을 받아들이는 주요 통로가 되었지만, 우리가 보게 되겠지만 볼라드는 이러한 교류에 중요한 역할을 했을 가능성이 높다.

이슬람 지역의 요리는 아시아와 아프리카의 다양한 요리 전통과 폭넓고 다양한 식재료로부터 영향받았음에도 불구하고 중심이 되는 빵, 돼지고기의 부재, 단 음식인 설탕·꿀의 중요성, 유제품의 광범위한 사용 등 몇 가지 분명한 특징이 있다.[15] 이슬람 문화에서 요리는 지적으로 관심을

---

14 『元史』, 卷 87, pp. 2200~06; David M. Farquhar, *Government*, pp. 73~82.

가질 만한 중요한 문제였다는 사실은 10세기 알 나딤이 집필한 책에 그가 이슬람에서 조사해 나열한 10권의 요리책을 통해 알 수 있는데, 안타깝게도 지금은 모두 소실되어 있다.[16] 13세기 이슬람 요리는 확실히 세계에서 가장 국제적인 요리가 되었고, 이 무렵 이슬람 요리사는 스페인에서부터 중국에까지 현지 요리와 식문화에 어느 정도 영향을 끼쳤다.[17]

중국에서는 이러한 영향이 원 제국 요리서인『음선정요』(飮膳正要)에서 가장 현저하게 드러난다. 이 저작의 중요성과 중세 유라시아 요리, 의학, 민족 식물학 및 문화 교류에 관한 중요 사료로서 잠재적 가치가 이제야 인정받게 되었다.[18] 1330년 건강과 장수의 지침으로서 선휘원 관원 홀사혜(忽思慧)가 카안에게 바친『음선정요』에는 수백 가지의 요리법과 수많은 식재료가 언급되어 있다.[19] 대다수는 특정 질병을 치료하기 위해 고안되었으며, 소수만 순수하게 요리를 즐기기 위한 것이다. 겉으로 보

---

15 전반적인 개요는 Shelomo Dov Goitein, *A Mediterranean Society*, vol. IV: *Daily Life* (Berkeley: University of California Press, 1983), pp. 226~53; Muhammad Manazir Ahsan, *Social Life under the Abbasids* (London and New York: Longman, 1979), pp. 76~164 참조.

16 Al-Nadīm, *Fihrist*, vol. II, p. 742.

17 Peter Heine, "Kochen im Exil—Zur Geschichte der arabischen Küche", *Zeitschrift der deutschen morgenländischen Gesellschaft* 139 (1989), pp. 318~27; Ibn Baṭṭuṭah/Gibb, vol. IV, p. 903.

18 Bertold Laufer, *Sino-Iranica*, pp. 236, 252 등에서 이 작품을 간접적으로 이용했다. 이 충분한 가능성을 처음으로 지적한 서양 학자는 굿리치이다. L. Carrington Goodrich, "Some Bibliographical Notes on Eastern Asiatic Botany", *JAOS* 60 (1940), pp. 258~60. 현대적 간체자 표점본으로서 忽思慧,『飮膳正要』(北京: 中國商業出版社, 1988)는 그 지속적인 관심을 입증한다.

19 나의 논의는 프랑수아 사방(Françoise Sabban)의 선구적 연구인 "Court Cuisine in Fourteenth Century Imperial China: Some Culinary Aspects of Hu Sihui's *Yinshan zhengyao*", *Food and Foodways* 1 (1986), pp. 161~96과 Paul D. Buell, "The *Yin-shan cheng-yao*, A Sino-Uighur Dietary: Synopsis, Problems, Prospects", in Paul U. Unschuld, ed., *Approaches to Traditional Chinese Medical Literature* (Dordrecht, Boston and New York: Kluwer Academic Publishers, 1989), pp. 109~17에 기반한다.

기에 이 책은 중국의 본초학을 따른 것처럼 보이지만 실제로는 몽골, 투르크, 페르시아-이슬람의 다양한 문화적 층위가 존재한다.

이러한 요리의 국제성은 이 책이 간행되면서 시작된 것은 아니다. 서문에서 언급했듯이, "근방과 먼 곳"에서 "귀중한 음식들"이 원 제국 궁정으로 오랫동안 흘러들어 왔으며, 『음선정요』에 수록된 자료의 집필은 이미 쿠빌라이 시대에 시작되었다.[20] 따라서 볼라드는 중국에 있는 동안, 심지어 이후에도 그가 이란에서 서아시아 요리와 요리법을 접하면서 그 편찬 단계에 기여했을 것이다. 그가 중국에 있는 오랜 친구들에게 요리법을 보내는 것을 막을 만한 것은 없었다.

어쨌든 『음선정요』는 뚜렷한 서아시아의 풍미를 드러낸다. 뷰얼이 이 저작을 분석한 결과 이들 영향은 다음과 같다.

- 밀 제품 및 면류의 광범위한 사용[21]
- 콩류, 특히 병아리콩의 폭넓은 사용
- 견과류, 특히 호두와 피스타치오의 다량 사용
- 가지 등의 특정 채소 사용
- 조미료로서 당류 및 시럽의 중요성
- 서아시아에서 기원한 향신료의 사용

이러한 양상은 마스다지탕(馬思答吉湯), 즉 매스틱 퓌레(아랍어로 mastakī) 요리법에 잘 반영되어 있는데, 이는 병아리콩 가루 혹은 후무스 위에 양고기를 올려 맛을 낸 것이다.[22]

---

20 서문의 완전한 번역은 Paul U. Unschuld, *Medicine in China: A History of Pharmaceutics* (Berkeley: University of California Press, 1986), pp. 215~16. 또한 Paul D. Buell, "The *Yin-shan cheng-yao*", p. 110 참조.

21 Marco Polo, p. 244와 비교.

22 Paul D. Buell, "The *Yin-shan cheng-yao*", pp. 120~22; Paul D. Buell, "Pleasing the

이러한 일반적인 양상 외에도 서아시아의 영향을 드러내는 다양한 식재료가 있다.[23] 이 사료에서 발견된 아랍-페르시아 어휘의 사례에 관해 나는 처음으로 이 용어들을 확인하고, 설명하며, 복원했던 라오옌쉬안(勞延煊)과 허버트 프랭케의 연구를 주로 따랐다. 각 사례에서 아랍어와 페르시아어의 사료를 참고하여 몇 가지 설명과 수정 사항을 덧붙였다.

> **추춘다르**(出莙蓬兒): 사탕무(*Beta vulgaris*). 페르시아어로 '*chugunder*'이다. *salq*로도 알려진 *chugunder*로 표기한 라시드 앗 딘은 이 사탕무를 자주 언급하면서 이란에서 널리 재배되었다고 했다.[24]
>
> **바담**(八擔仁): 아몬드. 페르시아어로 '*bādām*'이다. 이란에는 쓴맛과 단맛의 두 가지 품종이 널리 재배되는데, 라시드 앗 딘에 따르면 후자가 좀 더 인기가 있다.[25]
>
> **바이나바**(白納八): 설탕. 투르크어로 '*nabad*'이다. 내 생각에 좀 더 정확한 어원은 '정제된 설탕' 또는 '얼음 사탕'을 의미하는 페르시아어 '*nabāt*'이다. 프랭케가 정확히 언급했듯이, '백색'을 의미하는 첫 글자 백(白)은 전사에서는 빠져 있었다. 따라서 이 단어는 '백색 정제당'을 의미한다. 13세기 초의 페르시아 지리서에 언급되어 있듯이, 다마스쿠스에서 양질의 "백설탕〔nabāt-i

---

Palate of the Qan: Changing Foodways of the Imperial Mongols", *Mongolian Studies* 13 (1990), pp. 69~73.

23 Lao Yan-shuan, "Notes on non-Chinese Terms in the Yüan Imperial Dietary Compendium *Yin-shan cheng-yao*", *Bulletin of the Institute of History and Philology, Academia Sinica* 34 (1969), pp. 399~416; Herbert Franke, "Additional Notes on non-Chinese Terms in the Yuan Imperial Dietary Compendium *Yin-shan cheng-yao*", *Zentralasiatische Studien* 4 (1970), pp. 8~15.

24 Rashīd al-Dīn, *Āthār va Aḥyāʾ*, pp. 99, 153, 192, 197~98.

25 *Ibid.*, pp. 21~23.

safid)"을 생산했다."[26] 라시드 앗 딘은 설탕 제조 과정을 간단히 서술했다. 또한 그는 최고의 사탕수수가 쿠지스탄(khūzistān)의 슈스타르, 그리고 메소포타미아의 바그다드와 와시트에서 생산된다고 언급했다.[27] 이는 흥미로운 사실이다. 왜냐하면 마르코 폴로가 부겐(泉州 북부)*에 "바빌로니아 지역 출신"의 지시에 따라 "특정 나무의 재로 그것을 정제하는 법"을 지역 주민들에게 가르치는 설탕 제조소가 있었다고 언급했기 때문이다.[28] 이 사업은 1276년에 선휘원 부속 기구로 세워져 "과립 설탕의 생산을 관장했던" '사탕국'(沙糖局)과 관련이 있을 가능성이 있다.[29] 따라서 황실의 요리사는 요리할 때 필요한 고품질의 서아시아 설탕을 즉시 구할 수 있었다.

피스다(必思答): 피스타치오. 페르시아어로 'pistah'이다. 라시드 앗 딘에 따르면, 'fustuq'로도 알려져 있고, 이란에서 널리 재배되어 소비된다.[30]

시루오(蒔蘿): 쿠민(cumin) 열매.** 페르시아어로 'zhīrah' 또는 'zīrah'이다. 라시드 앗 딘이 농서에서 "지라(zīrah)는 아랍어로 쿠민(cumin)이라고 한다"라고 했기 때문에, 여기서는 '캐러웨이 열매'***가 아니라 '쿠민'을 의미한다.[31] 주요 생산 중심지 가운데 하나가 키르만(Kirmān)이었으며, 실제로 "쿠민 열매를

---

26 L. P. Smirnova, *'Ajā'ib al-dunyā*, p. 504, Persian text and p. 201, Russian translation.
27 Rashīd al-Dīn, *Āthār va Aḥyā'*, pp. 182~83.
• '侯官'을 말한다.
28 Marco Polo, p. 347.
29 『元史』, 卷 87, p. 2204.
30 Rashīd al-Dīn, *Āthār va Aḥyā'*, pp. 28~29.
•• '소회향'을 말한다.
••• '회향'의 일종이다.
31 *Ibid.*, p. 161.

키르만에 보낸"다는 것은 "석탄을 뉴캐슬로 수출한다"와 같은
의미의 페르시아식 속담으로 사용되었다.[32]

자푸란(咱夫蘭): '샤프란.' 아랍-페르시아어로 'za'farān'이다. 라
시드 앗 딘은 이란에서 샤프란을 널리 재배했다고 상세히 서술
했다.[33] 물론, 샤프란은 몽골 시대 이전에 중국에도 알려져 있었
다. 당대(唐代)에는 주로 향료나 향수로 사용되었다가 원대(元
代)에 이르러 서아시아 관습에 따라 조미료로 사용되었다.[34] 이
에 대한 선호는 1226년 바그다드에서 출판된 요리서에 나와 있
는데, 여기에는 샤프란이 들어가는 21가지 이상의 요리법이 포
함되어 있다.[35]

그러나 이 같은 외래 용어들만이 원 제국 궁정 요리에서 외국의 영향
을 드러내고 있는 것은 아니다. 중국식 이름을 가진 특정 채소의 사용을
통해서도 당시 대륙을 횡단하는 문화적 흐름을 알 수 있다. 가지(Solanum
melongena L.)가 그 한 사례이다. 남아시아나 동남아시아에서 재배되었
다가 4세경에 중국 남부로 퍼졌고, 이후에는 북쪽으로 전파되었다. 이
슬람이 부상하기 이전 아랍인과 페르시아인에게 전해졌으며, 이후 지
중해와 아프리카 전역으로 확산되었다.[36] 서아시아에서 가지는 종종 고
기를 대신하는 주요리로 빠르게 자리 잡았다. 서아시아 요리에서는 가
지의 활용과 조리 방식, 그리고 플레이팅 방식 등이 다양하다.[37] 가지는

---

32 Juvaynī/Qazvīnī, vol. I, p. 16; Juvaynī/Boyle, vol. I, p. 22.

33 Rashīd al-Dīn, Āthār va Aḥyāʾ, pp. 203~05.

34 Bertold Laufer, *Sino-Iranica*, pp. 310~12; Edward H. Schafer, *Golden Peaches*,
pp. 124~26.

35 A. J. Arberry, trans., "A Baghdad Cookery-Book", *Islamic Culture* 13 (1939), pp. 21~
47, 189~214.

36 Frederick J. Simoons, *Food in China*, pp. 169~70; Andrew Watson, *Agricultural
Innovation*, pp. 70~71.

서아시아에서의 인기에 힘입어 원 제국 궁정 주방에까지 들어갔다. 이는 다시 중국에서 새로운 인기를 얻게 된 품종의 한 사례이다. 왜냐하면 동남아시아산(産)은 작고 타원형의 흰색인 반면, 서아시아산(産) 가지는 더 크고 길며 짙은 보라색을 띠기 때문이다.[38] 어쨌든 새로운 품종의 도입은 북중국에서 특정 식물의 대중화에 대해 설명해 주며 몽골어 바딩카(badingqa)가 중국어인 '치에즈'(茄子)가 아닌 페르시아어 바딘쟌(bādinjān)에서 유래했다는 사실이 이를 뒷받침해 준다.[39]

또한 『음선정요』에는 '회회소유'(回回小油)가 사용되는 요리법이 있다. 이것은 때때로 이슬람의 '지방'으로 오해되지만 일종의 식물성 기름이다.[40] 무엇보다 서아시아인이 중국에서 만든 식용 기름이었을 가능성이 높다. 궁정과 상도(上都)의 여름 궁정에 기름(油)과 밀가루(麦面)를 공급했던 주요 공급처 가운데 하나가 홍주종전제거사(弘州種田提擧司)였다. 이 역시 선휘원의 부속 기구였으며 중요한 사실은 북경에서 180킬로미터 떨어진 홍주(弘州)가 몽골이 이슬람 동부 지역을 정복한 직후인 1220년대 초에 대규모의 무슬림 장인들이 정착한 식민 취락이었다는 점이다.[41] 따라서 '부겐의 설탕'처럼 황실 주방에서 소비된 '회회소유'는 출처가 분명한 제품이었다.

카안의 식탁에 진상된 포도주 역시 마찬가지였다. 『음선정요』에서는 모든 면에서의 절제를 권하면서도, 증류주를 포함한 주류에 관해 상당한

37 A. J. Arberry, "Baghdad Cookery-Book", pp. 34, 37~39, 191, 200, 203, 205, 206; Peter Heine, *Kulinarische Studien: Untersuchungen zur Kochkunst im arabisch-islamischen Mittelalter, mit Rezepten* (Wiesbaden: Harrassowitz, 1988), pp. 124~25.

38 Li Chih-ch'ang, *Hsi-yü chi*, p. 346의 논평과 Li Chih-ch'ang, *Travels of an Alchemist*, p. 106 참조. 그들은 1220년 사마르칸트에서 '서역' 가지를 접했다.

39 Antoine Mostaert, *Le matériel mongol*, vol. I, p. 38.

40 Françoise Sabban, "Court Cuisine", p. 171 참조.

41 『元史』, 卷 87, pp. 2203, 2206; 卷 120, p. 2964; David M. Farquhar, *Government*, pp. 76~77, 81.

장(章)을 할애하고 있다. 그러나 여기에서는 포도주에 한정하여 논의를 진행하겠다. 이 역시 서방에서 전래된 것으로, 몽골의 취향이 세련되고 그들이 다양한 신민의 입맛에 적응해 가는 모습을 보여 주고 있다.

라우퍼가 오래전에 제시했듯이, 포도(Vitis vinifera)는 전한(前漢)의 유명한 사신이자 탐험가인 장건이 실제로 가져온 몇 가지 서역 식물 가운데 하나였다. 그 후 포도는 한동안 이국적인 것으로 남아 있었다. 가장 국제적인 시대였던 당대(唐代)에 포도주의 인기가 높아졌고 서역의 새로운 품종이 도입되어 국내에서 생산되었다는 증거가 있다.[42] 이는 원 제국에서도 반복되어 포도주에 대한 관심이 다시 높아졌다. 일부는 서역 국가들(西蕃)로부터 조공 형태로 유입되었다. 포도 생산지로 유명한 카라호자를 수도로 둔 위구르의 고급 포도주가 유명했다.[43] 그러나 일부는 국내에서 생산되었다. 그러한 생산지 가운데 하나가 북경 서북쪽에 위치한 무슬림 장인들의 식민 취락지인 쉰마린(荨馬林), 즉 라시드 앗 딘이 시말리(Simali)라고 한 곳이었다. 중국과 페르시아의 두 사료 기록에 따르면, 이 식민 취락에 거주하는 자들은 대부분 사마르칸트 출신으로 포도를 재배하고 포도주를 주조해 황실에 공급했다.[44]

안타깝게도 이슬람과 페르시아 요리에서 동아시아의 영향을 가늠하는 데『음선정요』에 상응하는 문헌이나 요리법, 메뉴는 없다. 그렇지만 우리는 중국 요리에 관한 라시드 앗 딘의 지식을 살펴볼 수 있는 그의 글을 참조할 수 있으며, 이는 적어도 일반적으로 몽골 시대의 이란에서 변

---

42 Bertold Laufer, *Sino-Iranica*, pp. 220ff.; Edward H. Schafer, *Golden Peaches*, pp. 141~45.

43 『元史』, 卷 34, p. 755; Rashīd/Karīmī, vol. I, p. 648; Rashīd/Boyle, p. 286; Marco Polo, p. 156; D. I. Tikhonov, *Khoziaistvo i obshchestvennyi stroi uigurskogo gosudarstva, X-XIV vv.* (Moscow and Leningrad: Nauka, 1966), pp. 71~73.

44 Rashīd/Karīmī, vol. I, p. 641; Rashīd/Boyle, p. 276;『元史』, 卷 19, p. 419. 식민 취락의 역사에 대해서는 Paul Pelliot, "Une ville musulmane dans Chine du Nord sous les Mongols", *Journal Asiatique* 211 (1927), pp. 261~79 참조.

화하는 음식에 관한 몇 가지 가설을 뒷받침할 수 있을 것이다.

가장 확실한 정보의 출처부터 살펴보면 라시드 앗 딘은 선휘원의 전임 장관을 지낸 볼라드와 지속적으로 접촉했다. 물론, 그들이 이러한 문제에 관해 논의했다고 언급한 기록은 없지만 국가 행사나 사회적 모임에서 친구이자 동료로서 잦은 만남이 있었기에 음식, 요리, 그리고 황실 주방 관리에 관한 주제가 대화에서 단 한번도 등장하지 않았다고 상상하기는 어렵다. 또 다른 출처는 라시드 앗 딘의 중국인 요리사였다. 타브리즈에 있는 라비 라시디(Rabʻ-i Rashīdī)의 설립 증서에는 "중국인 요리사〔―Khitāʼī, bāūrchī〕아무개〔그의 이름은 판독하기 어려움〕"로 확인된 노예(ghulam)가 기재되어 있다.[45]

이러한 정보원으로부터 라시드 앗 딘은 중국의 특별한 요리에 대한 폭넓은 지식을 얻었음이 틀림없다. 라시드 앗 딘의 농서에서 '수련'(nīlūfar)이라는 제목 아래 그는 다음과 같이 기술했다.

> 수련(nīlūfar)과 유사하지만 수련이 아닌 다른 종류가 있다. 〔그는 이어서〕 중국에는 그것이 상당히 많고 명칭은 링쿠(lïnk khū)〔리엔우(蓮藕)〕인데, 씨앗은 검은색이고 세베스턴*〔sebesten, 자두 같은 과일〕 크기이며 중국인은 그 안의 속즙을 먹는다.

라시드 앗 딘이 여기에서 묘사한 연근에 대한 설명은 꽤 정확하다. 중국인은 이 식물을 연(蓮)과 우(藕)의 두 가지 이름으로 불렀으며, 또한 씨앗은 검은색으로 맛있는 음식으로 여겼다. 그가 "그 뿌리가 하얗고 튼튼하다", "중국인이 자주 기름에 튀겨 먹는다"라고 서술한 부분 역시 정확

---

45 Rashīd al-Dīn, *Vaqfnāmah*, p. 152; Zeki Velidi Togan, "The Composition of the History of the Mongols", p. 71. 이름은 '술리'(Sulī)로 읽는다.

• 지치과의 나무와 그 열매를 말한다.

하다. 연근의 꽃이 "수련보다 더 크고 달콤하며 더 좋다"라고 한 서술은 그의 정보가 이란에 있는 중국인, 즉 직접 경험하여 중국의 연근과 페르시아 수련의 질을 비교할 수 있는 요리사로부터 나왔을 것이라는 강한 인상을 준다.[46]

동료와 노복들은 가장 접근하기 쉽고 즉시 정보를 얻을 수 있는 정보원이었지만, 라시드 앗 딘은 현지의 중국인 공동체에서도 중국 요리에 관한 정보를 얻을 수 있었다. 콩(mash)과 렌틸콩('adas)에 관한 설명에서 라시드 앗 딘은 "중국에서 그들은 그것(콩과 렌틸콩)에서 전분(nishāstah)을 취하고 쿠카 라샤(kūkā lāshah)를 준비한다. 그리고 여기(이란)에서도 중국인들(khitāyān)이 그것을 만들었다."[47] 중국인은 주로 국수 형태로 전분을 소비하는데, 일부는 다양한 종류의 콩가루로 만든다.[48] 이 특별한 요리는 중국어에서 유래했지만, 쿠카 라샤라는 몽골식 이름을 얻었다. 이는 변형형인 쿠카 라기샤(kūkā lākhīshah)로, 14세기에 편찬된 『제왕의 사전: 라술 왕조 6개 언어 어휘집』(Rasūlid Hexaglot)에 실렸는데, 거기에는 "가는 국수"(vermicelli)를 의미하는 아랍어 'al-iṭriyyah'로 두 차례 표기되었다. 몽골어 원어로는 쿠케 라샤(köke lakhsha), 즉 푸른 국수(blue vermicelli)이다.[49]

서아시아의 다양한 음식이 투르크와 몽골 중개자를 통해 중국에 전해

46 Rashīd al-Dīn, Āthār va Ahyāʾ, pp. 202~03. 페르시아, 특히 발흐의 수련에 대해서는 Thaʿālibī, Book of Curious and Entertaining Information, pp. 136, 116. 음식과 약으로서의 연근에 대해서는 Frederick J. Simoons, Food in China, pp. 112~15; G. A. Stuart, Chinese Materia Medica: Vegetable Kingdom, repr. (Taipei: Southern Materials Center, 1987), pp. 278~81 참조.

47 Rashīd al-Dīn, Āthār va Ahyāʾ, p. 160.

48 E. N. Anderson, "Food and Health at the Mongol Court", in Edward H. Kaplan and Donald W. Whisenhunt, eds., Opuscula Altaica: Essays Offered in Honor of Henry Schwarz (Bellingham, Wash.: Center for East Asian Studies, Western Washington University, 1994), p. 27.

49 Peter B. Golden, Hexaglot, 187C21, p. 80, 192C8, p. 137.

진 것처럼 그 반대의 경우도 많았다.[50] 라시드 앗 딘은 중국 곡주(穀酒)를 타라순(tarāsūn), 즉 몽골어로 술을 의미하는 다라순(darasun)으로 알고 있었다.[51] 그리고 보다 흥미로운 점은 젓가락이 이슬람 세계에서 투르크어인 쇼코(shökö) 혹은 쇼구(shögü)로 알려졌다는 것이다. 이것은 『제왕의 사전』에 슈쿠(shūkū)로 기록되었고, 아랍어로 "마카로니를 먹을 때 쓰는 두 개의 나뭇조각"으로 정의하고 있다.[52]

이처럼 여러 다른 경로를 통해 라시드 앗 딘은 중국 요리와 식재료에 대해 잘 알고 있었다. 자신들의 고향 음식을 지속적으로 요리해 온 이란의 중국 공동체가 현지 음식 문화에 영향을 끼쳤을 가능성이 높다. 실제로 버트 프래그너(Bert Fragner)는 최근 이란 요리에서의 극적인 변화가 몽골 지배기에 일어났다고 주장했다. 그는 이란에서 쌀이 인도, 동남아시아, 중국의 전형적인 도작문화(稻作文化)에서처럼 주식이 된 적은 없었지만, 동아시아의 조리법과는 다른 방식으로, 복잡하게 준비된 고급음식이었다는 점에 주목했다. 그는 이것이 일칸국 시기 중국의 영향이 서쪽으로 유입되면서 쌀이 지배층과 동일시된 중요한 요리가 되어 페르시아 요리의 중요한 일부가 되었다고 주장했다.[53]

이 가설을 확인하기 위해서는 몇 가지 사안을 좀 더 심도 있게 검토해야 한다. 첫째, 몽골 시대 이전에 페르시아 음식에서 쌀이 얼마나 중요했을까? 라우퍼는 이란에 쌀이 없었다고 주장하는 초창기 중국 기록을 인

---

50 이 사안에 대해서는 Paul D. Buell, "Mongol Empire and Turkicization: The Evidence of Food and Foodways", in Reuven Amitai-Preiss and David O. Morgan, *Mongol Empire*, pp. 200~23에서 상세히 다루고 있다.

51 Rashīd al-Dīn, *Āthār va Aḥyā'*, pp. 146~47.

52 Peter B. Golden, *Hexaglot*, 190C13, p. 112; Peter B. Golden, "Chopsticks and Pasta in Medieval Turkic Cuisine", *Rocznik Orientalistyczny* 44 (1994), pp. 73~74.

53 Bert Fragner, "From the Caucasus to the Roof of the World: A Culinary Adventure", in Sami Zubaida and Richard Tapper, eds., *Culinary Cultures of the Middle East* (London and New York: I. B. Tauris, 1994), pp. 56~60.

용하면서 이것이 아랍 정복 후에 도입되었으며, 확실히 주식은 아니었다고 주장했다.[54] 그러나 그의 견해는 상당 부분 수정되어야 한다.

현재의 고고학·식물학적 증거에 따르면 쌀은 기원전 6000년 말 양자강 하류 지역에서 처음 재배되었고, 기원전 3000년에 동남아시아와 남아시아로 전해졌다. 그로부터 수천 년이 지난 후, 이슬람 전파 이전, 심지어 기독교 이전에 이란과 지중해 세계로 퍼져나갔다.[55] 이러한 연대기는 중세 페르시아어에 쌀을 뜻하는 단어 브린지(brinj)가 있다는 사실로 확인할 수 있으며, 마리위스 카나르(Marius Canard)와 페트루셉스키의 역사 연구가 이를 확실하게 뒷받침해 준다.[56] 이들은 각각 라시드 앗 딘이 그렇게 생각했듯이 쌀이 제한적이긴 하지만 이슬람 시대보다 훨씬 이전에 이란에 들어왔다는 결론을 내렸다. 시간이 지나면서 쌀의 인기는 높아졌고, 1226년 바그다드의 요리서에서 일종의 쌀로 만든 필라프 조리법을 볼 수 있듯이, 쌀은 몽골 시대 이전에 서아시아 요리에서 자리 잡게 되었지만, 이것이 프래그너의 가설을 배제하거나 결정적으로 약화시키지는 못한다.[57] 몽골의 존재는 기존의 흐름에 새롭고 강력한 자극을 주었을 것이다. 약간 변형된 양상으로 그의 주장을 뒷받침하는 직접적이고 정황적인 증거는 많은 것 같다.

---

54 Bertold Laufer, *Sino-Iranica*, pp. 372~73. 예를 들어 Roy Andrew Miller, trans., *Accounts of Western Nations in the History of the Northern Chou Dynasty* (Berkeley: University of California Press, 1959), p. 15 참조. 페르시아에 쌀이 없었다고 강조한 진술이다.

55 Andrew Watson, *Agricultural Innovation*, pp. 15~19. 최근의 연구로는 Ian C. Glover and Charles F. W. Higham, "New Evidence for Early Rice Cultivation in South, South East and East Asia", in David R. Harris, ed., *The Origins and Spread of Agriculture and Pastoralism in Eurasia* (Washington, D.C.: Smithsonian Institution Press, 1996), pp. 413~41, 특히 pp. 417~19, 435 참조.

56 D. N. MacKenzie, *A Concise Pahlavi Dictionary* (London: Oxford University Press, 1990), p. 19; Marius Canard, "Le riz dans le Proche Orient aux premiers siècles de l'Islam", *Arabica* VI/2 (1959), pp. 113~31; I. P. Petrushevskii, *Zemledelie*, pp. 185~87.

57 Arthur John Arberry, "Baghdad Cookery-Book", p. 199.

이 가설에 대한 일반적인 근거는 훌레구와 그의 후계자들이 모두 동방에서 태어나 자랐으며 몽골과 중국적 취향을 이란에 가져갔다는 사실에서 찾을 수 있다. 이러한 점에서 1259년까지 몽골 황실 생활의 중심지였던 카라코룸은 현지의 자원으로는 자급자족할 수 없는 대초원의 환경에 인공적으로 조성된 곳이어서 어쩔 수 없이 중국으로부터 곡주를 비롯한 식료품을 마차를 이용해 실어 날랐다는 기록은 이와 깊은 관련성이 있다.[58] 게다가 훌레구 조정의 관원뿐 아니라 군대의 핵심 세력 또한 오랫동안 쌀에 익숙한 문화권 출신자들이었다. 예를 들어 이란에서 봉사하던 많은 수의 위구르인은 고향인 투르판에서 많은 양의 쌀을 재배하고 소비했다. 아마도 서아시아에 처음으로 젓가락을 가져온 것도 그들이었을 것이다.[59]

이란에서 태어난 가잔도 가족을 통해 동아시아의 입맛을 물려받은 것으로 보인다. 그는 중국인 유모, 가정교사, 그리고 몽골 출신이지만 북경〔대도〕의 궁전에서 자란 아내를 두었다.[60] 가잔이 이란에서 도작을 발전시키고 다각화하는 데 큰 관심을 보였다는 사실은 놀랍지 않다. 이는 라시드 앗 딘의 농서에 기록된 쌀에 대한 접근에서도 드러난다. 우선 그는 "다양한 품종의 쌀이 있고, 특히 인도와 북중국, 남중국에는 이 왕국〔이란〕에서 누구도 본 적이 없는 여러 품종의 쌀이 있다"라는 사실을 인정했다. 그는 이어서 "인도에서 귀족들이〔ākābir〕 먹는 작은 쌀〔birinj-i kuchak〕이 있다"라고 언급했으며 이 품종은 가잔 통치기에 이란에 파종되었고, 라시드 앗 딘은 "실험을 통해" "여러 차례 익혀 보았다"고 하며

---

58 Rashīd/Karīmī, vol. I, p. 622; Rashīd/Boyle, p. 253; Rubruck/Jackson, pp. 162, 172, 178, 202; Christopher Dawson, *The Mongol Mission*, pp. 144, 149, 154, 171.

59 D. I. Tikhonov, *Khoziaistvo i obshchestvennyi stroi uigurskogo gosudarstva*, p. 71. 서방의 위구르인의 존재에 대해서는 A. Sh. Kadyrbaev, "Uighury v Irane i na Blizhnem Vostoke v epokhu mongol'skogo gosudarstva", *Voprosy istorii i kul'tury Uigurov* (Alma Ata: Nauka, 1987), pp. 41~51 참조.

60 Rashīd/Jahn II, pp. 3~4, 8, 13, 39.

그 결과 "알려진 모든 종류의 쌀 가운데 맛과 향이 가장 좋았으며 소화도 잘 된다"라고 평가했다.[61]

이 특정 품종을 도입하려는 노력을 지속화하는 데는 실패했지만, 여기서 중요한 점은 가잔 통치 아래 도작이 장려되었고 그 소비가 지배층의 지위 및 삶의 양식과 분명 관련이 있었으며, 가잔의 수석 요리사인 라시드 앗 딘이 손수 매일 요리를 진상했는데 그가 이 사업의 일원이자 고급 쌀의 감별자였다는 사실과 연관이 있다는 점이다. 프래그너가 주장하듯이, 이러한 방식으로 동방의 쌀 문화의 일상적인 음식이 서방의 지배층의 고급 요리가 되었을 것이다.

이미 서론에서 밝혔듯이, 이 같은 문화적 전파의 장기적인 영향은 때때로 파악하기가 어렵다. 요리의 경우에 몽골이 정주 지역 복속민의 요리에 끼친 영향에 대해 상당한 이견이 존재한다. 크리우코프(Kriukov)와 말리아빈(Maliavin), 그리고 소프로노프(Sofronov)는 『중국 민족사』에서 다음과 같이 주장했다.

> 몽골 지배의 한 세기는 전통적인 중국의 식생활 전통에 큰 영향을 끼치지 않았다. 따라서 역사·고고학적 자료를 근거로 볼 때, 명대(明代) 중국 요리의 특징은 몽골 이전 시대와 직접적으로 연결된다고 판단할 수 있겠다.[62]

이는 다른 이들도 공유한 견해였다. 예를 들어 프레더릭 모트(Fredercik Mote)는 몽골인이 대개 음식에 대해 보수적이었으며, 중국인에게 거의 영향을 받지 않고 그들만의 식단을 고수했다고 결론지었다.[63] 반면 사방,

---

61 Rashīd al-Dīn, *Āthār va Aḥyā'*, pp. 147~48.

62 M. V. Kriukov, V. V. Maliavin, and M. V. Sofronov, *Etnicheskaia istoriia Kitaitsov na rubezhe srednevekov'ia i novogo vremia* (Moscow: Nauka, 1987), p. 116.

63 Frederick W. Mote, "Yuan and Ming", in K. C. Chang, ed., *Food in Chinese Culture:*

뷰얼, 그리고 유진 앤더슨(Eugene Anderson)의 최근 연구에서는 몽골, 투르크, 페르시아-이슬람 요리가 중국에 상당한 영향을 끼쳤다는 꽤 다른 견해를 제시했다.[64]

이러한 상반된 평가는 어느 정도 '중요한' 또는 '상당한'의 의미에 달려 있다. 또한 시기도 중요하다. 차를 예로 들어보자. 만약 몽골 정복 직후에 차를 마시는 문화가 서아시아에 널리 퍼졌다면, 이 두 사건 사이에는 분명 관련성을 쉽게 추정할 수 있을 것이다. 하지만 차를 마시는 문화는 훨씬 이후에 등장했기 때문에 관련성은 희박하고 제기될 가능성도 거의 없어 보인다. 그럼에도 불구하고 이란에서 차 소비의 역사는 몽골 시대의 대륙 횡단 교류와 의미 있는 관련성이 있다. 이 주제에 대한 라시드 앗 딘의 언급에서 알 수 있듯이, 당시 차는 특정한 병을 치료하기 위해 마신 약이었으며, 다른 근거에 따르면 이것이 몽골제국의 몰락 이후에도 동양에서 이란으로 계속 수입된 상품이었다.[65] 결과적으로 사파비 왕조 초 처음으로 대중적 음료로 인기를 얻게 되면서 차는 외래 상품이 아니라 수세기 동안 제한적이지만 긍정적 방식으로 현지인에게 알려졌다.[66] 물론 이는 문화적 확산과 사회적 수용이라는 큰 패턴에 잘 들어맞

Anthropological and Historical Perspectives (New Haven, Conn.: Yale University Press, 1977), pp. 203~10.

64 예를 들어 Eugene N. Anderson, "Food and Health at the Mongol Court", pp. 35~39 참조.

65 16세기 초에 페르시아 여행가였던 알리 아크바르(Alī Akbar)는 중국에서 차(chāi)는 음식이자 약용식물로 어떤 액체에 달여졌다고 기록했다. Alī Akbar Khitā'ī, Khitāi-nāmah, ed. by Iraj Afshār (Tehran: Asian Cultural Documentation Center for UNESCO, 1979), pp. 58, 155, 163. 또한 명대(明代)의 페르시아-한어(漢語) 어휘에서 차를 다른 많은 무역 상품과 함께 기록했다. Liu Ying-sheng, "Hui-hui kuan tsa-tzu yü Hui-hui kuan i-yü yen-chiu", Yuan shih chi pei-fang min-tsu shih yen-chiu ch'i-k'an 12-13 (1989-90), p. 156 참조.

66 이란에서 차 소비의 변화되는 양상에 대해서는 Rudi Matthee, "From Coffee to Tea: Shifting Patterns of Consumption in Qajar Iran", Journal of World History 7 (1996), pp. 199~230 참조.

는다. 원거리의 수많은 이국적 상품, 특히 각성제와 향신료는 귀중한 약재로서 새로운 문화권에 처음 들어왔다. 오늘날 대다수 사람이 놀라겠지만, 이러한 양상은 건강을 개선하고 다양한 질병의 치료제로서 구세계에 들어온 담배의 경우도 마찬가지이다.[67]

외래문화 상품의 도입과 영향의 정도를 결정하는 데 있어 또 다른 문제는 원래 전해진 대로 수용되는 경우가 드물었다는 것이다. 외래문화는 도입과 적응 단계를 거쳐 점진적으로 수용된다. 이러한 융합은 문화 전파의 주요 방식으로 요리에서 쉽게 발견된다. 금대*에 처음 편찬된 이후 원 제국에서 재간행된 일용 백과전서인 『사림광기』(事林廣記)에서 좋은 사례를 발견할 수 있다. 이 책에는 양고기 육수, 찹쌀 만두, 꿀, 치즈, 잣, 호두, 이슬람 완두(回回豆子), 일반 콩 또는 완두콩을 재료로 만든 이슬람식 만둣국(回回糕糜)이 나온다.[68] 이것은 몽골의 양고기 육수와 치즈, 중국의 미분, 만주의 잣,[69] 그리고 서아시아에서 들어온 꿀과 호두, 그리고 이슬람 완두콩 같은 다양한 문화에서 재료와 영감을 얻은 퓨전 요리로 새로운 여진 요리의 하나였다. 하지만 이러한 융합에도 모호한 점이 없는 것은 아니다. 완두, 꿀, 그리고 호두는 13세기에 이슬람 요리에서 널리 사용했지만, 이들 재료 가운데 어느 것도 중국인에게 '새롭지'는 않았다.[70] 예를 들어 호두는 4세기에 중국에 들어와 당나라 때 어느 정도

67 Jordan Goodman, *Tobacco in History: The Cultures of Dependence* (London and New York: Routledge, 1994), pp. 19~55.

• 금이 아니라 남송 말에 처음 편찬되었고, 증보를 거쳐 원 제국에서 간행되었다.

68 Herbert Franke, "Chinese Texts on the Jurchen: A Translation of the Jurchen Monograph in the *San-ch'ao pei-men hui-pen*", *Zentralasiatische Studien* 9 (1975), pp. 172, 177.

69 David Curtis Wright, trans., *The Ambassadors' Records: Eleventh Century Reports of Sung Ambassadors to the Liao* (Papers on Inner Asia 29; Bloomington, Ind.: Research Institute for Inner Asian Studies, Indiana University, 1998), p. 74 참조.

70 Peter Heine, *Kulinarische Studien*, pp. 55, 92~93, 126~27; Arthur John Arberry, "Baghdad Cookery Book", pp. 35~36, 39~41.

인기를 누렸다.[71] 물론 여기에서 정말 새로운 것은, 분명 재료의 조합과 요리의 이국적인 명칭이다.

영향력을 가늠하기가 어려움에도 불구하고 이러한 근거는 몽골제국 시기의 중국과 이란의 요리에 실제적이고 눈에 띄는 변화, 때로는 작고 미묘한 변화가 있었다는 결론을 뒷받침한다. 이러한 근거는 『음선정요』 와 라시드 앗 딘의 저작에 반영된 원 제국과 일칸 조정의 식문화에 국한 되지 않고 교류와 확산의 통로에 관한 정보도 설득력이 있다. 중국에서 공문서 기록을 보관하는 전통으로 인해 때때로 음식 문화의 영향력을 추 적할 수 있으며, 중국 내 무슬림 공동체가 서아시아식 설탕이나 포도주 또는 요리용 기름을 생산했음을 확인할 수 있다. 따라서 중국 요리의 외 래 요소나 변화를 설명하기 위해 궁정에서 준비된 고급 요리의 "낙수 효 과"에 의존할 필요는 없다. 북중국의 향촌에서 무슬림 농업 공동체는 이 러한 "서아시아"의 중국 이웃들과 유사하게 서아시아의 식재료와 농작 물을 재배하고 가공했다. 다시 말해 확산의 중심은 중국 내부에 있었다. 이란에서도 마찬가지이다. 이란에서도 중국인 관원과 군대, 그리고 가장 중요한 중국 농민들이 마르브, 쿠이, 타브리즈와 같은 도시의 향촌에 퍼 져 동아시아의 농작물과 요리 확산의 중심지 역할을 했다.

마지막으로 문헌 자료는 중요한 연관성과 가능성을 제시했지만, 그 한 계도 분명하다. 민족식물학과 민족학 연구도 필요할 것이다. 한 가지 분 명한 예로, 아제르바이잔의 쿠이에 있는 중국인 마을의 농업과 식문화에 관한 세심한 민족사적인 연구는 몇몇 유익한 결론을 제공할 수 있을 것이 다. 마찬가지로 북중국에 있는 무슬림 중심지 홍주에 대해서도 비슷한 조사는 유의미한 시각을 제시할 수 있을 것이다.

---

71 Bertold Laufer, *Sino-Iranica*, pp. 254~72.

제16장

의학

제국의 시대에 몽골인은 의료 행위와 치료, 약물에 대한 광범위한 목록을 가지고 있었다. 모든 민속적 전통이 그러하듯이, 그들의 치료 방식은 경험적 지식과 영적·주술적 신앙에 뿌리를 두고 있었다. 흥미롭게도 라시드 앗 딘은 특정 부족이 다른 이들보다 이 분야에서 더 뛰어난 기술을 갖고 있는데, 특히 남부 시베리아 부족이 "몽골 의학을 잘 알고 있고 몽골식 치료법을 잘 적용한다"[1]라고 했다. 예를 들어 이들 약 가운데 카지르(qajir)라는 이름으로 알려진 약이 있었는데 누구도 그 성분이나 특성에 대해서는 알지 못했다.[2] 몽골인들은 전통 민간요법 외에 약수와 갓 죽은 동물의 내장을 치료에 활용하려 했고, 이를 적당하게 바르면 다양한 질병과 상처를 치료할 수 있을 것으로 믿었던 치료법을 활용하려고 했다.[3] 적어도 몇 세기 이후에 사혈도 그들 의학의 중요한 부분을 차지했다.[4]

---

1 Rashīd/Alizade, vol. I, pt. 1, p. 239.
2 *Ibid.*, p. 305. 이 몽골어는 '사나운'을 의미하는 투르크어 카지르에서 기원했다는 점에서 "강력한 (약)"이었던 것 같다. *DTS*, p. 407 참조.
3 Nicholas Poppe, "An Essay in Mongolian on Medicinal Waters", *Asia Major* 6 (1957),

몽골 지배층은 제국을 형성하고 광대한 영토와 다양한 민족을 지배하게 되자, 자연스레 중국, 고려, 티베트, 인도, 위구르, 이슬람, 네스토리우스 기독교 등 유라시아의 주류 의료 체계에 접근할 수 있었다.[5] 칭기스칸 가문의 왕자들은 곧 주치의가 생겼고 그들을 행정 순회나 군사 원정에 동행시켰다. 통풍을 앓고 있던 쿠빌라이는 궁영(orda)에 치료사가 여럿 있었다.[6] 경우에 따라 이 의료인들은 군인과 수공업자처럼 단순한 방식으로 징집되기도 했다. 중국에는 가장 상세한 정보가 전해지는데, 모든 백성은 민족과 직업에 따라 분류되었고, 그중에서도 의료인은 중시하여 중요한 직업군을 이루었다.[7] 그러나 그들 중에는 강제로 끌려온 것이 아닌 스스로 몽골 조정에서 명예와 부(富)를 구하러 온 자도 있었다. 14세기 초 중국에 등장한 "롬바르드 출신의 의사와 외과의"가 그 예이다.[8] 하지만 자의든 타의든 간에, 이 수많은 궁정의는 자신들의 진단, 치료법, 그리고 약을 가지고 제국 내에서 빈번하게 이동했다. 그 결과 동방과 서방에 있는 몽골 궁전에서 다양한 유형과 출신의 치료사가 함께 일했다.

몽골인들은 이 외국인 의사들을 전통적인 샤먼과 구별하기 위해 오토치(otochi)라 불렀다. 의사를 의미하는 위구르어 오타치(otachi)에서 차용

　　pp. 99~105; Francis W. Cleaves, "A Medical Practice of the Mongols in the Thirteenth Century", *HJAS* 17 (1954), pp. 428~44.

4　Menggen Bayar, "Unique Features of Bloodletting Treatment in Traditional Mongolian Medicine", *Mongolian Society Newsletter* 13 (Feb., 1993), pp. 46~52.

5　Leonardo Olschki, *Marco Polo's Asia* (Berkeley: University of California Press, 1960), pp. 414~32의 연구 참조. 내륙 아시아 의학사에 관한 연구가 아직 이루어지지 않았지만 Ruth I. Meserve, "Western Medical Reports on Central Eurasia", in Arpád Berta, ed., *Historical and Linguistic Interaction between Inner Asia and Europe* (University of Szeged, 1997, pp. 179~93)의 서론 참조.

6　Marco Polo, pp. 231, 233; Rashīd/Karīmī, vol. I, p. 658; Rashīd/Boyle, pp. 298~99.

7　Ōshima Ritsuko, "*The Chiang-hu* in the Yuan", *Acta Asiatica* 45 (1983), pp. 69~70.

8　Sir Henry Yule, *Cathay*, vol. III, p. 49; Christopher Dawson, *The Mongol Mission*, p. 226.

한 이 용어는 당시 중국 사료에서 궁정 의원을 의미하는 태의(太醫)로 표기했다.[9] '약', '약물', '약초'를 의미하는 몽골어 엠(em)은 투르크어에서 차용한 것이다.[10] 오토치를 샤먼과 확실히 구별하는 주요 특징은 샤먼이 주로 영적인 방법에 의존하는 반면, 오토치는 질병을 치료하는 데 약초를 사용한다는 점이었다.[11] 이러한 이유로 최근 몇 세기 동안 몽골인은 약초 치료법을 '선진 의학'과 연관짓고, 러시아 탐험가 니콜라이 프르제발스키(Nikolai Przhevalskii) 같은 서구인이 몽골 여행에서 식물 표본을 수집하자 현지인들로부터 곧 능숙한 치료자로 인정받은 이유이기도 했다.[12]

오토치 중 처음으로 문화적 경계를 넘어 이동한 이들은 1219년 몽골군과 함께 서투르키스탄으로 이동한 중국인 의사들이었다. 칭기스 칸의 차남으로 트란스옥시아나를 관할했던 차가타이는 자신의 영지에 몇 명의 중국인 의사를 데리고 있었다.[13] 1250년대 중반 훌레구가 서방으로 왔을 때, 그 일행에도 중국인 의사(iṭibbā'-i khitāī)가 있었다.[14] 이 의사들은 그의 통치 기간 내내 함께했으며, 1265년 초 일칸의 마지막 병상에서 사하제(瀉下劑)로 그를 치료했다. 그러나 그의 상태는 악화되었고 곧 세상을 떠났다.[15]

훌레구의 손자인 아르군은 비록 서방에서 나고 자랐지만 역시 동방 의

9   Antoine Mostaert, *Le matériel mongol*, vol. I, p. 83; *DTS*, p. 373.

10 Antoine Mostaert, *Le matériel mongol*, vol. I, p. 54; *DTS*, p. 171.

11 오토치와 샤먼의 구별은 Yūsuf Khāṣṣ Hājib, *Wisdom of Royal Glory* (*Kutadgu Bilig*): *A Turko-Islamic Mirror for Princes*, trans. by Robert Dankoff (University of Chicago Press, 1983), p. 181에 분명하게 나와 있다.

12 N. Prejevalsky (Przhevalskii), *Mongolia, the Tangut Country and the Solitudes of Northern Tibet*, trans. by E. Delmar Morgan, repr. (New Delhi: Asian Educational Services, 1991), vol. I, p. 149.

13 Li Chih-ch'ang, *Hsi-yü chi*, pp. 351~53; Li Chih-ch'ang, *Travels of an Alchemist*, p. 110; Rashīd/Karīmī, vol. I, p. 548; Rashīd/Boyle, p. 154.

14 Rashīd al-Dīn, *Chinageschichte*, folio 392r, *tafel* 1, Persian text, and p. 21, German translation.

15 Rashīd/Karīmī, vol. II, p. 736.

학을 선호했다. 1291년 마지막 투병 기간에 극단적인 치료가 진행되었다. 인도인이나 위구르인 같은 다양한 인물로 묘사되었던 그의 주치의들은 그에게 진사(辰沙, sīmāb-i adviyah)를 여러 차례 복용하게 했는데, 그것이 그를 사망에 이르게 했던 것 같다.[16] 주치의들의 출신과 상관없이 진사나 황화수은은 중국과 아주 밀접한 관련이 있는 약으로 중국에서 불로장생의 약으로 널리 사용되었다. 여러 세대에 걸쳐 도교 연금술사들은 수은을 가지고 실험하다가 비극적인 결과를 낳기도 했다. 한대(漢代)와 당대(唐代)의 수많은 의사와 황제를 비롯한 귀족 출신의 환자는 진사를 먹고 납 중독으로 사망하기도 했다.[17] 치명적인 평판에도 불구하고 진사는 아시아의 약재로서 굳건한 자리를 유지했고 그 결과 더 많은 희생자를 낳았다.

가잔 또한 중국 의학을 활용했다. 그가 두 번째로 안염(ramad)에 걸렸을 때 현지(무슬림) 의사들이 상태를 호전시킬 수 없다고 하자, 1303년 10월 타브리즈로 가서 중국인 의사에게 치료를 받았다. 중국인 의사는 그의 몸 두 곳에 뜸 치료를 했고, 이로 인해 가잔은 쇠약해져 말 등에 앉을 수 조차 없게 되었다.[18]

이것은 동아시아 의학에서 흔히 볼 수 있는 뜸의 한 형태이다. 침술과 같이, 뜸은 인체의 건강을 좌우하거나 조절하는 기(氣)의 순환 혹은 영향에 관한 경락(經絡)과 간지(干支) 이론에 기반한다. 이 경락 체계에서는 신체의 특정 부위의 치유를 돕기 위해 자극을 가할 수 있는 특정 지점이 있다. 침술에서 침을 사용한다면, 뜸에서는 쑥의 마른 잎에 열을 가한다. 쑥을 가루로 만들어 원뿔이나 원통형으로 모양을 낸 후에, 수많은 지점 가운데 하나에 소금 혹은 생강 같은 절연체를 이용해 천천히 태워 열을

---

16 Rashīd/Jahn I, p. 88; Muʿīn al-Dīn Naṭanzī, *Muntakhab al-tavārīkh-i muʿīnī*, p. 149.

17 Joseph Needham, "Elixir Poisoning in Medieval China", in his *Clerks and Craftsmen in China and the West* (Cambridge University Press, 1970), pp. 316~39 참조.

18 Rashīd/Jahn II, p. 150.

발산해 특정 경락의 기(氣)를 자극케 한다. 가잔의 경우처럼 실제로 안과 질환에 특정된 다양한 쑥뜸 혈자리가 있었는데, 대부분은 얼굴이나 머리에 있고 일부는 사지(四肢)에 뜨는 경우도 있었다.[19]

이는 14세기까지 중국 의학이 일칸 궁정에서 지속적으로 명예로운 위치를 누렸다는 증거이다. 가잔 스스로 중국 의학의 기본 원리를 잘 알고 있었고 그 약의 특징도 잘 알고 있었다.[20] 이는 부분적으로 몽골의 전통과 선호 때문이기도 하겠지만, 라시드 앗 딘의 개방적 면모와 폭넓은 관심의 산물이기도 했다.

라시드 앗 딘이 처음에 요리사이자 의사로 몽골 궁정에 들어갔던 것을 기억할 것이다. 그는 이 직업과 동일시되어 동시대인들에게 의사(Ṭabīb) 라시드로 알려졌다.[21] 그는 자신의 부와 정치적 영향력을 통해 자신의 전문 분야를 다양한 방식으로 발전시켰다. 가장 주목되었던 것은 가잔 시대에 그가 타브리즈 외곽에 라비 라시디(Rabʻ-i Rashīdī)를 건설했다는 것이다. 이곳은 다양한 관심사와 출신지의 학자들의 중심지가 되어 일칸의 수도를 중세 유라시아의 대표적인 문화 중심지로 만들었다.[22] 이 구역에는 병원이자 의료 교육 시설인 치유소가 있었다.[23] 그리고 라시드 앗 딘의 저서에 이곳에서 중국과 외국 의사들이 현지 '수련생'에게 그들의

---

19 Dana Heroldova, *Acupuncture and Moxibustion* (Prague: Academia, 1968), pt. I, pp. 81~86, 101, 107~09, 119, 140~42, 177~79.

20 Rashīd/Jahn II, p. 172.

21 Abū Bakr al-Ahrī, *Tarikh-i Shaikh Uwais*, p. 146, Persian text, and p. 48, English translation.

22 Karl Jahn, "Tabris, ein mittelalterliches Kulturzentrum zwischen Ost und West", *Anzeiger der phil.-hist. Klasse der österreichischen Akademie der Wissenschaften* 11 (1968), pp. 201~11 참조.

23 Donald N. Wilber and M. Minovi, "Notes on the Rabʻ-i Rashīdī", *Bulletin of the American Institute for Iranian Art and Archeology* 5 (1938), pp. 247~54, 특히 pp. 242, 252; A. I. Falina, "Rashīd al-Dīn—Vrach i estestvoispytatel", *Pisʹmennye pamiatniki Vostoka, 1971* (Moscow: Nauka, 1974), pp. 127~32.

전문지식을 전수케 했다는 주장을 제쳐두더라도, 그가 동아시아 의학을 폭넓게 접했고 그 원리를 열심히 탐구했다는 데는 의심의 여지가 없다.

예를 들어 가잔 통치기에 이란에 도착한 중국인 명의(名醫) 리타지와 니커순은 의학(ṭibb)을 포함한 중국 과학에 정통했고, 그들은 '중국 서적'을 가지고 왔다.[24] 그 서적의 제목에 대한 정보는 없지만, 우리는 페르시아어로 번역된 몇 권의 중국 의서가 있다는 사실을 알고 있다. 라시드 앗 딘은 그의 문헌 목록을 정리한 글에서 중국 서적들을 먼저 페르시아어로 번역한 다음 아랍어로 번역했다는 내용의 장(章)을 포함시켰다. 첫 번째는 중국인들의 의학 이론서와 실습서였고, 두 번째는 "우리가 사용하는 것과 우리에게 알려지지 않은 것을 포함한" 중국에서 사용한 민간요법이었다. 그리고 세 번째는 몽골인들이 이용하는 민간요법에 관한 책이었다.[25] 몽골 자료에 대해 더 이상 듣지 못했지만, 몇 권의 중국 의학서는 『일칸의 진보지서』(Tanksūq-nāmah īl-khānī)에 남아 있다.[26]

아야 소피아(Aya Sophia)에서 발견된 이 저서의 현존하는 유일한 사본은, 1313년 타브리즈에서 무함마드 이븐 마흐무드 알 키르마니(Muḥammad ibn Maḥmūd al-Kirmānī)라는 자가 필사한 것이었다.[27] 우리에게 전해졌듯이, 이 저서에는 라시드 앗 딘의 긴 서문과 삽화가 실린 중

---

24 Rashīd al-Dīn, *Chinageschichte*, folio 393r, *tafel* 4, Persian text, and p. 23, German translation.

25 Rashīd/Quatremère, pp. CXXXVIII, CLX; A. M. Muginov, "Persidskaia unikal'naia rukopis", p. 374.

26 Rashīd al-Dīn, *Tanksūq-nāmah yā ṭibb ahl-i Khitā*, ed. by Mujtabā Mīnuvī (University of Tehran, 1972). 이것은 이 제목의 두 번째 저서로 첫 번째는 나시르 앗 딘 투시의 광물과 보석에 관한 책이며 훌레구에게 진상되었다. O. F. Akimushkin, "Novye postupleniia persidskikh rukopisei v rukopisnyi otdel Instituta Narodov Azii AN SSSR", *Ellinisticheskii Blizhnii Vostok, Vizantiia i Iran* (Moscow: Nauka, 1967), pp. 147~48 참조.

27 Abdulhak Adnan, "Sur le Tanksukname-i-Ilhani dar Ulum-u-Funun-i-khatai", *Isis* 32 (1940), pp. 44~47.

국 의학 논문의 페르시아어 번역, 사피 앗 딘(Safi'al-Dīn)이라는 사람이 남긴 페르시아어 해설과 설명이 포함되어 있다. 랄(Rall)의 견해에 따르면, 이 번역은 중국인 의사가 페르시아인, 아마도 사피 앗 딘과 라시드 앗 딘에게 어려운 구절을 설명한 후 이를 기록한 협동 작업이었다. 어쨌든 페르시아어 번역가와 논평자는 중국 의학의 개념과 저작에 대해 매우 잘 알고 있었던 것은 분명하다. 중국어에서 번역된 주요 중국 저서는 왕숙화(王叔和, 180~270)의 저작인『맥경』(脈經)으로 알려졌다. 그러나 실제로 이 저작은 송 혹은 원 제국에서 집필된『맥결』(脈訣)이었다. 이러한 혼동은 페르시아인의 오류가 아니라『맥결』의 저자에 관한 중국인의 오해에서 비롯된 것이었다. 또한『진보지서』에서 언급한 난링(Nān-līng)은 아마도『난경』(難經)으로, 이 책 또한 진맥에 관해 다루고 있다.[28]

또한 인체생리학에 관한 또 다른 중국 의서에서 가져온 몇 가지 삽화가 있다. 인체 구조에 대한 중국의 이해는 기원전 3세기에 씌어진『황제내경』(黃帝內經)에 기반한다. 그런데 11세기까지는 인체 해부에 관한 명확한 언급은 없었다. 그러다가 12세기 초, 송나라 의사 양개(梁介)는 처형된 범죄자들에 대한 해부를 바탕으로「존진환중도」(存眞環中圖)를 편찬했다.『진보지서』의 인체 장기도(臟器圖)는 양개의 저서에서 비롯되었지만 오래된 의서인「화타내조도」(華佗內照圖)의 원 판본에 추가된 도안을 베낀 것이다.[29]

전체적으로 보면, 이란에서 가장 찬사를 받았던 중국 의학 지식의 한 분야가 진맥이었음은 분명하다. 확실히 중세 이슬람 의학은 혈액의 흐름

28 『진보지서』의 저자와 번역, 내용에 대해서는 Jutta Rall, "Zur persischen Übersetzung eines *Mo-chüeh*, eines chinesischen medizinischen Textes", *Oriens Extremus* 7 (1960), pp. 152~57; Mujtabā Mīnuvī, "Tanksūq-nāmah-i Rashīd al-Dīn", in S. H. Nasr, ed., *Majmu'ah-i khatābah-ha-i taḥqīqī dar bārah-i Rashīd al-Dīn* (University of Tehran, 1971), pp. 307~17 참조.

29 Miyasita Saburō, "A Link in the Westward Transmission of Chinese Anatomy in the Later Middle Ages", *Isis* 58 (1967), pp. 486~90.

과 맥박에 관심을 가졌고 이븐 시나(Ibn Sīnā, 980~1037)도 이 주제에 관한 글을 썼다.[30] 그럼에도 불구하고 『맥결』을 번역하기로 결정한 것이 몽골 지배층의 의도적이고 강한 선호의 부산물이었음을 시사하는 충분한 근거가 있다.

진단법으로서의 진맥은 중국에서 상당히 오래되었다. 기원전 5세기 혹은 그 이전부터 진맥은 일반적인 치료법으로 자리 잡았다. 이 방법은 기원전 4세기에 편작(扁鵲)이라는 의사의 치료법인 것으로 여겨졌지만 지금은 1세기경 작자 미상으로 알려진 『내경』(內經)과 『난경』(難經)에서 더욱 정교화되고 체계화되었다.[31] 이 주제를 전적으로 다룬 첫 번째 글은 왕숙화의 『맥경』으로, 이미 언급했듯이 『맥결』과 혼동된 바 있었다. 모든 의사는 맥박과 심박동, 혈류는 서로 연결되어 있다고 믿었으며, 건강은 이러한 인체의 흐름에 대한 관찰과 교정에 달려 있다고 보았다.[32]

몽골 시대까지도 진맥은 중국인 사이에 일반적이었으며, 원 판본이 존재할 정도로 『맥경』과 같은 저서는 높이 평가되었다.[33] 몽골인도 곧 이 진단법에 상당히 의존했고 널리 활용했다. 1241년 봄, 칭기스 칸의 셋째 아들이자 후계자였던 우구데이는 중병에 걸려 "맥박이 불규칙해졌다." 그의 참모 가운데 하나였던 야율초재는 천하의 모든 자에게 사면을

30 Manfred Ullman, *Islamic Medicine* (Edinburgh University Press, 1978), pp. 64~69; William E. Gohlman, trans., *The Life of Ibn Sina* (Albany: State University of New York Press, 1974), p. 97; Ernest A. Wallis Budge, trans., *Syriac Book of Medicines: Syrian Anatomy, Pathology and Therapeutics in the Early Middle Ages*, repr. (Amsterdam: APA-Philo Press, 1976), vol. I, pp. 138, 248, 287, 290.

31 Paul U. Unschuld, "Terminological Problems Encountered and Experiences Gained in the Process of Editing a Commentated *Nan-ching* Edition", in Paul U. Unschuld, ed., *Approaches to Traditional Chinese Medical Literature*, pp. 97~100.

32 개요는 Ma Kanwen, "Diagnosis by Pulse Feeling in Chinese Traditional Medicine", *Ancient China's Technology and Science*, pp. 358~68 참조.

33 R. C. Rudolph, "Medical Matters in an Early Fourteenth Century Chinese Diary", *Journal of the History of Medicine and Allied Sciences* 2 (1947), pp. 304~05; K. T. Wu, "Chinese Printing under Four Alien Dynasties", *HJAS* 13 (1950), p. 479.

내릴 것을 권고했다. 카안은 그의 뜻을 따랐고 칙령이 발표되자마자 그의 "주치의들은 그의 맥을 짚으니 맥박이 다시 살아났다〔정상으로 돌아왔다〕."[34] 중국인만큼이나 몽골인에게도 신체적 건강과 도덕적 질서는 깊은 연관이 있었다.

12년 후, 뭉케 통치기에 카라코룸을 방문한 루브룩은 그곳에서 만났던 중국 의사들, 특히 약용식물 사용과 진맥에 대해 높이 평가했다.[35] 1270년대 어느 날 쿠빌라이 카안이 위구르 학자 안장(An-ts'ung, 安藏)에게 『난경』을 몽골어로 번역하라고 명하면서부터 이 의학 분야의 절대적 지위가 더욱 공고해졌다.[36] 마침내 그를 계승한 테무르 시기에 의학 교육을 통해 그 위상은 법적 힘을 얻게 되었다. 당시의 공문서에 따르면, 1305년 의학 학교에 대한 감독, 교육과정의 수립, 그리고 졸업생의 자격 부여를 관장하는 태의원(太醫院)에서는 모든 의과생에게 10개 과목에 대한 시험을 치르도록 명했다. 앞의 두 과목은 성인에 대한 진맥과 어린이에 대한 진맥이었다. 교재로 추천된 서적에는 『난경』과 『맥결』이 있었다.[37] 라시드 앗 딘이 후자를 『진보지서』에 포함한 것은 우연이거나 단순한 접근 가능성 때문이 아니었다. 그것은 오히려 동방의 조정에서 먼저 확립한, 몽골에서의 오랜 선호가 일칸들에게 전해졌으며, 그들이 기꺼이 원 제국의 선례를 따랐던 것이다.

13세기 서아시아 의학의 동방으로의 흐름은 동방 기독교, 특히 중앙아시아와 중국의 네스토리우스 공동체와 깊은 관련이 있었다. 이 공동체는 자리를 견고하게 잡아 지방과 지역의 네트워크로 서로 연결되어 있

34 『元史』, 卷 146, p. 3463; 『元文類』, 卷 57, p. 20b.

35 Christopher Dawson, *The Mongol Mission*, p. 144; Rubruck/Jackson, pp. 161~62.

36 柯邵忞, 『新元史』(二十五史 ed.), 卷 192, p. 1b; Walter Fuchs, "Analecta zur Mongolischen Uebersetzungsliteratur", pp. 42~43.

37 『元典章』, 卷 32, pp. 3a, 4a~b; 『通制條格』, 卷 21, pp. 261~62; Paul Ratchnevsky, *Un code des Yuan*, vol. II, pp. 48~49.

었고, 상당한 정치적 영향력을 행사하고 있었다. 동방 기독교인의 이동은 3, 4세기의 기독교 교리 논쟁에서 시작해 5, 6세기에 사산 왕조의 박해로 가속되었으며, 8세기 후반 서안(西安)에 유명한 비석이 세워지면서 초기의 중요한 성과를 이루었다. 네스토리우스파의 영향력은 또한 초원으로 확장되었다. 칭기스 칸 시대에 케레이트, 나이만, 웅구트 같은 서부와 남부 몽골의 많은 유목 부족은 신실한 신자들이었으며, 심지어 북동쪽의 타타르족도 어느 정도 네스토리우스파의 영향을 받았다.[38] 내륙 아시아의 정주민 가운데 세미레체(Semirech'e), 타림분지, 위구리스탄에 많은 네스토리우스 공동체가 있었고, 중국 전역에도 여러 공동체가 흩어져 있었다.[39] 게다가 그 공동체들은 서아시아의 대교구 주교들과도 접촉하고 있었다.[40] 이러한 유리한 환경에서 네스토리우스 공동체는 번영했고 제국 이후에서야 쇠락했다.[41]

동방의 네스토리우스 교도가 의료 분야와 깊은 연관이 있었다는 점도 중요하다. 시리아어로 된 상당수의 의학 문서가 중앙아시아에서 발견되었는데, 이는 원문 또는 번역본이었다.[42] 동방 기독교인이 서아시아 의학

---

38 Louis Hambis, "Deux noms chrétiens chez les Tatars", *Journal Asiatique* 241 (1953), pp. 473~75.

39 마르코 폴로는 과거의 많은 공동체에 관해 언급했다. Marco Polo, pp. 143, 146, 151, 178~79, 181, 183, 263~64, 277, 314, 323 참조.

40 교회 공동체에 대해서는 Ernest A. Wallis Budge, *The Monks of Ķūblāi Khān*, pp. 136, 146, 152; Marco Polo, p. 100 참조.

41 네스토리우스 교도의 동방으로의 확산에 대해서는 A. B. Nikitin, "Khristianstvo v Tsentral'noi Azii (drevnost i srednevekov'e)", in B. A. Litvinskii, ed., *Vostochnoi Turkistan i Sredniaia Aziia: Istoriia, kul'tura, sviazi* (Moscow: Nauka, 1984), pp. 121~37 참조. 몽골 이후 그 쇠퇴에 대해서는 I. P. Petrushevskii, "K istorii Khristianstva v Srednei Azii", *Palestinskii sbornik*, vyp. 15(78) (1966), pp. 141~47 참조.

42 Peter Zieme, "Zu den nestorianisch-türkischen Turfantexten", in G. Hazai and Peter Zieme, eds., *Sprache, Geschichte und Kultur der altaischen Völker* (Berlin: Akademie-Verlag, 1974), p. 665; Nicolas Sims-Williams, "Sogdian and Turkish Christians in the Turfan and Tun-huang Manuscripts", in Alfredo Cadonna, ed., *Turfan and Tun-huang: The Texts* (Florence: Leo S. Olschki Editore, 1992), p. 51.

에서 중요한 역할을 했기 때문에 이는 전혀 놀라운 일이 아니다. 비록 동방 기독교와 이슬람 의학 사이의 관계가 복잡하고 종종 잘못 이해됐으며 생각만큼 직접적이지는 않았지만, 네스토리우스 교도가 아랍의 갈레노스(Galenos, 129?~199?) 의학의 결정적인 매개였음은 의심의 여지가 없다. 심지어 준디 샤푸르(Jundi Shapur)에 있는 기독교 의학교가 이슬람 의학의 기원이라는 오래된 신화조차 이슬람 사회에서 활동하는 네스토리우스교 출신 의사들에게 명성을 더했다.[43] 몽골이 팽창하던 당시 동방 기독교 의사들은 그들의 지역 사회에서 중요한 인물이었을 뿐만 아니라 유명한 이슬람 통치자들의 궁정 의사로서 지속적으로 봉사했다.[44] 그 중심지 가운데 하나가 에데사(Edessa)였는데, 이곳에서는 유명한 의사들을 배출하고 시리아어로 된 의서(醫書)를 지속적으로 편찬했다.[45]

이러한 사례가 때때로 과장되기도 했지만, 몽골제국 초기에 네스토리우스 교도의 위상과 영향력은 그들의 숫자에 비례하지 않았음이 분명하다.[46] 그들의 영향력은 여러 방식으로 나타났다. 우선, 혼인동맹을 통해 칭기스 칸의 대가문에 네스토리우스 교도가 유입되었다. 한 사례로, 초기 일칸국에서 훌레구의 첫째 아내이자 정치적 영향력이 있던 도쿠즈 카툰(Doquz Qatun)은 케레이트 왕 옹칸의 손녀로 독실한 기독교 신자였다.[47] 시간이 흐르면서 궁정에서 고위직을 차지한 동방 기독교인들이 더욱 눈에 띄었다. 우구데이의 수석 보좌관이었던 친카이(Chinqai),

---

43 전통적인 관점에 대해서는 Allen D. Whipple, *The Role of the Nestorians and Muslims in the History of Medicine* (Princeton University Press, 1967), pp. 20~23 참조. 네스토리우스 교도와 무슬림 의학의 상호 관계에 대한 비판적 접근은 Michael W. Dols, "The Origins of the Islamic Hospital: Myth and Reality", *Bulletin of the History of Medicine* 61 (1987), pp. 367~90 참조.

44 Ernest A. Wallis Budge, *The Monks of Kūblāi Khān*, pp. 152, 153.

45 Bar Hebraeus, pp. 391~92.

46 그 예로 L. N. Gumilev, *Searches for an Imaginary Kingdom: The Legend of the Kingdom of Prester John* (Cambridge University Press, 1987), pp. 169~218은 증거를 한계에 까지고 때때로 그것을 훨씬 넘어서고 있다.

구육의 아타벡(atabeg, 스승)이었던 카닥(Qadaq), 뭉케 시기 고위 관원이
었던 불가이(Bulghai) 모두가 네스토리우스 교도였다.[48] 칭기스 칸 가문
에서 많은 수의 위구르인이 봉사했는데 다수가 네스토리우스 교도인지
라 기독교의 영향력이 더욱 확대되었다. 조정에 있는 위구르인 기독교
도가 만연해 있어서 카르피니 같은 유럽의 기독교도는 위구르인 모두
가 '네스토리우스파'라고 잘못 생각했는데, 사실 불교도와 마니교도가
다수를 차지했다.[49] 실제로 다양한 종족 배경을 가진 네스토리우스 교도
는 늘 원 제국 궁정과 긴밀히 연결되어 있었고, 13세기와 14세기에 걸쳐
동방의 가톨릭 수사들에게 골칫거리이기도 했다. 루브룩, 몬테코르비노
(Montecorvino)의 요한 등이 이러한 불만을 토로한 바 있다.[50]

결과적으로 서아시아의 네스토리우스 교도가 기회를 얻고자 동방에
갔을 때, 동료 신자와 몽골 궁정으로부터 따뜻한 환대를 받았다. 1230년
대 후반과 1240년대 초 몽골로 여행을 떠났던 유프라테스강 상류 룸칼
레(Rum Qal'a) 출신의 교회 장로이자 의사였던 시몬이 그 첫 번째 인물
이었다. 그는 의술로 우구데이 '카안'의 환심을 얻는 데 성공했고, 랍반
아타의 명예를 얻었다. 이는 스승을 의미하는 시리아어 랍반(rabban)과
아버지를 의미하는 투르크어 아타(ata)를 합성한 용어이다. 시몬은 궁
정에서 자신의 높은 지위를 활용해 트란스코카서스의 기독교도에 대한
몽골군의 횡포를 중단하라는 성지를 얻었다. 그 후 그는 고향으로 돌아
와 자신의 정치적 인맥을 통해 동료 신자의 어려움을 개선하는 데 힘썼

47 Vardan Arewelcʻi, "The Historical Compilation", p. 217.
48 Juvaynī/Qazvīnī, vol. I, pp. 213~14; Juvaynī/Boyle, vol. I, p. 259. 또한 Rashīd/
    Karīmī, vol. I, p. 573; Rashīd/Boyle, p. 188 참조.
49 Christopher Dawson, The Mongol Mission, p. 20.
50 Sir Henry Yule, Cathay, vol. III, pp. 46~48, 101~02; Christopher Dawson, The
    Mongol Mission, pp. 144~45, 177~79; Rubruck/Jackson, pp. 163~64, 211~14. 확
    장된 논의는 Paul Pelliot, Recherches sur les chrétiens d'Asie centrale et d'Extrême-Orient
    (Paris: Imprimerie nationale, 1973), pp. 242~88 참조.

다. 그는 교회를 세워 '타타르인'을 개종시켰고, 타브리즈와 나크치반 (Nakhchivān) 등 이슬람이 지배적인 지역의 기독교 공동체를 보호했다. 그는 현지 몽골 군관들에게 존경을 받았고, 그들의 지원과 자본으로 광범위하고 수익성 높은 무역 활동을 벌였다. 그 이후의 생애는 불분명하지만, 그는 의사로서 훌레구를 위해 봉사했던 랍반 시몬과 동일인일 것이다. 만약 그렇다면, 그는 정치적 숙청 과정에서 1290년에 피살당할 때까지 의료와 상업 활동에서 성공적인 길을 걸었을 것이다.[51] 어쨌든 시몬은 동방에서 오래 머물지는 않았지만 또 다른 네스토리우스 교도 의사인 통역관 이사(예수)가 올 수 있는 길을 열었다.

안타깝게도 이사의 생애 초반에 대해서는 알려진 바가 거의 없다. 그에 관한 중국 전기에 따르면, 그는 1227년경에 롬(Hrom) 또는 룸(Rum)을 중국식으로 음사한 푸린(拂林)에서 태어났다.[52] 그런데 이 경우에 룸은 동로마의 비잔티움으로 이해해서는 안 되고 많은 기독교도가 거주하던 시리아와 상부 메소포타미아 같은 지역으로 이해해야 할 것이다. 우리의 이사는 바르 헤브라에우스가 언급한 이사와 동일인일지도 모른다. 그는 다음과 같이 기록했다.

당시(1240년대 중반) 에데사의 의사이자 하스란(Hasrān)의 제자였던 이사는 멜리테네(Melitene)에서 유명했다. 이 사람은 멜리테네에서 킬리기아(Cilicia)(소(小)아르메니아)로 가서 국왕(헤툼(Het'um), 재위 1226~69)을 위해 봉사하면서 성(聖) 마르 바르사우마(Saint Mār Bar-Sāwmā)라

51 Kirakos Gandzaketsi, *Istoriia*, pp. 174~75, 181; A. G. Galstian, *Armianskie istochniki*, p. 41; Bar Hebraeus, p. 437; Simon de Saint Quentin, *Histoire des Tartares*, ed. by Jean Richard (Paris: Libraire orientaliste, 1965), p. 30. 좀 더 상세한 전기적 연구로는 Paul Pelliot, *Les Mongols et la papauté* (Paris: Librairie August Picard, 1923), vol. II, pp. 29~66 참조.
52 程鉅夫, 『程雪樓文集』, 卷 5, p. 4b.

는 이름으로 교회의 기초를 세웠다.[53]

여전히 불확실하지만 이름과 직업의 명백한 유사성 외에도 동일 인물임을 확인할 수 있는 몇 가지 근거가 있다. 첫째, 에데사(Al-Ruhā)와 멜리테네(Malaṭiyyah)는 상부 메소포타미아의 중요한 기독교 공동체로 이 지역은 중국의 푸린과 상당한 관련이 있다.[54] 둘째, 바르 헤브라에우스의 '이사'는 1247년 그의 후원자였던 왕 헤툼이 총독이었던 그의 형제인 지휘관 슴바트(Smbat)를 구육에게 보낼 때까지 길리기아에 거주했다.[55] 이 때가 바로 이사가 몽골에 등장한 시기였다.

사실이 무엇이든, 중국 사료에 나오는 이사는 구육 재위 연간(1247~49)에 처음으로 몽골에서 봉사했다. 그의 전기에 따르면, "공통된 신앙으로 정종(구육)과 친분이 있던 랍반 아타가 (카안에게) 그의 능력을 알려 추천하여 그는 카안을 위해 봉사하도록 부름을 받게 되었다." 이 구절에 따르면 랍반 아타가 귀국한 후 동방으로 "이사의 능력"을 전했고, 이사는 직책을 "제안받아" 몽골로 오게 된 것이다. 구육의 관심을 끈 기술은 동일한 사료에 명확하게 기술되어 있다. "서역(西域)의 다양한 언어, 천문학(星曆)과 의술(醫藥)에 관해 그가 연구하고 실습해 보지 않은 것이 없었다."[56] 어떠한 언어인지 명시되지는 않았지만 그는 상부 메소포타미아 지역에서 교육받은 네스토리우스 교도로서 시리아어와 그리스어, 아랍어 등을 알고 있었으며, 길리기아에서 활동하면서 아르메니아어를, 칭기스 칸 가문의 수도 카라코룸에서 봉사하면서 몽골어를 익혔던 것 같

53 Bar Hebraeus, pp. 409~10.
54 Guy Le Strange, *The Lands of the Eastern Caliphate* (London: Frank Cass and Co., 1966), pp. 103~04, 120.
55 A. G. Galstian, *Armianskie istochniki*, pp. 64~66, 71; Kirakos Gandzaketsi, *Istoriia*, p. 222.
56 程鉅夫, 『程雪樓文集』, 卷 5, p. 3a.

다. 그리고 이후 오래 머물렀던 북경에서 중국어를 배웠을 것이다. 이 여정에서 페르시아어를 조금 습득했더라도 전혀 이상하지 않다.

몽골에서 이사는 쿠빌라이를 만나 그의 유창한 언어와 다양한 재능으로 깊은 인상을 남겼다. 쿠빌라이가 제위에 올라 정치 기반을 북중국으로 옮기면서 이사는 그의 제안을 받고 동행했다. 1263년경 그는 그곳에서 경사의약원(京師醫藥院)으로도 알려진 서역의약사(西域醫藥司)를 세웠다. 1273년에 이 기구의 이름은 말 그대로 '은혜를 널리 전하는 기구'를 의미하는 광혜사(廣惠司)로 변경되었으나 일반적으로 '이슬람 의료 기구'로 더 잘 알려져 있다.[57]

이 기구는 태의원(太醫院)에 행정적으로 소속되어 있었고, "황실 사용을 위한 이슬람[回回] 약의 준비, 황실 친위대(케식)와 수도에 거주하는 고아와 가난한 자들에게 제공할 약의 조제를 담당했다."[58] 이사는 몇 해 동안에 걸쳐 이 기구의 수장을 지냈다. 물론, 그는 1280년 중반에 볼라드와 함께 이란으로 떠났고 1287년에 중국으로 돌아와 비서감(秘書監)에 임명되었다.[59] 그는 1308년까지 살았으며 중국 전기에 따르면, 사후에 이사는 "룸왕(拂林忠獻王)에 추봉되었고, 그의 아내 사라 또한 사후에 룸왕 부인으로 봉해졌다.[60]

아마도 그의 셋째 아들 하스(黑厮, Jesse)가 광혜사 장관의 직책을 먼저 물려받았던 것 같으며, 다음으로 그의 다섯째 아들 루카(魯合, Luke)가 계승했다.[61] 그의 장남 엘리야(也里牙, Elijah) 또한 언어와 의학 지식을 겸비한 가문의 전통을 이어갔다. 그는 비서감의 통역관(켈레메치)이었고 14세기 여러 경력을 거쳐 태의원을 관할했다. 그의 첫 번째 재임 기간

---

57 *Ibid.*, pp. 4a~b; 『元史』, 卷 8, p. 147; 卷 134, p. 3249; Arthur Christopher Moule, *Christians in China*, p. 228.

58 『元史』, 卷 88, p. 2221.

59 程鉅夫, 『程雪樓文集』, 卷 5, p. 4b.

60 *Ibid.*, pp. 3b, 4a, 5b.

은 알려져 있지 않지만, 두 번째 임기는 1328년경에 시작되어 그가 폭동을 선동하고 주술을 행했다는 혐의로 처형당했던 1330년 8월까지 이어졌다.[62]

이로써 원 제국에서 이사 가문이 서방 의학을 지배하던 시대는 끝난 것 같은데, 1334년 광혜사의 장관은 야리가온(也里可溫)이라고 기록된 나시르였다. 야리가온은 기독교도를 의미하는 몽골어 에르케운(erke'ün)을 한문으로 표기한 것이다.[63] 따라서 원 제국에서 주로 '무슬림'(回回)의 것으로 인식되었던 서방 의학이 사실상 대부분은 네스토리우스 교도 손에 있었으며 서방의 여행가들에게 이는 주목할 만한 내용이었다. 오도릭은 1320년대에 "황족을 돌볼 의료인 가운데 400명의 우상숭배자[중국인], 아홉 명의 기독교인, 한 명의 사라센인이 있었다"라고 했다.[64] 각 숫자를 그대로 받아들일 필요는 없지만, 비율은 대체로 맞는 것 같다. 이는 네스토리우스 기독교도들이 오랫동안 의료 분야, 특히 궁정의로서 중요한 역할을 해왔던 서아시아의 상황을 어느 정도 반영하고 지속한 것이었다.

내가 아는 한, 서아시아의 의학 서적이 원 제국 시기 중국에서 번역되었다는 직접적인 증거는 없다. 그런데 중국에는 서방 의학을 다룬 의서가 적어도 한 권 있었다. 이는 아랍-페르시아어로 의학을 의미하는 'ṭibb/ṭabb'에 해당하는 터비(忒畢)라는 이름으로 1273년 비서감 목록에 기록되어 있다. 이 책은 13부(部)로 구성된 『의경』(醫經)으로 소개되

---

61 『元史』, 卷 134, p. 3250; Arthur Christopher Moule, *Christians in China*, p. 229.

62 『秘書監志』, 卷 3, p. 17b(p. 106); 『元史』, 卷 32, p. 715; 卷 34, pp. 750, 761; Arthur Christopher Moule, *Christians in China*, pp. 231~32.

63 Yang Yü, *Beiträge zur Kulturgeschichte Chinas unter der Mongolenherrschaft: Das Shan-kü sin-hua des Yang Yü*, trans. by Herbert Franke (Wiesbaden: Franz Steiner, 1956), p. 34; Arthur Christopher Moule, *Christians in China*, p. 234. 에리케온이라는 용어에 대해서는 Paul Pelliot, *Notes*, vol. I, p. 49 참조.

64 Odoric of Pordenone, *The Eastern Parts of the World Described*, in Sir Henry Yule, *Cathay*, vol. II, p. 226.

었다.[65] 어떤 특정 책을 의미하는지 알 수는 없지만, 이븐 시나의 『의학 정전』(Qānūn fi al-ṭibb)은 중국어 『의경』(醫經)에 잘 맞는다. 게다가 13, 14세기에 이븐 시나는 서아시아 의사들에게 높은 평가를 받았다. 연대기 작가이자 의사였던 바르 헤브라에우스는 그를 칭송했고, 심지어 그의 저서 중 하나를 아랍어에서 시리아어로 번역하기도 했다.[66] 따라서 서방 의사들이 헬레니즘과 서아시아의 의학 전통을 결합한 이븐 시나의 위대한 의서를 통해 중국에서 자신들의 전문 분야의 성취를 드러내고자 했다고 주장하는 것은 타당한 듯하다.

이들 궁정의는 자신의 의서, 진단 및 치료술, 그리고 약을 가지고 이동했다. 이미 알려진 바와 같이, 몽골인은 그들만의 약초 치료법을 알고 있었고 칭기스 칸 시대부터 다른 이들의 약리학에 적극적인 관심을 보였다. 루브룩은 카라코룸에서 황실 가족을 위해 봉사하는 중국 본초학자(藥草醫)의 능력에 감탄했다.[67] 쿠빌라이 시대에 외국 의학에 대한 이러한 관심은 체계화되었다. 1270년대 대칸은 위구르인 안장에게 『난경』과 『본초』(本草)를 몽골어로 번역하도록 했다.[68] 그리고 1285년 조정에서는 사서 편찬관 사르만과 대학사(大學士) 허국정(許國禎)에게 명령해 각 로(路)의 의학 교수를 모아 『본초강목』(本草綱目)을 개정·편찬케 했다.[69]

몽골인은 서방으로 진출하면서 중국 본초에 대한 이 같은 열정적 관심을 함께 전했다. 그러나 많은 경우 동아시아산(産) 약재와 의학은 몽골인보다 훨씬 이전에 서방에 전해졌다. 중국의 대황(大黃)이 대표적인 사례이다. 감숙성과 티베트 북부가 원산지인 이 식물의 건조한 뿌리는 중국

---

65 『秘書監志』, 卷 7, p. 14a(p. 209); Kōdō Tasaka, p. 112.

66 Bar Hebraeus, pp. XXXIV, 196~98.

67 Christopher Dawson, *The Mongol Mission*, p. 144; Rubruck/Jackson, pp. 161~62.

68 柯劭忞, 『新元史』, 卷 192, p. 1b; Walter Fuchs, "Analecta zur Mongolischen Uebersetzungsliteratur", pp. 42~43.

69 『元史』, 卷 13, p. 271.

어로 '큰 황색'(大黃)으로 불리며, 사하제 또는 지혈제로 높이 평가받았다. 10, 11세기에 걸쳐 서아시아의 교역 상품으로 중요해지면서 이슬람 약학에서도 점차 중요한 품목으로 자리 잡았다. "개량된 페르시아산 대황"을 "중국산"으로 둔갑시키는 방법이 나올 정도로 수요가 많았다.[70]

대황은 본국인 중국에서는 서방에서만큼의 명성을 누리지 못했지만 중국의 의사와 약초학자들은 사하제로서의 특성을 잘 이해하고 있었다.[71] 몽골인도 곧 대황의 치료 효능을 알게 되었다. 1226년 탕구트 원정에서 그들에게 입증되었다. 중국 사료에 따르면, 감숙성의 영무(靈武)를 함락한 후에 무관들은 직물류와 보석, 그리고 젊은 여성들을 사로잡았지만, 저명한 중신이었던 야율초재는 "낙타 두 마리에 책 몇 권과 대황을 실어 가져갔다." 얼마 지나지 않아 몽골군 사이에 전염병이 발생하자 야율초재의 대황은 수천 명의 목숨을 구한 것으로 알려져 있다.[72] 마르코 폴로는 '탕구트 지방'에서 '가장 좋은 대황'을 생산한다는 것과 상인들이 "전 세계로 …… 그것을 가져간다"라는 사실을 잘 알고 있었다.[73]

쿠베브 또한 몽골 이전에 서방으로 전해졌는데 처음에 향신료로서 수요가 많았다. 시간이 지나면서는 그 의학적 효능을 인정받게 되었다.[74] 사람들은 쿠베브의 설익은 열매를 말린 다음 가루로 만들어 여러 질병을 치료하는 데 사용했다. 쿠베브는 자바와 수마트라가 원산지였지만,

---

70 U. I. Karimov, "Slovar meditsinskikh terminov Abu Mansura al-Kumri", in P. G. Bulgakova and U. I. Karimov, eds., *Materialy po istorii i istorii nauki i kul'tury narodov Srednei Azii* (Tashkent: Fan, 1991), pp. 141～42, 154 note 26; Ibn Ridwān, *Le livre de la méthode du médicin*, trans. by Jacques Gran'Henry (Louvain-la-Neuve: Université catholique de Louvain, 1979), vol. I, p. 75; Shelomo Dov Goitein, *Letters of Medieval Jewish Traders* (Princeton University Press, 1973), p. 295.

71 Bertold Laufer, *Sino-Iranica*, pp. 547～51; Paul U. Unschuld, *Medicine in China: A History of Pharmaceutics*, pp. 154～55, 191.

72 『元文類』, 卷 57, p. 12a.

73 Marco Polo, p. 158.

74 Shelomo Dov Goitein, *Mediterranean Society*, vol. IV, p. 230.

송대(宋代)에 이르러 서아시아에서 '중국산 쿠베브'(kabābah-i sīnī)로 알려진 품종이 남중국에서 재배되었다.[75] 라시드 앗 딘에 따르면, "중국 국경에서" 발견된 남쪽의 또 다른 제품은 백후추(falfal-i safīd)였다. 페르시아 의사들에게 '최고의 테리아카(항독제)'(tiryāq-i fārūq)와 다른 많은 연약(煉藥, ma'ajīn)의 재료로 수요가 상당했던 것으로 알려져 있었다.[76] 중국 의학 또는 적어도 동아시아의 약물은 이때까지 페르시아 약학에서 범용되었으며 필수적이었다.

인도, 동남아시아, 중국에서 생산된 또 다른 '향신료'인 시나몬도 의학적 가치로 탐을 낼 만했다. 다양한 월계수의 나무껍질로 만들어진 시나몬은 일찍이 향수에 사용되었고 나중에서야 조미료로 이용했다. 『구약성경』에서도 언급하고 있고, 고대 사료에서도 광범위하게 다룰 정도로 고대로부터 거래되어 왔다.[77] 몽골제국 이전에 서아시아에서 약을 조제하는 데 널리 사용되었지만, 그 원산지에 대해서는 혼란이 많았다. 처음에는 페르시아어로 다르시니(dar-sīnī)로 불렸으나 대부분의 교역에서 인도산(産) 시나몬임이 점차 밝혀졌고, 남아시아산의 상품과 고급품으로 간주된 중국산을 구별하기 위해 후자는 '중국산 다르시니'(dar-sīnī-sīnī)로 불렸다.[78]

명명 방식에 혼동이 있기는 했지만, 라시드 앗 딘이 중국 의사와 접촉하고 있고 중국 작물에 대한 해박한 지식으로 시나몬 품종에 대해 상세하게 알고 있었기 때문에 낮은 등급의 시나몬으로 그를 속이기는 어려웠을 것이다. 우선 그는 시나몬의 한자식 이름 — 계피(桂皮) — 을 알고 있었다. 그는 농서에 쿠이시(kūī sī)로 기록했는데, 뒤의 글자는 문자의

75 Bertold Laufer, "Vidanga and Cubebs", *TP* 16 (1915), pp. 282~88, 특히 p. 286.
76 Rashīd al-Dīn, *Āthār va Ahyā'*, p. 81.
77 Lionel Casson, *Ancient Trade and Society*, pp. 225~39.
78 Al-Samarqandī, *Medical Formulary*, pp. 57, 171 note 13; Ernest A. Wallis Budge, *Syriac Book of Medicines*, p. 351; Bertold Laufer, *Sino-Iranica*, pp. 541~45.

생김이 매우 유사한 피(pī)를 분명 잘못 쓴 것이다. 또한 그는 여러 종류의 품종을 직접 비교했다. 그는 "나무껍질(qirfah)로 불리고 인도와 중국의 일부 지방에서 발견된다"라고 했다. 그는 "그러나 중국산(Chīn) 나무껍질(계피)이 더 낫다"라고 덧붙였다. 또한 그는 중국에서 재배되어 테리아카로 사용되는 다르 치니 카스(dar-chīnī-khaṣṣ) 혹은 '황실 시나몬'이라는 다른 품종에 대해 언급했다.[79]

기본 약재 외에도 중국에서 들어온 조제약도 있었다. 가장 유명한 것 중 하나인 샤 시니(shāh-ṣīnī)는 문자 그대로 '중국의 군주'를 의미하며 중국산 식물의 즙으로 조제한 두통약이었다. 정확한 재료는 알려져 있지 않지만, 라시드 앗 딘의 『인도사』에 따르면, 샤 치니(shāh-chīnī)는 공기(부족)의 영향으로 건강이 좋지 않을 것으로 여겨졌던 티베트와 중국 서남부 변경 지역 주민이 자주 만드는 것으로, 정확히는 "양조"한 것이었다.[80]

마지막으로 동아시아 약품에 대한 수요의 일부가 상업 교역을 통해 충족되기는 했지만 가격이 높았다. 그런데 일칸 궁정은 또 다른 공급원을 가지고 있었다.[81] 『원사』에 따르면, 1331년에 "왕자 아부 사이드의 사신이 서방으로 돌아와 (원 제국 궁정에서) 동등한 가치의 약물로 조공에 답례했다고 보고했다."[82] 이는 두 궁정에서 때때로 상당한 양의 약물을 교환했음을 보여 준다.

서방의 약에 대한 원 궁정의 지속적인 관심은 이러한 결론에 힘을 실어준다. 예를 들어 1273년에 쿠빌라이는 실론(獅子國)에서 약을 구매케하기 위해 사절에게 금(金) 10만 냥을 가지고 왕자 아바카를 예방하게했다.[83] 구매를 위해 보낸 금의 양은 과장되거나 잘못 기재되었을 수 있

79 Rashīd al-Dīn, *Āthār va Aḥyā'*, p. 89.
80 Rashīd al-Dīn, *Indiengeschichte*, folio 336r, *tafel* 16, Persian text, and p. 39, German translation.
81 당시 국제적인 '약'의 교류에 대해서는 Rashīd/Jahn II, p. 173 참조.
82 『元史』, 卷 35, p. 792.

지만 원 제국 궁정에서 많은 약을 해외, 특히 서아시아에서 제공받았음에는 의심의 여지가 없다. '이슬람의 약을 관리'하기 위해 그들은 두 곳의 이슬람 약물 기구[回回藥物院]를 세웠다. 하나는 수도인 대도(大都)에, 다른 하나는 여름 별장이 있는 상도(上都)에 있었다. 두 기구는 1292년에 세워졌고, 이후 1322년에 광혜사의 관리를 받았다.[84]

이들 기구를 통해 여러 종류의 서아시아산(産) 약이 중국에 소개되거나 재도입되었다. 옻나무과(Pistacia lentisus)의 수지인 매스틱(Mastic)은 원 제국에서 처음으로 언급되었다. 그것은 『음선정요』에 마스다지(馬思荅吉)라는 조미료로 등장한다. 이것은 아랍어 마스타키(mastakī/mastakā)에서 유래한 것으로, 그 자체는 그리스어 '씹다'에서 차용되었다. 이것은 이슬람 교도와 네스토리우스 교도 모두를 포함하는 서아시아 의학에서 여러 질환, 특히 위장 질환 치료제로 사용되었다.[85] 다른 종류로 예멘에서 자라는 마전자나무(Strychnos nux vomica)의 열매 씨앗인 위장약 마전자(nux vomica)가 원 제국에 소개되었다. 아랍식 명칭은 자우즈 알 라카(jauz al-raqa' 또는 'jauz al-qaï')이고 페르시아어로는 쿠슐랍(kuchūlab)이며, 한자어 후오시라[火失刻把都]*의 어원이었다. 라우퍼에 따르면, 14세기에 처음으로 중국에서 언급되었다.[86]

원 제국에서 다시 소개된 것 가운데 하나가 서방의 오랜 조제약인 테

---

83 『元史』, 卷 8, p. 148. 실론의 약재에 대해서는 John de Marignolli, *Recollections of Eastern Travel*, in Sir Henry Yule, *Cathay*, vol. III, pp. 234~35 참조.

84 『元史』, 卷 88, p. 2221; David M. Farquhar, *Government*, pp. 134~35. 또한 陶宗儀, 『輟耕錄』, 卷 21, p. 18b에는 무슬림 약국에 관해 언급되어 있다.

85 Bertold Laufer, *Sino-Iranica*, pp. 252~53; Al-Samarqandī, *Medical Formulary*, pp. 65, 179 note 63; Reinhart Dozy, *Supplément aux dictionnaires arabes*, repr. (Beirut: Librairie du Liban, n.d.), vol. II, p. 605; Ernest A. Wallis Budge, *Syriac Book of Medicines*, pp. 51, 53, 719.

• 『본초강목』에는 '화실각파도'(火失刻把都)로 소개되어 있다.

86 Bertold Laufer, *Sino-Iranica*, pp. 448~49; Al-Samarqandī, *Medical Formulary*, pp. 108, 217~18; Ernest A. Wallis Budge, *Syriac Book of Medicines*, pp. 151, 717.

리아카였다. 주로 약초를 원료로 하는 복잡하고 다양한 조제법은 헬레니즘 시대에 동물과 곤충 독의 해독제로 처음 등장했다. 수세기 후에 모든 종류의 독에 대한 해독제로 사용되었고, 결국 만병통치약이자 다양한 질병을 치료하는 최고의 치료제가 되었다.[87] 그리스 세계에서 테리아카는 티르야크(tiryāq)로 아랍과 페르시아에 전해졌고, 시리아에는 티르야케(tiryākē)로 알려져, 곧 서아시아 약리학의 주류로 자리 잡았다.[88] 중국에는 당대(唐代)에 처음으로 테리아카(打里牙)가 소개되었는데 반응이 엇갈렸다. 누군가는 효과가 없는 동물용 약이라고 생각한 반면, 유용하다고 평가한 이들도 있었다.[89]

몽골 시대에 테리아카는 서아시아에서 널리 사용되었고 이슬람/동방 기독교 의약 구성에서 필수적인 것으로 간주되었다. 바르 헤브라에우스에 따르면 1240년에 사망한 '티르야키(tiryākī)의 조제자' 타지 불가리(Tāj Būlghārī)처럼 성공적인 테리아카 제조자는 그 지방에서 명성을 얻기도 했다.[90] 원 제국에서 이것이 처음으로 언급된 것은 1320년으로 "이슬람 제국의 의사들이 테리아카(塔里牙)라고 불리는 약을 궁정에 진상했다"라고 했다. 시데발라(石德八剌, 英宗, 재위 1320~23)는 기뻐하면서 그들에게 15만 관(貫)의 현금을 하사했다.[91] 『원사』에 따르면, 그로부터 12년 후인 1332년에 "제왕 아부 사이드가 사신을 보내 88근(斤)의 테리아카를 바쳤다." 이번에도 카안은 기뻐하며 3,300정(錠)의 보초(寶鈔)를

---

87 Gilbert Watson, *Theriac and Mithridatium: Study in Therapeutics* (London: Wellcome Historical Medical Library, 1966) 참조.

88 Martin Levey, *Early Arabic Pharmacology: An Introduction Based on Ancient and Medieval Sources* (Leiden: E. J. Brill, 1973), pp. 70, 83, 87, 135; Ernest A. Wallis Budge, *Syriac Book of Medicines*, pp. 409, 432, 446, 451, 726.

89 Paul U. Unschuld, *Medicine in China: A History of Pharmaceuticals*, p. 47; Edward H. Schafer, *Golden Peaches*, p. 184.

90 Bar Hebraeus, p. 405.

91 『元史』, 卷 27, p. 604.

답례로 이란에 보냈다.[92] 몽골인이 테리아카에 관심을 가진 이유는 그것이 모든 독에 대한 해독제로 알려졌기 때문일 것이다. 이는 경쟁자들이 독을 손에 넣는 것이 칭기스 칸 가문 제왕에게는 실제로 감지되었던 위협이었기 때문이었다. 이것이 아마도 가잔이 그를 위해 '가잔의 테리아카'라고 불리는 그만의 특별하고도 '효능 있는' 해독제를 조제하게 한 이유였을 것이다.[93]

마지막으로 동방으로 전해진 액상의 셔벗이 있다. 일칸국에서 사절에게 청량음료이자 원기 회복을 위한 음료로 제공되었으며, 종종 다른 의약품의 흡수를 위한 매개로서 서아시아 의사들에게 중요했다.[94] 원 제국시기에 중국에 처음 소개된 이 음료는 『음선정요』에 셔얼비에(舍兒別)로 언급되었으며, 이는 아랍-페르시아어의 샤르바트에서 유래한 것이다.[95] 중국의 가장 초기 셔벗 제조자(셔르베치, 舍兒別赤)는 사마르칸트에서 온 네스토리우스 교도였다. 쿠빌라이 시기에 셔르베치의 직함을 가졌던 사람은 마르 세르기스(馬薛里吉思)였다. 그는 마르코 폴로가 양자강 하류의 진강부(鎭江府)에서 만났던 마르 세르기스로, 1270년 후반 이 네스토리우스 교도는 그곳에 다루가치로 파견되었고 교회와 수도원을 여럿 세웠다.[96] 그가 이후 세금 체납 사건에 휘말렸을 때, 이사가 그의 동료 신도들을 대신해 공식적인 조사에 개입했다는 점이 흥미롭다.[97]

마르 세르기스는 셔르베치로서 설탕, 꿀, 신선한 딸기류나 감귤류의 신선한 즙, 그리고 장미꽃잎을 물에 담구어 증류한 장미수 등을 이용해

---

92 『元史』, 卷 37, p. 812.
93 Rashīd/Jahn II, p. 173.
94 *Ibid.*, p. 326.
95 Paul D. Buell, "The *Yin-shan cheng-yao*", p. 121.
96 Arthur Christopher Moule, *Christians in China*, pp. 147~48; Marco Polo, p. 323; Louis Ligeti, "Les sept monastères nestoriens de Mar Sargis", *AOASH* 26 (1972), pp. 169~78.
97 『通制條格』, 卷 29, p. 331; Paul Pelliot, *Notes*, vol. II, p. 775.

다양한 음료를 만들었다. 재직할 때까지 그는 서아시아의 주민이 중국에서 제조한 설탕과 광동(廣東)에서 특별히 재배된 바그다드 레몬(līmū)을 활용할 수 있었다. 즉 동아시아에서 '정통' 셔벗을 만들 수 있었던 것은 셔벗 제조자처럼 모든 재료가 중국으로 옮아갔기 때문이었다.

대륙을 넘나드는 의료인의 이동이 가져온 장기적인 영향은 가늠하기 어렵다. 서방 의학은 몽골보다 수세기 전에 동아시아 일부 지역에 전파되었다. 심지어 티베트에도 상당한 영향을 끼쳤는데, 그곳의 많은 궁정 의사는 무슬림이나 그리스 의학파의 대표자들이었다. 티베트어본 히포크라테스 선서문은 이들의 존재와 영향력을 입증한다.[98] 9세기 이후부터 중국에서는 무슬림 의료인은 남부의 주요 항구에 있었고, 앞에서 살펴보았듯이 몽골 통치 아래에서는 서아시아 의사들이 북방으로 유입되었다. 그러나 이러한 다양한 접촉점이 있었음에도 불구하고 중국인들이 이들 의료 전통을 크게 받아들인 것 같지는 않다. 니덤은 헬레니즘과 이슬람, 동방 기독교의 의학은 중국에서 "의미 있는 영향을 끼치지 못했다"라고 언급했지만, 이는 좀 더 깊이 살펴볼 필요가 있다.[99] 특히 왜 중국인은 갈레노스의 의료 체계에 그토록 저항했던 것일까?

가장 분명한 이유는 전문성에 대한 경쟁 의식과 외부 방식에 대한 불신이었다. 이는 서방의 의료 관행에 대한 중국인의 의견, 절단된 혀가 다시 자라나고 이마에서 수술로 제거된 '작은 게'와 같이 기괴하고 환상적인 부분의 강조에서 드러난다.[100] 따라서 중국인은 중국이나 그들의 고향에서 "무슬림" 의사들이 "의학 쇼"를 하는 사기꾼이라는 의심을 가지

98   Christopher I. Beckwith, "The Introduction of Greek Medicine into Tibet in the Seventh and Eighth Centuries", *JAOS* 99 (1979), pp. 297~313.

99   Joseph Needham, "The Unity of Science: Asia's Indispensable Contribution", in his *Clerks and Craftsmen*, pp. 17~18.

100 陶宗儀, 『輟耕錄』, 卷 22, pp. 15a~b; Yang Yü, *Beiträge zur Kulturgeschichte Chinas*, p. 34; Arthur Christopher Moule, *Christians in China*, p. 234.

고 회의적인 시각으로 보았다.[101]

더 깊은 차원에서는 갈레노스 의학 사이의 근본적인 이론적 차이로 인해 중국에서 이를 도입하기가 어려웠다. 후자는 체액 체계에 기반한 반면, 중국 의학은 음양오행(陰陽五行) 관념과 깊이 연관되어 있었다. 중국인이 갈레노스의 체계를 받아들인다는 것은 음양오행이 중국적 사유의 모든 면을 관통하고 있었기에 기존의 우주관에 대한 이해의 근본적인 수정과 고유한 문화적 전통과의 단절을 의미했다.

이러한 사상적 제약은 충분히 존재했지만 중국 의학 전체에 내재한 일종의 완고함이나 보편적 보수주의로 해석해서는 안 될 것이다. 사실, 몽골 지배기에 중국 의학은 상당한 변화를 겪었다. 이 시기는 금(金)에서 시작되어 원 제국 전역에서 번성했던 '4대 의학파' 시대였다. 각 학파는 기본적인 특정 가설을 공유하면서도 각자 선호하는 진단법 및 치료법이 있었다.[102] 분명히 원칙을 가지고 변화에 반대하는 단일한 중국 의학 집단은 없었다.

이 기간 동안 중국 약리학에서도 변화의 증거가 나타난다. 약초학자와 의사들은 임상과 이론을 결합한 응용 약리학을 만들어내기 위해 주력했다. 그들의 노력으로 목표를 달성했는지 여부에 상관없이, 의사들은 주로 전통에서 전승된 지식을 기반으로 활동하면서도 새로운 치료법과 신약을 만들어냈다.[103]

---

101 Morris Rossabi, trans., "A Translation of Ch'en Ch'eng's *Hsi-yü fan-ku-chih*", *Ming Studies* 17 (1983), p. 52.

102 K. Chimin Wong and Wu Lien-teh, *History of Chinese Medicine*, 2nd edn, repr. (Taipei: Southern Materials Center, 1985), pp. 98~104; Jutta Rall, *Die Viergrossen Medizinschulen der Mongolenzeit* (Wiesbaden: Franz Steiner, 1920), pp. 38~95.

103 Ulrike Unschuld, "Traditional Chinese Pharmacology: An Analysis of its Development in the Thirteenth Century", *Isis* 68 (1977), pp. 224~48; Miyasita Saburō, "Malaria (*yao*) in Chinese Medicine during the Chin and Yuan Periods", *Acta Asiatica* 36 (1979), pp. 104~08.

이론과 임상의 지속적인 발전 외에도 직업적 의료인의 사회적 기반에도 변화가 일어났다. 원 제국에서 의학은 더욱 인기 있는 직업 분야가 되었다. 의학이 더 널리 받아들여지게 된 것은 의료 행위와 유학(儒學) 사이의 사회적·윤리적 유사성이 의료계에서 강조되었기 때문이다. 예를 들어 1327년 『맥경』을 재간행하기 위해 특별히 준비한 새 서문에서 이러한 시도가 이루어졌다. 그 결과 원 제국 말 유학자 가운데 점점 더 많은 수가 의사가 되었다.[104]

앞에서 설명한 변화는 언뜻 보기에 외부의 '영향'과 무관한 중국 내부의 문제로 보일 수 있다. 그러나 이러한 관점은 오해를 불러일으킬 수 있다. 문화 교류에 대한 연구에서는 주로 외래문화 요소의 직접적 수용으로 변화가 일어난다고 하는 경향이 강한 것 같다. 그러나 그러한 상황에서 차용은 유일하지도 않고 가장 중요한 메커니즘도 아니다. 외래문화를 마주할 때, 특히 외부로부터 강요되었을 때 현지인은 계승된 전통을 재정립하고 재구성하며 재확인하는 경향이 있다. 그렇게 함으로써 그들은 '순수한' 형태의 문화를 보존하는 것이 아니라 새로운 환경에서 그것을 재구성하거나 변화시킨다.

특정 사례들을 통해 원 제국의 완전히 새로운 사회·정치·문화적 환경에서 외래의 방식과 관원들을 통해 당시 중국 의학이 발전을 이루었음을 볼 수 있다. 한 가지 예를 들면 몽골인은 제국이 팽창하는 초부터 전문 기술을 가진 개인을 분명하게 선호했다. 그들은 수천 명에 달하는 사람을 발탁하여 몽골 궁정에서 일하게 했다. 반면 유학자는 다방면에 박학다식했고 이에 대한 자부심이 있었다. 예상대로 몽골 통치자들은 이따금 그들에게 호의를 베풀었지만 대개는 그들을 배제하고 서리나 통역

---

104 Paul U. Unschuld, *Medical Ethics in Imperial China: A Study in Historical Anthropology* (Berkeley: University of California Press, 1979), p. 53; Robert P. Hymes, "Not Quite Gentlemen? Doctors in Sung and Yuan", *Chinese Science* 8 (1987), pp. 9~76, 특히 pp. 65~66.

관을 고관에 임명했다. 따라서 의도한 바는 아니었겠지만 몽골은 그들의 고국과 원 제국 궁정에서 상당한 지위를 누렸던 외국인 의사를 데려옴으로써 중국의 사인(士人)이 의사가 되도록 자극했을지 모르겠다. 원 제국에서 많은 중국인이 몽골 관습을 받아들여 자신들의 경력을 쌓아갔음이 분명하기 때문에 일부는 몽골을 기준으로 명망 있는 직업을 기꺼이 받아들였을 것이며, 원 제국 시기 중국 의사 사이에서 그러한 태도와 사회적 관행의 변화가 중국적이고 유교적 언어로 정당화되었을 것이다.[105] 이러한 성격의 변화는 비록 외국의 방식과 자극에서 비롯되었지만 조심스럽게 수용되었기에 그 변화가 교묘히 감추어졌을 가능성이 있다.

이란에서도 비슷한 상황에 직면했다. 중국에서와 마찬가지로 무슬림 또는 동방 기독교 출신 의사가 고유의 갈레노스 의학 이론을 폐기하거나 바꿨다는 증거는 발견되지 않는다. 그러나 몽골 정복의 결과로 '이슬람' 의학사에서 심각한 단절은 없었다고 해도 외국으로부터 영향을 받아 기존의 진단과 치료술을 재평가하는 형태의 미묘한 변화가 없다는 것은 아니다. 예를 들어 몽골 이전에 서아시아 의학에서 진맥이 확고한 위치에 있었지만, 진맥에 대한 중국적 개념에 노출된 것은 이후 이슬람 의술에서 이를 향상시키거나 심지어 약화시키는 데 영향을 주었을 수 있다. 향후 연구를 통해서만 서아시아 의학에서의 중국적 유산에 대한 이와 다른 많은 의문에 대한 답을 얻을 수 있을 것이다. 그리고 이러한 연구에서 그러한 영향이 없었다는 것이 밝혀지더라도 성공적인 거부 또한 우리에게 중요한 것을 알려 줄 것이기 때문에 노력은 헛되지 않을 것이다.

외부 영향을 감지할 수 있는 한 분야가 약리학이다. 중국산 대황의 명성은 몽골 시대에 굳건히 유지되었고 이후 서아시아에서 유럽으로 퍼져나갔으며, 그곳에서 20세기 초까지 건위제(健胃劑)로서 선호되었다.[106]

---

105 관련 연구는 Henry Serruys, "Remains of Mongol Customs in China during the Early Ming", *MS* 16 (1957), pp. 137~90 참조.

장 샤르댕(Jean Chardin)이 당시 이란에서 말의 사하제로 중국 대황을 사용했던 것에 주목했는데, 이는 이 마른 뿌리가 티베트 변경 지대에서 장기간에 걸쳐 전파되는 과정에서 몽골의 역할을 드러내고 있다.[107] 또한 일칸 궁정에서 사용한 중국 또는 근동산 약은 20세기 이집트에서도 여전히 구할 수 있고 활발히 사용되었다는 점에 주목해야 할 것이다.[108]

　이란에서 중국 본초학에 대한 높은 평가를 고려할 때, 라시드 앗 딘이 인맥을 통해 중국 약학서에 접근한 것은 전혀 놀라운 일이 아니다. 그는 『진보지서』 서문에서 중국어로 쓰인 "약초, 광물, 나무, 동물, 생선, 그리고 …… 을 사용한 약물"에 관한 책을 번역했다고 기술했다.[109] 저자명이나 제목은 나와 있지 않지만 이 책은 본초서 중 하나로 추정된다.[110] 그러나 원 제국에서 이미 약학에 관해 방대한 중국 본초서가 있기 때문에 특정하기는 어려울 것이다. 아울러 몽골 통치 시기 새로운 의서가 추가되었고 기존의 저서들은 재간행되었다. 예를 들어 11세기 말 당신미(唐慎微, 1056?~93)가 집필하고 몇 년 후에 애성(艾晟)이 증보하여 편찬한 『경사증류대관본초』(經史證類大觀本草)가 1108년에 처음으로 간행되었고, 이후 남송(1211), 금(1214), 그리고 원(1302)에서 재간행되었다. 이 책의 한 부는 약의 원료에 따라 광물, 약초, 수목, 인체, 사족동물류, 가금류, 어류, 과실, 곡식, 그리고 채소로 분류된 여러 장으로 구성되어 있다.[111] 이

106　Clifford M. Foust, *Rhubarb: The Wondrous Drug* (Princeton University Press, 1992), pp. 3~17.

107　Sir John Chardin, *Travels in Persia*, repr. (New York: Dover Publications, 1988), p. 142.

108　M. A. Ducros, *Essai sur le droguier populaire arabe de l'Inspectorat des Pharmacies* (Cairo: Imprimerie de l'institut français d'archéologie orientale, 1930), pp. 61, 72~73, 111~12.

109　Rashīd al-Dīn, *Tanksūq-nāmah*, p. 15. 나는 마지막 용어를 파악하지 못했는데 카를 얀(Karl Jahn)은 "Some Ideas of Rashīd al-Dīn on Chinese Culture", p. 140에서 "해파리"(jellyfish)로 번역했다.

110　처음에 나는 이것이 의서가 아닌 농서를 번역한 것이라고 생각했다. Priscilla Soucek, "Role of Landscape in Iranian Painting", pp. 89~90에서 그렇지 않음을 알아챘다.

것은 라시드 앗 딘이 번역한 저서의 구성과 대략 일치하는데, 인체와 사족동물, 그리고 가금류를 하나의 항목인 '동물/생물'(halvān)로 합치면 특히 그러하다. 그러나 이 10개의 범주는 당시의 관례를 따른 것으로, 추가적인 정보 없이는 범위를 좁히기가 어렵다.

중국에서도 약재가 유입되었다. 원 제국에 전해진 마전자 이외에 이전에는 별로 중시되지 않았고 약재로도 간주하지 않았던 것이 몽골 시대에 대중화된 사례가 있다. 예를 들어 양귀비는 당대(唐代)부터 중국에서 재배했지만, 아편은 명나라 의서에서야 치료제로 등장한다.[112] 이는 처음부터 테리아카의 핵심 원료가 아편이었기 때문에 무슬림 의사들이 공급한 테리아카에 대한 몽골 궁정의 애정과 관련이 있어 보인다.[113]

서아시아 약에 대한 중국의 지속적인 관심은 명나라 초의 이슬람 의서의 번역을 통해 확인된다. 그러한 작품 가운데 하나가 『회회의서』(回回醫書)로 명나라의 위대한 유서(類書)인 『영락대전』(永樂大典)에 포함되었고, 의학 처방전(藥方)에 관한 일곱 개의 장(章)을 수록하고 있다. 다른 하나인 『회회약방』(回回藥方)은 분명히 다양한 페르시아 자료를 집성한 것으로 많은 약과 식물의 이름을 수록하고 있다. 대부분은 한자로 집필·번역되었지만 일부는 페르시아 문자로 쓰여 있다. 이 진귀한 저서는 네 권으로 구성되어 있으며, 현재 베이징 대학 도서관에 소장되어 있다.[114]

---

111 Paul U. Unschuld, *Medicine in China: A History of Pharmaceuticals*, pp. 72~77.

112 *Ibid.*, p. 158.

113 Gilbert Watson, *Theriac and Mithridatium*, pp. 13, 38, 41, 47, 53, 56, 73, 88, 94~100.

114 Paul Pelliot, "Le Hōja et le Sayyid Ḥusain de l'histoire des Ming", *TP* 38 (1948), note 31; Huang Shijian and Ibrahim Feng Jin-yuan, "Persian Language and Literature in China", *Encyclopedia Iranica* (Costa Mesa, Calif.: Mazda Publishers, 1992), vol. V, pp. 447, 449.

천문학

제국 시대의 몽골은 역법과 성좌 체계, 그리고 전통적 우주론을 갖추고 있었지만, 체계적인 천문 관측, 성도(星圖), 그리고 산술표 등으로 공식화된 천문학은 티베트 불교로 개종하면서 티베트, 인도, 중국 영향의 산물로 18세기 초에 이루어졌다.[1] 초기 몽골인은 과학에 기반한 고유의 천문학이 없었음에도 불구하고, 하늘에 대한 연구에 열렬하고도 지속적인 관심을 보였다. 이는 1236년 우구데이가 금의 수도에 있는 천문기구를 복원하고 훌레구가 추진한 마라게의 천문대와 같이 새로운 천문대를 건설한 데에서 분명히 드러난다.[2] 다음의 일화가 보여 주듯이, 몽골인들은 천문학자도 중시했다. 1260년 아인 잘루트('Ain Jālūt)에서 몽골의 패배 이후 훌레구는 분노에 차서 그의 영토에 있는 이집트 군주의 백성을 처형하도록 명했다. 이때 사로잡힌 자 중 무하이(Muhai)라는 자가 자신

1 L. S. Baranovskaia, "Iz istorii mongol'skoi astronomii", *Trudy instituta istorii estestvoznaniia i tekhniki* 5 (1955), pp. 321~30 참조.
2 『元史』, 卷 2, p. 34.

을 잡은 자에게 천문학자임을 암시하자, 진상 규명이나 설명 없이 일반적인 절차를 통해 즉시 목숨을 건졌다.[3]

천문학과 천문학자에 대한 깊은 관심은 필연적으로 유라시아 대륙 전역, 특히 중국과 이란 사이에 과학자, (천문)기구 및 과학서의 이동을 야기했다. 의사들이 그랬듯이, 1219년 중국 천문학자가 투르키스탄 서부를 침공한 몽골군과 동행했다. 1222년 장춘진인이 사마르칸트에 도착하자, 도시 내의 중국인이 그를 맞이하러 나왔다. 그의 전기 기록에 따르면, 그때 그들은 천문학자[算曆]와 함께 왔다. 같은 사료 다음 단락에서 이 사람은 천문대를 관리했던 이씨 성을 가진 이였다.[4] 안타깝게도 이 사람이나 그의 활동에 관한 다른 정보는 없다.

1250년대 훌레구가 이란에 왔을 때, 그는 다른 전문가 중에서 중국 천문학자들(munajjimān)을 데려왔다. 라시드 앗 딘에 따르면, 그들 가운데한 명은 싱크싱크(sīnksink)라는 존칭을 가진 품니지(Fūm.njī)라는 이였다. 이는 라시드 앗 딘이 '현자' 혹은 '전문가', 특히 특정 분야의 지식을 가진 사람을 의미하는 아랍어 아리프('arif)로 '스승' 또는 '전문가'를 의미하는 중국어 선생(先生)에 해당한다.[5] 그의 존칭은 확실하지만 그의 이름을 단정하기는 어렵다. 니덤은 그것을 푸멍지(Fu Meng-chi)로 생각했고, 근래 두 명의 중국 학자는 푸만주(Fu Man-tzu)로 복원했다.[6] 그러나두 경우 모두 라시드 앗 딘의 품니지를 역사적 인물로 밝혀내지는 못했다. 다양한 증거를 통해 진행된 나의 연구에서도 유력한 후보를 찾아내는 데 실패했다. 결과적으로 우리는 이 흥미로운 인물이나 훌레구의 서

3 Bar Hebraeus, p. 438.
4 Li Chih-ch'ang, *Hsi-yü chi*, pp. 328~29, 331; Li Chih-ch'ang, *Travels of an Alchemist*, pp. 94~95, 97.
5 Rashīd al-Dīn, *Chinageschichte*, folio 392r-v, *tafeln* 2-3, Persian text, and pp. 21~22, German translation.
6 Joseph Needham, *SCC*, vol. I, p. 218; 周良霄 · 顧菊英, 『元代史』(上海: 上海人民出版社, 1993), p. 830.

방 여정에서 동행한 다른 중국인 천문학자에 관한 제한된 자료만을 가지고 있을 뿐이다. 몇 명이 그와 함께 이란에 왔는지, 얼마나 오래 머물렀는지, 또는 중국으로 돌아갔는지 알 수 없다. 그러나 가잔 시기에 앞서 언급한 역사, 의학, 천문학('ilm-i nujūm)에 대해 박식한 리타지와 니커순이라는 두 명의 중국인 학자가 고국에서 서적을 가지고 오면서 중국 천문학자가 충원되었다는 사실을 알고 있다.[7] 어쨌든 라시드 앗 딘은 훌레구가 천문학자들과 동행했고, 그들 가운데 한 명이 지도자로 추정되는 품니지였기 때문에 적어도 네 명 혹은 그 이상의 중국 천문학자가 몽골 시대에 이란에서 활동했다고 무리 없이 이야기할 수 있다.

칭기스 칸 가문에 널리 퍼져 있던 천문학에 대한 관심은 정권이 탄생할 때부터 일칸국에서 분명하게 나타났다. 훌레구는 1256년 이스마일파의 요새 람마사르(Lammasar, 카즈빈 북쪽)를 함락한 이후에 도서관에 있는 이단성 없는 서적과 "고도기(kurāsī), 혼천의(zāt al-ḥalaq), 천문 관측의(usṭurlab-hā)"를 포함한 다양한 종류의 천문기구 운반과 보존을 승인했다.[8] 이 지식 분야에 대한 그의 관심은 전반적으로 상당히 진지했던 것 같았다. 14세기 카샤니는 훌레구가 "과학(ḥikmat)을 사랑했고, 천문(nujūm)과 기하학(handasīyyat)에 심취했다." 이어 "동서의 과학자들은 그의 궁정에서 모였고, 그의 동시대인들이 다양한 학문 분야, 기하학, 그리고 수학에 매료되었다"라고 했다.[9] 이러한 문제에 대한 그의 관심을 보다 설득력 있게 보여 준 것이 마라게 천문대 설립에서의 그의 역할이다.

1220년 몽골인에게 점령되어 황폐해진 이후, 마라게는 1260년경에 주요 천문대 부지로 선정되었다. 훌레구는 시작부터 그 진행에 개인적인 관심을 가졌고, 1264년 후반에는 천문대의 조속한 착공을 위해 그곳을

7 Rashīd al-Dīn, *Chinageschichte*, folio 393r, *tafel* 4, Persian text, and p. 23, German translation.

8 Juvaynī/Qazvīnī, vol. III, pp. 269~70; Juvaynī/Boyle, vol. II, p. 719.

9 Qāshānī/Hambly, pp. 106~07.

특별히 다녀갔다.[10] 타브리즈 남쪽의 평탄한 언덕 위에 지어진 이 단지에는 여러 건물과 도서관, 그리고 다양한 기구, 사분원, 혼천의 등을 구비한 천문대 등이 있었다. 부분적으로 와크프(vaqf)*로 후원·조성된 이 전망대는 천문학자를 위한 교육기관이기도 했다.[11] 초대 장관이었던 나시르 앗 딘 투시와 그의 동료 또한 후한 급여와 '지분'을 받았다.[12] 종종 이슬람 천문대 가운데 최고봉으로 여겨졌던 마라게는 훌레구 계승자들이 그 운영에 대한 지속적인 관심을 가졌기에 오랫동안 생명력을 유지했다.[13] 운영이 중단된 시기는 정확하게 알려지지 않았지만, 1304년 올제이투가 그곳을 방문했을 때까지 여전히 유지되고 있었다.[14]

마라게에는 다양한 언어로 쓰인 과학서와 유라시아의 다양한 지역에서 과학자들이 모여 있었다. 천문대의 모든 교육적·과학적 활동은 저명한 수학자이자 천문학자였던 나시르 앗 딘 투시의 감독 아래 이루어졌는데, 그는 훌레구가 이스마일파로부터 "구출해 낸" 자였다.[15] 그리고 우리의 관점에서 가장 중요한 것은, 훌레구가 투시에게 동방에서 데려온 중국 천문학자들과 협력하도록 명했다는 것이다. 특히 투시와 그의 중국인 동료 품니지는 서로에게 자신들 각각의 천문학적 전통과 기술을 가르쳐 주었다. 라시드 앗 딘에 따르면, 투시는 속히 중국 천문학을 익혔다.[16]

---

10 Juvaynī/Qazvīnī, vol. I, p. 116; Juvaynī/Boyle, vol. I, p. 148; Rashīd/Karīmī, vol. II, p. 734.
• 모스크와 기타 자선을 목적으로 하는 공공시설을 재정적으로 유지하기 위해 기증된 토지·가옥 등의 재산을 말한다.
11 마라게에 대한 최고의 역사서는 Aydin Sayili, *The Observatory in Islam*, pp. 187~223.
12 Rashīd/Jahn I, p. 8.
13 *Ibid.*, p. 75.
14 Qāshānī/Hambly, p. 41.
15 Bar Hebraeus, pp. 2, 451.
16 Rashīd al-Dīn, *Chinageschichte*, folio 392r, *tafel* 2, Persian text, and p. 22, German translation.

이렇게 강제적인 협력의 주요 산물이 '일칸의 천문표'로 유명한『일칸의 지즈』(Zīj-i Īl-khānī)였다. 페르시아 사료에 따르면, 이 책은 일군의 무슬림 학자가 편찬했는데, 여기에는 투시 외에도 무아야드 앗 딘 아루디(Mu'ayyād al-Dīn 'Arūḍī), 파크흐르 앗 딘 아크흘라티(Fakhr al-Dīn Akhlāṭī), 그리고 나짐 앗 딘 카즈비니(Najm al-Dīn Qazvīnī)가 포함되어 있었다.[17] 중국인의 이름은 알려지지 않았지만 품니지와 그의 동료가 이 사업에 깊이 몸담고 있었음은 분명하다.[18] 이는 분명히 투시의 중국 역법에 대한 폭넓은 지식에서 알 수 있다. 이 체계를 다루는데『일칸의 지즈』는 중국 전문 용어에 폭넓게 사용되었다. 예를 들어 60간지(干支)의 세 주기는 "상원"(shāng v.n, 上元), "중원"(jūng v.n, 中元), "하원"(khā v.n, 下元)이라고 했다. 더 긴 시간은 'v.n'이라고 했는데, 그것은 중국의 만(萬)에 해당한다. 또한『일칸의 지즈』는 60간지를 구성하는 십간십이지(十干十二支)의 중국식 명칭을 제공했다. 가령, 1203년은 쿠이 하이(kūī khāī), 즉 중국어로 계해년(癸亥年)이다.[19]

중국 자료의 목적은 제국에서 사용하는 서로 다른 역법 체계 사이의 일자(日子)를 일치시키기 위한 변환표를 준비하기 위해서였다. 몽골인은 당연히 자신들만의 시간 측정법이 있었다. 일의 구분은 몽골의 유목 문화에 특화된 것이었으나, 월(月), 계절, 해(年)의 측정은 위구르, 중국 같은 다른 이들의 체계를 공유했다.[20] 그들이 공유한 태음-태양력은

17 Ḥamd-Allāh Mustawfī Qazvīnī, *The Ta'rīkh-i Guzīdah or "Select History"*, ed. by E. G. Browne and R. A. Nicholson (Leiden: E. J. Brill, and London: Luzac, 1913), pt. II, p. 143.

18 『일칸의 지즈』에 대한 소개서에서는 투시가 여러 나라 학자들과 서적들을 모아 표를 준비했다고 언급했다. John A. Boyle, tr., "The Longer Introduction to the *Zīj-i Il-khānī* of Naṣīr ad-Dīn Ṭūsī", *Journal of Semitic Studies* 8 (1963), pp. 246~47.

19 Rashīd al-Dīn, *Chinageschichte*, folio 393v, *tafel* 5, Persian text, and pp. 22~23, German translation; John A. Boyle, "The Longer Introduction to the *Zīj-i Il-khānī*", p. 248, Persian text, and pp. 250~51 English translation.

12개의 달을 포함하고, 윤달을 넣어 태양력에 맞추었으며 각각 3개월씩으로 구성된 사계절로 나누었다. 해(年)는 십이간지의 동물 주기를 기준으로 표시했는데, 그 기원에 관해서는 여전히 논쟁 중에 있지만, 다수는 중국의 원형을 따른 것으로 본다.[21] 이렇듯 전형적인 몽골의 날짜는 원제국의 세금 면제 칙령에서 발췌한 다음과 같은 형식을 띤다. "우리의 칙령은 호랑이해, 가을 첫 번째 달의 28일에 작성되었다."[22]

이러한 날짜는 다양한 피정복민의 역법 체계로 전환되어야 했다. 이들 체계는 서로 다른 계산법에 기반했으며, 특히 서아시아에서 꽤 다양했다. 바르 헤브라에우스는 1280년대에 저술한 연대기의 한 장의 여백에 적어도 세 개의 특정 연대 체계를 사용했다![23] 따라서 『일칸의 지즈』는 태양, 달, 오(五)행성, 항성에 대한 표 외에 그리스, 아랍, 중국, 유대, 기독교, 페르시아의 역법 변환표를 포함하고 있다.[24] 『일칸의 지즈』에는, 투시가 십이간지 동물 주기로 된 1203년을 중국, 동방 기독교, 이슬람, 페르시아의 적절한 날짜로 변환한 예시가 있다. 페르시아 역법은 632년 왕위에 오른 사산 왕조 통치자에게 기반을 둔 이른바 야즈데게르드 시대의 것이었다. 이 역법은 이슬람 정복 이후에도 히즈라력과 함께 지속적

20　Choi Luvsanjav, "Customary Ways of Measuring Time and Time Periods in Mongolia", *Journal of the Anglo-Mongolian Society* 1/1 (1974), pp. 7～16.

21　Peter A. Boodberg, "Marginalia to the Histories of the Northern Dynasties", *HJAS* 3 (1938), pp. 243～53; Louis Bazin, *Les systèmes chronologiques dans le monde Turc ancien* (Budapest: Akadémiai Kiadó, and Paris: Editions du CNRS, 1991), pp. 117ff.

22　Nicolas Poppe, *The Mongolian Monuments in hP'ags-pa Script*, 2nd edn, trans. and ed. by John R. Krueger (Wiesbaden: Otto Harrassowitz, 1957), p. 49, Mongolian text, and p. 50, English translation.

23　Bar Hebraeus, p. 375.

24　Raymond Mercier, "The Greek 'Persian Syntaxis' and the *Zīj-i Il-khānī*", *Archives Internationales d'Histoire des Sciences* 34 (1984), pp. 33～60; Benno van Dalen, E. S. Kennedy and Mustafa Saiyid, "The Chinese-Uighur Calendar in Ṭūsī's *Zīj-i Il-khānī*", *Zeitschrift für Geschichte der arabisch-islamischen Wissenschaften* 11 (1997), pp. 111～51.

으로 사용되었으며, 오늘날에도 조로아스터 교도들이 여전히 사용하고 있다.[25]

몽골의 재상들이 다른 역법 체계에 따라 다른 언어와 날짜로 작성된 문서들을 받거나 발행했기 때문에 이러한 변환표는 행정적인 용도로서 매우 유용했다. 이러한 표는 다양한 사료로 된 저서들을 편찬했던 라시드 앗 딘 같은 역사가에게도 유용했다. 실제로 『집사』에는 칭기스 칸의 나이를 둘러싼 긴 논의에서처럼, 십이간지 동물과 히즈라력으로 표기된 날이 많다. 라시드 앗 딘이 이러한 변환을 위해 『일칸의 지즈』를 사용했던 것이 분명하다. 아울러 라시드 앗 딘과 서아시아에서 몽골이 몰락한 이후에도 십이간지의 동물 주기는 이란에서 얼마 동안 계속 사용되었다.[26]

마찬가지로 서아시아 천문학자의 중국 진출도 활발했는데, 풍부한 기록을 통해 동방으로 파견된 천문학자의 활동이 이란에서의 천문학자의 활동보다 훨씬 잘 알려져 있다.

우리가 아는 한, 중국과 이슬람 천문학자 사이의 첫 접촉은 1219~22년 몽골의 투르키스탄 원정기에 이루어졌다. 앞서 언급했듯이, 천문학자 리타지는 사마르칸트의 천문대를 관장했는데 무슬림과의 협력이 필요했을 것이다. 한화(漢化)된 거란인 야율초재 역시 이 원정에서 칭기스 칸을 수행했다. 그는 초기 카안의 수석 '한인' 고문으로 가장 잘 알려졌지만 그의 전기에 따르면, 처음에 천문학자이자 점술가로서의 능력을 통해 몽골 주인들의 마음을 얻었음을 알 수 있다. 호라즘 원정기 동안에 그는 칭기스 칸을 위해 여름에 내리는 눈, 일식, 혜성의 출현 같은 기

25 John A. Boyle, "Longer Introduction to the *Zīj-i Il-khānī*", p. 248, Persian text, and pp. 250~51, English translation; S. H. Taqizadeh, "Various Eras and Calendars used in the Countries of Islam", *BSOAS* 9 (1939), pp. 917~18; François de Blois, "The Persian Calendar", *Iran* 34 (1996), p. 39.

26 Rashīd/Karīmī, vol. I, p. 417; Charles Melville, "The Chinese Uighur Animal Calendar in Persian Historiography of the Mongol Period", *Iran* 32 (1994), pp. 83~98.

상과 천문학적 현상을 자주 해석했다. 몽골인은 그의 점성술을 자신들의 고유의 점복(占卜)을 보완하고 검증하는 것으로 생각했는데, 이에 관해서는 다음의 구절을 통해 알 수 있다.

따라서 원정 전야마다 (카안은) 늘 그의 대사(야율초재)에게 길흉을 점치게 했다. 카안은 또한 양의 어깨뼈를 태워 그것(야율초재 예언)을 확인했다.[27]

이슬람 세계 동부에서 오래 머무는 동안, 그는 무슬림 천문학자와 그들의 저서를 분명히 접했고 그들의 연구를 높이 평가하게 되었다. 이는 그의 전기의 긴 구절에서 드러난다.

(야율초재가) 이르길, 서역(西域)의 역법에는 오행성이 중국보다 상세하게 (계측되었다). 그리고 나서 『마타파력』(Matapa)이 편찬되었다. 앞서 언급한 것은 이슬람* 역법이다. 또한 일식과 천체 운행 도수가 중국과 달랐고 『대명력』(大明曆)에도 점차 오차가 누적되었다. 이에 (야율초재가) 명망 있는 문헌공(文献公)이 편찬한 『을미원력』(乙未元曆)을 수정했고 (이 개정된 역법을) 세상에 널리 전파했다.[28]

이 구절에 불확실하고 불명확한 부분이 남아 있지만, 다음과 같이 해석할 수 있을 것이다. 야율초재는 이슬람 천문학 계산법의 정확성에 감명을 받아 그들의 역법 혹은 표 가운데 하나인 『마타파력』(그 의미가 아직

---

27 『元文類』, 卷 57, pp. 11a~b; 『元史』, 卷 146, p. 3456. 또한 Igor de Rachewiltz, "Yeh-lü Ch'u-ts'ai (1189-1243): Buddhist Idealist and Confucian Statesman", in Arthur R. Wright and Denis Twitchett, *Confucian Personalities*, pp. 194~95 참조.

• '위구르'(回紇)를 말한다.

28 『元文類』, 卷 57, p. 22b.

밝혀지지 않은)[29]을 활용해 중국 역법을 수정했다. 그는 먼저 1137년에서 1181년 사이 금나라에서 사용한 대명력이 너무 부정확하다고 판단하여 배제했고, 1180년에 금나라의 또 다른 역법인『을미원력』을 사용하기로 결정했다. 이는 문헌공이 편찬한 것으로 그는 야율초재의 부친이었다.[30] 다른 사료를 통해 우리는 그 결과 개정된 것은『서정경오원력』(西征庚午元曆)으로 불렸음을 알 수 있다. 그리고 경오년(庚午年)인 1210년으로 시작하는 이 역법은 공식적으로 반포되거나 채택된 적은 없었지만 몽골 조정에 의해 활용되었다.[31] 이는 1237년 몽골을 방문했던 송나라 사신 서정(徐霆)의 증언으로 입증되었는데, 그는 자신이 몽골에서 사용하고 있는 역법을 발견하고 문의해 보니 야율초재의 것으로 확인했다고 기술했다. 그는 이 역법이 야율초재가 "직접 편찬하고 간행했으며 공표했다"라고 강조했다.[32] 분명히 그 거란인은 이슬람 천문학 계산법의 도움을 받아 수정된 그의 역법이 인정받고 공식적·비공식적으로라도 그 사용을 확대할 수 있도록 하기 위해 모든 노력을 기울였다. 이것이 서아시아 천문학이 중국에 간접적으로 전해진 첫 번째 단계였고, 다음은 동방에 이사 켈레메치가 도착하면서 시작되었다.

우리가 아는 한, 구육의 재위 연간(1247~49)에 몽골에 도착한 이사는 대칸의 궁정에서 봉사한 최초의 서아시아 천문학자였다. 뭉케 재위기에 이사는 쿠빌라이와 친밀한 관계를 맺었고, 이후 쿠빌라이가 제위에 올랐을 때 그의 제안에 따라 1263년 서역성력사(西域星曆司)라는 기구가 설치되자 업무를 총괄하게 되었다.[33] 사료에는 이 기구의 업무에 관한 기록

---

29 어떤 견해에서는 타당해 보이지는 않는데,『마타파력』이 '인용', '인용된 것'을 의미하는 아랍어 'muqtabas'라고 했다. Yabuuti Kiyosi, "Astronomical Tables in China from the Wutai to the Ch'ing Dynasties", *Japanese Studies in the History of Science* 2 (1963), p. 98 참조.

30 이 역법에 대해서는『元史』, 卷 53, p. 1186 참조.

31 『元史』, 卷 52, p. 1120.

32 彭大雅·徐霆,『黑韃事略』; 王國維,『蒙古史料校注四種』, p. 481.

이 실려 있지 않으며, 소속 관원에 관한 어떠한 정보도 기술되어 있지 않다. 이 기구는 주로 근동의 전통에서 점성술의 예언 활동에 간여했던 것 같다. 어쨌든 이사 이후에 도착한 무슬림 천문학자들과 관련하여 서아시아인들이 중국에서 천문 관측에 활용한 기구와 기술에 관한 좋은 정보를 제공하기 시작한다.

무슬림 천문학자들은 1250년대에 몽골에 도착한 것으로 보인다. 그 예로 뭉케의 궁정에서 봉사했고 훌레구와 함께 서방으로 돌아왔던 후삼 앗 딘(Husām al-Dīn)이 있다.[34] 그러나 세 번째 흐름을 주도한 사람으로 원 제국의 중국에서 서아시아 천문학이 가장 중요한 역할을 했던 것은 자말 앗 딘이었다. 중국에서 그의 출현을 둘러싼 오해, 특히 1267년 마라게에서 원 제국으로 파견된 사람이라고 잘못 알려졌기에 그의 초창기 경력과 관련 사료들은 신중하게 검토되어야 할 것이다.

페르시아에서 라시드 앗 딘은 자말 앗 딘을 언급한 유일한 출처로 나시르 앗 딘 투시를 동방으로 초빙하고자 했던 뭉케의 바람에 관해 언급하고 있다. 해당 구절은 다음과 같다.

〔뭉케는〕 그의 대단한 지혜와 고결한 정신으로 재위기에 천문대〔raṣad〕를 세울 것을 주장했다. 그는 부하라의 자말 앗 딘 무함마드 이븐 타히르 이븐 무함마드 알 자이디(Jamāl al-Dīn Muḥammad ibn Ṭāhir ibn Muḥammad al-Zaydī)가 이 중요한 일을 맡도록 명령했지만, 이 작업은 〔너무〕 복잡했다.

라시드 앗 딘은 이어서 말하기를, 자말 앗 딘의 실패 이후에 뭉케는 그

---

33 程鉅夫, 『程雪樓文集』, 卷 5, pp. 4a~b; 『元史』, 卷 134, p. 3249; Arthur Christopher Moule, *Christians in China*, p. 228.

34 Rashīd/Karīmī, vol. II, p. 706.

일을 맡기기 위해 다른 천문학자를 찾았다.

콰자 나시르 앗 딘(Kwajah Nāṣir al-Din)의 명성과 업적은 바람처럼 온 세상에 퍼져나갔다. 뭉케 카안은 〔그의〕 동생〔훌레구〕에게 작별을 하면서 암살자들의 요새가 함락되면 콰자 나시르 앗 딘을 조정에 보내라고 명했다. 그러나 그때 뭉케 카안이 만지〔남중국〕 정복에 몰두하고 있었고, 조정이 〔상당히〕 멀었기 때문에, 훌레구는 그〔투시〕가 여기〔마라게〕에서 천문대를 세우도록 명령했다.

한자로 된 주요 관련 기록이 『원사』에 나와 있다.

세조〔쿠빌라이〕가 잠저(潛邸) 시기 〔뭉케가〕 성지를 내려 무슬림 천문학자들을 모집하게 했고, 자말 앗 딘 등이 기술을 바치며 일했다. 아직 관서(官署)는 없었다. 지원(至元) 8년〔1271〕 처음으로 천문대〔司天臺〕가 세워졌다.[35]

이 두 기록을 비교하면, 자말 앗 딘은 1250년대 이미 동방에 있었고 쿠빌라이와 접촉하고 있었음이 분명하다. 따라서 1267년 그가 지구본과 다른 천문기구를 원 궁정에 진상했을 당시 그는 몇 해 동안 중국에 거주하고 있었으며, 훌레구 또는 아바카의 사절로 마라게에서 최근에 온 것이 아니었다.

1271년까지 무슬림 천문학자들을 위한 전문적 기구가 없었다는 『원사』의 기록에 대해서 추가적인 설명이 필요하다. 우선, 이 서술은 1260년 쿠빌라이가 천문대를 세웠다는 사실과 모순된 것 같다.[36] 그러나

---

35 『元史』, 卷 90, p. 2297.
36 *Ibid.*, p. 2297.

이것은 중국 천문대(漢兒司天臺)였고, 1271년 쿠빌라이가 세웠던 것은
자말 앗 딘이 제점(提點)을 맡았던 이슬람 천문대(回回司天臺)였다.[37] 그
러나 1263년 이래 존재했던 서역의 천문기구에 대한 의문이 여전히 남
아 있기에 이것으로 모든 모순을 해결한 것은 아니다. 알 수 없는 이유로
자말 앗 딘과 그의 동료는 이 기구가 부적합한 기구라고 여겼다. 서역 천
문기구가 어떻게 되었는지도 분명하지 않다. 폐쇄되었을 가능성도 있지
만 1271년 이슬람 천문기구로 전환되었을 가능성이 더 크다.

어쨌든 1271년 이후 원 제국에서의 서아시아·이슬람 천문기구의 역
사는 복잡하지만 어느 정도 명확히 알 수 있다. 1273년 중국 천문대는
비서감의 관할 아래 있었다. "천상 관측과 역법 제작"의 임무를 맡았던
이슬람 기구 역시 그러했다.[38] 다음 해인 1274년, 중국과 이슬람 천문대
는 볼라드와 유병충의 건의에 의해 '단일한 천문대'로 통합되었다.[39] 또
한 볼라드의 추천으로 자말 앗 딘이 비서감에 임명되었고, 얼마 동안 이
기구의 수장을 지내기도 했다.[40]

1288년 두 천문대는 분리되어 독립적 기구가 되었다. 1312년 이슬람
천문대의 명칭은 회회사천감(回回司天監)으로 바뀌었다. 3년 후에도 여
전히 독립적이었지만 기구의 업무는 비서감의 감독과 점검을 받았다.
1330년대 원 제국에서 영향력이 대단했던 메르키트 출신의 재상 바얀이
제점이 되었다는 사실은 회회사천감의 중요성을 드러낸다.[41]

이사 켈레메치의 아들 엘리야가 구체적으로 알려지지 않은 시기에, 두
사천감 가운데 한 곳의 수장을 맡았지만 회회사천감과 그 부속기구는
대부분 무슬림의 손에 있었다.[42] 사망 시기가 알려지지 않은 자말 앗 딘

37 『元史』, 卷 7, p. 136.
38 『元史』, 卷 90, p. 2297.
39 『秘書監志』, 卷 7, pp. 1b~2a(pp. 184~85).
40 『秘書監志』, 卷 1, pp. 2a~b(pp. 23~24); 卷 9, p. 1a(p. 245).
41 Yang Yü, *Beiträge zur Kulturgeschichte Chinas*, p. 72.

에 이어 1301년 샴스 앗 딘(Shāms al-Dīn)이라는 사람이 비서감과 회회사천감을 맡아 1310년까지 수장을 지냈다.[43] 그는 호라산의 도시 쿤두즈(Qundūz) 출신으로 라시드 앗 딘이 테무르 카안의 노복으로 언급했던 샴스 앗 딘과 동일 인물일 것이다.[44] 1320년까지 샴스 앗 딘은 비서감 장관과 대사도(大司徒)직을 맡고 있었다.[45] 그 후계자는 미르 무함마드(Mīr Muḥammad)로, 1333년에 회회사천감을 관할했다.[46]

따라서 1263년부터 1368년 원 제국이 멸망할 때까지 일종의 서아시아의 천문기구가 100여 년 동안 존재했던 것이다. 활동의 절정기는 확실히 자말 앗 딘의 시대였다.

그의 유명세와 명성, 그리고 실질적인 기여로 원 제국에서 발견된 서아시아 수학과 천문학의 모든 요소가 그의 공헌으로 여겨져왔다. 예를 들어 1956년 서안(西安)에서 발견된 이슬람의 마방진이 자말 앗 딘이 동방으로 가져온 것이라는 설이 있다. 수학적 놀이의 일종으로 마방진은 중국에서 일찍이 발달했고, 이후 유라시아로 퍼져 몽골제국 이전에 이란에 도달했다.[47] 따라서 그 전파에 자말 앗 딘이 어떠한 역할을 했든지 간에, 서안의 마방진은 중국인에게 이미 친숙한 것을 재도입해 변형한 것에 불과하다.

보다 분명하고 중요한 것은 1267년 서역 출신의 이 사람이 『만년력』(萬年曆)을 편찬해 카안에게 바쳤다는 점이다. 이 구절은 "카안이 일부분을 공표했다"라고 다소 애매한 표현으로 이어진다.[48] 『원사』에는 이 역법

---

42 程鉅夫, 『程雪樓文集』, 卷 5, p. 4b.

43 『秘書監志』, 卷 9, pp. 1b(p. 246), 16a(p. 255).

44 Rashīd/Karīmī, vol. I, p. 679; Rashīd/Boyle, p. 330.

45 『元史』, 卷 26, p. 592.

46 『秘書監志』, 卷 9, p. 16b(p. 256).

47 Ho Peng-yoke, "Magic Squares in East and West", *Papers on Far Eastern History* 8 (1973), pp. 127~29.

48 『元史』, 卷 52, p. 1120.

〈표 3〉 천문기구

한자 표기	아랍어 명칭	기구 종류
咱禿哈剌吉	*ẕāt al-ḥalaq*	혼천의
咱禿朔八台	*ẕāt al-shu'batai[n]*	천체고도측정기
魯哈麻亦渺凹只	*rukhāmah-i mu'vajj*	춘추분 관상대
魯哈麻亦木思塔餘	*rukhāmah-i mustavī*	동하지 관상대
苦來亦撒麻	*kurah-i samā'*	천구의
苦來亦阿兒子	*kurah-i arz*	지구의
兀速都兒剌不	*uṣṭurlāb*	천체관측기

에 관해 더 이상 언급하고 있지 않으나 타사카 코도(田坂興道)가 수집한 명나라 초기의 자료에 따르면 이 의문의 역법이 서역 방식의 관측과 계산, 즉 12궁도를 활용하고 하늘을 360도로 나누는 방식에 기반했다.[49]

동시에 자말 앗 딘은 천문기구(儀象)의 모형을 카안에게 바쳤다. 여러 학자의 노력 덕분에 이 기구는 어느 정도 확실하게 알 수 있게 되었다(〈표 3〉 참조).[50] 이 모형 외에도 1273년 비서감의 북부 천문대에는 태양의 그림자를 측정하는 기구와 소형 천구(天球), 그리고 나침반의 세 가지 천문기구가 있었다.[51]

중국에 유입된 서아시아 천문학의 다른 측면은 아마도 자말 앗 딘이 직접 가져온 것 같은, 북부 천문대에 소장되어 있는 과학서이다.[52] 이들

---

49 Kōdō Tasaka, pp. 120~21.
50 『元史』, 卷 48, pp. 998~99. 이 용어들과 기구들을 밝혀낸 것은 다음 연구 덕분이다. Kōdō Tasaka, pp. 76~99; Joseph Needham, *SCC*, vol. II, pp. 373~74; Willy Hartner, "The Astronomical Instruments of Cha-ma-lu-ting, their Identification, and their Relations with the Instruments of the Observatory of Marāgha", *Isis* 41 (1950), pp. 184~94.
51 『秘書監志』, 卷 7, p. 14b(p. 210); Kōdō Tasaka, pp. 117~18.
52 『秘書監志』, 卷 7, pp. 13b~14b(pp. 208~10); Kōdō Tasaka, pp. 103~06, 108~10, 115~17.

과학서 가운데에는 15부(部)로 구성된 유클리드(아랍어로 Uqlīdis)를 포함하여 네 권의 수학 서적이 기록되어 있다. 이슬람 과학과 학문에서 유클리드의 명성과 중요성을 생각하면 이러한 선정은 놀랍지 않다. 예를 들어 라시드 앗 딘이 뭉케의 지적 성취를 칭송할 때, 카안이 몇 개의 유클리드 수학 문제를 풀었다고 언급했다.[53] 더 중요한 것은, 나시르 앗 딘 투시가 유클리드에 관한 여러 저작을 집필했는데, 그중에는 『기하원론』의 한 판본, 더 정확하게는 아랍어 번역본을 바탕으로 재편찬한 것이며, 이는 자말 앗 딘이 북부 천문대의 수장으로 소유하고 있던 15부와 동일하게 구성되어 있다.[54]

천문학에 관한 네 권 가운데 하나는 프톨레마이오스(Ptolemaios)의 『알마게스트』(Almagest)로, 프톨레마이오스에 대한 투시 등의 주석(taḥrīr)이 이슬람의 천문학적 논쟁과 발전의 중심에 있었다는 점에서 이 또한 놀랍지 않은 선택이다.[55] 또한 아랍어 『일칸의 지즈』에 해당하는 『지츠』(Chi-ch'ih, 積尺)라는 역법에 관한 서적이 있었다. 이것은 아마도 1274년 투시가 세상을 떠나기 몇 해 전에 완성한 『일칸의 지즈』 초안이었던 것 같다. 목록에는 천문기구의 제작에 관한 한 권과 점성학에 관한 한 권이 포함되어 있다.

마지막으로 1273년 목록에는 한자로 『역사』(Ta'rikh, 帖里黑)가 포함되어 있었다. 타사카 코도가 지적하듯이, 이는 타바리(Ṭabarī)에서 주베이

53 Rashīd/Karīmī, vol. II, p. 718. 또한 Abū'l Fidā, Memoirs, p. 31의 논평 참조.

54 Ali A. Al-Daffa and John J. Stroyls, Studies in the Exact Sciences in Medieval Islam (Dhahran: University of Petroleum and Minerals, and Chichester: John Wiley, 1984), pp. 31~32; Bar Hebraeus, pp. XXIII, XXXVI, 451; Heinrich Suter, Die Mathematiker und Astronomen der Araber und Ihre Werke, repr. (New York: Johnson Reprint Corp., 1972), p. 151.

55 투시의 저서는 1247년경에 완성되었다. George Saliba, "The Role of the Almagest Commentaries in Medieval Arabic Astronomy: A Preliminary Survey of Ṭūsī's Redaction of Ptolemy's Almagest", Archives Internationales d'Histoire des Sciences 37 (1987), pp. 3~20 참조.

니까지의 아랍어와 페르시아어로 쓰인 역사서일 수 있다.[56] 그러나 내 생각에는 『총년호국명』(總年號國名)이라는 한자 주석서일 가능성이 훨씬 더 높은 것 같다.[57] 이것은 알 비루니(973~1050)의 저서인 『바이곤 시대의 남아 있는 흔적들』(Al-Athār al-baqiyah'an al-Qurūn al-khaliyah)의 내용을 정확히 서술했는데, 이 책은 다양한 고대 민족과 나라들이 사용했던 기년법과 역법 체계를 다루고 있다. 알 비루니는 천문학자이자 수학자이며 역법 전문가, 지리학자이며, 특히 역법을 위해 천문대를 관장하고 있었다는 점에서 자말 앗 딘 같은 이가 선호하고 참고했을 만한 '역사학자'였을 것이다.

대부분의 서방 천문학자가 궁정에서 일했지만, 무슬림 천문학자가 제왕을 위해 봉사한 경우가 있다. 유일한 사례는 아니겠지만 사료에 유일하게 남아 있다. 이 의문의 제왕 가문은 쿠빌라이의 일곱째 아들이자 라시드 앗 딘이 우크룩치(Ūqruqchī)라고 했던 오그룩치의 후예로 그는 티베트 지역을 분봉받았다. 그가 세상을 떠나자 그의 장자인 테무르 부카가 티베트 북부에 대한 권한을 이어받았다.[58] 그다음으로 티베트식 이름을 가진 차남 초스발(Chosbal)이 이어받았다. 그의 아들 도코발이 계승했고, 푸나라(Pu-na-la)가 뒤를 이었다.[59] 그는 원 제국의 멸망 당시 감숙성(甘肅省) 하주(河州)에 근거지를 두고 있었고 1370년 그의 '티베트인들'과 함께 명나라에 항복했다. 그 후 남경(南京)으로 호송되어 홍무제(洪武帝, 1328~98)의 호감을 얻었고 그의 오랜 근거지였던 하주 부근 무정(武靖)의 무관에 임명되었다. 1373년 그가 세상을 떠나자 그의 아들 다르마

56 Kōdō Tasaka, pp. 112~14.
57 『秘書監志』, 卷 7, p. 14a(p. 209).
58 Rashīd/Karīmī, vol. I, p. 614; Rashīd/Boyle, p. 244.
59 Louis Hambis, Le chapitre CVIII du Yuan che: Les fiefs attribués aux membres de la famille impériale et aux ministres de la cour mongole (Leiden: E. J. Brill, 1954), vol. I, p. 142.

라드자(Darmarādza)가 관직과 직함을 계승했으며, 1376년에 몇 차례 언급되다가 이후 그 가문은 역사에서 사라졌다.[60]

이 진서무정왕(鎭西武靖王) 가문은 중부 티베트로 군사와 정치 사절을 파견할 수 있는 특별한 권한을 가졌던 것 같다. 14세기 초반 쿠빌라이의 증손자였던 초스발은 활발히 활동하며 영향력 있는 종교 및 세속 지도자를 임명하거나 그 지위를 보장해 주었다. 1353년 그의 손자 푸나라는 유명한 자루(Za-lu) 수도원을 방문해 저명한 학자이자 역사가였던 부스탄(Bu-stan)에게서 종교적 가르침을 받았다. 티베트 사료에서는 푸나라는 프라즈나(Prajñā), 아랍어로는 바라드나(Baradnā)로 기록했는데, 이는 프라즈나(Prajna)를 몽골식 발음에 따라 표기한 것이다. 따라서 그의 이름의 한자 표기는 순서가 도치된 것으로 푸라나로 읽어야 한다.[61]

티베트 역사와 불교 교리에 대해 폭넓은 관심을 가진 프라즈나는 또한 무슬림 천문학자를 지원했다. 1366년에 사마르칸트 출신의 아부 무함마드 아타 이븐 아흐마드 이븐 무함마드 콰자 알 산주피니(Abū Muḥammad 'Aṭā ibn Aḥmad ibn Muḥammad Khwājah al-Sanjufīnī)는 후원자인 프라즈나를 위해 천문표(zīj)를 만들었다. 아랍어로 작성된 42개의 표에는 점성술, 아랍어로 표기된 항성의 한자식 명칭 목록, 구면천문학과 행성에 관한 자료들, 특히 무슬림에게 중요한 일식과 월식 예측을 위한 표가 포함되어 있다. 흥미롭게도 태양과 달의 위치표의 제목에서 '자말리(Jamālī)의 천문대'를 따라 계측했다고 언급되어 있는데, 자말 앗 딘을 지칭하는 것

---

60 Henry Serruys, "The Mongols of Kansu during the Ming", *Mélanges Chinois et Bouddiques* 11 (1952-55), pp. 231~33, 237~39.

61 이 가문과 티베트 정부에서 그들의 역할과 그들의 이름 표기에 대해서는 Luciano Petech, *Central Tibet and the Mongols*, pp. 42~43, 76~77, 79, 91, 115; Luciano Petech, "Princely Houses of the Yuan Period Connected with Tibet", in Tadeusz Skorupski, ed., *Indo-Tibetan Studies: Papers in Honor and Appreciation of Professor David L. Snellgrove's Contribution to Indo-Tibetan Studies* (Tring, England: Institute of Buddhist Studies, 1990), pp. 262~69 참조.

제17장 천문학 **269**

으로 보인다.[62]

이 문헌에는 아랍어로 된 여러 중국 역법과 천문 용어 외에도 많은 몽골어 주석이 포함되어 있다. 이들 대부분은 아랍어로 된 전문 용어를 단어마다 몽골-위구르어로 번역한 것이다. 이 중요한 문화적 문서에 세계주의적 색채가 더해져 아랍어-페르시아어로 된 매월의 명칭을 티베트어로 전사한 주석이 포함되었다.[63]

몽골제국 시대에 중국, 티베트, 중앙아시아, 트란스코카서스 등 유라시아 전역을 넘나드는 중국과 이슬람 천문학자 사이에 다양한 접촉이 있었던 것은 분명하지만, 정말로 그들 사이에 교류와 수용이 이루어졌던 것일까? 이는 쉽게 답할 수 없는 문제이다. 이러한 상황을 정확히 설명해 줄 수 있는 일반적인 공식은 없기 때문에 구체적인 사례를 살펴보는 것이 최선일 것이다.

우선 비서감에 보관되었던 이슬람 서적들을 살펴보면 이들이 중국 천문학 혹은 수학에 큰 영향을 끼쳤다는 증거는 없다. 또한 적어도 원 제국에서 이들 서적 일부 혹은 전체가 중국어로 번역되었음을 제시하는 증거는 없다. 이들 자료는 자말 앗 딘과 그의 서아시아 동료의 작업을 위한 도서관에 채워졌고, 전통적인 헬레니즘과 이슬람 학파의 계산과 관측을 수행하는 데 활용되었다. 요컨대, 이 서적들은 중국 과학자에게 '지식'을 제공하기 위함이 아니었으며, 우리가 아는 한 당시 이 책에 관심을 보인 중국인 학자도 없었다.[64]

---

62 E. S. Kennedy, "Eclipse Predictions in Arabic Astronomical Tables Prepared for the Mongol Viceroy of Tibet", *Zeitschrift für Geschichte der arabisch-islamischen Wissenschaften* 4 (1987-88), pp. 60~80; E. S. Kennedy and Jan Hogendijk, "Two Tables from an Arabic Astronomical Handbook for the Mongol Viceroy of Tibet", in Erle Leichty *et al.*, eds., *A Scientific Humanist: Studies in Memory of Abraham Sachs* (Philadelphia: The University Museum, 1988), pp. 233~42.

63 Herbert Franke, "Mittelmongolische Glossen in einer arabischen astronomischen Handschrift von 1366", *Oriens* 31 (1988), pp. 98~103.

천문기구에 관해 니덤은 곽수경(郭守敬, 1231~1316)의 기구 가운데 적도의(赤道儀)가 있었다고 주장한 바 있다. 그는 토크덤(torquedum)으로 알려진 이슬람과 유럽 기구에서 어느 정도 영감을 받은 것이라고 생각했다. 곽수경의 기구는 중국어로 간의(簡儀)로 불렸는데, 이는 중국 전통에 따라 황도를 배제하고 적도 좌표계를 유지했다. 니덤과 다른 이들은 이것이 튀코 브라헤(Tycho Brahe, 1546~1601)와 현대 망원경의 적도의보다 이른 것이라고 주장해 왔다.[65]

그러나 전반적으로 니덤은 계측, 좌표계, 계산법, 프톨레마이오스 행성 모델에서 중국 천문학에 대한 이슬람의 영향을 거의 발견하지 못했다. 그는 중국의 역법 계산에서 이슬람 영향의 가능성은 열어두긴 했지만[66] 실제로 그러한 주장을 뒷받침하는 증거가 많지 않다. 원 제국의 공식적인 역법은 수시력(授時曆)이었으며, 이는 곽수경이 관측가와 전문가 집단의 도움을 받아 편찬했다. 이 역법은 1281년에 반포되었고 명나라 말기까지 중국의 공식 역법으로 존속했다. 이 역법이 외국의 영향을 뚜렷이 드러내지 않으면서 전통적인 중국 방식에 기반해 편찬한 것으로 보인다는 것이 중국 과학사가들의 일치된 견해이다.[67]

이러한 문제를 전문적 수준에서 다룰 수는 없지만, 몽골 이후에 등장한 명나라가 이슬람의 천문학, 점성술, 역법에 적극적이고도 지속적인 관심을 보였다는 것은 의심의 여지가 없다. 따라서 그 유산은 과학이나

---

64 Peter M. Engelfriet, *Euclid in China* (Leiden: E. J. Brill, 1998), pp. 73~75의 논의 참조.

65 Joseph Needham, "The Peking Observatory in AD 1280 and the Development of the Equatorial Mounting", *Vistas in Astronomy* 1 (1955), pp. 67~83. 또한 M. C. Johnson, "Greek, Moslem and Chinese Instrument Designs in the Surviving Mongol Equatorials of 1279 AD", *Isis* 32 (1940), pp. 27~43의 논평도 참조.

66 Joseph Needham, *SCC*, vol. III, pp. 372~82.

67 Ho Peng-yoke, "Kuo Shou-ching", in Igor de Rachewiltz *et al.*, *In the Service of the Khan*, pp. 285~93; Yabuuti, "Astronomical Tables in China", pp. 96~97.

기술보다 주로 제도적인 것이었다.

명나라는 회회사천감을 지속적으로 운영했으며 이를 강남의 수도인 남경(南京)으로 이전했다. 그것은 1398년에 공식적으로 독립된 기구로 서는 폐지되었지만 관원들은 계속 남아, 명의 천문기구인 태사감(太史監)을 관할했다.[68] 왕조 전(全) 시기에 이슬람 천문학자들은 일식과 성식 (星蝕), 태양흑점 등을 관측했고 그 결과를 바탕으로 길일(吉日)을 정했다. 그들은 또한 이슬람력[回回曆]을 지속적으로 편찬했다. 이것은 공식적으로 반포된 적은 없었으나 중국 역법과 함께 사용되었다. "서역" 역법에 대한 조정의 관심은 왕조 말, 예수회 선교사들이 그들의 측정이 더욱 신뢰할 만하다는 것을 입증했을 때까지 지속되었다. 1644년 만주족이 중국을 정복한 이후에 그들은 천문기구에 "서양"(현재의 '유럽') 부서를 추가했다.[69]

명나라 조정에서도 이슬람 과학서의 중국어 번역을 지원했다. 홍무제 (재위 1368~99)는 회회 역법(回回曆法)으로 불린 이슬람력의 번역을 승인했다. 이것은 원 제국 말기에 중국에 온 사마르칸트 출신의 마샤이크 (Mashāīk)라는 사람이 제작했다. 그와 그의 동료가 번역한 것은 일반적인 이슬람 음력이 아닌 고대 페르시아의 양력에 기초한 역법이었다. 흥미롭게도 나시르 앗 딘 투시의 『일칸의 지즈』에는 야즈데게르드 시대인 632년에 시작된 이 역법의 변환표가 포함되어 있었다. 또한 마샤이크와 그의 동료도 한어 제목이 『명천문서』(明天文書)인 페르시아어로 된 점성술서를 번역했다. 이는 '초기 아랍인들'이 기록한 것이지만, 대다수 개념은 헬레니즘 시대, 심지어는 고대 메소포타미아로까지 거슬러 올라간다.

---

68 Henry Serruys, "Remains of Mongol Customs", p. 146.

69 명대(明代)의 천문학에 대해서는 Ho Peng-yoke, "The Astronomical Bureau in Ming China", *Journal of Asian History* 3 (1969), pp. 137~57; Willard J. Peterson, "Calendar Reform Prior to the Arrival of Missionaries at the Ming Court", *Ming Studies* 21 (1986), pp. 45~61 참조.

서문은 쿼시야얼(闊識牙爾)이라는 사람이 썼는데, 10세기 후반 천문학과 점성학에 관해 여러 권의 저서를 집필한 페르시아 학자 쿠샤르 이븐 라반(Kūshyār ibn Labbān)일 것이다. 원본이 명나라 초 북경에서 발견되었다는 점에서 이러한 천문학 자료가 이사 켈레메치 같은 사람을 매개로 하여 처음 중국에 들어왔을 것으로 추정된다. 그 역시 그러한 배경과 교육을 통해 전통을 계승했을 것이다. 다음으로 중국어로 『칠정추보』(七政推步)라는 제목의 저서가 번역되었는데, 육안으로 볼 수 있는 오행성과 태양, 달의 '일곱 행성'의 움직임을 계측하는 방법을 소개했다. 이 글의 원본은 아직까지 확인되지 않았는데, 1385년 서역에서 온 무슬림이 명나라 조정에 진상한 것으로 알려져 있다.[70]

이러한 번역서들에도 불구하고 이슬람 천문학이 중국인에게 실질적인 영향을 끼쳤다는 증거는 없다. 이는 어느 정도 관측과 계측법을 분리해 하나의 결과를 다른 결과와 대조해 확인할 수 있게 하려는 조정의 의도에서 비롯되었는데, 이러한 관례는 마테오 리치(Mateo Ricci, 1552~1610)가 처음으로 주목했다.[71] 이것은 사실 중국의 오랜 전통이었다. 당대(唐代)에 인도 천문학자들이 인도의 숫자와 표 같은 새로운 방식을 소개했지만, 이는 중국인에게 아무런 영향을 끼치지 못했다. 당대와 원 제국에서의 이러한 혁신은 외국인의 전유물로 남아 있었고 중국인은 지속적으로 자신들의 전통에 따라 관측과 계산을 했다. 즉 중국인은 외국 천

---

70 Kōdō Tasaka, pp. 120~58; Paul Pelliot, "Le Hoja et le Sayyid Ḥusain", pp. 232~35, note 311; Yabuuti Kiyosi, "Islamic Astronomy in China", *Actes du dixième congrès international d'histoire des sciences* (Paris: Hermann, 1964), pp. 555~57; Yabuuti Kiyosi, "The Influence of Islamic Astronomy in China", in David A. King and George Saliba, eds., *From a Different Equant: A Volume of Studies in the History of Science in the Ancient and Medieval Near East in Honor of E. S. Kennedy* (New York: New York Academy of Sciences, 1987), pp. 550~55.

71 Matthew (Mateo) Ricci, *China in the Sixteenth Century: The Journals of Matthew Ricci, 1583-1610* (New York: Random House, 1953), pp. 31~32.

문학자의 발견을 기꺼이 받아들여 자신들의 천체론에 적용했지만, 그들의 결과에서 얻은 방법을 그대로 활용하지 않았던 것이다. 외국 천문학자가 특정 천문 현상을 예측하는 것은 환영받았지만, 그 의미를 해석하는 것은 중국인들이었다.[72]

유라시아 반대편 지역에서도 상황은 다소 유사했다. 중국 천문학을 접했음에도 무슬림 천문학자들은 그로 인해 변하지는 않았던 것 같다. 투시와 '마라게 학파'의 업적에 대한 최근 연구에 따르면 그들은 전통을 계승한 프톨레마이오스와 다른 헬레니즘 천문학자들에게 주목했다. 특히 그들은 천동설(天動說)을 고집하면서도 때때로 프톨레마이오스의 천체론, 특히 그의 행성 모델을 비판하고 과감하게 수정했다. 이러한 수정은 상당히 광범위하고 혁신적이어서 일부 사람들이 과학 혁명으로 여길 만큼 니콜라우스 코페르니쿠스(Nicolaus Copernicus)에게 영향을 끼쳤을 것으로 보았다.[73] 게다가 프톨레마이오스 체계에 대한 이러한 근본적인 재작업은 지리적으로나 시간적으로 마라게를 넘어서는 영향을 끼쳤다.[74] 물론, 그것은 마라게에 있는 중국 천문학자들이 제공한 대안적 우주관이 기존 패러다임에 도전하는 일종의 자극이 되었을 가능성도 있다. 그러나 이 문제에 관해서는 자격을 갖춘 다른 연구자가 다뤄야 할 것이다.

---

72 Yabuuti Kiyosi, "Indian and Arabian Astronomy in China", *Silver Jubilee Volume of the Zinbun Kagaku-Kenkyusyo Kyoto University*, pp. 589, 595; Nathan Sivin, "Chinese Archaeoastronomy: Between Two Worlds", in A. F. Aveni, ed., *World Archaeoastronomy* (Cambridge University Press, 1989), p. 56; Mary W. Helms, *Ulysses' Sail: An Ethnographic Odyssey of Power, Knowledge and Geographical Distance* (Princeton University Press, 1988), pp. 106~07.

73 George Saliba, "The Role of Maragha in the Development of Islamic Astronomy: A Scientific Revolution before the Renaissance", *Revue de Synthèse* 1 (1987), pp. 361~73; George Saliba, "The Astronomical Tradition of Maragha: A Historical Survey and Prospects for Future Research", *Arabic Sciences and Philosophy: A Historical Journal* 1 (1991), pp. 67~99.

74 Ahmad Dallal, "A Non-Ptolemaic Lunar Model from Fourteenth Century Central Asia", *Arabic Sciences and Philosophy: A Historical Journal* 2 (1992), pp. 237~43.

이슬람 천문학에서 눈에 띄고 오래 지속되었던 중국의 유산이 남아 있는 영역은 역법 제작이었다. 중국 명나라의 천문학자들처럼 이슬람 천문학자들은 중국의 역법 관행에 지속적인 관심을 보였다. 예를 들어 1413년 잠시드 알 카시(Jamshīd al-Kashī)는 『지지 하카니』(Zīj-i khāqānī)에서 중국의 음양력을 상세히 기술했다. 그는 한자식 용어를 다수 사용했고 중국 표준에 근거한 태양년의 기간과 월의 평균 기간을 제공했다. 그의 자료는 투시의 『일칸의 지즈』에 기반한 것으로 중국-위구르 역법의 표는 16세기 말까지 동부 이슬람 세계에서 지속적으로 재생산되었다.[75]

역법과 계시(計時)에 대한 몽골인의 태도를 살펴보는 것으로 마무리할 수 있겠다. 우선, 몽골이 중국, 무슬림 정주민을 확보했을 때 행정, 특히 공문서에 날짜를 기입하기 위해 정확한 변환표가 필요했음이 분명하다. 또한 그들은 중국인과 무슬림 등의 피정복민의 서로 다른 시간 체계를 포함해 정확한 변환표가 필요했다.

그러나 역법은 또 다른, 아마도 좀 더 중요한 기능이 있었다. 시간 측정은 의례적·우주론적 의미를 지니고 있었다. 일식과 같은 우주 현상에 대한 천문학적 불규칙이나 오차는 우주와 연결된 황제의 권위의 합법성과 통치권을 약화시켰다.[76] 이러한 중국적 개념은 몽골에 수용되었으며, 그들은 자신들의 우주론적 신념과 연결된 일련의 의례를 거행했다.

또한 역법은 중국, 이슬람, 그리고 몽골의 통치자들 모두에게 동전 주조권과 같이 배타적으로 독점했던 중요한 권위의 상징이었다.[77] 몽골인에게 그들의 역법과 궁정 복식의 수용은 13세기 중반까지 복속의 기본

---

75 E. S. Kennedy, "The Chinese-Uighur Calendar as Described in the Islamic Sources", *Isis* 55 (1964), pp. 435~43. 이후에 재간행되었던 것들 가운데 하나가 Abū'l Faẓl, *'Ain-i Akbarī*, vol. II, pp. 19~21에 수록되어 있다.

76 Howard J. Wechsler, *Offerings of Jade and Silk: Ritual and Symbol in the Legitimation of the T'ang Dynasty* (New Haven, Conn.: Yale University Press, 1985), pp. 212~15.

77 David Landes, *Revolution in Time* (Cambridge, Mass.: Harvard University Press, 1983), p. 33.

적인 요건이 되었다.[78]

　따라서 천문학자는 경제, 군사, 의례, 영적 생활 같은 모든 종류의 활동의 시작과 끝의 적절한 시점을 결정하는 시간 관리자이자 전문가였다. 그리고 이 모든 것에는 미래를 예언할 수 있다는 천문학자의 능력에 대한 인식이 내포되어 있었다. 몽골인에게 이것은 아마도 가장 중요한 부분이었을 것이다. 이로 인해 칭기스 칸 일족은 천상을 읽을 수 있다고 주장하는 전문가에 둘러싸여 있었다. 로저 베이컨(Roger Bacon)은 몽골의 "성공은 그들이 놀라운 과학적 성과로 세계를 정복했기 때문이다"라고 결론내렸다. 이어서 그는, 몽골의 광범위한 정복 활동은 군사력으로만 이루어진 것이 아니라 "그들은 과학, 특히 모든 일을 주관하고 지도하는 천문학을 통해 성공했을 것이다"라고 주장했다.[79] 천문학과 역법 제작, 예언, 그리고 몽골의 정치문화와 같은 흥미로운 주제는 마지막 장(章)에서 보다 자세히 다루고자 한다.

78　『元文類』, 卷 24, p. 19a.

79　Roger Bacon, *Opus Majus*, trans. by Robert Belle Burke (New York: Russell and Russell, 1962), p. 416.

제18장

인쇄술

화약의 경우와 마찬가지로 중국이 종이 제작과 인쇄술에서 우위를 차지한 것은 잘 알려져 있다. 최초의 종이는 기원전 2세기까지 거슬러 올라간다. 기원후 2세기경에 개선된 이 새로운 글쓰기 재료는 중국에서 널리 사용되기 시작했고, 이후 몇 세기에 걸쳐 대나무와 목판, 비단을 점차 대체했다.[1] 이슬람 전통에서 알려진 바에 따르면, 751년 탈라스 전투 이후 중국 전쟁 포로가 현지인에게 종이 제작술을 가르치면서 제지술이 사마르칸트에 전해졌다.[2] 이미 680년경에 중국산 종이가 사마르칸트에 수출되었기 때문에 새로운 제품에 대한 수요가 있었을 것이다.[3] 어쨌든 8세기 말까지 바그다드에 제지소가 있었고 이 기술이 점차 서방으로 전해져 북아프리카로 유입되었으며, 12세기에는 마침내 유럽에 전파되었다.[4]

---

1 Tsien Tsuen-hsiun, *Paper and Printing*, in Joseph Needham, *SCC*, vol. V, pt. 1, pp. 23~52.

2 Tha'ālibī, *Book of Curious and Entertaining Information*, p. 140.

3 Bertold Laufer, *Sino-Iranica*, pp. 557~59.

4 Tsien Tsuen-hsiun, *Paper and Printing*, in Joseph Needham, *SCC*, vol. V, pt. 1, pp. 293~

지난 세기 많은 학자의 노력 덕분에 중국에서 인쇄술의 역사에 관한 세부적인 기술(技術)은 아니더라도 대략적인 내용이 잘 알려져 있다. 목판인쇄술에 대한 최초의 기록은 7세기로 거슬러 올라간다. 현존하는 가장 오래된 목판인쇄물은 8세기로 거슬러 올라가는데, 책으로 완성된 가장 이른 목판인쇄물은 868년에 제작된 『금강경』(金剛經)으로 돈황(敦煌)에서 발견되었다. 몇 년 후에는 일력(日曆) 인쇄본이 발견되었다. 송대(宋代, 960~1279)에 이르러 인쇄술이 급속하게 확산되어 출판업이 생겨났다. 중앙정부와 지방정부, 그리고 민간 인쇄소에서 다양한 주제에 대한 수많은 제목의 출판물이 간행되었다.

이 기술은 목판에 글자를 새기는 인쇄로 시작되었다. 1050년경 가동 활자(movable type)가 처음으로 시범되었다. 점토로 만들어진 이 활자는 원 제국에서도 사용되었고, 목활자도 시도되었다. 원 제국에서 이러한 방식은 1313년 왕정(王禎)이 『농서』(農書)를 출간할 때 사용되었다. 금속활자는 13세기에 등장했으며 고려(高麗)가 그 발전에 중요한 역할을 했는데, 몽골 시대 이후에야 비로소 완성되어 널리 사용되었다. 이러한 방식은 중요한 기술적 혁신을 이루어냈지만, 수천 개의 고유 문자로 이루어진 한자의 특성 때문에 최근까지도 중국에서는 목판인쇄를 대체하지 못했다.[5]

아시아 인쇄사 분야의 개척자 중 한 명인 토머스 카터(Thomas Carter)가 지적했듯이, 몽골인은 중국인 이외에도 일찍이 동투르키스탄에서 인쇄술을 주로 사용하는 다른 많은 민족과 조우하고 그들을 정복했다.[6] 중국 다음으로 이곳은 가장 이른 시기에 인쇄술 중심지 중 하나였는데,

---

303.

5 서술한 내용은 가장 근래의 성과물을 따른 것이다. Tsien Tsuen-hsiun, *ibid.*, pp. 132~72, 194~222, 325~31 참조.

6 Thomas Francis Carter, *The Invention of Printing in China and its Spread Westward*, 2nd edn, rev. by L. Carrington Goodrich (New York: Ronald Press, 1955), pp. 140~48.

9세기에 산스크리트어로 된 불교 경전이 그곳에서 목판으로 인쇄되었다. 투르판에서만 모두 17개의 다른 언어로 된 판본이 발견되었다. 또한 몽골인의 선조인 중국 북부와 서부 지역의 거란족, 여진족, 탕구트족이 모두 그들 고유의 문자 체계로 판각했다는 사실을 기억해야 할 것이다. 탕구트 왕실은 12세기 목판으로 인쇄된 불교 경전의 간행을 후원했다. 그리고 그들의 가까운 친척이었던 티베트인은 얼마 후 목판인쇄술과 가동 활자를 결합하여 사용했다.[7] 마지막으로 가장 초기 활자본 가운데 하나가 1300년경의 위구르어로 된 통행증이었다.[8]

그들이 접한 풍부하고 다양한 인쇄 환경을 고려할 때, 몽골인은 곧 이 기술을 도입하고 이후에 이 기술을 다른 이에게 시연했다는 사실은 놀라운 일이 아니다. 시연된 첫 번째 사례로 가장 인상적이고 눈에 띄는 것은 1294년 게이하투 재위기에 중국 지폐인 초(鈔)를 이란에 도입한 것이었다. 이를 시행한 이유를 다양한 사료에서 찾을 수 있겠지만, 국고에 귀금속을 축적하려는 욕구와 사치, 부패, 경영 부실로 인한 게이하투 정권의 파산이 결정적 이유였다. 정확한 동기가 무엇이든 간에, 사드르 앗 딘 (Ṣadr al-Dīn)과 게이하투의 다른 조언자들이 이러한 정책을 제안했을 때, 볼라드는 중국의 화폐제도에 대해 설명하기 위해 소환되었다. 라시드 앗 딘에 따르면, 그는 다음과 같이 대답했다.

초(鈔, Chāw)는 통치자의 인장(tamgha)이 찍혀 있는 종이로 주조된 동전과 은괴(balish)의 통화 대신에 키타이(Khitāi) 전역에서 유통되었고,

---

7 L. Carrington Goodrich, "Movable Type Printing: Two Notes", *JAOS* 99 (1974), pp. 476~77; Richard P. Palmieri, "Tibetan Xylography and the Question of Movable Type", *Technology and Culture* 32 (1991), pp. 82~90.

8 8세기 중국 내부 변경에서의 초기 인쇄술에 대한 개관은 A. P. Terent'ev-Katanskii, *S Vostoka na zapad: Iz istorii knigi i knigopechataniia v stranakh Tsentral'noi Azii VIII-XIII vekov* (Moscow: Glavnaia redaktsiia vostochnoi literatury, 1990), pp. 131~37 참조.

국고에서 지급받았다.[9]

라시드 앗 딘의 다른 글에 따르면, 볼라드는 초가 뽕나무 껍질로 만들어졌으며, 사람들의 손에서 손으로 계속 전해지면서 금세 닳는다고 궁정에 전했음이 분명했다. 닳은 지폐는 정부기관(dīvān)으로 넘겨져 1 대(對) 1의 비율로 새 지폐로 교환되었다. 라시드 앗 딘은 오래된 지폐는 불에 태워 폐기했고 동일한 액면가의 새 지폐가 발행되었다고 언급했다.[10]

볼라드의 설명 이후 지폐의 도입 결정이 내려졌다. 1294년 여름, 최초의 초(鈔)가 발행되었다. 글의 묘사에 따르면, 이 지폐는 직사각형이었고 한자, 이슬람의 문구, 일칸의 이름과 인장이 있었다. 그리고 중국처럼 지폐 위조에 대해서는 사형에 처한다고 명시했다. 지폐의 액면가는 반(half) 디르함에서 10디나르까지 다양했다. 지폐는 9월 타브리즈에서 발행되었는데, 어려움을 겪을 것을 예상해 일칸은 지폐의 수용을 거부하면 누구든 즉결 처형하도록 명령했다. 엄청난 위협에도 불구하고 초는 곧 상업적 혼란과 불매, 그리고 노골적인 저항을 가져왔다. 지폐에 대한 대중의 전면적인 거부에 직면하자 초의 유통이 철회·폐기되었다. 현재까지 어떠한 견본도 발견되지 않았다.[11]

볼라드가 주요 정보원이었기 때문에 초에 대한 그의 지식을 보다 상세히 살펴볼 필요가 있다. 예상대로 그는 중국에 장기간 거주하는 동안에 화폐제도와 지폐를 직접 경험했다. 실제로 1281년 1월 볼라드가 이란을 떠나기 전에 쿠빌라이는 "초, 금, 은을 볼라드에게 주어 빈민에게 지급하

9 Rashīd/Jahn I, p. 87.

10 Rashīd al-Dīn, *Āthār va Aḥyā'*, p. 37

11 이에 대한 상세한 서술은 Karl Jahn, "Paper Currency in Iran: A Contribution to the Cultural and Economic History of Iran in the Mongol Period", *Journal of Asian History* 4 (1970), pp. 101~35 참조. 이 정책에 관한 라시드 앗 딘의 서술에 대한 번역은 Bernard Lewis, ed. and trans., *Islam*, vol. II: *Religion and Society* (New York: Walker and Co., 1974), pp. 170~72 참조.

도록 했다."[12] 즉 초는 이때뿐 아니라 다른 많은 경우에도 볼라드의 손을 거쳤고 초가 생산될 당시, 이란에서도 중국 지폐의 실물을 구할 수 있었을 가능성이 높다.

그렇다면 볼라드가 중국에서 접하고 사용했던 지폐의 특징은 무엇일까? 물론, 지폐제도는 중국에서 오래전에 시행되었고 몽골은 이를 빠르게 도입했다. 우구데이와 뭉케 시기에는 제한적으로 통화가 유통되었고, 쿠빌라이 시기에 이르러서야 널리 사용되기 시작했다. 중통(中統, 1260~64) 연간의 지폐는 1261년에 발행되어 적어도 1276년까지는 유통되었다. 지원(至元, 1264~94) 연간의 지폐는 1287년에 처음으로 발행되었고, 이 시기에 새로 발행된 초는 기존의 지폐와 교환되었다. 비단이나 금은(볼라드의 은괴)을 기축통화로 한 이 지폐는 10, 20, 50, 100, 200, 300, 500, 1,000, 2,000의 액면가로 발행되었다. 이 지폐는 원 제국 전역에서 사용되는 일반적인 통화로 그곳에서 법적 통용 화폐로 즉시 인정받았다.[13] 지원 연간인 1294년에 발행된 것이 이란에 전해졌을 수 있지만 볼라드가 일칸국에서 사절로서의 직(職)을 시작한 것이 1283년 이후였기 때문에, 중국에서 개인적으로 접한 지폐는 주로 중통초(中統鈔)에 한정되어 있었다.

중국에서 '보초'의 발행에 관한 몇 가지 구체적인 내용이 사료에 기록되어 있다. 『원사』에 따르면, 1275년 동판(銅版)으로 전환될 때까지 보초는 목판으로 인쇄되었다.[14] 이러한 동판 중 하나가 현재까지 남아 있고, 중통초와 지원초(至元鈔)도 소량 있다.[15]

---

12 『元史』, 卷 11, p. 229.

13 Nancy Shatzman Steinhardt, "Currency Issues of Yuan China", *Bulletin of Sung Yuan Studies* 16 (1980), pp. 63~68.

14 『元史』, 卷 93, p. 2370; Herbert F. Schurmann, *Economic Structure*, p. 139.

15 L. Carrington Goodrich, "A Bronze Block for the Printing of Chinese Paper Currency", *American Numismatic Society Museum Notes* 4 (1950), pp. 127~30; V. N. Kazin, "K istorii Khara-khoto", *Trudy gosudarstvennogo Ermitazha* 5 (1961), pp. 282~83;

전환 시점을 고려해 볼 때, 볼라드가 초(Chāw)를 인쇄하는 두 가지 방법에 모두 익숙했음이 분명하다. 그러나 우리가 당면한 목적에서 더 중요한 질문은 이란에서 초가 어떻게 생산되었는가 하는 것이다. 라시드 앗 딘은 지폐의 발행에 관해 설명하면서 다음과 같은 용어를 사용했다. 게이하투는 "그들에게 그것을 빨리 완수하라고(tamūm kunand)" 명령했고 아미르들이 "초(Chāw)의 발행(ba-jihat-I ijrā')을 위해" 타브리즈로 파견되었는데, 그들이 그곳에 도착하자 아미르들은 "많은 초를 준비했다(tartīb kardand)."[16] 이 문구에는 기술에 대한 암시도 없고 '압인'(stapming), 심지어 '인쇄'에 대한 언급도 없었다.

그러나 다른 방식이 가능할지라도, 실현 가능하지 않았기 때문에 초기의 초는 목판인쇄로 제작되었음이 분명하다. 게다가 라시드 앗 딘은 중국의 기술을 잘 알고 있었다. 『중국사』 서문에서 그 방법을 상세히 설명했다. 그는 먼저 책 한 장을 판(lawḥ-hā)에 올리고, 두 번째로 학자들이 옮겨진 것을 수정했다. 세 번째로 판각자들이 문자를 조각했다. 네 번째로 각 목판에 번호를 매기고 봉인된 가방에 넣었다. 마지막으로 누군가가 인쇄하려고 할 때, "그들은 책의 판을 가져와 금화를 (주조하는 것처럼) 종이 낱장(awrāq-i kāghaẓ)에 각판했다"라고 했다.[17] 그 밖에 라시드 앗 딘은 판은 나무 재질, 종이는 뽕나무 껍질로 만들었다고 기록했다.[18]

이들 구절은 당시, 그리고 그 이후로도 중국어를 포함한 모든 언어의

Rintchen, "A propos du papier-monnaie mongol", *AOASH* 4 (1954), pp. 159, 163.

16 Rashīd/Jahn I, p. 87.

17 Rashīd al-Dīn, *Die Chinageschichte*, folio 393r, *tafel* 4, Persian text, and p. 24, German translation. 영어로의 완역은 The history of *Banākatī, Tārīkh*, pp. 338~39에서 이루어졌는데, 그는 라시드 앗 딘의 서술을 한 글자씩 따랐다. Edward G. Browne, *Literary History of Persia*, vol. III, pp. 102~03 참조.

18 Rashīd al-Dīn, *Tanksūq-nāmah*, pp. 36~37; Karl Jahn, "Some Ideas of Rashīd al-Dīn on Chinese Culture", pp. 145~46.

중국 인쇄술에 관한 가장 완전하고 상세한 설명을 제공했다.[19] 자연스레 라시드 앗 딘의 매우 정확한 정보의 출처에 주목하게 된다. 그가 출처를 언급하지는 않았지만 유력한 출처는 볼라드일 것이다. 그는 일칸 궁정에 초에 대해 알렸을 뿐만 아니라 중국 사료에서는 인쇄술의 열렬한 지지자이기도 했음이 드러난다. 1273년 대사농사를 지낸 볼라드는 유병충과 함께 흥문서(興文署)를 세우고 비서감(秘書監)을 산하에 두어 공문서를 조판 인쇄(印)하도록 카안에게 주를 올렸다. 카안은 이를 승인하고 행정 관원 이외에 교정자(校理) 4명, 기록자 1명, 인각사(雕字匠) 40명, 장인(匠人) 39명, 인장(印匠) 16명을 고용했다.[20] 여기에서 라시드 앗 딘이 중국 인쇄에 관한 설명 작업을 수행하기 위해 필요한 인력인 필경사, 교정자, 인각사, 인장이 모두 포함되어 있다. 페르시아 역사가가 주목한 보안 조치도 볼라드에게서 나온 것이다. 그는 두 명의 중국인 동료 장좌승(張左丞), 조시랑(趙侍郎)과 함께 비서감에서 인쇄 자료의 무단 조작을 조사한 적이 있었다.[21] 따라서 라시드 앗 딘의 중국 인쇄에 관한 서술은 볼라드가 전해 준 것이고 그가 서술한 인쇄 방식과 보안 절차는 상업적으로 운영되는 개인 인쇄소보다는 정부 후원의 출판물과 깊이 연관되어 있음을 알 수 있다.

　이란에서의 초의 발행과 라시드 앗 딘의 중국 인쇄술에 대한 정확한 묘사는 인쇄술의 서방 전파에 관한 논의에서 자주 인용되었다. 물론, 이것은 여전히 논쟁의 여지가 많다. 유럽에서의 인쇄술이 독자적인 발명이었을까, 아니면 중국의 선례와 관행에 영향을 받은 것일까? 중국의 영향이 실제로 있었다면, 그 시기와 경로는 어떻게 될까? 인쇄술의 이점이 무슬림 세계에서 무시된 이유는 무엇일까? 이 글에서 이러한 복잡한 문

19　Tsien Tsuen-hsiun, in Joseph Needham, *SCC*, vol. V, pt. 1, pp. 306~07.
20　『秘書監志』, 卷 7, pp. 15a~b(pp. 211~12); K. T. Wu, "Chinese Printing under Four Alien Dynasties", p. 461.
21　『秘書監志』, 卷 6, p. 1a(p. 169).

제들이 모두 해소되었다고 단언할 수 없지만, 오랜 논쟁을 간단히 살펴봄으로써 몽골 시대 중국-이슬람의 문화적 관계를 좀 더 자세히 조명하는 데 도움이 되기를 바란다.

구텐베르크 발명의 중국적 기원을 옹호하는 카터와 첸춘쉰(錢存訓) 같은 사람들은 중국의 영향력이 유럽에 끼친 다양한 길을 제시해 왔다. 첫째로, 아직 밝혀지지 않은 경로를 통해 중국 활자술이 유럽에 직접 전파되었을 수 있고, 둘째로, 지폐, 카드 놀이, 중국 서적과 같은 다양한 간접적 경로를 통해 전달되었을 수 있다. 후자의 경우는 어느 정도 무슬림의 중개가 있었다고 주장되거나 암시된다.[22]

첫 번째 가능성인 중국과 유럽 사이의 직접적 전파는 내 능력 밖의 일이며, 이 책의 주제와 엄밀히 관련성이 없다. 하지만 다른 가능성들은 우리의 주제와 관련이 있어 간단히 언급할 필요가 있다. 내 생각에 초의 발행은 시공간적 제약이 있기 때문에 기술 이전의 매개가 될 가능성은 낮다. 초를 언급한 수많은 서방의 여행자가 견본을 중국에서 가져왔을 가능성은 있지만 이란의 초(Chāw)는 전파의 연결고리가 아니다. 무슬림이 중국으로부터 인쇄술을 배워 이후 유럽에 전했다는 주장도 타당해 보이지 않는다. 카터가 오래전에 확인했듯이, 서아시아의 목판인쇄는 몽골이 도달하기 훨씬 전에 있었고, 9세기 이집트에서 이 기술이 출현한 것이 중국의 영향을 가장 잘 설명한다고 주장했다.[23] 이 가설의 한 가지 문제는 전파 시점이다. 초기 단계에 있던 중국 인쇄술이 어떻게 수천 킬로미터 떨어진 이집트의 인쇄술 발전에 영향을 주었는가 하는 것이다. 또한 최근의 연구는 아랍 세계의 목판인쇄가 중국과 무관하게 독립적으로 발전했다고 설득력 있게 주장한다. 초기 이슬람의 인쇄물은 대부분 부

---

22 Thomas Francis Carter, *Invention of Printing*, pp. 241~42; Tsien Tsuen-hsiun, in Joseph Needham, *SCC*, vol. V, pt. 1, pp. 303~19.

23 Thomas Francis Carter, *Invention of Printing*, pp. 176~81.

적으로, 주로 액사를 위해 『쿠란』의 구절을 인용한 것이었다. 모든 증거로 보아 인쇄판은 금속으로 주조되었는데 대부분 주석으로 만들어졌으며 중국인이 선호하는 목판이 아니었다. 이 기술은 현지 기술이든 아니든 간에, 1400년경에 사라졌는데, 인쇄된 부적의 공급자가 종종 바누 사산(Banū Sāsān), 즉 이슬람의 하층 사회와 관련된 사기꾼이었기 때문이었다. 리처드 불리엣(Richard Bulliet)의 견해에 따르면, 이것이 이 기술이 이슬람 사회로부터 고립되어 널리 퍼지지 못한 이유였다.[24]

또한 중국의 카드 놀이가 유럽의 인쇄술을 자극했다는 주장도 있다. 만약 그렇다면 이슬람 세계가 중재자 역할을 했던 것 같지는 않다. 이슬람에서 가장 이른 게임용 카드는 12~15세기로 거슬러 올라가는데, 모두 수작업으로 그렸으며, 이탈리아와 스페인의 초창기 카드의 원형이었던 것으로 보인다. 이슬람의 카드는 인쇄된 중국 디자인에서 영감을 얻었을 수 있지만 원천 기술을 전수받았다고 보기는 어렵다.[25]

마지막으로 몽골 시대에 중국에서 인쇄된 책의 수가 상당히 많아 서방 여행자들이 자주 접할 수 있었고 몇 권을 고향으로 가져갔을 것이라는 주장이 있다. 이후 유럽에서 중국책에 대한 논의가 발명을 자극했는데 이를 자극 전파(stimulus diffusion)라고 한다. 엄밀히 말하면, 이 흥미롭고도 유망한 연구 분야는 우리의 검토 대상이 아니지만 중국과 이란 관계에 대한 또 다른 작은 창을 열어준다는 점에서 깊이 살펴볼 가치가 있다.

이러한 주장은 몇 가지 전제에 기반하고 있는데, 그 가운데 첫 번째가 원 제국의 중국에서 다양한 책을 접할 수 있었다는 것이다. 이는 의심의 여지가 없는 사실이다. 송대(宋代)에 민간 인쇄업은 큰 사업이었다. 개인이 소유한 출판사에서는 모든 종류의 저서를 출판했고, 표점본을 도입했

24 Richard W. Bulliet, "Medieval Arabic *Ṭarsh*: A Forgotten Chapter in the History of Printing", *JAOS* 107 (1987), pp. 427~38.

25 L. A. Mayer, *Mamluk Playing Cards*, ed. by R. Ettinghausen and O. Kurz (Leiden: E. J. Brill, 1971), pp. 6, 10.

으며 상당한 수량을 재간행해 저작권 분쟁에 휘말리기도 했다.[26] 원 제국에서도 이러한 양상이 지속되었다. 관방 인쇄소와 민영 인쇄소에서는 상당한 양의 책을 출간했는데, 여기에는 경전, 사서, 백과사전, 교재, 문집, 의서, 그리고 불교 경전이 있다.[27] 원 제국에서는 출판물의 질이 오히려 떨어졌다고 여기는 연구자도 일부 있지만 미적 판단과 별개로 기술 전파에서 중요하게 다루는 것은 수량이며, 모든 근거가 몽골이 상당한 규모의 인쇄를 후원하고 지지했다는 견해를 뒷받침하고 있다.

기본적인 기술은 의심의 여지없이 중국에서 유래했지만, 인쇄와 출판과 관련한 몽골 어휘를 분석해 보면 위구르인, 그리고 어느 정도는 티베트인이 칭기스 칸 가문의 군주들에게 이 매체를 소개하는 역할을 했음을 알 수 있다.[28] 몽골의 초기 출판 가운데 하나는 우구데이 시대에 출판된 도교 경전이었다. 우구데이의 아내인 투르게네의 이름으로 만들어진 한어-몽골어 이중 언어로 된 명문은 그들의 관심과 지원을 보여 준다.[29] 이는 유일한 사례가 아니었다. 몽골 정부에서는 서둘러 북중국에 여러 곳에 인쇄소를 세웠다. 1236년 야율초재의 제안에 따라 몽골 조정에서는 산서성(山西省) 평양(平陽)에 경적소(經籍所)를, 연경(燕京)에는 편수소(編修所)를 세웠다. 1266년 경적소는 새로운 수도인 대도(大都)로 이

---

26 K. K. Flug, *Istoriia kitaiskoi pechatnoi knigi Sunskoi epokhi X–XIII vv* (Moscow and Leningrad: Izdatel'stvo akademii nauk SSSR, 1959), pp. 112~32.

27 K. T. Wu, "Chinese Printing under Four Alien Dynasties", pp. 454~501, 515~16; Frederick W. Mote, Hung-lam Chu, and Pao-chen Ch'en, "The High Point of Printing in the Sung and Yuan Dynasties", *Gest Library Journal* 2/2 (1988), pp. 97~132; Kenneth Ch'en, "Notes on the Sung and Yuan Tripitaka", *HJAS* 14 (1951), pp. 213~14.

28 András Róna-Tas, "Some Notes on the Terminology of Mongolian Writing", *AOASH* 18 (1965), pp. 136~39; Kara D. (György), *Knigi mongol'skikh kochevnikov*, p. 114.

29 Francis W. Cleaves, "The Sino-Mongolian Inscription of 1240", *HJAS* 23 (1960-61), p. 65; Igor de Rachewiltz, "Some Remarks on Töregene's Edict of 1240", *Papers on Far Eastern History* 23 (1981), pp. 43~53.

전되었고, 다음 해 홍문원(弘文院)으로 이름을 바꾸었다.[30] 이 같은 명칭의 기구는 1273년에 세워진 비서감의 전신으로 원 제국의 대표적인 관영 인쇄 기구가 되었다.

이에 많은 중국어 서적이 몽골의 후원으로 간행되었고 일부는 유럽까지 진출했을지도 모르지만 이러한 매체가 과연 기술 전파의 성공적인 매개였는가 하는 문제는 여전히 논의되어야 할 부분이다. 이에 대해 처음으로 접근한 사람이 조지 매카트니(George Macartney)였다. 그는 1793년부터 1794년까지 청나라의 영국 사절로서 유럽의 인쇄술이 마르코 폴로 이후 150년이 지난 후에 등장했다고 기록하며 "그(마르코 폴로)가 필사본으로 착각했을 것이며, 실제로 외국인의 눈에는 그와 같은 모습으로 보였을 것이다"라고 덧붙였다.[31] 즉 중국에서 간행된 책들이 유럽인에게 기술적 통찰을 주기보다 오히려 혼란스럽고 당혹스럽게 만들었으며, 기술적 배경에 대한 관심을 실제로 분산시켰을 것이다.

내 생각에 가장 가능성 있거나 적어도 그럴듯한 매개는 자모문자 언어로 간행된 책이었을 것이다. 그리고 여기서 중요한 것은 몽골 시대에 위구르어 문과 파스파어(hPags-pa) 문을 포함한 자모문자 체계의 인쇄물이 흔히 제작되었다는 사실이다. 북경에서는 한 불교 경전이 목판으로 1,000부 인쇄되었다(*tamgha laghulju*).[32] 종교적인 것, 그리고 통속적인 인쇄물의 잔본이 원 제국 영토에서 발견되었다.[33]

---

30 『元史』, 卷 2, p. 34; 卷 6, pp. 112, 114; 卷 146, p. 3459.

31 George Macartney, *An Embassy to China*, ed. by J. L. Cranmer-Byng (London: Longmans, 1962), p. 270.

32 Francis W. Cleaves, "The *Bodistw-a Čari-a Awatar-un Tayilbur* of 1312 by Čosgi Odsir", *HJAS* 17 (1954), p. 86.

33 N. Ts. Munkuyev, "Two Mongolian Printed Fragments from Khara Khoto", in Louis Ligeti, *Mongolian Studies*, pp. 341~49; G. J. Ramstedt, "A Fragment of Mongolian 'Quadratic' Script", in C. G. Mannerheim, *Across Asia from West to East*, repr. (Oosterhout: Anthropological Publications, 1969), vol. II, pp. 3~5.

따라서 몽골 지배 아래의 중국에서 서방의 여행가들은 자모문자로 간행된 사례를 쉽게 접할 수 있었을 것이다. 그러나 그들은 그것을 실제로 보고 소장했던 것일까? 다수가 지적하듯이, 유럽 여행자들은 지폐에 대해 빈번하게 언급했다. 예를 들어 마르코 폴로는 쿠빌라이의 초(鈔)가 뽕나무 껍질로 만들어졌다고 상세하고도 정확하게 설명했다.[34] 잘 알려지지 않은 사실은 마르코 폴로가 다른 형태의 인쇄물을 접하고 이에 대해 논의했다는 것이다. 몽골 궁정의 중국인, 무슬림, 그리고 기독교 출신의 점성술사에 관해 언급하면서 그들의 수입원에 관해 다음과 같이 기술했다.

그래서 그해 각 달에 일어날 모든 것을 적은 조그만 책자를 많이 만들었는데 그 책자를 타쿠이니(tacuini)라고 한다. 그들은 그해에 무슨 일이 생기는지 알고자 이 책자를 사기를 원하는 사람이 있으면 1그로트(groat)를 받고 판다. 그리고 좀 더 정확히 진실에 가깝게 알아맞히는 것으로 알려진 인물은 그 방면에서 완벽한 도사로 인정받으며 대단한 존경을 받는다.

마르코 폴로는 이어서 어떠한 활동을 계획하는 누구든 항상 점술가의 책을 참고하며, "하늘이 지금 어떤 상인지 **책**에서 봐주시오"라고 말한다고 했다.[35]

마르코 폴로가 사용한 타쿠이니라는 용어 그 자체로 의미가 있는데 이 용어는 아랍어로 '역서' 혹은 '달력'을 의미하는 타크윔(taqwim)으로 중세 라틴어 문서에는 '타쿠이눔'(tacuinum)으로 실려 있으며, 그곳에서는 '표'로 사용되었다. 아랍어 서적의 라틴 번역에서 타크윔은 표(dispositio

---

34 Marco Polo, p. 238.
35 *Ibid.*, p. 252. 강조는 저자.

per tabellas)로 번역되었다.[36] 마르코 폴로의 자료를 통해 우리는 타쿠이니가 다량 인쇄되었고 그들의 저자와 간행자의 문화적 배경을 고려할 때 여러 개의 다른 언어와 문자로 간행되었다고 결론내릴 수 있다.

이러한 결론은 다른 사료를 통해서도 뒷받침된다. 투르판에서 발견된 몽골 일력의 상당 부분은 종이에 목판인쇄한 것으로 제작 시기는 1324년으로 거슬러 올라가며, 인쇄된 타쿠이니의 언어적 다양성을 드러낸다. 위구르어 문으로 된 이 특별한 판본은 특정 날짜의 길흉에 따른 활동의 목록을 제공하는 중국 원본을 기반으로 한다.[37] 중국 사료 역시 이러한 소책자의 발행에 관한 유용한 정보를 제공한다. 『원사』에 따르면, 1278년 이전에 세워진 태사원(太史院)에서 일반인을 위한 역서와 일력을 편찬·간행했다. 인력관구(印曆管勾)라는 특별한 관원이 그들의 간행을 감독했다. 1328년까지 연간 약 3,123,185개의 달력이 판매되었는데, 흥미롭게도 5,257개가 이슬람력(回回曆)이었다.[38] 이 타크윔은 회회(回回) 문자(아마도 페르시아어)로 간행되었다면, 원 제국에 아랍 문자가 인쇄에 널리 사용되었음을 시사한다.[39]

분명 이 시기 중국의 출판 총량을 고려할 때, 간행된 서적 일부가 서양으로 전해졌을 가능성이 높다. 특히 자모문자로 된 일력과 역서가 그렇다. 이것이 기술 전파에서 카드 놀이, 지폐, 그리고 중국 서적보다 훨씬 더 좋은 매개가 되었으리라 생각된다. 그러나 그 사례가 입증될 때까지

---

36 Reinhart Dozy, *Supplément aux dictionnaires arabes*, vol. II, p. 435; George Sarton, "Tacuinum, taqwīm", *Isis* 10 (1928), pp. 490~93.

37 Herbert Franke, "Mittelmongolische Kalenderfragmente aus Turfan", *Bayerische Akademie der Wissenschaften, philosophisch-historische Klasse, Sitzungsberichte* 2 (1964), pp. 9~11, 33~35.

38 『元史』, 卷 88, p. 2219; 卷 94, p. 2404.

39 원 제국 사료에서 회회 문자가 페르시아어를 의미한다는 것은 Huang Shijian, "The Persian Language in China during the Yuan Dynasty", *Papers on Far Eastern History* 34 (1986), pp. 83~95가 설득력 있게 입증했다.

는 유럽 인쇄술의 독자적인 발명은 여전히 유효한 가설일 것이다.

중국과 유럽 인쇄술의 연결고리는 여전히 불분명하지만 이란의 경우는 그렇지 않다. 이란에서는 이 기술이 소개되어 적용되었지만 뚜렷한 결과를 얻지 못했다. 따라서 우리는 중국식 인쇄술이 이슬람에서 왜 거부당했는지에 눈을 돌려야 한다.

내가 알기로 서방의 무슬림 가운데 오직 한 사람, 라시드 앗 딘만이 인쇄술의 가치와 잠재력을 충분히 인식했다. 그는 중국 목판에 대해 상당한 경이감을 가지고 서술했으며, 흥미롭게도 아랍의 고유한 전통에 대한 어떠한 지식도 드러내지 않았다. 실제로 그는 이 기술을 당대의 경이로운 것 가운데 하나이자 중국 문명의 높은 수준을 보여 주는 주요 증거로 여겼다. 그리고 그는 심지어 지폐에 큰 가치를 두었다. 그에게 그 유용성은 이루 말할 수 없었으며 그 가치는 측정할 수 없는 일종의 현자의 돌처럼 여겼기에 이란에서 초(jāw)가 유통될 수 없다는 사실을 대단히 안타까워했다.[40] 그러나 이러한 감정을 가진 사람은 라시드 앗 딘이 유일했다.

라시드 앗 딘의 동시대 연대기 작가는 아랍인이든 아르메니아인이든 혹은 시리아계 기독교인이든 간에 모두 이 시도[지폐 도입]에 대해 기록했다. 그들 모두는 이것을 기이하게 여겼고, 그 파괴적인 측면과 재앙적 결과, 그리고 불명예스러운 최후를 강조했다.[41] 후대의 페르시아 역사가들도 그 도입에 관해 소개했지만, 결국 완전히 실패로 끝난 에피소드로 기록했다.[42] 이 모든 것을 종합해서 보면, 지폐를 도입하고자 했던 시도

---

40 Rashīd al-Dīn, *Tanksūq-nāmah*, p. 38; Karl Jahn, "Some Ideas of Rashīd al-Dīn on Chinese Culture", p. 146.

41 관련 사례는 Bar Hebraeus, pp. 496~97; Stephannos Orbelian, *Histoire de la Sioune*, p. 259; Walter J. Fischel, "On the Iranian Paper Currency *al-chāw* of the Mongol Period", *JRAS* (1939), pp. 601~03 참조. 후자에서는 이라크 연대기사가 이븐 알 푸와티(Ibn al-Fuwaṭī)의 바그다드에서 초의 실패에 관한 기록을 분석했다.

42 Abū Bakr al-Ahrī, *Tarīkh-i Shaikh Uwais*, p. 141, Persian text, and p. 44, English

는 이슬람 동부에 오래도록 지울 수 없는 인상을 남겼다. 예를 들어 하피지 아브루의 연대기에 수록된 1419~22년 중국에 파견된 티무르의 사신에 관한 기록에 따르면, 기야스 앗 딘(Giyāth al-Dīn)은 궁정 예능인들에게 하사한 명나라 황제의 선물 초(鈔)를 언급하면서 이 중국 어휘는 상세한 설명 없이 초(Chāw)로만 전사되었다.[43] 15세기 저자는 그의 독자들이 이 용어를 이해하리라고 분명히 예상했던 것이다.

이러한 자료를 통해 그 도입 과정에서 발생한 극적이고 충격적인 맥락이 기술의 수용 가능성을 약화했다고 주장할 수 있겠다. 달리 표현하면, 도입된 기술이 그 주요 매개였던 지폐의 개념 자체에 압도되고 모호해졌다는 것이다. 아마도 어느 정도까지는 사실이겠지만 이 설명이 완전히 만족스럽지는 않다. 인쇄술에 반대했다는 보다 근본적인 사료도 있다. 이슬람 세계는 확실히 15세기와 그 이후에 유럽에서 온 활자 기술에 대해서도 적극적이고도 지속적으로 반대했다. 사회적·종교적·정치적 고려에 기반한 이러한 저항은 18세기까지 지속되었다.[44] 유럽에 기원을 둔 인쇄술은 오스만 제국에서야 도입되어 다음 세기에 아랍 세계와 이란에 널리 보급되었다. 유럽 활자에 대한 이러한 오랜 기간의 거부와 무관심, 그리고 이집트 본토의 인쇄술 전통의 도입 실패는 분명히 외부로부터의 특정 기술이 도입되었을 때 불편한 상황을 넘어서서 이에 대한 근본적인 구조적·사상적 반감을 드러내는 것이다.[45]

---

translation.

43 Ḥāfiẓ-i Abrū, *Persian Embassy to China*, p. 77, Persian text and English translation.

44 Bernard Lewis, *The Muslim Discovery of Europe* (New York: W. W. Norton, 1982), p. 50; Toby E. Huff, *The Rise of Early Modern Science* (Cambridge University Press, 1993), pp. 224~26.

45 근래의 상반된 견해로는 Gy. Káldy-Nagy, "The Beginnings of Arabic-Letter Printing in the Muslim World", in Gy. Káldy-Nagy, ed., *The Muslim East: Studies in Honor of Julius Germanus* (Budapest: Loránd Eötvös University, 1974), pp. 201~11; J. S. Szyliowicz, "Functional Perspectives on Technology: The Case of the Printing Press in the Ottoman Empire", *Archivum Ottomanicum* 11 (1986-88), pp. 249~59. 일자리

를 잃을 것을 두려워한 필경사의 저항도 고려해야 할 사항이다. J. Ovington, *A Voyage to Surat in the Year 1689*, ed. by H. G. Rawlinson (Oxford University Press, 1929), pp. 149~50. 이 연구에서의 무굴에서 힌두(Mughal India) '서기관들'의 인쇄에 관한 태도에 대한 서술 참조.

제5부

분석과 결론

제19장

유형과 방법론

결론부에서 다루고자 하는 것은 문화적 중개자로서의 유목민이다. 물론, 내륙 아시아는 오랫동안 문화 전파 지대로 인식되어 왔다. 이러한 전파에서 유목민의 역할은 순전히 정치적이고 군사적 측면에서 다루어졌는데, 실제로 유목민은 '평화'의 시대를 탄생시키며 대륙을 횡단하는 안전한 여행과 무역을 가능케 했다. 지금까지 보았듯이, 동서 교류에서 유목민의 역할은 일반적으로 알려진 것보다 훨씬 더 깊고 복합적이다. 그러나 이 문제를 파악하기 위해 우리는 먼저 문화 간 접촉과 교류의 본질을 좀 더 면밀히 살펴볼 필요가 있다.

초창기 유럽 인류학의 문화 간 접촉에 관한 연구는 변화를 추가로 간주한 확산의 관점에서 이루어졌다. 사상, 상품 또는 기술 형식으로 나타난 새로운 특성이 외부의 '공급자' 문화에서 차용되어 일정한 범위에서 '수용자' 문화를 변화시킨 것이었다. 또한 인간은 상상력의 한계로 혁신이 드물었고, 따라서 확산이 역사의 주요 원동력이 되었다는 가설이 퍼졌다. 이 이론의 더욱 극단적인 형태는 대륙 횡단적인 대륙 간 문화 전파를 대개 고대 이집트로 상정되는 혁신의 한 중심에서 비롯된 것으로 보며 세계 문화사를 공상적으로 재구성했다.

20세기 전반기에는 문화 간 관계에 대해 보다 정교하고 세련된 이해가 이루어졌는데, 일반적으로 이를 문화 접변 연구라고 한다.[1] 이 학파는 확산 자체에서 수용 행위로 초점을 옮겨 교류의 전체적 맥락, 사회 문화적 역학 관계를 상세히 살펴보았다. 가장 일반적인 수준에서 교류하는 문화의 유형, 그 복잡성의 정도, 세계관의 원천, 혁신에 대한 개방성 등에 관한 중요한 질문이 제기된다. 이 현상에 대한 조사는 문화 접촉 상황에서는 문화의 일부만이 드러날 뿐 결코 전체가 드러나지 않는다는 사실을 밝혔다. 물론 어떤 부분이 나타날지는 교류의 성격과 목적에 따라 결정되었다. 다시 말해 교류는 "문화 사이의 역할극"을 수반하며, 이는 상황에 적합하다고 판단된 자기 이미지를, 때로는 매우 정형화하여 투영하는 것을 의미한다. 이러한 역할 수행에 능숙한 이들은 종종 "교류 전문가"로 활동하는데, 문화 간 전파를 시작하고 중개하는 상인들이 그 예에 해당한다. 따라서 칭기스 칸 군대와 항복·협상하는 정주민들은 몽골인들이 가장 존경하고 가장 필요하다고 여겨진 상인·방직공·음악가 등의 직종에서 정기적으로 "평화 사절"을 선발했다.[2]

가장 전통적인 사회조차도 동질적이지 않았으며 외래의 것을 수용하는 데 다양한 태도를 지닌 개인이나 계층을 포함하고 있다는 사실을 고려하는 것은 매우 중요하다. 표트르 대제 당시의 러시아를 예로 들면 그 사회의 일부 구성원은 외국의 모든 것을 열렬히 수용한 반면, 다른 이들은 모든 혁신에 광적으로 반대했다. 따라서 어떠한 요소가 수용되고 혹은 거부되었는지를 파악하기 위해서는 수용자 문화의 내부 구조와 역동을 면밀히 조사해야 한다.

---

1 이 학파의 이론에 대한 전통적인 견해는 Bernard J. Siegel *et al*., "Acculturation: An Explanatory Formula", *American Anthropologist* 56 (1954), pp. 973~1000 참조.

2 관련 사례는 Sayf ibn Muḥammad ibn yaʿqub al-Havarī, *Taʾrikh-i nāmah-i Harāt*, pp. 81, 106~07; Bar Hebraeus, p. 443 참조.

마지막으로 교류에 관한 민족지학적 연구에 따르면, 외래문화 요소가 수용 과정에서 상당한 변화를 겪기 때문에 수용은 필연적으로 다양한 수준에서 변화를 가져온다는 사실도 분명해졌다. 나아가 외래문화에 대한 거부는 기존의 전통에 대한 재확인과 토착주의적 반응을 일으키고, 이 두 가지 모두 변화의 한 형태를 구성한다는 사실이 밝혀졌다.

문화 접변 연구는 전통적인 전파 학파(diffusionist school)에 비해 중요한 진보를 이루었지만 몽골 (통치) 아래 이루어진 동서 교류를 평가하는 데에는 문제가 여전히 남아 있다. 첫 번째, 그들의 방법과 유형, 그리고 이론은 일반적으로 두 문화 간 상호작용에 기반한다. 물론 이러한 일대일 교류가 일반적이고 가장 많은 주목을 받았다. 스페인에서의 기독교도와 무슬림 관계에 관한 토머스 글리크(Thomas Glick)의 고전적 연구는 두 문화의 밀접한 접촉 상황에 대한 역사적 연구를 통해 얼마나 많은 것을 얻을 수 있는가를 보여 주는 사례이다.[3] 실제로 이러한 방식으로 접근한 아주 흥미로운 예가 있다. 아마도 문화 접변에 관한 최초의 모델은 정주 사회의 유목 정복자가 서너 세대를 거치면서 (현지 문화에) 동화된다고 한 이븐 할둔(Ibn Khaldūn)의 이론이다.[4] 그의 가설이 얼마나 타당한지는 별개로, 그 가설에서는 내륙 아시아의 유목민이 주도하고 중개한 원거리 및 대륙 횡단적 교류의 문제에 관해서는 언급하지 않았다. 이런 종류의 중개는 문화 전파에서도 빈번하게 나타났다. 물론 이러한 교류는 훨씬 더 복잡했고, 자세하게 풀어 설명하기가 어렵다. 중개자들 덕분에 수용된 문화적 특성은 여러 문화를 거쳐 새롭게 변형되었기에, 전파의 기원을 밝히고 그 경로를 탐색하기가 더욱 어렵다. 이는 많은 사회, 특히 중국에서 외국으로부터 수용된 것을, 만들어진 전통이나 민간의 기원으

---

3 Thomas F. Glick, *Islamic and Christian Spain in the Early Middle Ages* (Princeton University Press, 1979), pp. 217ff.

4 Ibn Khaldūn, *The Muqaddimah*, trans. by Franz Rosenthal (New York: Pantheon Books, 1958), vol. I, pp. 278~82, 343~51.

로 위장시키거나 토착화시키면서 더욱 복잡해졌다.[5]

두 번째 문제는 문화 접변 이론이 정치경제적 우위를 문화적 우위와 동일시한다는 점이다. 이에 반하는 사례는 많다. 페르낭 브로델(Fernand Braudel)이 지적했듯이, 18세기에 영국은 최고의 정치 세력으로 부상했지만 프랑스는 오히려 그들의 문화적 영향력을 유지하고 확장했다.[6] 로마가 문화적으로 그리스에 의존했던 사례나 아케메네스(Achaemenes)가 문화적으로 메소포타미아를 의지했다는 것도 그러한 예이다. 따라서 13~14세기 몽골인이 확실히 정치적·군사적 측면에서 지배자였던 것은 틀림없지만 문화적 측면에서 그렇지 않다고 해도 이상할 것이 없다.

그러한 무시와 배제가 나타난 이유는 문화 전파와 접변 연구가 대부분 광범위한 식민지 사회, 유럽인 사회가 복속한 토착민에게 자신들의 문화를 전파하거나 강제하는 사례에 주목해 왔기 때문이다. 그 결과 정복자와 문화 '공급자'는 동일인이었다. 그러나 동서 문화 교류의 역사 전체를 보면 그렇지 않다. 몇 가지 예외가 있지만 몽골은 자신만의 문화를 그들의 다양한 정주 복속민에게 전파하는 데 주력하지 않았다. 오히려 그들은 농업에 기반한 동서 문명 지역의 다양한 요소가 원거리에서 교환하는 데 매개자로 역할했다. 한마디로 그들은 중개인이었지, 공급자는 아니었다. 그러나 몽골과 다른 유목민은 종종 어느 특정한 특성이 어느 방향으로 확산될지를 선택하는 데 중요한 역할을 했다. 또한 제국의 한 문화권의 특성이 몽골의 중재를 통해 다른 지역에서 수용될 때 2차적인 선택 과정이 이루어졌는데, 조지 포스터(George Foster)는 다른 역사적 맥

---

5 관련 사례는 Schuyler Cammann, "Notes on the Origin of Chinese K'o-ssu Tapestry", *Artibus Asiae* 11 (1948), pp. 90~110, 특히 pp. 92~95; M. N. Krechetova, "Tkani 'kesy'vremeni Sun (X-XIII vv.) v Ermitazhe", *Trudy gosudarstvennogo Ermitazha* 10 (1969), pp. 237~48 참조.

6 Fernand Braudel, *Civilization and Capitalism*, vol. II: *The Perspective of the World* (New York: Harper and Row, 1979), pp. 67~68.

락에서 이를 '선별'(screening)이라고 했다.[7] 결과적으로 유라시아 전역에 걸친 정신적·물질적 문화의 확산은 몽골이 중국인·페르시아인·위구르인·동방 기독교도 등 수많은 민족의 문화를 수용하고 공유했다는 점에서 '두 지역 사이의 문제'가 아니라 '셋 혹은 네 문화권 사이의 문제'가 되었다.

문화 접변 연구는 1920~50년에 절정기를 맞았지만, 이후 문화 간 교류에 대한 관심이 쇠퇴했다는 사실에 주목해야 한다. 그러나 이러한 경향은 지난 10년 사이에 역전되어 원거리 문화 교류를 조명하는 새로운 이론적 관점이 개발되었다. 가장 영향력 있고 생산적인 접근 방식 가운데 하나는 장인 정신의 본질적 속성과 이역(異域)의 민족지에 주목해 왔던 메리 헬름스(Mary Helms)가 개척했다.[8]

동서 문화 교류의 사회 문화적 역학에 관한 내 논의에 앞선 간단한 서두는 나의 분석적 틀을 구성하는 데 도움을 준 학자들과 학파를 확인하기 위한 것이다. 나는 이론가가 아니기 때문에 다방면으로 지침을 구했고, 접촉과 교류의 문제를 다룬 모든 이에게 빚을 졌다. 전통적인 전파론자였던 라우퍼에서부터 멜빌 헤르스코비츠(Melville Herskovits) 같은 문화 접변론자,[9] "지역 간 상호작용"을 연구하는 인류학자와 고고학자들의 최근의 기여가 이에 해당된다.[10]

---

7 George M. Foster, *Culture and Conquest: America's Spanish Heritage* (Chicago: Quadrangle Books, 1960), pp. 10~20.

8 그녀의 연구는 아래에서 좀 더 자세히 논의할 것이다.

9 내 생각에 문화적 접촉과 교류 연구에 대한 최고의 개괄은 헤르스코비츠가 쓴 저작 관련 장(章)에 포함되어 있다. Melville J. Herskovits, *Man and His Work: The Science of Cultural Anthropology* (New York: Alfred A. Knopf, 1951), pp. 459~621. 좀 더 간결한 논의는 Ralph Linton, *The Tree of Culture* (New York: Alfred A. Knopf, 1955), pp. 41~49 참조.

10 다양한 참고문헌을 포함한 최근 연구의 논의에 대해서는 Edward M. Schortman and Patricia A. Urban, "Current Trends in Interaction Research", in Edward M. Schortman and Patricia A. Urban, eds., *Resources, Power and Interregional Interaction* (New York

마지막으로 비문자 사회 혹은 고고학적 문화권의 교류에 관한 연구가 대부분의 모델과 방법론을 제공해 왔으나, 역사학에서 사회 간의 교류에 관한 연구에서는 보다 구체적인 사례에 관심을 갖고 일반화에 덜 치우치려는 경향이 있음을 언급하고자 한다. 한 가지 중요한 측면에서 역사가들의 작업은 훨씬 수월하다. 예를 들어 몽골제국에서 문화 전파에 관한 기본적인 사실은 논란의 여지가 없다. 교류의 연대가 잘 알려져 있고 심지어 교류의 주요 인사의 이름, 출신, 직업에 관해서도 잘 알려져 있다. 이제 우리가 주목하고자 하는 것은 중요하고도 문서에 잘 남겨진 행위 주체에 관한 문제이다.

and London: Plenum Press, 1992), pp. 235~55; Per Hage, Frank Harary, and David Krackhardt, "A Test of Communication and Cultural Similarity in Polynesian Prehistory", *Current Anthropology* 39 (1998), pp. 699~703 참조.

300 제5부 분석과 결론

제20장

주체

행위 주체에 관한 논의에서는 구체적인 사항부터 언급한 후에 좀 더 일반적인 사항으로 넘어갈 것이다. 즉 먼저 역사적 사례를 살펴보고 다음으로 민족학적인 측면을 살펴볼 것이다.

몽골인이 이 교류의 주역이었다는 주장은 확실한 증거에 기반한다. 지금까지 살펴보았듯이, 몽골 통치자들은 다양한 교류를 명령하고 후원했다. 이 시대 교류의 주요 통로이자 중요한 문화적 매개자 가운데 하나는 몽골인 볼라드 아카였다. 더욱 설득력 있는 것은 칭기스 칸 가문이 의식적이든 무의식적이든 간에, 문화와 대륙 간에 무수한 교류의 기회를 만들어냈다는 점이다. 다시 말해 유라시아의 한쪽 끝에서 다른 쪽까지 외국 문화를 매개한 주요 인물은 외교관, 군인, 행정관, 기술자, 장인, 학자, 상인, 그리고 인질 등 제국의 대리인으로 활동했다.

대륙을 가로질러 이동한 것은 대부분 몽골 엘리트에게 안락함, 명성, 경제적 이익 또는 정치적 혜택을 가져왔기에 그렇게 할 수 있었던 것이다. 교류 연대기를 보면 이러한 결론이 뒷받침되는데, 교류 시기는 몽골 제국사에서 전환기이거나 연대 추정이 가능한 '사건들'과 연결된다.[1] 이러한 세 가지 순간은 역사 기록에서 쉽게 확인할 수 있다. 먼저 1219~24년 사이에 투르키스탄 침공으로 몽골이 이슬람 동부 세계를 정복한 사건이다. 침략자들은 수많은 중국 전문가와 학자를 데려갔고, 무슬림 집단을 동아시아에 데려왔다. 둘째, 1255~59년 훌레구가 이스마일파와 아바스 왕조를 공격하면서 장인, 학자, 군인, 과학자 등의 동아시아인으로 구성된 새로운 집단을 이란으로 데려갔다. 그와 그의 계승자들은 이에 상응하여 다양한 전문가를 중국에 보냈다. 셋째, 1280년대 중반 이란으로 파견된 사신 볼라드였다. 앞서 상세히 살펴보았듯이, 그는 라시드 앗 딘과 긴밀한 동반자적 관계를 맺었고 이는 상당한 문화 전파로 이어졌다.

1260년 제국의 분열은 의심의 여지없이 정치적 분열과 내전으로 소통을 어렵게 만들었다는 점에서 교류를 방해했지만, 그럼에도 불구하고 원 제국과 일칸 조정 사이의 특별한 관계로 다양한 유형의 문화 전파가 14세기까지 계속 이어졌다. 상당 부분의 교류가 이 특정한 (관계의) 축에 따라 전개된 이유를 좀 더 상세히 살펴볼 필요가 있다.

우선, 가장 분명한 것은 일칸국의 형성과 관련된 특정한 역사적·정치적 환경이 내전 상황에서 서로 동맹을 맺게 했다는 것이다. 칭기스 칸 후계자들의 선례를 따라 그들은 공동의 적을 상대로 군대, 군수물자, 과학자, 기술자, 지식인 같은 자원을 지속적으로 공유하며 상호 지원을 이어갔다.[2] 대부분의 경우 이러한 지원은 영구적이었지만 때때로 대여 형태로 제공되기도 했다.[3]

---

1 몽골제국을 "지역을 넘나드는 유목 제국들"의 더 큰 범주 단계로 포함한 일반적 시기 설정(1000~1500년)에 대해서는 Jerry H. Bentley, "Cross-Cultural Interaction and Periodization in World History", *American Historical Review* 10 (1996), pp. 766~69 참조.

2 Juvaynī/Qazvīnī, vol. I, p. 32와 Juvaynī/Boyle, vol. I, p. 43의 서술 참조.

3 Rashīd/Alizade, vol. I, pt. 1, pp. 523~24.

그러나 이러한 원조가 지속되는 것은 단순히 정치적인 문제가 아니었다. 일칸국과 원 제국에서는 거래할 수 있는 문화적 자원을 통제했다. 실제로 차가타이계와 금장 칸국의 적들은 선행한 지역적 전통이나 문화적 일체성이 없는 예외적인 정권이었던 반면, 일칸국과 원 제국은 경계가 명확하고 역사적으로 확립된 제국적 전통을 이어갔다. 문화적·지리적 환경의 측면에서 원 제국은 한(漢)·당(唐)과 유사했고 훌레구 울루스는 아케메네스, 사산 왕조 페르시아, 아바스 왕조와 유사했다.[4] 게다가 일칸국과 원 제국의 통치자들은 그들에게 복속한 정주민과 동일한 생태적 환경을 공유했고, 그 결과 그들의 경제적·사회적·정치적 구조는 그들의 복속민과 통합되었다.[5] 이는 두 정권이 유사한 도전에 직면했고 유사한 자원을 보유했음을 의미한다. 결과적으로 그들은 동일한 문제를 경험했고 유사한 문화적 정책과 태도를 취해 교류가 촉진되었다.

결과적으로 동아시아 문화가 서방에 전해졌고, 많은 서아시아의 전통이 중국에 소개되었다. 그러나 전파 혹은 소개가 교류 혹은 수용을 의미하는 것도 아니다. 모든 기회가 활용되었던 것은 아니며 경우에 따라 단호히 거부되기도 했다. 이를 이해하기 위해 이러한 문화적 교류를 진작하고 후원한 것이 몽골 통치자들이었으며, 라시드 앗 딘을 제외하고는 현지의 학자들은 아니었다는 사실을 분명히 기억해야 할 것이다. 후자는 어느 정도 외국 출신의 학자들이 자신의 "영역"에 나타나는 것을 일관되게 무

---

4 V. V. Bartol'd, "Retsenziia na knigu: *The Tarikh-i Rashidi of Mirza Muhammad Haidar*", in his *Sochineniia*, vol. VIII, p. 66; Bert G. Fragner, "Iran under Ilkhanid Rule in a World Historical Perspective", in Denise Aigle, *Iran*, pp. 127~29; R. G. Kempiners, Jr., "Vaṣṣāf's *Tajziyat al-amṣar va tazjiyat al-a'ṣār* as a Source for the History of the Chaghadayid Khanate", *Journal of Asian History* 22 (1988), pp. 169~70의 설명들을 참조.

5 Anatolii M. Khazanov, "The Early State among the Eurasian Nomads", in Henri J. M. Claessen and Peter Skalnik, eds., *The Study of the State* (The Hague: Mouton, 1981), pp. 155~75, 특히 pp. 169~73.

시하거나 반감을 가졌다. 이러한 현상은 일반적인 문화적 보수주의를 넘어 그들의 태도는 몇 가지 요인에 기인한다. 첫째, 너무 많이, 너무 빨리 유입되어 강제적으로 외래의 전통을 받아들여야 했으나 단순히 이를 소화할 수 없었다. 둘째, 교류를 주도한 이는 외부인이자 정복자였고 그들의 전문가는 적과 동일시되었다. 셋째, 현지인들은 침입자의 기술과 지식에 위협을 느꼈는데, 일자리와 관련된 불안감이 심화되었기 때문이다.

이유야 뭐가 되었든, 현지 학자들은 기존의 전통, 특히 이론 과학과 학문에 집착했다는 분명한 증거가 있다. 카샤니는 연대기에서 매년 간략한 부고란을 할애했는데, 여기에 포함된 모든 과학자는 그리스와 이슬람의 철학과 학문에 통달했다는 점으로 칭송받았다.[6] 이 시기에 중국 과학에 관한 지식이 꽤 잘 입증됐지만 성과로 언급되지는 않았다. 이는 무슬림 학자들이 그리스 철학자들을 "지식인 가운데 가장 존경받은 자들"로 간주한 아주 오래된 전통을 따랐음을 보여 준다.[7] 이러한 권위는 몽골의 정복과 (새로운) 과학적 대안이 제공된 이후에도 유지되었다. 이는 일부 신기술이 "경제적 계산의 차원"에서 확산되었던 반면, 외래 과학이 항상 세계관과 연결되어 있어 문화의 핵심인 신념·규범과 충돌했기 때문이다.[8]

이러한 거부감은 중국에서 더욱 뚜렷하게 드러났는데, 이는 아마도 원제국에서 중국 백성을 착취하는 가시적인 도구였던 무슬림 행정관과 징세관이 많았기 때문일 것이다. 이러한 분노의 표적이 된 것은 쿠빌라이의 재무 조언자였던 아흐마드(Aḥmad)였다. 그는 유사(儒士)들에게 '간신'으로 여겨졌고 대중에게는 극도의 미움을 샀다.[9] 이로 인해 모든 무슬

6 Qāshānī/Hambly, pp. 76, 108, 198.

7 Sa'īd al-Andalusī, *Science in the Medieval World: Book of the Categories of Nations*, trans. by Sema'an I. Salem and Alok Kumar (Austin: University of Texas Press, 1991), p. 21.

8 E. L. Jones, *Growth Recurring: Economic Change in World History* (Oxford University Press, 1988), p. 68.

9 『元史』, 卷 205, pp. 4558ff.; Marco Polo, p. 215.

림에 대한 중국의 의심과 대중적 차원의 뿌리 깊은 반이슬람적 정서가 형성되었다.[10] 부정적 연상으로 이러한 인식은 서아시아로부터의 문화 유입을 차단케 했다.

이러한 교류를 촉진한 몽골의 동기들을 고려할 때, 성공 여부에 상관 없이 국가적 사유도 함께 고려해야 한다. 새로운 군사 기술과 인쇄술은 정복과 행정에서 필수적인 도구였다. 몽골은 하나의 문화권에서 기술을 습득한 후 그것들을 다른 곳에서 사용하여 제국 확장과 통제를 강화했다. 이러한 기술 전파의 사유는 명백하다. 그렇다면 음식과 약(藥) 등은 어떻게 된 것일까?

후자의 경우, 중국의 서아시아 의사와 이란에 있는 중국인 의사는 현지의 일반인을 치료하지 않고 대부분 궁정과 체류 중인 외국인에게 치료 활동을 했다. 한 의학 전통 내에서도 새로운 시술과 치료 방식이 수용 되기까지 시간이 걸리며, 때로는 수혜자인 환자가 거부하거나 기피하는 경우가 있다는 것은 잘 알려진 사회적 원리였다.[11] 외국의 방식에 대한 초기의 저항은 훨씬 더 격렬했다. 오늘날 세계에서도 '문화적 편안함'의 문제는 의료적 결정을 내리는 데 중요한 요소이며, 특히 서구의 중국인 과 일본인은 자민족의 의료 전통에 대한 높은 수준의 신뢰를 가지고 있 다.[12] 따라서 중국과 이란의 몽골 조정에서 많은 외국인 봉사자에게 어느 정도까지 문화적으로 수용할 수 있는 의료 서비스가 제공되었던 것이다.

내가 보기에 음식과 음료도 마찬가지였다. 몽골인은 다양한 요소로 구 성된 국제화된 궁중 요리를 만들었는데 이는 몽골의 위대한 '세력 범위' 를 가시적이고 먹을 수 있는 형태로 표현한 것으로, 이는 그들이 보편 제

---

10 Herbert Franke, "Eine mittelalterliche chinesische Satire auf die Mohammedaner", in Wilhelm Hoernerbach, *Der Orient in der Forschung*, pp. 202~08.

11 Bernard J. Stern, *Social Factors in Medical Progress* (New York: Columbia University Press, 1927), pp. 60~65 참조.

12 *New York Times*, January 27, 1990, p. 29; September 29, 1990, pp. 1, 28의 기사 참조.

국임을 주장하는 데 정당성을 부여했다.[13] 동시에 이렇게 제공되는 음식은 외국인의 취향과 기호에 맞추어져 있다. 대표적인 예로 카라코룸에 조성된 뭉케의 그 유명한 "술로 채워져 있는 분수"이다. 이 정교한 자동화 장치는 포도주, 쿠미스, 벌꿀주, 곡주 등 유라시아 전역에서 인기 있는 주류를 자동으로 공급했다.[14] 이곳은 누구나 자신 있게 다가갈 수 있는 바(bar)였다.

중국과 이란의 몽골 조정에서 아대륙에 영국의 일부를 재현한 브리티시 라지(British Raj)의 힐스테이션(hill station)처럼 외국 출신의 부하만을 위한 별도의 문화 공간을 만들었다고 주장하는 것은 아니지만 여러 관료에게 고향의 풍경, 소리, 냄새, 맛을 제공하기 위해 지속적인 노력을 기울였다. 물론, 이는 상당수의 외래 봉사자들(Gästarbeiter)의 충성심을 고취시켰고 종족적 정체성을 유지하도록 마련된 것이었다. 외부 전문가 그룹의 채용은 첫 번째 그룹의 문화적 필요를 충족할 수 있는 두 번째 그룹의 채용으로 이어졌다는 점에서 이곳에서 일종의 연쇄 효과가 작용했다.

역사학의 교류도 국가적 요인이라는 동일한 전례로 접근할 수 있다. 중국과 이란에서의 몽골은 그들의 정통성에 공개적으로 의문을 제기하는 공동의 군사적 적대 세력을 발견했다. 이 도전에 대한 한 가지 대응은 역사적 정당성을 찾는 것이었다. 즉 사후에도 위대한 권위를 가지고 있던 창업자들에 관한 기록을 수집하는 것이다. 『몽골비사』에 따르면, 13세기에 '노인들의 말씀'[ötögüs üges]과 '옛 얘기'[qa'uchin üges]는 몽골에서 상당한 힘을 가지고 있었다. 후에 칭기스 칸의 말이 신성한 영감을 받은 것으로 여겨졌다.[15] 물론, 이는 잘 유지되어 정치적 토론과 논쟁 과

---

13 Eugene N. Anderson, "Food and Health at the Mongol Court", pp. 37~39.

14 이 기술과 상징적인 특징에 대해서는 Leonardo Olschki, *Guillaume Boucher: A French Artist at the Court of the Khans*, repr. (New York: Greenwood Press, 1969), pp. 45~ 106 참조.

15 『元朝祕史』/Cleaves, sect. 78, p. 24 and sect. 260, p. 201; 『元朝祕史』/Igor de

정에서 자주 인용되었다(그리고 재해석되었다). 이슬람으로 개종한 가잔 조차도 오래된 몽골 전통에 자부심을 가졌고 역사상 전개되었던 논의에 기반해 통치권을 주장했다.[16] 이러한 주장은 적을 설득하기보다 추종자와 피정복민을 안심시키기 위한 것이었지만, 여러 민족의 역사에 내재된 필연적인 것이기도 했다. 이제 이란에서 원 제국의 정치적 운명이 중요했기 때문에 그들의 선조, 역사, 정통성 역시 중요해졌다.

따라서 라시드 앗 딘의 『집사』에는 대륙을 횡단하는 정치적 긴장과 몽골제국의 보편 정치의 주장이 반영되어 있으며, 이는 중국과 고대 근동에서 주장하는 보편주의의 메아리나 그 정점에 해당되는 것이었다.[17]

다음으로 다뤄야 할 것은 중개자로서 몽골인이 외부의 영향에 상당히 개방적이었다는 점이다. 마르코 폴로는 몽골이 무슬림과 중국인 같은 정복민의 문화에 영향을 받았다는 사실을 잘 알고 있었다.[18] 이는 유목민이 정주 사회의 경제적 생산물뿐 아니라 특히 정복과 국가 형성 단계에서 그들의 문화적 자원 역시 필요했기 때문이다.[19] 엘먼 서비스(Elman Service)가 주장했듯이, 자신들만의 물리적이고 문화적인 환경을 떠나 전혀 다른 사회로 진입한 확장적 사회는 혁신에 대해 보다 개방적이어서 더 높은 적응력을 가지고 있다.[20] 이 경우 자신들만의 환경에 잘 적응한

Rachewiltz, sect. 78, p. 30 and sect. 260, p. 156; Jūzjānī/Lees, pp. 373~74; Jūzjānī/Raverty, vol. II, pp. 1077~78.

16 Rashīd/Jahn II, pp. 171, 177.

17 몽골의 보편주의 및 관련 일화들은 E. Voegelin, "The Mongol Orders of Submission to the European Powers", *Byzantium* 15 (1940-41), pp. 378~413; Garth Fowden, *Empire to Commonwealth: Consequences of Monotheism in Late Antiquity* (Princeton University Press, 1993), pp. 3~11 참조.

18 Marco Polo, pp. 174~75.

19 Anatolii Khazanov, "Ecological Limitations of Nomadism in the Eurasian Steppe and their Social and Cultural Implications", *Asian and African Studies* 24 (1990), pp. 10~15.

20 Elman R. Service, *Origins of the State and Civilization: The Process of Cultural Evolution* (New York: Norton and Co., 1975), pp. 319~22.

몽골인은 자신의 본토에서 문화적으로 보수적이었지만 정복지에서는 개방적이고 유연하여 피정복민으로부터 제도와 기술을 능숙하게 취사 선택하여 먼 곳으로의 군사적 확장을 촉진했고 새로운 경제 기반을 성공적으로 발전시켰다. 다시 말해 제국 초기의 몽골이 정주 지역의 적들에 비해 타인들로부터 기꺼이 배우려는 의지와 문화 적응력 면에서 가장 혁신적인 정권이었다. 고도의 문화·학문의 지적 전통, 특히 과학과 종교 영역에서 전수된 편협함과 편견으로부터 자유로웠던 몽골은 그들 피정복민의 반대에도 불구하고 문화적 변화와 교류의 주창자가 되었다.

그러나 문제는 이보다 더 깊었다. 몽골 사회의 근본적 구조와 특징이 이러한 교류를 필요로 하고 촉진했던 것이다. 유목민은 천성적으로 다양한 기술에 능했으며, 전체 문화는 대개 한 개인에게 집약되어 있다. 이는 아마도 자급자족 경제, 심지어 농업을 하면서도 생태환경적 이유로 인구가 넓은 지역에 희소하게 분산되어 있기 때문이다.[21] 몽골 사회에서는 직업의 전문화가 거의 이루어지지 않았고 연령과 성별에 따른 생산 외에 노동 분업이 잘 발달하지 않았다. 생계 활동에서 물러나 특정한 서비스를 제공하면서 살아가는 샤먼과 음유 시인, 그리고 금속 세공업자 같은 몇몇 전문인만이 있을 뿐이었다.[22] 전문성의 결여는 초창기 몽골 사회의 발전 과정에서도 드러났다. 1188년과 1203년, 그리고 1206년에 걸쳐 칭기스 칸이 자신의 예속민과 친위대를 편성하고 재조직하면서 열거한 직책에는 유목 생활에서 전통적으로 행해진 목축과 요리 기술만 요구되었다. 특정 직책에 임명된 개개인은 어려움 없이 다른 관직의 직무

---

21 Ernest Gellner, *State and Society in Soviet Thought* (Oxford: Blackwell, 1988), p. 95; Ester Boserup, "Environment, Population and Technology in Primitive Societies", in Donald Worster, ed., *The Ends of the Earth: Perspectives on Modern Environmental History* (Cambridge University Press, 1988), pp. 34~35.
22 후자를 반영하는 내용은 『元朝祕史』/Cleaves, sect. 97, p. 33 and sect. 211, p. 153; 『元朝祕史』/Igor de Rchewiltz, sect. 97, pp. 37~38 and sect. 211, p. 121 참조.

를 담당할 수 있었다. 1206년 이전에 모든 유목민에게 공통적인 기술에 포함되지 않은 지식을 갖춘 유일한 직책은 샤먼이었는데, 텝 텡그리(Teb Tenggeri)가 그것을 맡았다.

물론, 발전한 농경 사회에서는 상황이 완전히 달랐다. 농경 사회의 전문성의 수준은 상당히 높았고 사회적 복잡성도 마찬가지였다. 이러한 전문화는 고대 근동 초기 역사에서 이미 나타난 바 있었고 시간이 흐르면서 지속적으로 발전해 갔다.[23] 13세기 중국과 같은 문명 사회는 수백, 아니면 수천 명의 전문직을 보유하고 있었다.

칭기스 칸이 몽골인이 '도시의 관습과 법'에 대해 무지했다는 사실을 깨달으면서 정주 사회를 다스릴 수 있는 전문가가 필요함을 느꼈다고 『몽골비사』에 분명히 기록되어 있다.[24] 내부적 자원으로 충족할 수 없는 새로운 문화적 요구에 직면한 몽골의 해결책은 자신들이 그러한 전문가로 변모하는 것이 아니라 정주 세계에서 그러한 전문가를 영입하는 것이었다. 몽골인은 정복 활동을 지원할 수 있는 군인과 그들을 도와 지배할 수 있는 행정 전문가가 필요해지자 이들을 모집하여 도움을 받았다.[25] 이후 그들은 의례와 과학적 지식을 갖추어 영입된 야율초재 같은 다양한 문화의 전문가에게 관심을 돌렸다.[26] 시간이 지나면서 인재 발탁이 점차 체계화되고 정교해졌다. 특별 감찰관은 도시가 약탈당하기 전에 학자, 의사, 장인들을 데려왔다.[27] 마침내 호적대장이 작성되어 인구가 파

23   Hans J. Nissen, *The Early History of the Ancient East* (University of Chicago Press, 1988), pp. 43ff.

24   『元朝祕史』/Cleaves, sect. 263, pp. 203~04; 『元朝祕史』/Igor de Rachewiltz, sect. 263, p. 157.

25   Igor de Rachewiltz, "Personnel and Personalities in North China in the Early Mongol Era", *Journal of the Economic and Social History of the Orient* 9 (1966), pp. 88~144 참조.

26   Igor de Rachewiltz, "The *Hsi-yü lu* by Yeh-lü Ch'u-ts'ai", p. 18; 『元文類』, 卷 50, p. 11a; 『元史』, 卷 146, p. 3455.

27   Erich Haenisch, *Zum Untergang zweier Reiche: Berichte von Augenzeugen aus den Jahren*

악되자 어느 정도 직업별 분류가 체계화되었다.

몽골인이 경서(經書)에 통달한 유학자 같은 보편적 지식인보다 기술자, 공학자, 수학자와 같이 특정 기술을 갖춘 정주민을 선호했다는 점도 중요하다.[28] 몽골인은 또한 현지에 인맥과 네트워크가 없는 '외부인'을 선호했다. 이를 위해 몽골인은 자연스럽게 외국인뿐 아니라 사회의 하층민을 발탁했다.[29] 어느 경우에도 이러한 배경을 가진 자를 선발하는 것은 칭기스 칸 가문에 충성할 가능성이 높았고 지역 엘리트와 동조할 가능성이 낮았다.

군사, 경영, 기술, 의례에 해박한 외부 전문가 집단은 선발되면 제국의 지배층 사이에서 공유하거나 서로 파견하기도 했다. 경우에 따라 카안이 자신의 관대함과 권위를 과시하기 위해 전문가를 보내기도 했다. 다른 경우에 그들은 호혜주의에 근거해 파견되었는데, 이는 파견하는 측에서 미래의 어느 시점에 같은 방식으로 보답받을 것을 기대했다. 어떤 경우든 몽골 지배층은 유목 문화의 규범을 따랐으며 관대함과 호혜주의를 표현하는 것이 유목 사회의 성공적 운영에서 높이 평가되고 중요한 것임을 드러냈다.

따라서 다양한 교류는 대륙 규모의 유목적 정복 과정에서 자연스럽게 이루어졌다. 몽골인은 스스로를 알렉산드로스 대왕의 사명이었던 통합된 세계 문화의 창조자로 생각하지 않았다.[30] 오히려 문화적 통합이 아닌 문화적 다양성과 갈등이 성공 요인이었다. 국제주의는 민족주의와 마찬가지로 근대의 이념적 구성물이다.

1232-33 und 1368-70 (Wiesbaden: Franz Steiner, 1969), p. 11v, Chinese text, and p. 25, German translation.

28 Hok-lam Chan, "Liu Ping-chung (1216-74)", pp. 137~39의 논평 참조.

29 주베이니는 호라산에 있는 몽골 관청에서 벼락출세한 자들에 대해 맹렬히 비난했다. Juvaynī/Qazvīnī, vol. I, pp. 4~5; Juvaynī/Boyle, vol. I, pp. 7~8 참조.

30 W. W. Tarn, "Alexander the Great and the Unity of Mankind", *Proceedings of the British Academy* 9 (1933), pp. 147~48.

몽골이 유행시킨 것은 제국을 위해 만들어지고 창조된 문화였다.[31] 다시 말해 몽골제국의 문화는 몽골인의 문화와 동일하지 않았다. 실제로 특정 민족의 문화가 전혀 아니었고 새로운 정치체제에 필요한 다양한 재료로 구성된 것이었다. 따라서 상당히 융합적이고 제국 중심적이었다. 이 맥락에서는 보다 익숙한 '황실 문화'라는 표현보다는 '제국 문화'[•] 가 적절한 것 같다. 우리의 목적에서 황실 문화는 주로 통치집단의 안락과 쾌락, 권위와 연관되어 있기 때문에 지나치게 협소한 반면, 제국 문화는 황실 문화를 포함해 제국의 통치 차원에서 보다 포괄적인 영향력을 지닌다. 이러한 창조물은 인위적이지만 몽골의 정치적 이익에 잘 부합했다. 제국 문화는 중국과 이란의 전통적인 지배층을 대체하거나 최소한 무력하게 했으며, 그 결과 권위의 지역 구조에서 승인된 위대한 전통을 일시적으로 약화시켰기 때문이다. 몽골은 국가에 얽매이지 않는 대안 문화를 제공하며 새로운 접촉, 대립, 교류의 기회를 만들어냈다. 그 문화가 제국과 매우 밀접하게 연결되었기 때문에 제국이 붕괴하자 자연스레 제국 문화의 다양한 요소, 특히 전문 인력의 장거리 교류도 함께 사라졌다. 몽골의 이러한 관행이 전례가 없는 것은 아니었다. 투르크는 소그드인을, 거란은 위구르인을 거느리고 있었다. 그러나 몽골이 이루어냈던 순전한 그들의 사업 규모는 유럽의 해상 진출 이전에 세계사적 차원에서 유례가 없었다.

이 제국 문화의 발전과 실행의 측면에서 정치적 통제와 자원, 인력, 돈, 그리고 물자의 동원을 주요 목표의 하나로 삼았지만, 몽골의 '권력' 축

---

31 Mark G. Kramarovsky, "The Culture of the Golden Horde and the Problem of the 'Mongol Legacy'", in Gary Seaman and Daniel Marks, eds., *Rulers from the Steppe: State Formation on the Eurasian Periphery* (Los Angeles: Ethnographics Press, 1991), p. 256의 논평 참조.

• 저자 올슨은 본문에서 'State Culture'라는 용어를 사용했는데, 본문 맥락상 국가 문화보다는 제국 문화가 적절하여 이로 번역했다.

적에는 그다지 주목받지 못한 또 다른 차원이 있었다. 몽골의 제국 문화는 '실용적 목적'의 차원 외에도 지배 영역 내 영적인 힘을 동원하기 위해 노력했다. 여기에는 자연계에서 발견되는 힘, 조상에 의해 통제되는 힘, 이전 왕조의 카리스마, 그리고 우리의 목적에서 가장 중요한 종교 의례자와 장인, 학자가 가진 힘을 포함했다.[32] 후자에서 가장 주목할 만한 것은 모든 종교의 성직자로, 몽골인은 후원과 세금 면제 정책으로 그들을 포섭하기 위해 노력했으며 이는 도사들에게 먼저 시작되었다.[33] 이 경우 몽골은 제국의 이익을 위해 성직자의 영적 힘과 네트워크를 활용하려고 애썼다. 이는 몽골의 다양한 종교적 가르침과 전통에 대한 열렬한 관심을 가지고 교리 논쟁을 벌이게 하고, 많은 종파의 신봉자들이 궁정에서 항상 카안이 '그들 중 하나'라고 느끼며 돌아갔던 이유를 설명한다.[34] 상대적으로 덜 밝혀진 것은 숙련된 전문가, 학자, 장인이 지니는 영적 힘에 관해서다.

재능 있는 인재의 보유는 위엄을 드러내기 위한 과시의 일종으로 몽골 통치자들은 이 방식을 즐겼다. 예를 들어 쿠빌라이는 1260년대에 마르코 폴로의 부친과 삼촌을 본국으로 보냈을 때, 교황에게 '학식 있는 자'와 '7가지의 기술'을 아는 사람들을 보내 달라고 요청했다.[35] 이러한 전략은 확실히 그의 이미지에 도움이 되었다. 바르 헤브라에우스가 말했듯, 서아시아에서는 그(쿠빌라이)를 "저명 인사와 학식 있는 자와 모든

---

32 관련 연구는 Thomas T. Allsen, "Spiritual Geography and Political Legitimacy in the Eastern Steppe", in Henri J. M. Claessen and Jarich G. Oosten, eds., *Ideology and the Formation of Early States* (Leiden: E. J. Brill, 1996), pp. 116~35 참조.

33 Yao Tao-chung, "Ch'iu Ch'u-chi and Chinggis Khan", *HJAS* 46 (1986), pp. 201~19 참조.

34 Wm. Theodore de Bary, "Introduction", in Hok-lam Chan and Wm. Theodore de Bary, eds., *Yuan Thought: Chinese Thought and Religion under the Mongols* (New York: Columbia University Press, 1982), p. 18. 이들 논문에서 몽골의 종교적 관심의 진정성에 관해 정확하게 언급했다.

35 Marco Polo, p. 79.

나라의 의술을 가진 자들"을 존중하는 "지혜로운 군주"라고 했다.[36] 그들은 학식으로 자신들의 공동체에서 신망을 누렸을 뿐만 아니라 시공을 초월해 교류할 수 있었다. 그들은 모든 지역의 지식인처럼 호의와 금전으로 쉽게 구할 수 있는 훌륭한 홍보대사였다.

그러나 이것은 전근대 통치자에게 유능한 전문가를 끌어들이는 하나의 측면일 뿐이었다. 메리 헬름스는 최근 몇몇 연구에서 여러 전통 사회에서 거리와 인간의 재능이 갖는 의미에 주목했다. 그녀는 다양한 공예 기술은 원료를 문화 상품으로 변형하는 것을 수반하는데, 산업화 이전 사회에서 이러한 변형은 단순한 기계적 조작이 아니라 특별한 재능을 가진 자들이 숙련된 기술과 영적인 힘을 가지고 행한 신비하고 초자연적인 과정으로 간주되었다고 주장한다. 따라서 통치자는 궁정에서 봉사하기 위한 재능 있는 사람을 모으는 능력과 관련된 명성 외에도, 그의 통치 영역에서의 영적 힘을 통제하고 있었던 것이다. 또한 먼 곳에서 원료, 완제품 또는 인재를 데려오거나 강제로 확보하는 능력은 왕의 명성을 높이고 권위를 강화했다. 왜냐하면 이는 전통 사회에서 먼 곳에 있는 것은 신비롭고, 신비로운 것은 항상 영적인 힘을 지니고 있기 때문이었다. 난해한 지식을 가진 현자는 보통 먼 곳에서 왔다.[37] 토머스 로(Thomas Roe)는 대략 400년 전에 "경이로움은 멀리 있고, 멀리 있는 것은 위대하다"라고 우아하게 표현했다.[38]

원 궁정에서는 그들의 성공 혹은 행운, 영광 혹은 위엄이 그들을 위해 봉사하는 많은 외국인과 밀접하게 연결되어 있다는 사실을 분명히 알

---

36 Bar Hebraeus, p. 439. 강조는 저자.

37 Mary W. Helms, *Craft and the Kingly Ideal: Art, Trade and Power* (Austin: University of Texas Press, 1993), pp. 13~27, 69~87; Mary W. Helms, *Ulysses' Sail*, pp. 3~19, 94~110.

38 Thomas Roe, *The Embassy of Sir Thomas Roe to the Court of the Great Mogul, 1615-1619*, ed. by William Foster (London: Hakluyt Society, 1899), vol. I, p. 122.

고 있었다. 이는 14세기 초 정거부(程鉅夫)가 쓴 글에 간단히 언급되어
있다.

내 생각에, 옛날 제국을 세웠던 모든 통치자가 사람을 얻는 것을 왕조
의 기반으로 삼았듯이, 〔원 제국은〕신령한 무공(神武)과 자비(仁恕)로 사
해〔四海, 온 세계〕를 평정했다. 만방의 충성스럽고, 마음이 곧으며, 용감하
고, 출중한 자들은 모두 조정에 입성하여 대대로 그 직을 이어받아 영광이
더해졌다.[39]

정거부의 이러한 서술은 초기 제국 사이에 일반적이었던 것으로 역사
적 기록을 통해 충분히 입증되었다. 아케메네스 왕조(기원전 521～기원
전 481)의 다리우스(Darius)는 그의 비문 중 하나에서 자신의 겨울 수도
수사(Susa)가 레바논, 사르디스, 박트리아, 소그디아나, 이집트, 에티오피
아, 신드, 엘람의 건축 자재로 만들어졌고, 장인들은 이오니아, 사르디스,
메디아, 이집트, 바빌로니아에서 왔다고 자랑했다.[40] 9세기 돈황의 투르
크 룬 문자로 쓰인 책에 비슷한 내용이 담겨 있다. "칸이 왕위를 계승한
후에 궁장〔오르두, ordu〕을 세웠다. 그의 왕국은 〔견고하게〕유지되었다.
세계 각지의 선량하고 유능한 사람들이 모여 기뻐하며 〔그의 궁정을〕 장
식했다." 이 단락은 "좋은 징조이다"라며 끝을 맺고 있다.[41] 후자는 분명
히 다리우스의 공식 기념비 같은 것은 아니지만 점술서에 나오는 글로
그러한 개념이 제국의 이념에서뿐 아니라 민간 전통에서도 전승되었음
을 알 수 있다.

이러한 전통은 시간이 흐르면서 몽골 시대를 넘어서도 지속되었다. 칭

39 程鉅夫, 『程雪樓文集』, 卷 5, p. 5a.

40 Roland G. Kent, *Old Persian: Grammar, Texts, Lexicon*, 2nd edn (New Haven, Conn.:
    American Oriental Society, 1953), p. 144.

41 Talat Tekin, *Irk Bitiq: The Book of Omens* (Wiesbaden: Otto Harrassowitz, 1993), p. 17.

기스 칸 가문의 전임자들처럼 티무르는 정복 지역의 수공업자와 재능 있는 자들을 모았다. 그리고 다리우스처럼 그도 숙련된 인재를 확보하여 관리하고 있다고 선전했다. 1405년 사마르칸트를 방문한 스페인 사신 클라비호(Clavijo, ?~1412)는 손자의 혼인을 기념하기 위해 제국 수도의 모든 장인을 교외에 있는 테무르의 야영지에 소집했다고 했다. 그는 "오르두 전체가 그들로 가득 찼고, 각 공예품과 교역품이 동종업계의 사람들이 각각 개별적으로 순서대로 자신의 공예품을 전시할 수 있는 거리가 있었다"라고 했다. 그는 이어서 "또한 모든 공예품은 솜씨를 직접 보여 주기 위해 전시나 개별적인 공연이 준비되었고, 공연은 대중에게 즐거움을 주기 위해 오르두 전역에서 순회되었다"라고 했다.[42]

이러한 개념의 유구함은 꽤나 인상적이다. 이는 적어도 2,000년 동안 유라시아 정치 문화의 보편적인 특징이었다. 따라서 몽골을 포함한 모든 전근대 제국은 필연적으로 문화 간 교류의 매개체였다.

---

42 Ruy González Clavijo, *Embassy to Tamerlane, 1403-1406*, trans. by Guy Le Strange (New York: Harper Brothers, 1928), pp. 134, 248~49, 286~87.

제21장

선별

몽골이 정복민으로부터 차용하려는 성향은 확실히 광범위했지만 무제한적이거나 무한했던 것은 아니다. 그들이 구축한 제국 문화는 정복민의 토착적 전통과 제도, 칭기스 칸 가문이 도입한 외국의 전통, 그리고 몽골 고유의 사회 문화적 규범의 세 가지 요소로 구성되었다. 이러한 요소는 대개 경시되어 왔지만 몽골 통치 혹은 유라시아를 횡단하는 문화 교류에 관한 연구에서 간과되어서는 안 된다. 몽골과 그들의 가장 가까운 동맹국 위구르와 같은 오랜 문화적 범주는 몽골을 수용·배분하고, 전달할 대상을 선택하는 선별 장치로 작용했다. 다른 민족들처럼 몽골인은 고유의 전통에 부합하는 사항을 선택하는 경향이 있었고, 이 과정에서 수용에 어느 정도 제한을 두었지만 대체로 유연했다. 몽골인은 고도의 출판 문화와 과학 영역에서조차 자신들의 문화 요소를 대체하기보다는 기능적으로 보완 가능하고 비슷한 것을 찾아냈다.

이 장에서는 몽골이 정주 문화에서 의학, 천문학, 지리학, 지도 제작법을 도입하면서 작용했던 선별 기제를 탐색할 것이다. 이러한 학문 분야는 적어도 목표 측면에서 샤머니즘적 방식과 양립 가능했으며, 방법은 근본적으로 달랐지만 치료, 미래에 대한 지식, 자연의 힘을 탐구하는 과정에서 몽골인은 그들만의 문화 구조 내에서 유사성을 발견할 수 있었다. 이러한 등식이 성립하는 이유를 이해하려면 먼저 13세기 몽골 샤먼의 유형과 기능을 살펴보아야 한다.

투르크와 몽골어로 치유자, 마법사, 예언자라는 어휘는 다소 모호하지만 기본적인 분류는 가능하다.[1] 몽골의 경우는『몽골비사』에 안내되어 있다. 우리는 1231년 우구데이가 병에 걸렸을 때, 뵈(*böʼe*)와 퇼게친(*tölgechin*)이 그를 돌보았다고 했다.[2] 이 구절의 한어 번역에서 뵈는 의료인을 의미하는 사무(師巫)였고, 퇼게친은 예언자 혹은 점술인을 의미하는 복인(卜人)이었다.[3] 로나-타스(Roná-Tas)가 정확하게 이해했듯이, 퇼게친이 좀 더 전문적인 점술인을 지칭한 반면, 뵈는 샤먼을 지칭하는 좀 더 일반적인 용어였다. 양자 사이의 차이는 크다. 샤먼인 뵈는 영적 질문 혹은 환각 체험을 통해 일을 한다면, 점술인 퇼게친은 태운 뼈, 새 깃털, 꿈 혹은 주사위를 통해 나온 징조를 탐색한다.[4]

이 가운데 뵈가 몽골 문화에서 더욱 높은 지위를 누렸지만 둘 다 모든 계층에서 광범위하게 활동했다. 물론, 그들은 환자를 치료하기도 했지만 대부분은 점을 쳤다.[5] 그들의 미래를 예언하는 능력은 상당히 중요하게 여겨졌고 몽골의 정치 문화에서 중요한 요소였다. 미래의 일, 칭기스 칸

---

1 이 용어의 간략한 개관에 대해서는 Judith Szalontai-Dmitrieva, "The Etymology of the Chuvash Word *Yumśa*, 'Sorcerer'", in András Roná-Tas, ed., *Chuvash Studies* (Wiesbaden: Otto Harrassowitz, 1982), pp. 171~77 참조.

2 『元朝秘史』/Cleaves, sect. 272, pp. 211~12;『元朝秘史』/Igor de Rachewiltz, sect. 272, p. 163.

3 B. I. Pankratova, ed., *Iuan-chao bi-shi (Sekretnaia istoriia Mongolov)* (Moscow: Izdatel'stvo vostochnoi literatury, 1962), sect. 272, p. 566.

4 András Roná-Tas, "Dream, Magic Power and Divination in the Altaic World", *AOASH* 25 (1972), pp. 232~33.

5 그들의 의학적 기능에 대해서는 Juvaynī/Qazvīnī, vol. I, pp. 43~44; Juvaynī/Boyle, vol. I, p. 59 참조.

의 부상, 전투의 결과는 자연의 이상 징조, 가장 빈번하게는 견갑골에 나
타난 줄무늬, 즉 양의 어깨뼈를 태워 생긴 균열로 점쳐졌다.[6] 칭기스 칸
자신도 인도를 원정하는 동안에 이슬람 전통 기록에 따르면, 양의 뼈로
점을 쳤다.[7] 실제로 통치 업무 전반이 주로 그러한 방식으로 이루어졌다.
루브룩의 증언에 따르면, 정책의 계획과 새로운 야영지의 배치는 샤먼의
손에 달려 있었다.[8]

　칭기스 칸의 활동 초에 대(大)샤먼이었던 쿠케추(Kököchü) 또는 텝 텡
그리라 불리는 이를 데리고 있었는데, 그는 "비밀과 미래의 사건을 예언
했고" 장차 일어날 정치적 변화에 관한 "하늘의 징조"를 계시했다.[9] (그
러나) 그는 곧 가정사에 개입하여 몽골 지도자와 충돌했고, 결국 1206년
에 처형당했다. 그 자리를 대체할 자가 세워지지는 않았던 것 같다. 칭기
스 칸과 그의 계승자들은 미래에 대한 다른 견해나 대안적 비전을 선호
했던 것 같다.

　언뜻 보기에 점술에 대한 이러한 의존은 정치적 사업의 성공에서 놀
랍게 보일 수 있다. 그러나 이것은 현대인들의 오해이다. 오마르 무어
(Omar Moore)에 따르면, 점술은 "긍정적인 잠재적 기능을 가지고 있다.
즉 점술이 명확한 목적을 이루는 데 실패하고 우연의 일치로 그 결과를

6　『元朝秘史』/Cleaves, sect. 121, pp. 52~53 and sect. 207, p. 147; 『元朝秘史』/Igor de
　　Rachewiltz, sect. 121, pp. 50~51 and sect. 207, p. 118; Marco Polo, pp. 165~66; 趙珙,
　　『蒙韃備錄』, 王國維, 『蒙古史料校注四種』, p. 453; 彭大雅・徐霆, 『黑韃事略』, pp. 485,
　　506.

7　Juzjānī/Lees, pp. 355, 374; Juzjānī/Raverty, vol. II, pp. 1046~47, 1078.

8　Christopher Dawson, *The Mongol Mission*, pp. 121, 141; Rubruck/Jackson, pp. 121,
　　156. 인도를 여행한 적이 있던 피터 먼데이(Peter Munday)가 샤 자한(Shāh Jahān,
　　재위 1628~57)의 조정에 대해 동일한 것을 언급했다. *The Travels of Peter Munday
　　in Europe and Asia, 1608-1667*, ed. by Sir Richard Carrol Temple, repr. (Nendeln,
　　Liechtenstein: Kraus, 1967), vol. II, pp. 194~95 참조.

9　Rashīd/Alizade, vol. I, pt. 1, pp. 418~19; 『元朝秘史』/Cleaves, sect. 244, p. 177; 『元朝
　　秘史』/Igor de Rachewiltz, sect. 244, p. 139.

얻더라도 수행자 또는 그 사회에 다른 중요한 방식으로 기여한다.[10] 조지 파크(George Park)가 이러한 다른 방식에 대해 다음과 같이 분명하게 기술했다. 먼저 "해결하기 어려운 상황"에서 점술은 특정 행동을 "특이하지만 효과적인 정당화의 방식"을 제공한다. 둘째, 점술가는 결정에 대한 책임에서 행위자를 "배제"시키고 하늘에 돌려 놓는다. 셋째, 점술은 공감대를 형성하는 데 도움이 되기에 "대중의 의견과 신념을 통제하고 유도하는 문제와 긴밀하게 연관되어 있다."[11]

이러한 관점에서 볼 때, 점술은 다양한 기능을 지닌 복합적인 현상으로 나타나기에 몽골의 전략과 정치적 의사 결정이 주사위를 던져 우연히 결정되었다고 생각해서는 안 된다. 점술은 모든 원정 활동에 앞서 진행된 신중한 준비 과정의 일부이자 승리를 예언하고 성공을 공식적으로 선포하는 의식으로서, 공감대를 마련하여 자신감과 사기를 북돋는 데 도움이 되었다. 의사 결정은 여러 근거로 이루어졌다. 몽골인들이 항상 여러 번 점을 쳤기에 "정책적 선택지"를 가지고 있었다는 점에서 분명하다. 요컨대 몽골에서 다양한 점술가는 미래의 사건이 아닌 주인의 의도를 위해 점을 쳤던 것이다.

이러한 점술의 중요성으로 많은 수의 점술가가 모집되어 제국의 궁정을 채웠다. 카안이 순행을 갔을 때에는 예언자들도 함께했다.[12] 제국 초의 이러한 조직이 사료상에 기록되어 있다. 『원사』에 따르면, 친위대(kesig)로 임명된 사람들 가운데 "약[醫藥], 점복[卜], 주문[呪]"을 전담한 이들이 있었다.[13] 그러한 역할을 맡았던 관원 두 명의 이름이 알려져 있

---

10 Omar Khayyam Moore, "Divination —A New Perspective", *American Anthropologist* 59 (1957), p. 69.

11 George K. Park, "Divination and its Social Contexts", in John Middleton, ed., *Magic, Witchcraft, and Curing* (Austin: University of Texas Press, 1989), pp. 235~36, 241~42.

12 Marco Polo, p. 233.

13 『元史』, 卷 99, p. 2524.

다. 동일한 사료에 따르면 1252년 뭉케는 "아쿠차(阿忽察)를 임명해 제사, 주술적 치병(醫巫), 점복(卜筮)을 관장하게 하고 알라부카(阿刺不花)가 이를 보좌하게 했다"라고 기록했다.[14] 이 기록에서 사용된 용어가 흥미롭다. 의무(醫巫)는 "의료 행위를 하는 샤먼"이고 『몽골비사』에 등장하는 복서(卜筮)는 말 그대로 점을 치는 사람이다. 만약 사르만과 동료들이 편찬한 뭉케 실록의 몽골어본이 있다면, 의무(醫巫)는 분명히 뵈, 복서(卜筮)는 퇼게친으로 번역했을 것이다. 그런데 아쿠차와 알라부카가 몽골의 샤머니즘 수행자일 뿐이었을까? 여러 사료를 보면 대답은 분명히 '아니오'이다. 이들은 몽골 샤먼, 네스토리우스 기독교 출신 의사, 중국 진맥의, 이슬람 천문학자들을 감독했다. 루브룩을 비롯해 여러 사람이 이러한 사실을 증명했다. 카라코룸에 머무는 동안 그는 뭉케 조정에서 점술가와 예언가를 만났다. 그가 언급하듯이, 몇몇은 "천문학에 능통했고 …… 그들은 일식과 월식을 예언했다."[15] 이들은 전통적인 샤먼은 아니었고 정주 문화권에서 모집된 천문학자들이었다. 여기에 이사 켈레메치도 포함되었을 수 있다.

몽골이 천문학자를 샤먼 및 예언자와 동일시한 것은 동시대 자료에 서로 잘 드러난다. 주베이니는 한 구절에서 샤먼을 의미하는 투르크어 캄(qam)으로 시작했으며, 몽골 제왕들이 '천문학자'[munajjimān]가 전달하기 전까지는 결론을 내리지 않을 것이라는 이야기로 마무리했다.[16] 바르 헤브라에우스도 몽골이 중국의 점술가와 카마예(kāmāyē)를 동일시했다고 분명하게 서술했다.[17] 다른 사료에서도 역시 예언자와 천문학자/점성술사를 한 쌍으로 묶어 이들 모두 칭기스 칸 가문의 지속적인 동반자였다고 서술했다.[18] 천문학, 점성술, 견갑골 점술, 풍수지리, 줄기점, 그리고

14 『元史』, 卷 3, p. 46.

15 Christopher Dawson, *The Mongol Mission*, p. 197; Rubruck/Jackson, p. 240.·

16 Juvaynī/Qazvīnī, vol. I, pp. 43~44; Juvaynī/Boyle, vol. I, p. 59.

17 Bar Hebraeus, pp. 355~56.

『역경』(易經)의 팔괘[19]는 영적 지식의 모든 형태로서 몽골인은 이들이 서로 호환될 수 있고 상호 보완적인 영역으로 간주하여 조직했다.

몽골인이 천문학자에게 매료된 이유는 하늘의 징후를 예측할 수 있는 능력이었다. 이는 텡그리 신봉자들에게는 놀랍지 않았다. 결국, 그들은 하늘과 텡그리로부터 세계를 통치하라는 정치적 임무를 부여받았기에 자연스레 더 많은 지침에 관심을 보였다. 그러한 징후들은 혜성의 형태, 달의 위상, '천둥', '폭풍우', '벼락', '번개'와 같은 다양한 기상 현상, 그리고 가장 인상적인 일식과 월식 형태로 나타났다.[20] 실제로 1220년경 몽골이 중국과 무슬림 천문학자를 처음으로 모집한 것은 월식 예측을 둘러싼 시합과 직접적으로 연관이 있었다.[21]

이후 다양한 문화적 배경을 가진 수많은 점성술사가 궁정 봉사를 위해 마술사, 곡예사, 주술사, 예언자들과 함께 미래를 예언하는 일을 하게 되었다.[22] 실제로 천문학자는 샤먼과 거의 동일한 일을 수행했다. 그들은 원정을 하거나 새로운 통치자가 즉위하기에 적합한 상서로운 날을 결정했다.[23] 캄(샤먼)이 구육의 즉위일을 택했던 반면, 천문학자는 뭉케의 즉위일을 택했고 나시르 앗 딘 투시는 아바카의 날을 선택했다.[24]

---

18 Marco Polo, p. 249.

19 Janet Rinaker Ten Broeck and Yiu Tung, "A Taoist Inscription of the Yuan Dynasty: *The Tao-chiao pei*", *TP* 40 (1950), pp. 108~09 참조.

20 Grigor of Akanc', "History of the Nation of Archers", p. 351; Jean Paul Roux, *La religion des Turcs et des Mongols*, pp. 130~31; Marco Polo, p. 252.

21 『元文類』, 卷 51, p. 11b; 『元史』, 卷 146, p. 3456.

22 Marco Polo, pp. 188~89, 252. 원 제국 지배 아래에서의 그들의 조직에 대해서는 Elizabeth Endicott-West, "Notes on Shamans, Fortunetellers and *Ying-yang* Practitioners and Civil Administration in Yuan China", in Reuven Amitai-Preiss and David O. Morgan, *Mongol Empire*, pp. 224~39 참조.

23 Marco Polo, p. 196.

24 Juvaynī/Qazvīnī, vol. I, pp. 206~07, vol. III, pp. 29~30; Juvaynī/Boyle, vol. I, p. 251, vol. II, pp. 567~68; Rashīd/Karīmī, vol. I, pp. 584~85; Rashīd/Boyle, p. 205; Rashīd/Jahn I, p. 7.

심사숙고를 거쳐 내린 그들의 결정은 공유되었지만 일부는 국가 기밀에 부쳐진 것도 있었다. 천문학자와 점성술사는 몽골 통치 가문 내에서조차 공유할 수 없는 정보를 내놓기도 했다. 이사는 카툰(황후)이 비밀스러운 천문학 문서에 접근하는 것을 막았다. 이란 북서부에 위치한 주요 천문 관측소가 있는 마라게는 몽골어로 코릭(qorigh), 즉 '금지된 지역'이었다.[25]

따라서 로저 베이컨이 몽골의 성공이 일군의 학식 있는 천문학자를 고용한 덕분이라고 주장한 것은 당연했다.

건강 문제에서도 몽골인은 전통적인 샤머니즘적 신앙에 따라 정주 지역의 의학을 선별했다. 이는 몽골의 중국의 경락 전통 또는 맥학(脈學)에 대한 관심에서 드러난다.

중국인들에게 의료 행위를 뒷받침하는 핵심 개념 가운데 하나가 '영향'으로 번역되는 '기'(氣)였다. '기'라는 개념은 자연계에서 발생하는 기운으로, 인체와의 상호작용은 건강을 결정짓는 주요 요인이었다. 기와 혈은 몸을 순환했고, 건강은 이 흐름을 관찰하고 '기 체계'에 맞게 생활 방식을 조정하는 데 달려 있었다.[26] 흐름을 추적하는 진단 수단 가운데 하나가 진맥이었으며, 이는 중국 의학의 특별한 분야로 발전했다.

투르크계와 몽골 유목민들 사이에는 혈액이 영혼의 주요 자리 가운데 하나라는 믿음이 널리 퍼져 있었다. 즉 생명력이 순환계와 밀접한 관련이 있다는 것이다.[27] 이러한 개념은 몽골인들이 (동물의) 가슴을 절개해 심장을 멈추게 해서 모든 혈액을 사체에 그대로 보존하는 도살 방식으

---

25 『元史』, 卷 134, p. 3250; Arthur Christopher Moule, *Christians in China*, p. 229; Qāshānī/Hambly, p. 41. 페르시아 사본에는 'qūrngh'라고 기록되어 있는데, 이는 분명히 필사자가 'qūrigh'를 잘못 필사한 것이다.

26 Paul U. Unschuld, *Medicine in China: A History of Ideas* (Berkeley: University of California Press, 1985), pp. 67~76.

27 Jean Paul Roux, *La mort chez les peuples altaïques anciens et médiévaux d'après les documents écrits* (Paris: Adrien-Maisonneuve, 1963), pp. 75ff. 참조.

로 얻은, 혈액순환에 대한 경험적 지식으로 더욱 굳혀졌다.[28]

　이러한 믿음은 중세 몽골인이 초창기 초원의 전통에 따라 동족이나 강력한 적을 교살이나 질식시켜 죽이는, 피를 흘리지 않는 방식으로 처형한 이유를 잘 설명해 준다. 적절한 방법으로 처형하고 시체를 처리하면, 사망한 적의 영혼이 저승에서 그의 처형자에게 유익을 가져다줄 것이라고 믿었다.[29] 다른 한편으로 고귀한 피를 땅에 흘린다면, 마르코 폴로의 표현에 따르면, "허공에서 비통해하며" 불운을 가져올 수 있었다.[30] 따라서 몽골인들은 피에 담긴 영적인 힘에 대한 관심으로 중국의 진맥을 신체적 건강뿐 아니라 영적 건강을 점검하고 다루는 중요한 수단으로 간주했다. 시간이 지나면서 몽골인은 중국식으로 양 손목의 맥을 짚는 것을 의학적 검사와 동일시했다.[31]

　몽골인은 기(氣)를 혈액 속의 생명력으로 재해석하여 중국의 진맥을 통한 진단 방식을 선호했다. 이는 라시드 앗 딘의 『진보지서』에 번역하여 수록한 중국 의서를 선택하게 된 이유를 설명해 준다.

　몽골인이 지리학과 지도학 연구에 관심을 가지고 지원한 데에는 유사한 문화적 요인이 작용했다. 유목민으로서 몽골인은 땅에 상당히 예민했다. 길, 지형학 요인, 수문학(水文學), 기후에 따른 계절적 변화와 초목에 관한 지식은 열악한 환경에 성공적으로 적응하는 데 핵심적 역할을 했다. 정복자로서 그들은 지리학적 지식에 관심이 많았다. 루브룩에 따르

28　Paul Pelliot, *Notes*, vol. I, pp. 77~78; Régis-Evariste Huc and Joseph Gabet, *Travels in Tartary, Thibet and China* (New York and London: Harper and Bros., 1928), vol. I, pp. 274~75.

29　피를 흘리지 않고 처형하는 것에 대한 많은 다른 예 가운데에서도 『元朝秘史』/ Cleaves, sect. 201, p. 140; Bar Hebraeus, p. 431; Ruy González Clavijo, *Embassy to Tamerlane*, p. 251 참조.

30　Marco Polo, pp. 199~200.

31　James Gilmore, *Among the Mongols*, repr. (New York: Praeger, 1970), p. 181; Régis-Evariste Huc and Joseph Gabet, *Travels in Tartary*, vol. I, p. 87.

면, 외국에 파견된 몽골 사신들은 "길과 지역들, 마을과 성들, 그리고 백성과 그들의 무기들"을 파악하는 임무를 맡았다.[32] 그리고 제국에 편입되면 정복 지역에 대한 지리학적 자료는 행정적으로 대단한 가치를 지니게 되었다. 1270년대 원 조정에서는 강남에 주둔군을 배치하는 최종 결정에서 "군사와 지리에 정통한 사람들"이 신중하게 살펴보게 하도록 명했다.[33] 몇 년 후 조정에서는 황하(黃河)의 발원지와 속령인 티베트 간의 교통로를 탐색하기 위해 탐험을 추진했다. 이를 통해 탐험대는 황하 상류에 대한 지식을 확보했고, 티베트 자료에 기반한 우수한 지도를 제작했다.[34]

그런데 몽골인의 땅에 대한 생각은 일상적인 관심을 뛰어넘었다. 그들 및 가까운 유목민에게는 땅, 물, 돌에 강력한 영적인 힘이 깃들어 있었고 모든 인간사에 상당한 영향을 끼쳤다.[35] 1231년 금나라와의 전쟁 중에 우구데이가 병에 걸리자 몽골 샤먼들은 이를 '북중국의 땅(qajar)과 강(usun)의 주인과 통치자'의 탓으로 돌렸다. 즉 몽골의 맹공에 대항해 스스로를 방어하는 중국 자연의 영적 힘 때문이라고 생각했다.[36] 땅에 대한 영적인 관심은 다양한 방식으로 나타났다. 예를 들어 몽골인은 그들의 수도 카라코룸을 돌궐(突厥) 제국, 위구르 제국의 수도와 동일한 지역에 적절히 배치하기 위해 애를 썼는데, 이는 그 특정 지역에 자신들의 정치적 여정에 유리한 특별한 행운과 신령한 힘(투르크어로 'qut')이 깃들

---

32 Christopher Dawson, *The Mongol Mission*, p. 159; Rubruck/Jackson, p. 186.

33 『元史』, 卷 99, p. 2545; Hsiao Ch'i-ch'ing, *Military*, p. 118.

34 Herbert Franke, "The Exploration of the Yellow River Sources under Emperor Qubilai in 1281", in G. Gnoli and L. Lanciotti, eds., *Orientalia Iosephi Tucci Memoriae Dicata* (Rome: Istituto Italiano per il Medio ed Estremo Oriente, 1985), vol. I, pp. 401~16. 지도는 T'ao Tsung-i, *Cho-keng lu*, ch. 22, pp. 2b~3a에 보존되어 있다.

35 Jean Paul Roux, *La religion des Turcs et des Mongols*, pp. 132~44.

36 『元朝秘史』/Cleaves, sect. 272, p. 212; 『元朝秘史』/Igor de Rachewiltz, sect. 272, p. 163.

어 있다고 믿었기 때문이었다.[37] 이러한 사고는 카라코룸을 비롯해 다른 지역에서 활을 쏘아 건물의 위치를 정하고 건물의 방향을 잡는 관습에서도 잘 드러난다.[38]

이러한 고유한 전통의 결과로 몽골은 외국의 풍수지리학적 전통과 기술에 상당한 관심을 갖게 되었다. 1281년 원 제국에 세워져 한림원(翰林院)에 예속되었던 집현원(集賢院)은 그 의무 가운데 하나가 풍수지리사에 대한 관리였다.[39] 그리고 비서감(祕書監)에서는 역법, 지도, 호적대장과 금서로 지정된 풍수지리학서들을 보관했다.[40] 자연스레 중국의 풍수지리학은 원 제국 조정에서 중시되었는데 이슬람의 관련 학문도 그러했다. 중국의 풍수(風水)보다 덜 유명하지만, 이슬람 세계에서도 지리점술학이 발전해 있었다. 아랍어로 모래의 과학('ilm al-raml)이라 불린 이 학문은 이슬람 학문에서 중요한 위치를 지녔으며 13세기에 융성했던 것으로 보인다. 나시르 앗 딘 투시는 그 분야에서 주요 인물이었으며, 동서(東西) 몽골 궁정에서 그의 명성을 높이는 데 기여했을 것이다.[41] 비서감에서는 지리점술학에 관한 이슬람 문헌이 있었는데, 아랍어로 물을 의미하는 '미아'(miyah)라는 이름으로 기록되어 있는데, 이는 "바람과 물을 분별하는", 즉 풍수지리를 통해 장소를 선정하는 방법에 관한 책으로 설명되어 있다.[42]

쿠빌라이 자신도 일종의 지리점술의 수행자였던 것 같다. 바얀의 전기에 따르면, "세조(쿠빌라이)가 기운을 이어받아 지도를 펼쳐 훌륭한 전

---

37 Thoams T. Allsen, "Spiritual Geography and Political Legitimacy", pp. 125~27 참조.

38 Hok-lam Chan, "Siting by Bowshot: A Mongolian Custom and its Sociopolitical and Cultural Implications", *Asia Major* 4/2 (1991), pp. 53~78.

39 『元史』, 卷 87, p. 2192.

40 『元史』, 卷 90, p. 2296; David M. Farquhar, *Government*, p. 137.

41 Emilie Savage-Smith and Marion B. Smith, *Islamic Geomancy and a Thirteenth-Century Divinatory Device* (Malibu, Calif.: Undena Publications, 1980), pp. 1~14.

42 『祕書監志』, 卷 7, p. 14a(p. 209); Kōdō Tasaka, pp. 113~14.

략을 세웠기에" 남송이 정복됐다.[43] 이 짤막한 구절에 따르면 쿠빌라이 (세조)는 칭기스 칸의 카리스마(몽골어로 'su')를 계승하고 지도를 활용해 적을 성공적으로 복속시켰다. 여기에서 지도는 분명히 나라를 나타내고 있으며, 쿠빌라이처럼 지도를 반듯하게 펼쳐서 쓰다듬기만 해도 그 나라와 땅을 평정할 수 있었다. 그런데 우리가 이미 살펴본 바와 같이, 이는 영적 저항을 불러일으킬 수 있으며, 동일한 방식으로 제압해야 했다.

지리학과 지도학의 사례에서 잘 알 수 있듯이, 제국 시기의 몽골인은 경험적이고 비밀스런 지식, 실용적 방식과 마법적 수단을 상호 배타적이라고 생각하지 않았다. 오히려 이들을 결합하면 행운과 세속적 성공을 가져올 수 있는 일종의 시너지를 발휘할 수 있다고 믿었다.

● 저자 올슨은 원문의 '圖'를 '지도'로 해석했으나, 이는 '도모하다'로 해석해야 한다. 따라서 원문은 "세조 황제가 기운을 이어받아 평정을 도모해 큰 전략을 세워서"라고 해석하는 것이 옳다.

43 『元文類』, 卷 24, p. 11a; Francis W. Cleaves, "Biography of Bayan of the Bārin", p. 275.

제22장

요약

내륙 아시아는 오랫동안 교류와 전파의 지대로 여겨져 왔으며, 유라시아 주요 문명 간에 상업적·문화적 상품이 왕래하는 수송관 역할을 해왔다. 여기에 제시된 근거에 기반해 문화 교류에서 유목민들이 수행한 본질적이지만 대부분 인정받지 못했던 역할에 대해 다음과 같은 결론을 내릴 수 있다.

첫째, 초원에서 정권을 탄생시킨 행위 자체가 사치품의 대륙 횡단적 유통을 자극했다. 직물과 같은 사치품이 몽골과 다른 유목민의 정치 문화에서 사실상 필수적이었기 때문이었다.[1]

둘째, 몽골제국 내의 제국 중심 문화는 몽골의 정주민 통제와 수취를 우선적 목표로 삼았지만 부차적 효과로 문화 사이의 접촉, 비교, 교류의 수많은 기회를 만들어냈다.

셋째, 융합된 제국 문화에 들어온 다양한 구성요소의 선택은 몽골의 문화적·사회적·미적 관념에 의해 결정되었으며, 물론 정복의 조건과

---

[1] Thomas Allsen, *Commodity and Exchange*, pp. 103~04.

시급한 정치적 현안에 영향을 받았다.

넷째, 칭기스 칸 가문은 인간의 재능과 기술을 땅, 가축, 재화처럼 일족이 공유할 전리품의 한 형태로 보았다. 유라시아에 퍼져 있는 칭기스 칸 가문의 다양한 가계(家系)는 제국에서 정착한 지역의 경제적·문화적 부를 활용하기 위해 필요한 전문가들을 둘러싸고 경쟁했다.

다섯째, 몽골과 다른 유목민들은 유라시아 교류의 정치적 맥락의 분석 대상에 포함되었지만 문화적 분석에서는 배제되었다. 여기에서는 주로 위대한 정주 문명이 중심에 놓였다.[2] 이는 과학의 전파를 살펴볼 때 더욱 두드러졌다.[3] 그러나 앞서 살펴보았듯이 몽골 문화의 선별기제는 동아시아와 서아시아의 위대한 과학적 업적을 평가하고 전파하는 데 상당한 능력을 발휘했다. 즉 몽골인이 천상의 징후와 전조를 읽고 이해하는 데 다양한 의견을 원했기 때문에 무슬림 천문학자들이 중국에 오게 된 것이었으며, 그들이나 중국인들이 과학적 교류를 원해서가 아니었다.

여섯째, 몽골인의 후원 아래 사람, 동물, 식물뿐 아니라 여러 새로운 제품, 상품, 기술, 사상이 광대한 유라시아 대륙을 가로지르며 유통되었다. 소개되고 시연된 것 중 상당수가 무시되고 거부당했지만, 그중 일부는 수용되고 적응했다. 아마도 가장 중요한 것은 먼 지역과 문화에 대한 지속적이고 강력하며 중요한 이미지가 형성되고, 강화되며, 전파되었다는 것이다. 따라서 몽골제국은 한 세기가 훨씬 넘는 기간 동안 구세계의 주

---

2 관련 사례에 대해서는 Adshead, *China in World History*, p. 24; Karl Jahn, "Wissenschaftliche Kontakte zwischen Iran und China in der Mongolenzeit", *Anzeiger der phil.-hist. Klasse der österreichischen Akademie der Wissenschaften* 106 (1969), pp. 199~211 참조.

3 Joseph Needham, "Central Asia and the History of Science and Technology", in his *Clerks and Craftsmen*, p. 30. 유목민의 공헌을 주장하는, 드물지만 환영할 만한 반대되는 견해로는 Ruth I. Meserve, "On Medieval and Early Modern Science and Technology in Central Eurasia", in Michael Gervers and Wayne Schlepp, eds., *Cultural Contact, History and Ethnicity in Inner Asia* (Toronto: Joint Centre for Asia Pacific Studies, 1996), pp. 49~70 참조.

요 문화 교류처로 기능했다. 그리고 그 제국이 쇠퇴하고 붕괴한 후에는 서서히 대항해 시대의 유럽으로 대체되었으며, 구세계와 신세계에서 유사한 역할을 하게 되었다.[4]

목축 유목민은 이 교류의 개시자, 주창자, 그리고 주체자였다. 그들의 문화적 선호는 제국 정책의 형태로 나타났고, 이는 몽골 시대에 동서양 간에 오고간 것을 설명하는 데 크게 기여한다.

---

4 Gregory G. Guzman, "Were the Barbarians a Negative or Positive Factor in Ancient and Medieval History?", *The Historian* 50 (1988), pp. 568~70의 코멘트 참조.

약어표

AEMA	*Archivum Eurasiae Medii Aevi.*
AOASH	*Acta Orientalia Academiae Scientiarum Hungaricae.*
Bar Hebraeus	Bar Hebraeus, *The Chronography of Gregory Abū'l-Faraj ... commonly known as Bar Hebraeus*, trans. by Ernest A. Wallis Budge, London: Oxford University Press, 1932, vol. I.
BSOAS	*Bulletin of the School of Oriental and African Studies.*
CAJ	*Central Asiatic Journal.*
DTS	Nadeliaev, V. M. *et al.*, eds., *Drevnetiurkskii slovar*, Leningrad: Nauka, 1969.
EI, 2nd edn	*Encyclopedia of Islam*, 2 nd edn, Leiden: E. J. Brill, 1960-97, 9 vols. to date.
Farquhar, *Government*	Farquhar, David M., *The Government of China under Mongolian Rule: A Reference Guide*, Stuttgart: Franz Steiner, 1990.
Golden, *Hexaglot*	Golden, Peter B., ed., *The King's Dictionary: The Rasūlid Hexaglot, Fourteenth Century Vocabularies in Arabic, Persian, Turkic, Greek, Armenian and Mongol*, Leiden: Brill, 2000.
HJAS	*Harvard Journal of Asiatic Studies.*
Hsiao, *Military*	Hsiao Ch'i-ch'ing, *The Military Establishment of the Yuan Dynasty*, Cambridge, Mass.: Harvard University Press, 1978.
Ibn Baṭṭuṭah/Gibb	Ibn Baṭṭuṭah, *The Travels of Ibn Baṭṭuṭah*, trans. by H. A. R. Gibb, Cambridge University Prss for the Hakluyt Society, 1958-94, 4 vols.
JAOS	*Journal of the American Oriental Society.*

JRAS	Journal of the Royal Asiatic Society.
Juvaynī/Boyle	Juvaynī, 'Atā-Malik, *The History of the World Conqueror*, trans. by John A. Boyle, Cambridge, Mass.: Harvard University Press, 1958, 2 vols.
Juvaynī/Qazvīnī	Juvaynī, 'Atā-Malik, *Ta'rīkh-i Jahāngushā*, ed. by Mīrza Muḥammad Qazvīnī, E. J. W. Gibb Memorial Series, vol. XVI; London: Luzac, 1912-37, 3 vols.
Jūzjānī/Lees	Jūzjānī, *Ṭabaqāt-i nāṣirī*, ed. by W. Nassau Lees, Bibliotheca Indica, vol. XLIV; Calcutta: College Press, 1864.
Jūzjānī/Raverty	Jūzjānī, *Ṭabaqāt-i nāṣirī*, trans. by H. G. Raverty, repr., New Delhi: Oriental Books Reprint Corp., 1970, 2 vols.
Kirakos, *Istoriia*	Kirakos Gandzaketsi, *Istoriia Armenii*, trans. by L. A. Khanlarian, Moscow: Nauka, 1976.
Kōdō Tasaka	Tasaka Kōdō, "An Aspect of Islam [ic] Culture Introduced into China", *Memoirs of the Research Department of Toyo Bunko* 16 (1957), 75-160.
Laufer, *Sino-Iranica*	Laufer, Bertold, *Sino-Iranica: Chinese Contributions to the History of Civilization in Ancient Iran*, repr., Taipei: Ch'eng-wen, 1967.
Marco Polo	Marco Polo, *The Description of the World*, trans. by A. C. Moule and Paul Pelliot, London: Routledge, 1938, vol. I.
Mongol Mission	Dawson, Christopher, ed., *The Mongol Mission: Narratives and Letters of the Franciscan Missionaries in Mongolia and China in the Thirteenth and Fourteenth Centuries*, New York: Sheed and Ward, 1955.
MS	*Monumenta Serica*.
MSC	Wang Shih-tien, *Mi-shu chih*, Taipei: Wei-wen tu-shu pan-she, 1976.
Needham, *SCC*	Needham, Joseph et al., *Science and Civilization in China*, Cambridge University Press, 1954-.
Pelliot, *Notes*	Pelliot, Paul, *Notes on Marco Polo*, Paris: Adrien-Maissoneuve, 1959-61, 2 vols.
Qāshānī/Hambly	Al-Qāshānī, Abū al-Qasīm, *Ta'rīkh-i Ūljaytū*, ed. by Mahin Hambly, Tehran: BTNK, 1969.
Rashīd/Alizade	Rashīd al-Dīn, *Jāmi' al-tavārīkh*, ed. by A. A. Alizade, A. A. Romaskevich, and A. A. Khetagurov, Moscow: Nauka, 1968-

80, vols. I and II.

Rashīd/Boyle — Rashīd al-Dīn, *The Successors of Genghis Khan*, trans. by John A. Boyle, New York: Columbia University Press, 1971.

Rashīd/Jahn I — Rashīd al-Dīn, *Ta'rīkh-i mubārak-i Ghāzānī*, ed. by Karl Jahn, 's-Gravenhage: Mouton, 1957.

Rashīd/Jahn II — Rashīd al-Dīn, *Ta'rīkh-i mubārak-i Ghāzānī*, ed. by Karl Jahn, London: Luzac, 1940.

Rashīd/Karīmī — Rashīd al-Dīn, *Jāmi' al-tavārīkh*, ed. by B. Karīmī, Tehran: Eqbal, 1959, 2 vols.

Rashīd/Quatremère — Raschid-eldin [Rashīd al-Dīn], *Histoire des Mongols de la Perse*, trans. and ed. by E. Quatremère, repr., Amsterdam: Oriental Press, 1968.

Rubruck/Jackson — Jackson, Peter, trans., and David O. Morgan, ed., *The Mission of Friar William of Rubruck*, London: Hakluyt Society, 1990.

Seifeddini — Seifeddini, M. A., *Monetnoe delo i denezhnoe obrashchenie v Azerbaidzhane XII-XV vv.*, Baku: Elm, 1978-81, 2 vols.

SH/Cleaves — *The Secret History of the Mongols*, trans. by Francis W. Cleaves, Cambridge, Mass.: Harvard University Press, 1982.

SH/de Rachewiltz — de Rachewiltz, Igor, *Index to the Secret History of the Mongols*, Indiana University Publications, Uralic and Altaic Series, vol. CXXI, Bloomington, 1972.

TP — *T'oung Pao*.

'Umarī/Lech — Al-'Umarī, Ibn Faḍl Allāh, *Das mongolische Weltreich: al-'Umarīs Darstellung der mongolischen Reiche in seinem Werk Masālik al-abṣar fī mamālik al-amṣar*, trans. by Klaus Lech, Wiesbaden: Otto Harrassowitz, 1968.

Vaṣṣāf — Vaṣṣāf al-Ḥaẓrat, *Ta'rīkh-i Vaṣṣāf*, Tehran: Ibn-i Sina, 1959.

YS — *Yuan shih*, Peking: Chung-hua shu-chü, 1978.

YTC — *Ta-Yuan sheng-cheng kuo-ch'ao tien-chang*, repr. of the Yuan edn, Taipei: Kuo-li ku-kung po-wu yuan, 1976.

Yule, *Cathay* — Yule, Sir Henry, *Cathay and the Way Thither, being a Cllection of Medieval Notices of China*, repr., Taipei: Ch'eng-wen Publishing Company, 1966, 4 vols.

YWL — Su T'ien-chüeh, *Yuan wen-lei*, Taipei: Shih-chiai shuchü ying-hsing, 1967.

참고문헌

Aboul Ghāzī Bēhādour Khān, *Histoire des Mongols et des Tatates*, trans. by Petr I. Desmaisons, repr., Amsterdam: Philo Press, 1970.

Abū'l Fazl, *The 'Ain-i Akbarī*, trans. by H. Blochmann and H. S. Jarret, repr., Delhi: Atlantic Publishers, 1979, vols. I and II.

Abū'l-Fidā, *The Memoirs of a Syrian Prince*, trans. by P. M. Holt, Wiesbaden: Franz Steiner, 1983.

Adnan, Abdulhak, "Sur le Tanksukname-i-Ilhani dar Ulum-u-Funun-i Khatai", *Isis* 32 (1940), pp. 44~47.

Adshead, Samuel Adrian M., *China in World History*, London: Macmillan, 1988.

Ahmad, S. Maqbul, "Cartography of al-Sharīf al-Īdrīsī", in Harley and Woodward, *History of Cartography*, vol. II, bk. 1, pp. 156~74.

Al-Ahrī, Abū Bakr, *Ta'rīkh-i Shaikh Uwais, an Important Source for the History of Adharbaijān*, ed. and trans. by H. B. Van Loon, 's-Gravenhage: Mouton, 1954.

Ahsan, Muhammad Manazir, *Social Life under the Abbasids*, London and New York: Longman, 1979.

Aigle, Denise, ed., *L'Iran face à la domination Mongol*, Tehran: Institut français de recherche en Iran, 1997.

Akimushkin, O. F., "Novye postupleniia persidskikh rukopisei v rukopisnyi otdel Instituta Narodov Azii AN SSSR", in *Ellinisticheskii Blizhnii Vostok, Vizantiia i Iran*, Moscow: Nauka, 1967, pp. 144~56.

ʿAlī Akbar Khitāʾī, *Khitāi-nāmah*, ed. by Iraj Afshār, Tehran: Asian Cultural Documentation Center for UNESCO, 1979.

Allsen, Thomas T., *Commodity and Exchange in the Mongol Empire: A Cultural History of Islamic Textiles*, Cambridge University Press, 1997.

_____, *Mongol Imperialism: The Policies of the Grand Qan Möngke in China, Russia and the Islamic Lands, 1251-1259*, Berkeley: University of California Press, 1987.

_____, "Notes on Chinese Titles in Mongol Iran", *Mongolian Studies* 14 (1991), pp. 27～39.

_____, "The Princes of the Left Hand: An Introduction to the History of the *Ulus* of Orda in the Thirteenth and Early Fourteenth Centuries", *AEMA* 5 (1985-87), pp. 5～40.

_____, "The *Rasūlid* Hexaglot in its Eurasian Cultural Context", in Golden, *Hexaglot*, pp. 25～49.

_____, "Spiritual Geography and Political Legitimacy in the Eastern Steppe", in Henri J. M. Claessen and Jarich G. Oosten, eds., *Ideology and the Formation of Early States*, Leiden: E. J. Brill, 1996, pp. 116～35.

Amano Motonosuke, "Dry Farming and the *Chʾi-min yao-shu*", in *Silver Jubilee Volume of the Zinbun-Kagaku-Kenkyusyo Kyoto University*, pp. 451～65.

_____, "On *Nung-sang chi-yao*", *Tōhōgaku* 30 (1965), English summary, pp. 6～7.

Amitai-Preiss, Nitzan and Reuven Amitai-Preiss, "Two Notes on the Protocol on Hülegü's Coinage", *Israel Numismatic Journal* 10 (1988-89), pp. 117～28.

Amitai-Preiss, Reuven, "Evidence for the Early Use of the Title *īlkhān* among the Mongols", *JRAS* 1 (1991), pp. 353～61.

_____, "An Exchange of Letters in Arabic between Abaγa Ilkhān and Sultan Baybars", *CAJ* 38 (1994), pp. 11～33.

_____, "Ghazan Islam and Mongol Tradition: A View from the Mamlūk Sultanate", *BSOAS* 54 (1996), pp. 1～10.

_____, "New Material from the Mamlūk Sources for the Biography of Rashīd al-Dīn", *Oxford Studies in Islamic Art* 12 (1996), pp. 23～37.

Amitai-Preiss, Reuven and David O. Morgan, eds., *The Mongol Empire and its Legacy*, Leiden: Brill, 1999.

Ananias of Širak, *The Geography of Ananias Širak*, trans. by Robert Hewsen, Wiesbaden: Ludwig Reichert, 1992.

Ancient China's Technology and Science, Peking: Foreign Language Press, 1983.

Anderson, E. N., "Food and Health at the Mongol Court", in Edward H. Kaplan and Donald W. Whisenhunt, eds., *Opuscula Altaica: Essays Offered in Honor of Henry*

Schwarz, Bellingham, Wash.: Center for East Asian Studies, Western Washington University, 1994, pp. 17~43.

Arberry, A. J., trans. "A Baghdad Cookery-Book", *Islamic Culture* 13 (1939), pp. 21~47, 189~214.

Aubin, Jean, *Emirs mongols et vizirs persans dans les remous de l'acculturation*, Studia Iranica, vol. XV; Paris, 1995.

_____, "Les princes d'Ormuz du XIIIe au XVe siècle", *Journal Asiatique* 241 (1953), pp. 77~138.

Bacon, Roger, *Opus Majus*, trans. by Robert Belle Burke, New York: Russell and Russell, 1962.

Bailey, Harold W., "Iranian Studies", *BSOAS* 6 (1932), pp. 945~56.

Bakrān, Muḥammad ibn Najīb, *Dzhakhān name (Kniga o mire)*, ed. by Iu. E. Borshchevskii, Moscow: Izdatel'stvo vostochnoi literatury, 1960.

_____, *Jahān-nāmah*, Tehran: Ibn-i Sīnā, 1963.

Banākatī, *Ta'rīkh-i Banākatī*, ed. by Ja'far Shi'ār, Tehran: Chāpkhānah-i Bahram, 1969.

Bar Hebraeus, *The Chronography of Gregory Abū'l-Faraj … commonly known as Bar Hebraeus*, trans. by Ernest A. Wallis Budge, London: Oxford University Press, 1932, vol. I.

Baranovskaia, L. S., "Iz istorii mongol'skoi astronomii", *Trudy instituta istorii estestvoznaniia i tekhniki* 5 (1955), pp. 321~30.

Bartol'd, V. V., "Evropeets XIII v. v Kitaiskikh uchenykh uchrezhdeniiakh (K voprosu pizantse Izole)", in his *Sochineniia*, vol. V, pp. 382~91.

_____, "Otchet o komandirovke v Turkestan", in his *Sochineniia*, vol. VIII, pp. 119~210.

_____, "Persidskaia nadpis na stene anniskoi mechete Munuche", in his *Sochineniia*, vol. IV, pp. 313~38.

"Retsensiia na knigu: The Tarikh-i Rashidi of Mirza Muhammad Haidar", in his *Sochineniia*, vol. VIII, pp. 63~73.

_____, *Sochineniia*, Moscow: Nauka, 1963-77, 9 vols.

de Bary, Wm. Theodore, "Introduction", in Hok-lam Chan and Wm. Theodore de Bary, eds., *Yuan Thought: Chinese Thought and Religion under the Mongols*, New York: Columbia University Press, 1982, pp. 1~25.

Bayani, Chirine, "*L'histoire secrète des Mongols*-une des sources *de Jāme-al-tawārīkh* de Rachīd ad-Dīn", *Acta Orientalia* (Copenhagen) 37 (1976), pp. 201~12.

Bayar, Menggen, "Unique Features of Bloodletting Treatment in Traditional Mongolian Medicine", *Mongolian Society Newsletter* 13 (Feb., 1993), pp. 41~52.

Bazin, Louis, *Les systèmes chronologiques dans le monde Turc ancien*, Budapest: Akadémiai Kiadó, and Paris: Editions du CNRS, 1991.

Beckwith, Christopher I., "The Introduction of Greek Medicine into Tibet in the Seventh and Eighth Centuries", *JAOS* 99 (1979), pp. 297~313.

Bentley, Jerry H., "Cross-Cultural Interaction and Periodization in World History", *American Historical Review* 10 (1996), pp. 749~70.

Blair, Sheila S., "The Coins of the Later Ilkhanids: A Typological Analysis", *Journal of the Economic and Social History of the Orient* 26 (1983), pp. 295~317.

_____, "The Inscription from the Tomb Tower at Bastām: An Anlaysis of Ilkhanid Epigraphy", in C. Adle, ed., *Art et société dans le monde iranien*, Paris: ADPF, 1982, pp. 263~86.

de Blois, François, "The Persian Calendar", *Iran* 34 (1996), pp. 39~54.

Bold, Bat-Ochir, "The Quantity of Livestock Owned by the Mongols in the Thirteenth Century", *JRAS* 8 (1998), pp. 237~46.

Boodberg, Peter A., "Marginalia to the Histories of the Northern Dynasties", *HJAS* 3 (1938), pp. 223~53.

Boserup, Ester, "Environment, Population and Technology in Primitive Societies", in Donald Worster, ed., *The Ends of the Earth: Perspectives in Modern Environmental History*, Cambridge University Press, 1988, pp. 23~38.

Bowie, Theodore, ed., *East-West in Art*, Bloomington, Ind.: Indiana University Press, 1966.

Boyle, John A., "The Death of the Last 'Abbāsid Caliph: A Contemporary Muslim Account", *Journal of Semitic Studies* 6 (1961), pp. 145~61.

_____, "The Last Barbarian Invaders: The Impact of the Mongolian Conquests upon East and West", *Memoirs and Proceedings of the Manchester Literary and Philosophical Society* 112 (1970), pp. 1~15. Reprinted in his *The Mongolian World Empire, 1206-1370*, London: Variorum Reprints, 1977, art. no. I.

_____, "The Longer Introduction to the *Zīj-i Ilkhānī* of Naṣir-ad-dīn Tūsī", *Journal of Semitic Studies* 8 (1963), pp. 244~54.

_____, "Rashīd al-Dīn: The First World Historian", *Iran* 9 (1971), pp. 19~26.

_____, "Sites and Localities Connected with the History of the Mongol Empire", *The Second International Congress of Mongolists*, Ulan Bator, n.p., 1973, vol. I, pp. 75~80.

Braudel, Fernand, *Civilization and Capitalism*, vol. II: *The Perspective of the World*, New York: Harper and Row, 1979.

Bray, Francesca, *Agriculture*, in Joseph Needham, *SCC*, vol. VI, pt. 2.

Bretschneider, Emil, *Medieval Researches from Eastern Asiatic Sources*, London:

Routledge and Kegan Paul, 1967, 2 vols.

Brosset, Marie-Felice, trans., *Histoire de la Géorgie*, pt. 1: *Histoire ancienne, jusqu'en 1469 de JC*, St. Petersburg: Académie des sciences, 1850.

Browne, Edward G., *A Literary History of Persia*, vol. III: *The Tartar Domination (1265-1502)*, Cambridge University Press, 1969.

Budge, Ernest A. Wallis, trans., *The Monks of Ḳūblāi Khan*, London: Religious Tract Society, 1928.

_____, *Syriac Book of Medicines: Syrian Anatomy, Pathology and Therapeutics in the Early Middle Ages*, repr., Amsterdam: APA-Philo Press, 1976, vol. I.

Buell, Paul D., "Mongol Empire and Turkicization: The Evidence of Food and Foodways", in Reuven Amitai-Preiss and David O. Morgan, eds., *The Mongol Empire and Its Legacy*, Leiden: Brill, 2000, pp. 200~23.

_____, "Pleasing the Palate of Qan: Changing Foodways of the Imperial Mongols", *Mongolian Studies* 13 (1990), pp. 57~81.

_____, "Sino-Khitan Administration in Mongol Bukhara", *Journal of Asian History* 13 (1979), pp. 121~51.

_____, "The Yin-shan cheng-yao. A Sino-Uighur Dietary: Synopsis, Problems, Prospects", in Unschuld, *Approaches to Traditional Chinese Medical Literature*, pp. 109~27.

Bulliet, Richard W., "Medieval Arabic Ṭarsh: A Forgotton Chapter in the History of Printing", *JAOS* 107 (1987), pp. 427~38.

Cahen, Claude, "Notes pour une histoire de l'agriculture dans les pays musulmans médiévaux", *Journal of the Economic and Social History of the Orient* 14 (1971), pp. 63~68.

Cammann, Schuyler, "Notes on the Origin of Chinese K'o-ssu Tapestry", *Artibus Asiae* 11 (1948), pp. 90~110.

Canard, M., "Le riz dans le Proche Orient aux premiers siècles de l'Islam", *Arabica* 6/2 (1959), pp. 113~31.

Carter, Thomas Francis, *The Invention of Printing in China and Its Spread Westward*, 2nd edn, rev. by L. Carrington Goodrich, New York: Ronald Press, 1955.

Casson, Lionel, *Ancient Trade and Society*, Detroit: Wayne State University Press, 1984.

Chan, Hok-lam, "Chinese Official Historiography at the Yuan Court: The Composition of the Liao, Chin, and Sung Histories", in John D. Langlois, ed., *China under Mongol Rule*, Princeton University Press, 1981, pp. 56~106.

_____, "Liu Ping-chung(1216-74): A Buddhist-Taoist Statesman at the Court of Khubilai Khan", *TP* 53 (1967), pp. 98~146.

_____, "Prolegomena to the *Ju-nan I-shih*: A Memoir on the Last Chin court under the

Mongol Siege of 1234", *Sung Studies Newsletter* 10, supplement 1 (1974), pp. 2~19.

_____, "Siting by Bowshot: A Mongolian Custom and its Sociopolitical and Cultural Implications", *Asia Major* 4/2 (1991), pp. 53~78.

_____, "Wang O's Contribution to the History of the Chin Dynasty", in Chan Ping-leung, ed., *Essays in Commemoration of the Golden Jubilee of the Fung Ping Shan Library, 1932-1982*, Hong Kong University Press, 1982, pp. 345~75.

Chao Hung, *Meng-ta pei-lu*, in Wang, *Meng-ku shih-liao*.

Chardin, Sir John, *Travels in Persia*, repr., New York: Dover Publications, 1988.

Chau Ju-kua, *His Work on Chinese and Arab Trade in the Twelfth and Thirteenth Centuries, entitled Chu-fan-chi*, trans. by Friedrich Hirth and W. W. Rockhill, repr., Taipei: Literature House, 1965.

Chavannes, Edouard, *Documents sur les Tou-kiue (Turks) occidentaux*, repr., Taipei: Ch'eng wen, 1969.

Ch'en, Kenneth, "Notes on the Sung and Yuan Tripitaka", *HJAS* 14 (1951), pp. 208~14.

Chen, Paul Heng-chao, *Chinese Legal Tradition under the Mongols: The Code of 1291 as Reconstructed*, Princeton University Press, 1979.

Ch'en Yuan, *Western and Central Asians in China under the Yuan*, trans. by Ch'ien Hsing-hai and L. Carrington Goodrich, Los Angeles: Monumenta Serica and the University of California, 1966.

Ch'eng Chü-fu, *Ch'eng hsüeh-lou wen-chi*, Yuan-tai chen-pen wen-chi hui-k'an ed.; Taipei, 1970.

Ch'ien Ta-hsin, *Pu-Yuan shih i-wen chih*, Shih-hsüeh ts'ung-shu ed.; Taipei, 1964.

Chin shih, Peking: Chung-hua shu-chü, 1975.

Chou Liang-hsiao, "Yuan-tai t'ou-hsia fen-feng chih-tu ch'u-t'an", *Yuan shih lunts'ung* 2 (1983), pp. 53~76.

Chou Liang-hsiao and Ku Chü-ying, *Yuan-tai shih*, Shanghai: Jen-min ch'u-pan-she, 1993.

Chung, Kei Won and George F. Hourani, "Arab Geographers on Korea", *JAOS* 58 (1938), pp. 658~61.

Clark, Hugh R., "Muslims and Hindus in the Culture and Morphology of Quanzhou from the Tenth to Thirteenth Century", *Journal of World History* 6 (1995), pp. 49~74.

Clavijo, Ruy González, *Embassy to Tamerlane, 1403-1406*, trans. by Guy Le Strange, New York: Harper Brothers, 1928.

Cleaves, Francis W., "Aqa minu", *HJAS* 24 (1962-63), pp. 64~81.

_____, "Biography of Bayan of the Barīn in the *Yuan-shih*", *HJAS* 19 (1956), pp. 185~303.

_____, "The *Bodisatw-a Čari-a Awatar-un Tayilbur* of 1312 by Čosgi Odsir", *HJAS* 17 (1954), pp. 1~129.

_____, "A Chinese Source Bearing on Marco Polo's Departure from China and a Persian Source on His Arrival in Persia", *HJAS* 36 (1976), pp. 181~203.

_____, "A Medical Practice of the Mongols in the Thirteenth Century", *HJAS* 17 (1954), pp. 428~44.

_____, "The Memorial for Presenting the *Yuan shih*", *Asia Major* 1 (1988), pp. 59~69.

_____, "The Mongolian Documents in the Musée de Téhéran", *HJAS* 16 (1953), pp. 1~107.

_____, "The Sino-Mongolian Inscription of 1240", *HJAS* 23 (1960-61), pp. 62~75.

_____, "The Sino-Mongolian Inscription of 1362 in Memory of Prince Hindu", *HJAS* 12 (1949), pp. 1~133.

Comnena, Anna, *The Alexiad*, trans. by E. R. A. Sewter, New York: Penguin Books, 1985.

Crosby, Alfred W., *The Columbian Exchange: Biological and Cultural Consequences of 1492*, Westport, Conn.: Greenwood Press, 1972.

Al-Daffa, Ali A. and John J. Stroyls, *Studies in the Exact Sciences in Medieval Islam*, Dhahran: University of Petroleum and Minerals, and Chichester: John Wiley, 1984.

Van Dalen, Benno, E. S. Kennedy, and Mustafa Saiyid, "The Chinese-Uighur Calendar in Ṭūsī's *Zij-i Ilkhānī*", *Zeitschrift für Geschchte der arabisch-islamis-chen Wissenschaften* 11 (1997), pp. 111~51.

Dallal, Ahmad, "A Non-Ptolemaic Lunar Model from Fourteenth Century Central Asia", *Arabic Sciences and Philosophy: A Historical Journal* 2 (1992), pp. 237~43.

Davis, Richard L., *Wind against the Mountain: Crises of Politics and Culture in Thirteenth Century China*, Cambridge, Mass.: Harvard University Press, 1998.

Dawson, Christopher, ed., *The Mongol Mission: Narratives and Letters of the Franciscan Missionaries in Mongolia and China in the Thirteenth and Fourteenth Centuries*, New York: Sheed and Ward, 1955.

Deng, Gang, *Chinese Maritime Activities and Socioeconomic Development c. 2100 BC-1900 AD*, Westport, Conn.: Greenwood Press, 1997.

Dien, Albert E., "The Sa-pao Problem Reexamined", *JAOS* 82 (1962), pp. 335~46.

Doerfer, Gerhard, "Mongolica aus Ardabīl", *Zentralasiatische Studien* 9 (1975), pp. 187~263.

_____, *Türkische und mongolische Elemente im Neupersischen*, Wiesbaden: Franz Steiner,

1963, vol. I.

Dols, Michael W., "The Origins of the Islamic Hospital: Myth and Reality", *Bulletin of the History of Medicine* 61 (1987), pp. 367~90.

Dozy, Reinhart, *Supplément aux dictionnaires arabes*, repr., Beirut: Librairie du Liban, n.d., vol. II.

Ducros, M. A., *Essai sur le droguier populaire arabe de l'Inspectorat des Pharmacies*, Cairo: Imprimerie de l'institut français d'archéologie orientale, 1930.

Dupree, Louis, "From Whence Cometh Pasta", in Peter Snoy, ed., *Ethnologie und Geschichte: Festschrift für Karl Jettmar*, Wiesbaden: Franz Steiner, 1983, pp. 128~34.

Eberhard, Wolfram, "Die Kultur der alten Zentral-und West-asiatischen Völker nach chinesischen Quellen", *Zeitschrift für Ethnologie* 73 (1941), pp. 215~75.

Ecsedy, Ildikó, "Early Persian Envoys in the Chinese Courts (5th-6th Centuries A.D.)", in János Harmatta, ed., *Studies in the Sources on the History of Pre-Islamic Central Asia*, Budapest: Akadémiai Kaidó, 1979, pp. 153~62.

_____, "A Middle Persian-Chinese Epitaph from the Region of Ch'ang-an (Hsian) from 874", *Acta Antiqua Academiae Scientiarum Hungaricae* 19 (1971), pp. 149~58.

Elliot, H. M. and John Dowson, trans. *The History of India as Told by its Own Historians*, repr., New York: AMS Press, 1966, vol. III.

Endicott-West, Elizabeth, *Mongolian Rule in China: Local Administration in the Yuan Dynasty*, Cambridge Mass.: Harvard University Press, 1989.

_____, "Notes on Shamans, Fortunetellers and *Ying-yang* Practitioners and Civil Administration in Yuan China", in Reuven Amitai-Preiss and David O. Morgan, *Mongol Empire*, pp. 224~39.

Engelfriet, Peter M., *Euclid in China*, Leiden: E. J. Brill, 1998.

Enoki, Kazuo, "Marco Polo and Japan", in *Oriente Poliano*, Rome: Istituto Italiano per il Medio ed Estremo Oriente, 1957, pp. 23~41.

Falina, A. I., "Rashīd al-Dīn—Vrach i estestvoispytatel", *Pis'mennye pamiatniki Vostoka, 1971*, Moscow: Nauka, 1974, pp. 127~32.

Farquhar, David M., *The Government of China under Mongolian Rule: A Reference Guide*, Stuttgart: Franz Steiner, 1990.

_____, "The Official Seals and Ciphers of the Yuan Period", *MS* 25 (1966), pp. 362~93.

Fedorov, M. N., "Klad serebrianykh khulaguidskikh monet iz Iuzhnogo Turkmenistana", in *Kul'tura Turkmenii v srednie veka*, Trudy Iu. TAKE, vol. XVII; Ashabad: Ylym, 1980, pp. 95~99.

Al-Feel, Muhammad Rashid, *The Historical Geography of Iraq between the Mongolian and Ottoman Conquests, 1258-1534*, Nejef: al-Adab Press, 1965, vol. I.

Ferenczy, Mary, "Chinese Historiographers' Views on Barbarian-Chinese Relations", *AOASH* 21 (1968), pp. 353~62.

Fischel, Walter J., "On the Iranian Paper Currency *al-chāw* of the Mongol Period", *JRAS* (1939), pp. 601~04.

Flug, K. K., *Istoriia kitaiskoi pechatnoi knigi Sunskoi epokhi X-XIII vv.*, Moscow and Leningrad: Izdatel'stvo akademii nauk SSSR, 1959.

Forte, Antonio, *The Hostage An Shigao and his Offspring*, Italian School of East Asian Studies, Occasional Papers 6; Kyoto, 1995.

Foster, George M., *Culture and Conquest: America's Spanish Heritage*, Chicago: Quadrangle Books, 1960.

Foust, Clifford M., *Rhubarb: The Wondrous Drug*, Princeton University Press, 1992.

Fowden, Garth, *Empire to Commonwealth: Consequences of Monotheism in Late Antiquity*, Princeton University Press, 1993.

Fragner, Bert, "From the Caucasus to the Roof of the World: A Culinary Adventure", in Sami Zubaida and Richard Tapper, eds., *Culinary Cultures of the Middle East*, London and New York: I. B. Tauris, 1994, pp. 49~62.

_____, "Iran under Ilkhanid Rule in a World Historical Perspective", in Aigle, *Iran*, pp. 121~31.

Frank, André Gunder, "Bronze Age World System Cycles", *Current Anthropology* 34 (1993), pp. 383~429.

Franke, Herbert, "Additional Notes on non-Chinese Terms in the Yuan Imperial Dietary Compendium *Yin-shan cheng-yao*", *Zentralasiatische Studien* 4 (1970), pp. 8~15.

_____, "Aḥmad (?-1282)", in Igor de Rachewiltz *et al.*, *In the Service of the Khan*, pp. 539~57.

_____, "Chia Ssu-tao (1213-75): A 'Bad Last Minister'?" in Wright and Twitchett, *Confucian Personalities*, pp. 217~34.

_____, "Chinese Historiography under Mongol Rule: The Role of History in Acculturaton", *Mongolian Studies* 1 (1974), pp. 15~26.

_____, "Chinese Texts on the Jurchen: A Translation of the Jurchen Monograph in the *Sanch'ao pei-men hui-pen*", *Zentralasiatische Studien* 9 (1975), pp. 119~86.

_____, "The Exploration on the Yellow River Sources under Emperor Qubilai in 1281", in G. Gnoli and L. Lanciotti, eds., *Orientalia Iosephi Tucci Memorial Dicata*, Rome: Istituto Italiano per il Medio ed Estremo Oriente, 1985, vol. I, pp. 401~06.

_____, *From Tribal Chieftain to Universal Emperor and God: The Legitimation of the Yuan Dynasty*, Munich: Bayerische Akademie der Wissenschaften, 1978, heft 2.

_____, "Eine mittelalterliche chinesische Satire auf die Mohammedaner", in

Hoernerbach, *Der Orient in der Forschung*, pp. 202~08.

_____, "Mittelmongolische Glossen in einer arabischen astronomischen Handschrift von 1366", *Oriens* 31 (1988), pp. 93~118.

_____, "Mittelmongolische Kalenderfragmente aus Turfan", *Bayersche Akademie der Wissenschaften, philosophisch-historische Klasse, Sitzungsberichte* 2 (1964), pp. 5~ 45.

_____, "Some Sinological Remarks on Rašīd al-Dīn's History of China", *Oriens* 4 (1951), pp. 21~26.

Fuchs, Walter, "Analecta zur Mongolischen Uebersetzungsliteratur der Yuan-Zeit", *MS* 11 (1946), pp. 33~64.

_____, "Drei neue Versionen der chinesischen Weltkarte von 1402", in Herbert Franke, ed., *Studia Sino-Altaica: Festschrift für Erich Haenisch*, Wiesbaden: Franz Steiner, 1961, pp. 75~77.

_____, *The "Mongol Atlas" of China by Chu Ssu-pen and the Kuang-yü-t'u*, Peking: Fu Jen University, 1946.

_____, "Was South Africa Already Known in the 13th Century?", *Imago Mundi* 9 (1953), pp. 50~51.

_____, "Zur technischen Organisation der Übersetzungen buddhischer Schriften ins Chinesische", *Asia Major* 6 (1930), pp. 84~103.

Galstian, A. G., *Armianskie istochniki o Mongolakh,* Moscow: Izdatel'stvo vostochnoi literatury, 1962.

Gardner, Charles S., *Chinese Traditional Historiography*, Cambridge, Mass.: Harvard University Press, 1961.

Gazagnadou, Didier, "La lettre du gouverneur de Karak: A propos des relations entre Mamlouks et Mongols au XIIIe siècle", *Etudes Mongoles et Sibériennes* 18 (1987), pp. 129~32.

Gellner, Ernest, *State and Society in Soviet Thought*, Oxford: Blackwell, 1988.

Gibb, H. A. R., "*Nā'ib*", *EI*, 2nd edn. vol. VII, pp. 915~16.

Gilmore, James, *Among the Mongols*, repr., New York: Praeger, 1970.

Glick, Thomas F., *Islamic and Christian Spain in the Early Middle Ages*, Princeton University Press, 1979.

Glover, Ian C. and Charles F. W. Higham, "New Evidence for Early Rice Cultivation in South, Southeast and East Asia", in David R. Harris, ed., *The Origins and Spread of Agriculture and Pastoralism in Eurasia*, Washington, D.C.: Smithsonian Institution Press, 1996, pp. 413~41.

Godard, André, "Historique du Masdjid-é Djum'a d'Isfahān", *Athar-é Irān* 1 (1936), pp. 213~82.

Gohlman, William E., trans., *The Life of Ibn Sina*, Albany: State University of New York Press, 1974.

Goitein, Shelomo Dov, *Letters of Medieval Jewish Traders*, Princeton University Press, 1973.

_____, *A Mediterranean Society*, vol. IV: *Daily Life*, Berkeley: University of California Press, 1983.

Golden, Peter B., "Chopsticks and Pasta in Medieval Turkic Cuisine", *Rocznik Orientalistyczny* 44 (1994), pp. 73~82.

Golden, Peter B., ed., *The King's Dictionary: The Rasūlid Hexaglot, Fourteenth Century Vocabularies in Arabic, Persian, Turkic, Greek, Armenian and Mongol*, Leiden: Brill, 2000.

Goodman, Jordan, *Tobacco in History: The Cultures of Dependence*, London and New York: Routledge, 1994.

Goodrich, L. Carrington, "A Bronze Block for the Printing of Chinese Paper Currency", *American Numismatic Society Museum Notes* 4 (1950), pp. 127~30.

_____, "The Connection between the Nautical Charts of the Arabs and those of the Chinese before the Days of the Portuguese Navigators", *Isis* 44 (1953), pp. 99~100.

_____, "Geographical Additions of the XIV and XV Centuries", *MS* 15 (1956), pp. 203~12.

_____, "Movable Type Printing: Two Notes", *JAOS* 99 (1974), pp. 476~77.

_____, "Some Bibliographical Notes on Eastern Asiatic Botany", *JAOS* 60 (1940), pp. 258~60.

Grigor of Akanc', "History of the Nation of Archers", trans. by Robert P. Blake and Richard N. Frye, *HJAS* 12 (1949), pp. 269~399.

Gumilev, Lev Nikolaevich, *Searches for an Imaginary Kingdom: The Legend of the Kingdom of Prester John*, Cambridge University Press, 1987.

Guzman, Gregory G., "Were the Barbarians a Negative or Positive Factor in Ancient and Medieval History?", *The Historian* 50 (1988), pp. 558~72.

Haenisch, Erich, "Kulturbilder aus Chinas Mongolenzeit", *Historische Zeitschrift* 164 (1941), pp. 21~48.

_____, *Zum Untergang zweier Reiche: Berichte von Augenzeugen aus den Jahren 1232-33 und 1368-70*, Wiesbaden: Franz Steiner, 1969.

Ḥāfiẓ-i Abrū, *A Persian Embassy to China*, trans. by K. M. Maitra, repr., New York: Paragon Book Corp., 1970.

_____, *Zayl jāmi' al-tavārīkh-i Rashīdī*, ed. by Khānbābā Bayānī, Salsalat-i intishārāt-i anjuman-i aṣar millī, no. 88: Tehran, 1971.

Hage, Per, Frank Harary, and David Krackhardt, "A Test of Communication and Cultural Similarity in Polynesian Prehistory", *Current Anthropology* 39 (1998), pp. 699~703.

Hambis, Louis, *Le chapitre CVIII du Yuan che: Les fiefs attribués aux membres de la famille impériale et aux ministres de la cour mongole*, Leiden: E. J. Brill, 1954, vol. I.

_____, "Deux noms chrétiens chez les Tatars", *Journal Asiatique* 241 (1953), pp. 473~75.

Ḥamd-Allāh Mustawfī Qazvīnī, *The Geographical Part of the Nuzhat al-Qulūb*, ed. by Guy le Strange, London: Luzac, 1915.

_____,*The Ta'rikh-i Guzidah or "Select History"*, ed. by E. G. Browne and R. A. Nicholson, Leiden: E. J. Brill, and London: Luzac, 1913, pt. II.

Hamdani, Abbas, "Columbus and the Recovery of Jerusalem", *JAOS* 99 (1974), pp. 39~48.

Harley, J. B. and David Woodward, eds., *The History of Cartography*, University of Chicago Press, 1992-94, vol. II, bk. 1 and bk. 2.

Harmatta, János, "Sino-Iranica", *Acta Antiqua Academiae Scientiarum Hungaricae* 19 (1971), pp. 113~47.

Hartner, Willy, "The Astronomical Instruments of Cha-ma-lu-ting, their Identification and their Relations with the Instruments of the Observatory of Marāgha", *Isis* 41 (1950), pp. 184~94.

Hartwell, Robert M., *Tribute Missions to China, 960-1126*, Philadelphia: n.p., 1983.

Hayton (Het'um), *La flor des estoires de la terre d'Orient*, in *Recueil des historiens des croisades, Documents arméniens*, Paris: Imprimerie nationale, 1906, vol. II.

Hedin, Sven, *Southern Tibet*, Stockholm: Lithographic Institute of the General Staff of the Swedish Army, 1922, vol. VIII.

Heine, Peter, "Kochen im Exil—Zur Geschichte der arabischen Küche", *Zeitschrift der deutschen morgenländischen Gesellschaft* 39 (1989), pp. 318~27.

_____, *Kulinarische Studien: Untersuchungen zur Kochkunst im arabisch-islamischen Mittelalter mit Rezepten*, Wiesbaden: Otto Harrassowitz, 1988.

Helms, Mary W., *Craft and the Kingly Ideal: Art, Trade and Power*, Austin: University of Texas Press, 1993.

_____, *Ulysses' Sail: An Ethnographic Odyssey of Power, Knowledge and Geographical Distance*, Princeton University Press, 1988.

Herb, G. Henrik, "Mongolian Cartography", in Harley and Woodward, *History of Cartography*, vol. II, bk. 2, pp. 682~85.

Herbert, P. A., "From *Shuku* to *Tushukuan*: An Historical Overview of the Organization and Function of Libraries in China", *Papers on Far Eastern History* 22 (1980), pp. 93~121.

Heroldova, Dana, *Acupuncture and Moxibustion*, Prague: Academia, 1968, pt. I.

Herskovits, Melville J., *Man and His Works: The Science of Cultural Anthropology*, New York: Alfred A. Knopf, 1951.

Ho Peng-yoke, "The Astronomical Bureau in Ming China", *Journal of Asian History* 3 (1969), pp. 137~57.

_____, "Kuo Shou-ching", in Igor de Rachewiltz *et al.*, *In the Service of the Khan*, pp. 282~99.

_____, "Magic Squares in East and West", *Papers on Far Eastern History* 8 (1973), pp. 115~41.

Hoernerbach, Wilhelm, ed., *Der Orient in der Forschung: Festschrift für Otto Spies zum 5. April 1966*, Wiesbaden: Otto Harrassowitz, 1967.

Hoffman, Birgitt, "The Gates of Piety and Charity: Rashīd al-Dīn Faḍl Allāh as Founder of Pious Endowments", in Aigle, *Iran*, pp. 189~202.

Holt, Peter M., "The Ilkhān Aḥmad's Embassies to Qalāwūn: Two Contemporary Accounts", *BSOAS* 49 (1986), pp. 128~32.

Horst, Heribert, "Eine Gesandtenschaft des Mamlūken al-Malik an-Naṣir am Il-khān Hof in Persien", in Hoernerbach, *Der Orient in der Forschung*, pp. 348~70.

_____, *Die Staatsverwaltung des Grosselǧügen und Horazmšahs (1038-1231): Eine Untersuchung nach Urkundenformularen der Zeit*, Wiesbaden: Franz Steiner, 1964.

Hsiao Ch'i-ch'ing, *The Military Establishment of the Yuan Dynasty*, Cambridge Mass.: Harvard University Press, 1978.

_____, "Shuo Ta-ch'ao: Yuan-ch'ao chien-hao ch'ien Meng-ku te Han-wen kuo-hao", *Hanhsüeh yen-chiu* 3/1 (1985), pp. 23~40.

_____, "Yen Shih (1182-1240)", *Papers on Far Eastern History* 33 (1986), pp. 113~27.

Hsin T'ang-shu, Peking: Chung-hua shu-chü, 1986.

Hsü Yu-jen, *Chih-cheng chi*, Ying-yin wen-yuan ko-ssu k'u-ch'üan shu ed.

_____, *Kuei-t'ang hsiao-kao*, Ying-yin wen-yuan ko-ssu k'u-ch'üan shu ed.

Hu Ssu-hui, *Yin-shan cheng-yao*, Peking: Chung-kuo shang-yeh ch'u- pan-she, 1988.

Huang Chin, *Chin-hua Huang hsien-sheng wen-chi*, Ssu-pu ts'ung-k'an ed.

Huang Shijian, "The Persian Language in China during the Yuan Dynasty", *Papers on Far Eastern History* 34 (1986), pp. 83~95.

Huang Shijian and Ibrahim Feng Jin-yuan, "Persian Language and Literature in China", *Encyclopedia Iranica*, Costa Mesa, Calif.: Mazda Publishers, 1992, vol. V, pp. 446~53.

Huber, H. W., "Wen T'ien-hsiang", in Herbert Franke, ed., *Sung Biographies*, Wiesbaden: Franz Steiner, 1976, vol. III, pp. 1187~1201.

Huc, Régis-Evariste and Joseph Gabet, *Travels in Tartary, Thibet and China*, New York and London: Harper and Bros., 1928, vol. I.

Hucker, Charles O., *The Censorial System of Ming China*, Stanford University Press, 1966.

_____, *A Dictionary of Official Titles in Imperial China*, Stanford University Press, 1985.

_____, "The Yuan Contribution to Censorial History", *Bulletin of the Institute of History and Philology, Academia Sinica*, extra vol., no. 4 (1960), pp. 219~27.

Huff, Toby E., *The Rise of Early Modern Science*, Cambridge University Press, 1993.

Humphreys, R. Stephen, *Islamic History: A Framework for Inquiry*, Minneapolis: Bibliotheca Islamica, 1988.

Hung, William, "The Transmission of the Book Known as the *Secret History of the Mongols*", *HJAS* 14 (1951), pp. 433~92.

Huzayyin, Suliman Ahmad, *Arabia and the Far East: Their Commercial and Cultural Relations in Graeco-Roman and Irano-Arabian Times*, Cairo: Publications de la société royale de géographie d'Egypte, 1942.

Hyer, Paul, "The Re-evaluation of Chinggis Khan: Its Role in the Sino-Soviet Dispute", *Asian Survey* 6 (1966), pp. 696~705.

Hymes, Robert P., "Not Quite Gentlemen? Doctors in Sung and Yuan", *Chinese Science* 8 (1987), pp. 9~76.

Ibn al-Athīr, *Al-Kamīl fī al-Ta'rīkh*, ed. by C. J. Thornberg, repr., Beirut: Dar Sader, 1966, vol. XII.

Ibn Baṭṭūṭah, *The Travels of Ibn Baṭṭūṭah*, trans. by H. A. R. Gibb, Cambridge University Press for the Hakluyt Society, 1958-94, 4 vols.

Ibn Khaldūn, *The Muqqaddimah*, trans. by Franz Rosenthal, New York: Pantheon Books, 1958, vol. I.

Ibn Ridwān, 'Alī, *Le livre de la méthode du médicin*, trans. by Jacques Gran'Henry, Louvain-la-Neuve: Université catholique de Louvain, 1979, vol. I.

Ishida Mikinosuke, "Etudes sino-iraniennes, I: A propos du *Huo-siun-wou*", *Memoirs of the Research Department of Toyo Bunko* 6 (1932), pp. 61~76.

Iskandar, Munshī, *History of Shah 'Abbas the Great*, trans. by Roger M. Savory, Boulder, Colo.: Westview Press, 1978, vol. II.

Jackson, Peter, "The Accession of Qubilai Qa'an: A Re-examination", *Journal of the Anglo-Mongolian Society* 2/1 (1975), pp. 1~10.

_____, "The Dissolution of the Mongol Empire", *CAJ* 22 (1978), pp. 186~243.

_____, "From *Ulus* to Khanate: The Making of the Mongol States", in Reuven Amitai-Preiss and David O. Morgan, eds., *The Mongol Empire and its Legacy*, pp. 12~37.

Jackson Peter, trans. and David O. Morgan, ed., *The Mission of Friar William of Rubruck*, London: Hakluyt Society, 1990.

Jahn, Karl, "China in der islamischen Geschichtsschreibung", *Anzeiger der phil.-hist. Klasse der österreichischen Akademie der Wissenschaften* 108 (1971), pp. 63~73.

_____, "Kamālashrī — Rashīd al-Dīn's Life and Teaching of Buddha", *CAJ* 2 (1956), pp. 81~128.

_____, "A Note on Kashmir and the Mongols", *CAJ* 2 (1956), pp. 176~80.

_____, "Paper Currency in Iran: A Contribution to the Cultural and Economic History of Iran in the Mongol Period", *Journal of Asian History* 4 (1970), pp. 101~35.

_____, "Rashīd al-Dīn as World Historian", in *Yadname-ye Jan Rypka*, Prague: Akademia, and The Hague: Mouton, 1967, pp. 79~87.

_____, "Some Ideas of Rashīd al-Dīn on Chinese Culture", *CAJ* 14 (1970), pp. 134~47.

_____, "The Still Missing Works of Rashīd al-Dīn", *CAJ* 9 (1964), pp. 113~22.

_____, "Study of the Supplementary Persian Sources for the Mongol History of Iran", in Denis Sinor, ed., *Aspects of Altaic Civilization*, Bloomington: Indiana University, 1963, pp. 197~204.

_____, "Tabris, ein mittelalterliches Kulturzentrum zwischen Ost und West", *Anzeiger der phil.-hist. Klasse der österreichischen Akademie der Wissenschaften* 105 (1968), pp. 201~11.

_____, "Wissenschaftliche Kontacte zwischen Iran und China in der Mongolenzeit", *Anzeiger der phil.-hist. Klasse der österreichischen Akademie der Wissenschaften* 106 (1969), pp. 199~211.

Jakobi, Jürgen, "Agriculture between Literary Tradition and Firsthand Experience: The *Irshād al-Zirā'a* of Qāsim b. Yūsuf Abū Nasrī Havarī", in Lisa Golembek and Maria Subtelny, eds., *Timurid Art and Culture: Iran and Central Asia in the Fifteenth Century*, Leiden: E. J. Brill, 1992, pp. 201~08.

James, David, *Qur'āns of the Mamluks*, New York: Thames and Hudson, 1988.

Du Jarric, Pierre, S. J., *Akbar and the Jesuits: An Account of Jesuit Missions to the Court of Akbar*, trans. by C. H. Payne, London: Routledge, 1926.

Jensen, Jørgen, "The World's Most Diligent Observer", *Asiatische Studien* 51 (1997), pp. 719~28.

Johnson, Helen, "The Lemon in India", *JAOS* 57 (1937), pp. 381~96.

Johnson, M. C., "Greek, Moslem and Chinese Instrument Designs in the Surviving Mongol Equatorials of 1279 AD", *Isis* 32 (1940), pp. 27~43.

Jones, E. L., *Growth Recurring: Economic Change in World History*, Oxford University Press, 1988.

Juvaynī, 'Atā-Malik, *The History of the World Conqueror*, trans. by John A. Boyle, Cambridge Mass.: Harvard University Press, 1958, 2 vols.

_____, *Ta'rīkh-i Jahāngushā*, ed. by Mīrzā Muḥammad Qazvīnī, E. J. W. Gibb Memorial Series, vol. XVI; London: Luzac, 1912-37, 3 vols.

Jūzjānī, *Ṭabaqāt-i nāṣirī*, ed. by W. Nassau Lees, Bibliotheca Indica, vol. XLIV; Calcutta: College Press, 1864.

_____, *Ṭabaqāt-i nāṣirī*, trans. by H. G. Raverty, repr., New Delhi: Oriental Books Reprint Corp., 1970, 2 vols.

Kadyrbaev, A. Sh., "Uighury v Irane i na Blizhnem Vostoke v epokhu mongol'skogo gosudarstva", in *Voprosy istorii i kul'tury Uigurov*, Alma Ata: Nauka, 1987, pp. 41~51.

Kakabadze, S. S., *Gruzinskie dokumenty IX-XV vv.*, Moscow: Nauka, 1982.

Káldy-Nagy, Gy., "The Beginnings of Arabic-Letter Printing in the Muslim World", in Gy. Káldy-Nagy, ed., *The Muslim East: Studies in Honor of Julius Germanus*, Budapest: Loránd Eötvös University, 1974, pp. 201~11.

Kara, D. (György), *Knigi mongol'skikh kochevnikov*, Moscow: Glavnaia redaktsiia vostochnoi literatury, 1972.

Karimov, U. I., "Slovar meditsinskikh terminov Abu Mansura al-Kumri", in P. G. Bulgakova and U. I. Karimov, eds., *Materialy po istorii i istorii nauki i kul'tury narodov Srednei Azii*, Tashkent: Fan, 1991, pp. 112~55.

Kazin, V. N., "K istorii Khara-khoto", *Trudy gosudarstvennogo Ermitazha* 5 (1961), pp. 273~85.

Kempiners, R. G., Jr., "Vaṣṣāf's *Tajziyat al-amṣar va tazjiyat al-a'ṣār* as a Source for the History of the Chaghadayid Khanate", *Journal of Asian History* 22 (1988), pp. 160~92.

Kennedy, E. S., "The Chinese-Uighur Calendar as Described in the Islamic Sources", *Isis* 55 (1964), pp. 435~43.

_____, "Eclipse Predictions in Arabic Astronomical Tables Prepared for the Mongol Viceroy of Tibet", *Zeitschrift für Geschichte der arabisch-islamischen Wissenschaften* 4 (1987-88), pp. 60~80.

Kennedy, E. S. and Jan Hogendijk, "Two Tables from an Arabic Astronomical Handbook for the Mongol Viceroy of Tibet", in Erle Leichty *et al.*, eds., *A Scientific Humanist: Studies in Memory of Abraham Sachs*, Philadelphia: The University Museum, 1988, pp. 233~42.

Kent, Roland G., *Old Persian: Grammar, Texts, Lexicon*, 2nd edn, New Haven, Conn.: American Oriental Society, 1953.

Khazanov, Anatoly M., "The Early State among the Eurasian Nomads", in Henri J. M. Claessen and Peter Skalnik, eds., *The Study of the State*, The Hague: Mouton, 1981, pp. 155~75.

_____, "Ecological Limitations of Nomadism in the Eurasian Steppe and their Social and Cultural Implications", *Asian and African Studies* 24 (1990), pp. 1~15.

_____, *Nomads and the Outside World*, Cambridge University Press, 1984.

_____, "The Origins of the (*sic*) Genghiz Khan's State: An Anthropological Approach", *Etnografia Polska* 24 (1980), pp. 29~39.

Khorenats'i, Moses, *History of the Armenians*, trans. by Robert W. Thomson, Cambridge, Mass.: Harvard University Press, 1970.

Kirakos Gandzaketsi, *Istoriia Armenii*, trans. by L. A. Khanlarian, Moscow: Nauka, 1976.

K'o Shao-min, *Hsin Yuan shih*, Erh-shih-wu-shih ed.

Kramarovsky, Mark G., "The Culture of the Golden Horde and the Problem of the 'Mongol Legacy'", in Gary Seaman and Daniel Marks, eds., *Rulers from the Steppe: State Formation on the Eurasian Periphery*, Los Angeles: Ethnographics Press, 1991, pp. 255~73.

Krawulsky, Dorthea, *Iran — Das Reich der Īlkhāne: Eine topographische-historische Studie*, Wiesbaden: Ludwig Reichert, 1978.

Krechetova, M. N., "Tkani 'kesy' vremeni Sun (X-XIII vv.) v Ermitazhe", *Trudy gosudarstvennogo Ermitazha* 10 (1969), pp. 237~48.

Kriukov, M. V., V. V. Maliavin, and M. V. Sofronov, *Ethnicheskaia istorii Kitaitsov na rubezhe srednevekov'ia i novogo vremia*, Moscow: Nauka, 1987.

Lambton, Ann K. S., "The *Āthār wa aḥyāʾ* of Rashīd al-Dīn and his Contribution as an Agronomist, Arboriculturalist, and Horticulturist", in Amitai-Preiss and Morgan, *Mongol Empire*, pp. 126~54.

Landes, David, *Revolution in Time*, Cambridge, Mass.: Harvard University Press, 1983.

Lane, Arthur and R. B. Serjeant, "Pottery and Glass Fragments from the Aden Littoral, with Historical Notes", *JRAS*, nos. 1-2 (1948), pp. 108~33.

Lang, David M., *Studies in the Numismatic History of Georgia in Transcaucasia*, New York: American Numismatic Society, 1955.

Lao Yan-shuan, "Notes on non-Chinese Terms in the Yüan Imperial Dietary Compendium *Yin-shan cheng-yao*", *Bulletin of the Institute of History and Philology, Academia Sinica* 34 (1969), pp. 399~416.

Laufer, Bertold, "Columbus and Cathay, and the Meaning of America to the Orientalist", *JAOS* 51 (1931), pp. 87~103.

_____, "History of the Finger Print System", *Annual Report of the Board of Regents of the Smithsonian Institution, 1912*, Washington, D.C.: Government Printing Office, 1913, pp. 631~52.

_____, "The Lemon in China and Elsewhere", *JAOS* 54 (1934), pp. 143~60.

_____, *Sino-Iranica: Chinese Contributions to the History of Civilization in Ancient Iran*, repr., Taipei: Ch'eng-wen, 1967.

_____, "Vidanga and Cubebs", *TP* 16 (1915), pp. 282~88.

Le Strange, Guy, *The Lands of the Eastern Caliphate*, London: Frank Cass and Co., 1966.

Ledyard, Gari, "Cartography in Korea", in Harley and Woodward, *History of Cartography*, vol. II, bk. 2, pp. 235~345.

Lee, H. C., "A Report on a Recently Excavated Sung Ship at Quanzhou and a Consideration of its True Capacity", *Sung Studies* 11-12 (1975-76), pp. 4~9.

Leslie, Donald Daniel, "The Identification of Chinese Cities in Arabic and Persian Sources", *Papers on Far Eastern History* 26 (1982), pp. 1~38.

_____, "Moses, the Bamboo King", *East Asian History* 6 (1993), pp. 75~90.

_____, "Persian Temples in T'ang China", *MS* 35 (1981-83), pp. 275~303.

Leslie, Donald Daniel and K. H. J. Gardiner, "Chinese Knowledge of Western Asia during the Han", *TP* 68 (1982), pp. 254~308.

Lessing, Ferdinand D., *Mongolian-English Dictionary*, Bloomington, Ind.: Mongolia Society, 1973.

Levey, Martin, *Early Arabic Pharmacology: An Introduction Based on Ancient and Medieval Sources*, Leiden: E. J. Brill, 1973.

Lewis, Bernard, ed. and trans., *Islam*, vol. II: *Religion and Society*, New York: Walker and Co., 1974.

_____, "The Mongols, the Turks and the Muslim Polity", in his *Islam in History: Ideas, Men and Events in the Middle East*, New York: Library Press, 1973, pp. 179~98.

_____, *The Muslim Discovery of Europe*, New York: W. W. Norton, 1982.

Li Ch'ang-nien, *Tou-lei*, Peking: Chung-hua shu-chü, 1958.

Li Chih-ch'ang, *Hsi-yü chi*, in Wang, *Meng-ku shih-liao*.

_____, *The Travels of an Alchemist*, trans. by Arthur Waley, London: Routledge and Kegan Paul, 1963.

Ligeti, Louis, ed., *Mongolian Studies*, Amsterdam: B. R. Grüner, 1970.

_____, "Les sept monastères nestoriens de Mar Sargis", *AOASH* 26 (1972), pp. 169~78.

Linton, Ralph, *The Tree of Culture*, New York: Alfred A. Knopf, 1955.

Liou Ho and Claudius Roux, *Aperçu bibliographique sur les anciens traités chinois de botanique, d'agriculture, de sericulture et de fungiculture*, Lyon: Bose Frères et Riou, 1927.

Liu Ying-sheng, "Hui-hui kuan tsa-tzu yü Hui-hui kuan i-yü yen-chiu", *Yuan shih chi pei-fang min-tsu shih yen-chiu ch'i-k'an* 12-13 (1989-90), pp. 145~80.

Liu Yüeh-shen, *Shen-chai Liu hsien-sheng wen-chi*, Yuan-tai chen-pen wen-chi hui-k'an ed.

Lupprian, Karl-Ernst, *Die Beziehungen der Päpste zu islamischen und mongolischen Herrschern in 13. Jahrhundert, anhand ihres Briefwechsels*, Vatican: Biblioteca Apostolica Vaticana, 1981.

Luvsanjav, Choi, "Customary Ways of Measuring Time and Time Periods in Mongolia", *Journal of the Anglo-Mongolian Society* 1/1 (1974), pp. 7~16.

Ma Kanwen, "Diagnosis by Pulse Feeling in Traditional Chinese Medicine", in *Ancient China's Technology and Science*, pp. 358~68.

Macartney, George, *An Embassy to China*, ed. by J. L. Cranmer-Byng, London: Longmans, 1962.

MacKenzie, David N., *A Concise Pahlavi Dictionary*, London: Oxford University Press, 1990.

Maejima Shinji, "The Muslims in Ch'üan-chou at the End of the Yuan, Part I", *Memoirs of the Research Department of Toyo Bunko* 31 (1973), pp. 27~52.

Mahler, Jane Gaston, "Art of the Silk Route", in Theodore Bowie, *East-West in Art*, pp. 70~83.

Maḥmūd, Kāšγarī, *Compendium of the Turkic Dialects (Dīwan Luγāt at-Turk)*, trans. by Robert Dankoff, Sources of Oriental Languages and Literature, vol. VII; Cambridge, Mass.: Harvard University Printing Office, 1982, 3 vols.

Mair, Victor H., "Old Sinitic Myag, Old Persian Maguš and English Magician", *Early China* 15 (1990), pp. 27~47.

Mangold, Gunter, *Das Militärwesen in China unter der Mongolenherrschaft*, Bamberg: aku Fotodruck, 1971.

Marco Polo, *The Description of the World*, trans. by Arthur Christopher Moule and Paul Pelliot, London: Routledge, 1938, vol. I.

Martinez, A. P., "The Third Portion of the History of Ğāzān Xan in Rašīdu'd-Dīn's *Ta'rix-e mobārak-e Ğāzānī*", *AEMA* 6 (1986-88), pp. 129~242.

Marvazī, Sharaf al-Zamān Tāhir, *Sharaf al-Zamān Tāhir Marvazī on China, the Turks and India*, trans. by Vladimir Minorsky, London: Royal Asiatic Society, 1942.

Matthee, Rudi, "From Coffee to Tea: Shifting Patterns of Consumption in Qajar Iran", *Journal of World History* 7 (1996), pp. 199~230.

Mayer, Leo A, *Mamluk Playing Cards*, ed. by Richard Ettinghausen and Otto Kurz, Leiden: E. J. Brill, 1971.

Mazahéri, Aly, *La vie quotidienne des Musulmans au Moyen Age*, Paris: Librairie Hachette, 1951.

McClure, Shannon, "Some Korean Maps", *Transactions of the Korean Branch of the Royal Asiatic Society* 50 (1975), pp. 70~102.

McGovern, William M., *The Early Empires of Central Asia*, Chapel Hill: University of North Carolina Press, 1939.

Meisami, Julie Scott, trans., *The Sea of Precious Virtues (Baḥr al-Favā'id): A Medieval Islamic Mirror for Princes*, Salt Lake City: University of Utah Press, 1991.

Melikov, G. V., "Ustanovlenie vlasti mongol'skikh feodalov v Severo-Vostochnom Kitae", in Tikhvinskii, *Tataro-Mongoly*, pp. 62~84.

Melville, Charles, "Abū Sa'īd and the Revolt of the Amirs in 1319", in Denise Aigle, *Iran*, pp. 89~120.

_____, "The Chinese Uighur Animal Calendar in Persian Historiography of the Mongol Period", *Iran* 32 (1994), pp. 83~98.

_____, "The Ilkhān Öljeitü's Conquest of Gīlān (1307): Rumor and Reality", in Amitai-Preiss and Morgan, *Mongol Empire*, pp. 73~125.

_____, "The Itineraries of Sultan Öljeitü", *Iran* 28 (1990), pp. 55~70.

_____, "Pādshāh-i Islām: The Conversion of Sulṭān Maḥmūd Ghāzān Khān", *Pembroke Papers* 1 (1990), pp. 159~77.

Meng Ssu-ming, *Yuan-tai she-hui chieh-chi chih-tu*, Hong Kong: Lung-men shu-tien, 1967.

Menges, Karl H., "Rašidu'd-Dīn on China", *JAOS* 95 (1975), pp. 95~98.

Mercier, Raymond, "The Greek 'Persian Syntaxis' and the *Zīj-i Ilkhānī*", *Archives Internationales d'Histoire des Sciences* 34 (1984), pp. 33~60.

Meserve, Ruth I., "On Medieval and Early Modern Science and Technology in Central Eurasia", in Michael Gervers and Wayne Schlepp, eds., *Cultural Contact, History and Ethnicity in Inner Asia*, Toronto: Joint Centre for Asia Pacific Studies, 1996, pp. 49~70.

_____, "Western Medical Reports on Central Eurasia", in Arpád Berta, ed., *Historical and Linguistic Interaction between Inner Asia and Europe*, University of Szeged, 1997, pp. 179~93.

Meyvaert, Paul, "An Unknown Letter of Hulagu, Il-khan of Persia, to King Louis of France", *Viator* 11 (1980), pp. 245~61.

Miller, Roy Andrew, trans., *Accounts of Western Nations in the History of the Northern Chou Dynasty*, Berkeley: University of California Press, 1959.

Minorsky, Vladimir, *Persia in AD 1478-1490*, London: Royal Asiatic Society, 1957.

Minuvī, Mujtabā, "Tanksūq-nāmah-i Rashīd al-Dīn", in S. H. Naṣr, ed., *Majmu'ah-i khatābah-ha-i taḥqīqī dar bārah-i Rashīd al-Dīn*, University of Tehran, 1971, pp. 307~17.

Miyasita Saburō, "A Link in the Westward Transmission of Chinese Anatomy in the

Later Middle Ages", *Isis* 58 (1967), pp. 486~90.

_____, "Malaria (*yao*) in Chinese Medicine during the Chin and Yuan Periods", *Acta Asiatica* 36 (1979), pp. 90~112.

Moore, Omar Khayyam, "Divination—A New Perspective", *American Anthropologist* 59 (1957), pp. 69~74.

Morgan, David O., "Rashīd al-Dīn", *EI*, 2nd edn, vol. VIII, pp. 443~44.

_____, "Rashīd al-Dīn and Ghazan Khan", in Denise Aigle, *Iran*, pp. 179~88.

Morton, A. H., "The Letters of Rashīd al-Dīn: Īlkhanīd Fact or Timurid Fiction?", in Amitai-Preiss and Morgan, *Mongol Empire*, pp. 155~99.

Mostaert, Antoine, *Le matériel mongol du Houa I I Iu de Houng-ou (1389)*, ed. by Igor de Rachewiltz, Mélanges chinois et bouddhiques, vol. XVIII; Brussels: Institut belge des hautes études chinoises, 1977, vol. I.

Mostaert, Antoine and Francis W. Cleaves, *Les lettres de 1289 et 1305 des ilkhan Arγun et Öljeitü à Philippe le Bel*, Cambridge, Mass.: Harvard University Press, 1962.

_____, "Trois documents mongols des Archives Secrètes Vaticanes", *HJAS* 15 (1952), pp. 419~506.

Mote, Frederick W., "Yuan and Ming", in Kwang-chi Chang, ed., *Food in Chinese Culture: Anthropological and Historical Perspectives*, New Haven, Conn.: Yale University Press, 1977, pp. 195~257.

Mote, Frederick W., Hung-lam Chu, and Pao-chen Ch'en, "The High Point of Printing in the Sung and Yuan Dynasties", *Gest Library Journal* 2/2 (1988), pp. 97~132.

Moule, A. C., *Christians in China before the Year 1500*, London: Society for Promoting Christian Knowledge 1930.

_____, *Quinsai with Other Notes on Marco Polo*, Cambridge University Press, 1957.

Muginov, A. M., "Persidskaia unikal'naia rukopis Rashīd al-Dīna", *Uchenye zapiski instituta vostokovedeniia* 16 (1958), pp. 352~75.

Mu'īn al-Dīn Naṭanzī, *Muntakhab al-tavārīkh-i mu'īni*, ed. by Jean Aubin, Tehran: Librairie Khayyam, 1957.

Mukhamadiev, A. G., *Bulgaro-Tatarskaia monetnaia sistema*, Moscow: Nauka, 1983.

Munday, Peter, *The Travels of Peter Munday in Europe and Asia, 1608-1667*, ed. by Sir Richard Carrol Temple, repr., Nendeln, Liechtenstein: Kraus, 1967, vol. II.

Munkuyev, N. Ts., "Two Mongolian Printed Fragments from Khara Khoto", in Louis Ligeti, *Mongolian Studies*, pp. 341~57.

_____, "Zametki o drevnikh mongolakh", in S. L. Tikhvinskii, *Tataro-Mongoly*, pp. 377~408.

Nadeliaev, V. M. *et al.*, eds., *Drevnetiurkskii slovar*, Leningrad: Nauka, 1969.

Al-Nadīm, *The Fihrist of al-Nadīm*, trans. by Bayard Dodge, New York: Columbia University Press, 1970, 2 vols.

Needham, Joseph, "Central Asia and the History of Science and Technology", in his *Clerks and Craftsmen*, pp. 30~39.

_____, *Clerks and Craftsmen in China and the West*, Cambridge University Press, 1970.

_____, "Elixir Poisoning in Medieval China", in his *Clerks and Craftsmen*, pp. 316~39.

_____, "The Peking Observatory in AD 1280 and the Development of the Equatorial Mounting", *Vistas in Astronomy* 1 (1955), pp. 67~83.

_____, "The Unity of Science: Asia's Indispensable Contribution", in his *Clerks and Craftsmen*, pp. 14~29.

Needham, Joseph *et al., Science and Civilization in China*, Cambridge University Press, 1954.

Nikitin, A. B., "Khristianstvo v Tsentral'noi Azii (drevnost i srednevekov'e)", in B. A. Litvinskii, ed., *Vostochnoi Turkestan i Srednaia Aziia: Istoriia, kul'tura, sviazi*, Moscow: Nauka, 1984, pp. 121~37.

Nissen, Hans J., *The Early History of the Ancient East*, University of Chicago Press, 1988.

Nung-sang chi-yao, Ssu-pu pei-yao ed.

Okada, Hidehiro, "The Chinggis Khan Shrine and the *Secret History of the Mongols*", in Klaus Sagaster, ed., *Religious and Lay Symbolism in the Altaic World and Other Papers*, Wiesbaden: Otto Harrassowitz, 1989, pp. 284~92.

_____, "Origins of the Dörben Oyirad", *Ural-Altaische Jahrbücher* 7 (1987), pp. 181~211.

Olschki, Leonardo, *Guillaume Boucher: A French Artist at the Court of the Khans*, repr., New York: Greenwood Press, 1969.

_____, *Marco Polo's Asia*, Berkeley: University of California Press, 1960.

_____, "Poh-lo: Une question d'onomatologie chinoise", *Oriens* 3 (1950), pp. 183~89.

Orbelian, Stephannos, *Histoire de la Sioune*, trans. by M. Brosset, St. Petersburg: Académie imperiale des sciences, 1984.

Ōshima, Ritsuko, "*The Chiang-hu* in the Yuan", *Acta Asiatica* 45 (1983), pp. 60~95.

Ovington, John, *A Voyage to Surat in the Year 1689*, ed. by Hugh George Rawlinson, Oxford University Press, 1929.

Pakhomov, Evgeniĭ A., *Monety Gruzii*, Tbilisi: Izdatel'stvo "Metsniereba", 1970.

Palmieri, Richard P., "Tibetan Xylography and the Question of Movable Type", *Technology and Culture* 32 (1991), pp. 82~90.

Pankratova, B. I., ed., *Iuan-chao bi-shi (Sekretnaia istoriia mongolov)*, Moscow: Izdatel'stvo vostochnoi literatury, 1962.

Park, George K., "Divination and its Social Contexts", in John Middleton, ed., *Magic,*

Witchcraft, and Curing, Austin: University of Texas Press, 1989.

Pellat, Ch., "Ğāhiẓiana, I", *Arabica* 2 (1955), pp. 153~65.

Pelliot, Paul, "Des artisans chinois à la capitale Abbasside en 751-762", *TP* 26 (1928), pp. 110~12.

_____, "Chrétiens d'Asie centrale et d'Extrême-Orient", *TP* 15 (1914), pp. 623~44.

_____, "Les grands voyages maritimes chinois au début du XVe siècle", *TP* 30 (1933), pp. 237~452.

"Le Hōǰa et le Sayyid Ḥusain de l'histoire des Ming", *TP* 38 (1938), pp. 81~292.

_____, "Les influences iraniennes en Asie centrale et en Extrême Orient", *Revue Indochinois* 18 (1912), pp. 1~15.

_____, *Les Mongols et la papauté*, Paris: Librairie August Picard, 1923, vol. II.

_____, "Note sur la carte des pays du Nord-Ouest dans le *King-che ta-tien*", *TP* 25 (1928), pp. 98~100.

_____, *Notes on Marco Polo*, Paris: Librairie Adrien-Maisonneuve, 1959-61, 2 vols.

_____, *Recherches sur les chrétiens d'Asie centrale et d'Extrême-Orient*, Paris: Imprimerie nationale, 1973.

_____, "Review of Charignon, *Le livre de Marco Polo*", *TP* 25 (1928), pp. 156~69.

_____, "Une ville musulmane dans Chine du Nord sous les Mongols", *Journal Asiatique* 211 (1927), pp. 261~79.

Pelliot, Paul and Louis Hambis, *Histoire des campagnes de Gengis Khan*, Leiden: E. J. Brill, 1951.

P'eng Ta-ya and Hsü T'ing, *Hei-ta shih-lüeh*, in Wang, *Meng-ku shih-liao*.

Perlee, Kh., "On Some Place Names in the Secret History", *Mongolian Studies* 9 (1985-86), pp. 83~102.

Petech, Luciano, *Central Tibet and the Mongols: The Yuan-Sa-skya Period in Tibetan History*, Rome: Istituto Italiano per il Medio ed Estremo Oriente, 1990.

_____, "Princely Houses of the Yuan Period Connected with Tibet", in Tadeusz Skorupski, ed., *Indo-Tibetan Studies: Papers in Honor and Appreciation of Professor David L. Snellgrove's Contribution to Indo-Tibetan Studies*, Tring, England: Institute of Buddhist Studies, 1990, pp. 257~69.

Peterson, Willard J., "Calendar Reform Prior to the Arrival of Missionaries at the Ming Court", *Ming Studies* 21 (1986), pp. 45~61.

Petrushevskii, I. P., "Feodal'noe khoziaistvo Rashīd al-Dīna", *Voprosy istorii* 4 (1951), pp. 87~104.

_____, "K istorii Khristianstva v Srednii Azii", *Palestinskii sbornik*, vyp. 15(78) (1966), pp. 141~47.

_____, "Persidskii traktat po agrotekhnike vremeni Gazan-khan", in *Materialy pervoi vsesoiuznoi nauchnoi konferentsii vostokovedov v. g. Tashkente*, Tashkent: Akademii nauk Uzbekskoi SSR, 1958, pp. 586~98.

_____, "Rashīd al-Dīn's Conception of the State", *CAJ* 14 (1970), pp. 148~62.

_____, *Zemledelie I agrarnye otnosheniia v Irane, XIII–XIV vekov*, Moscow and Leningrad: Izdatel'stvo akademii nauk SSSR, 1960.

Pigulevskaia, N. V., *Kul'tura Siriitsev v srednie veka*, Moscow: Nauka, 1979.

Po-chu-lu Ch'ung, *Chü-t'an chi*, Ou-hsing ling-shih ed.

Poppe, Nicholas, "An Essay in Mongolian on Medicinal Waters", *Asia Major* 6 (1957), pp. 99~105.

_____, *The Mongolian Monuments in hP'agspa Script*, 2nd edn, trans. and ed. by John R. Krueger, Wiesbaden: Otto Harrassowitz, 1957.

_____, "On Some Geographical Names in the *Jāmi' al-Tawārīx*", *HJAS* 19 (1956), pp. 33~41.

Prejevalsky (Przhevalskii), N., *Mongolia, the Tangut Country and the Solitudes of Northern Tibet*, trans. by E. Delmar Morgan, repr., New Delhi: Asian Educational Services, 1991, vol. I.

Al-Qāshānī, Abū al-Qasīm, *Ta'rīkh-i Üljaytū*, ed. by Mahin Hambly, Tehran: BTNK, 1969.

Quinn, Sholeh, A., "The *Mu'izz al-ansāb* and the 'Shu'ab-i panjgānah'as Sources for the Chaghatayid Period of History: A Comparative Analysis", *CAJ* 33 (1989), pp. 229~53.

de Rachewiltz, Igor, "An-t'ung", in de Rachewiltz *et al., In the Service of the Khan*, pp. 539~57.

_____, "The Dating of the *Secret History of the Mongols*", *MS* 24 (1965), pp. 185~206.

_____, "The *Hsi-yü lu* by Yeh-lü Ch'u-ts'ai", *MS* 21 (1962), pp. 1~128.

_____, *Index to the Secret History of the Mongols*, Indiana University Publications, Uralic and Altaic Series, vol. CXXI; Bloomington, 1972.

_____, "Marco Polo Went to China", *Zentralasiatische Studien* 27 (1997), pp. 34~92.

_____, "The Mongols Rethink Their Early History", in *The East and the Meaning of History*, Rome: Bardi Editore, 1994, pp. 357~80.

_____, "Personnel and Personalities in North China in the Early Mongol Era", *Journal of the Economic and Social History of the Orient* 9 (1966), pp. 88~144.

_____, "Some Remarks on Töregene's Edict of 1240", *Papers on Far Eastern History* 23 (1981), pp. 38~63.

_____, "Yeh-lü Ch'u-ts'ai (1189-1243): Buddhist Idealist and Confucian Statesman", in Arthur F. Wright and Denis Twitchett, *Confucian Personalities*, pp. 189~216.

de Rachewiltz, Igor *et al.*, eds., *In The Service of the Khan: Eminent Personalities of the Early Mongol-Yuan Period (1200-1300)*, Wiesbaden: Harrassowitz, 1993.

Rall, Jutta, *Die Viergrossen Medizinschulen der Mongolenzeit*, Wiesbaden: Franz Steiner, 1970.

_____, "Zur persischen Übersetzung eines *Mo-chüeh*, eines chinesischen medizinischen Textes", *Oriens Extremus* 7 (1960), pp. 152~57.

Ramstedt, G. J., "A Fragment of Mongolian 'Quadratic' Script", in C. G. Mannerheim, *Across Asia from West to East*, repr., Oosterhout: Anthropological Publications, 1969, vol. II, pp. 1~5.

Raschid-eldin (Rashīd al-Dīn), *Histoire des Mongols de la Perse*, trans. and ed. by E. Quatremère, repr., Amsterdam: Oriental Press, 1968.

Rashīd al-Dīn, *Āthār va Aḥyā'*, ed. by M. Sutūdah and I. Afshār, Tehran University Press, 1989.

_____, *Die Chinageschichte des Rashīd al-Dīn*, trans. by Karl Jahn, Vienna: Herman Böhlaus, 1971.

_____, *Die Indiengeschichte des Rashīd al-Dīn*, trans. by Karl Jahn, Vienna: Verlag der österreichischen Akademie der Wissenschaften, 1980.

_____, *Jāmi' al-tavārīkh*, ed. A. A. Alizade, A. A. Romaskevich, and A. A. Khetagurov, Moscow: Nauka, 1968-80, vols. I and II.

_____, Jāmi' al-tavārīkh, ed. by B. Karīmī, Tehran: Eqbal, 1959, 2 vols.

_____, *Mukātabāt-i Rashīdī*, ed. by Muḥammad Shafī, Lahore: Punjab Educational Press, 1947.

_____, "Shu'ab-i panjgānah", ms., Topkapi Sarayi Museum, cat. no. 2932.

_____, *The Successors of Genghis Khan*, trans. by John A. Boyle, New York: Columbia University Press, 1971.

_____, *Tanksūq-nāmah yā ṭibb ahl-i Khitā*, ed. by Mujtabā Minuvī, University of Tehran, 1972.

_____, *Ta'rīkh-i mubārak-i Ghāzānī*, ed. by Karl Jahn, London: Luzac, 1940.

_____, *Ta'rīkh-i mubārak-i Ghāzānī*, ed. by Karl Jahn, 's-Gravenhage: Mouton, 1957.

_____, *Vaqfnāmah-i Rab'-i Rashīdī*, ed. by Mujtabā Minuvī and I. Afshār, Tehran: Offset Press, 1972.

Ratchnevsky, Paul, *Un code des Yuan*, Paris: Collège de France, 1937-85, 4 vols.

_____, "Rashīd al-Dīn über de Moḥammedaner-Verfolgungen in China unter Qubilai", *CAJ* 14 (1970), pp. 163~80.

_____, "Über den mongolischen Kult am Hofe der Grosskhane in China", in Ligeti,

Mongolian Studies, pp. 417~43.

_____, "Zum Ausdruck 't'ou-hsia' in der Mongolenzeit", in Walther Heissig, ed., *Collectanea Mongolica: Festschrift für Professor Dr. Rintchen zum 60. Geburtstag*, Wiesbaden: Otto Harrassowitz, 1966, pp. 173~91.

Rawson, Jessica, *Chinese Ornament: The Lotus and the Dragon*, London: British Museum Publications, 1984.

Reichert, Folker E., *Begegnungen mit China: Die Entdeckung Ostasiens im Mittelalter*, Sigmaringen: Jan Thorbecke, 1992.

Reischauer, Edwin O., *Ennin's Diary: The Record of a Pilgrimage to China in Search of the Law*, New York: Ronald Press, 1955.

Ricci, Matthew (Mateo), *China in the Sixteenth Century: The Journals of Matthew Ricci, 1583-1610*, New York: Random House, 1953.

Rintchen, Biambyn, "A propos du papier-monnaie mongol", *AOASH* 4 (1954), pp. 159~64.

Roe, Thomas, *The Embassy of Sir Thomas Roe to the Court of the Great Mogul*, ed. by William Foster, London: Hakluyt Society, 1899, vol. I.

Röhrborn, Klaus, "Die islamische Weltgeschichte des Rašīduddīn als Quelle für den zentralasiatischen Buddhismus?", *Journal of Turkish Studies* 13 (1989), pp. 129~33.

Roná-Tas, András, "Dream, Magic Power and Divination in the Altaic World", *AOASH* 25 (1972), pp. 227~36.

_____, "Some Notes on the Terminology of Mongolian Writing", *AOASH* 18 (1965), pp. 114~47.

Rossabi, Morris, trans., "A Translation of Ch'en Ch'eng's *Hsi-yü fan-ku-chih*", *Ming Studies* 17 (1983), pp. 49~59.

Roux, Jean Paul, *La mort chez les peuples altaiques anciens et médiévaux d'après les documents écrits*, Paris: Adrien-Maisonneuve, 1963.

_____, *La religion des Turcs et des Mongols*, Paris: Payot, 1984.

Rudolph, R. C., "Medical Matters in an Early Fourteenth Century Chinese Diary", *Journal of the History of Medicine and Allied Sciences* 2 (1947), pp. 299~306.

Ruska, J., "Cassionus Bassus Scholasticus und die arabischen Versionen der griechischen Landwirschaft", *Der Islam* 5 (1914), pp. 174~79.

Sabban, Françoise, "Court Cuisine in Fourteenth Century Imperial China: Some Culinary Aspects of Hu Sihui's *Yinshan zhengyao*", *Food and Foodways* 1 (1986), pp. 161~96.

Sagaster, Klaus, trans., *Die Weisse Geschichte*, Wiesbaden: Otto Harrassowitz, 1976.

Sa'īd al-Andalusī, *Science in the Medieval World: Book of the Categories of Nations*, trans. by Sema'an I. Salem and Alok Kumar, Austin: University of Texas Press, 1991.

Saliba, George, "The Astronomical Tradition of Maragha: A Historical Survey and Prospects for Future Research", *Arabic Sciences and Philosophy: A Historical Journal* 1 (1991), pp. 67~99.

_____, "The Role of the *Almagest* Commentaries in Medieval Arabic Astronomy: A Preliminary Survey of Ṭūsī's Redaction of Ptolemy's *Almagest*", *Archives Internationales d'Histoire des Sciences* 37 (1987), pp. 3~20.

_____, "The Role of Maragha in the Development of Islamic Astronomy: A Scientific Revolution before the Renaissance", *Revue de Synthèse* 1 (1987), pp. 361~73.

Al-Samarqandī, *The Medical Formulary of al-Samarqandī*, ed. and trans. by Martin Levey and Noury al-Khaledy, Philadelphia: University of Pennsylvania Press, 1967.

Sanjian, Avedis K., *Colophons of Armenian Manuscripts: A Source for Middle Eastern History*, Cambridge, Mass.: Harvard University Press, 1969.

Sarianidi, Victor Ivanovich, "The Lapis Lazuli Route in the Ancient East", *Archaeology* 24/1 (1971), pp. 12~15.

Sarton, George, "*Tacuinum, taqwīm*", *Isis* 10 (1928), pp. 490~93.

Savage-Smith, Emilie, "Celestial Mapping", in Harley and Woodward, *History of Cartography*, vol. II, bk. 1, pp. 12~70.

Savage-Smith, Emilie and Marion B. Smith, *Islamic Geomancy and a Thirteenth-Century Divinatory Device*, Malibu, Calif.: Undena Publications, 1980.

Sayf ibn Muḥammad ibn Ya'qub al-Havarī, *Ta'rīkh-i nāmah-i Harāt*, ed. by Muḥammad Zubayr al-Ṣiddīqī, Calcutta: Baptist Mission Press, 1944.

Sayili, Aydin, *The Observatory in Islam and its Place in the General History of the Observatory*, 2nd edn, Ankara: Türk Tavih Kurumu Basimevi, 1988.

Schafer, Edward H., *The Golden Peaches of Samarkand: A Study of T'ang Exotics*, Berkeley: University of California Press, 1963.

_____, "Iranian Merchants in T'ang Dynasty Tales", in *Semitic and Oriental Studies: A Volume of Studies Presented to William Popper*, University of California Studies in Semitic Philology, vol. XI; Berkeley, 1951, pp. 403~22.

_____, *Shore of Pearls*, Berkeley: University of California Press, 1970.

Schortman, Edward M. and Patricia A. Urban, "Current Trends in Interaction Research", in Edward M. Schortman and Patricia A. Urban, eds., *Resources, Power and Interregional Interaction*, New York and London: Plenum Press, 1992, pp. 235~55.

Schreiber, Gerhard, "The History of the Former Yen Dynasty, Part II", *MS* 15 (1956), pp. 1~141.

Schurmann, Herbert F., *The Economic Structure of the Yuan Dynasty*, Cambridge, Mass.:

Harvard University Press, 1956.

The Secret History of the Mongols, trans. by Francis W. Cleaves, Cambridge, Mass.: Harvard University Press, 1982.

Seifeddini, M. A., *Monetnoe delo i denezhnoe obrashchenie v Azerbaidzhane XII–XV vv.*, Baku: Elm, 1978–81, 2 vols.

Serruys, Henry, "Mongol *Altun* 'Gold'=Imperial", *MS* 21 (1962), pp. 357~78.

_____, "The Mongols of Kansu during the Ming", *Mélanges Chinois et Bouddiques* 11 (1952-55), pp. 215~346.

_____, "Remains of Mongol Customs in China during the Early Ming", *MS* 16 (1957), pp. 137~90.

Service, Elman R., *Origins of the State and Civilization: The Process of Cultural Evolution*, New York: Norton and Co., 1975.

Shakanova, Nurila Z., "The System of Nourishment among the Eurasian Nomads: The Kazakh Example", in Gary Seaman, ed., *Ecology and Empire: Nomads in the Cutural Evolution of the Old World*, Los Angeles: Ethnographics Press, 1989, pp. 111~17.

Shcheglova, O. P., *Katalog litografirovannykh knig na persidskom iazyke v sobranii LO IV AN SSSR*, Moscow: Nauka, 1975, vol. II.

Shelkovnikov, B. A., "Kitaiskaia keramike iz raskopok srednevekovykh gorodov i poseleni Zakavkaz'ia", *Sovetskaia arkheologiia* 21 (1954), pp. 368~78.

Shen Chin-ting, "Introduction to Ancient Cultural Exchange between Iran and China", *Chinese Culture* 8 (1967), pp. 49~61.

Sheng-wu ch'in-cheng lu, in Wang, *Meng-ku shih-liao*.

Shepherd, Dorothy G., "Iran between East and West", in Theodore Robert Bowie, *East-West in Art*, pp. 84~105.

Shiba Yoshinobu, *Commerce and Society in Sung China*, trans. by Mark Elvin, Ann Arbor: University of Michigan Center for Chinese Studies, 1970.

Al-Shihabi, Mustafa, "Filāha", *EI*, 2nd edn, vol. II, pp. 899~901.

Shimo Hirotoshi, "Two Important Persian Sources of the Mongol Empire", *Etudes Mongoles et Sibériennes* 27 (1996), pp. 222~23.

Shimo Satoko, "Three Manuscripts of the Mongol History of *Jāmi'al—tavārīkh*, with Special Reference to the History of the Tribes", *Etudes Mongoles et Sibériennes* 27 (1996), pp. 225~28.

Shiu Iu-nin, "Lemons of Kwantung with a Discussion Concerning Origin", *Lingnan Science Journal* 12, supplement (1933), pp. 271~94.

Siegel, Bernard J. *et al.*, "Acculturation: An Exploratory Formulation", *American Anthropologist* 56 (1954), pp. 973~1000.

Silver Jubilee Volume of the Zinbun Kagaku-Kenkyusyo Kyoto University, Kyoto University, 1954.

Simon de Saint Quentin, *Histoire des Tartares*, ed. by Jean Richard, Paris: Libraire orientaliste, 1965.

Simoons, Frederick J., *Food in China: A Cultural and Historical Inquiry*, Boca Raton, Ann Arbor and Boston: CRC Press, 1991.

Sims-Williams, Nicolas, "Sogdian and Turkish Christians in Turfan and Tun-huang Manuscripts", in Alfredo Cadonna, ed., *Turfan and Tun-huang: The Texts*, Florence: Leo S. Olschki Editore, 1992, pp. 43~61.

Sivin, Nathan, "Chinese Archaeoastronomy: Between Two Worlds", in A. F. Aveni, ed., *World Archaeoastronomy*, Cambridge University Press, 1989, pp. 55~64.

Smirnova, L. P., trans. and ed., *'Ajā'ib al-dunyā*, Moscow: Nauka, 1993.

Smith, John Masson, "Mongol Campaign Rations: Milk, Marmots and Blood?", *Journal of Turkish Studies* 8 (1984), pp. 223~28.

Soucek, Priscilla, "Role of Landscape in Iranian Painting to the 15th Century", in *Landscape and Style in Asia*, Percival David Foundation Colloquies in Art and Archaeology in Asia 9; London, 1980.

Sperling, Elliot, "Hülegü and Tibet", *AOASH* 45 (1990), pp. 145~57.

Spuler, Bertold, *Die Mongolen in Iran*, 4th edn, Leiden: E. J. Brill, 1985.

Stein, Aurel, *Ancient Khotan*, Oxford University Press, 1907.

_____, *Innermost Asia: Detailed Report of Explorations in Central Asia, Kan-su and Eastern Iran*, Oxford: Clarendon Press, 1907.

Steinhardt, Nancy Shatzman, "Currency Issues of Yuan China", *Bulletin of Sung Yuan Studies* 16 (1980), pp. 59~81.

Stern, Bernard J., *Social Factors in Medical Progress*, New York: Columbia University Press, 1927.

Stuart, George Arthur, *Chinese Materia Medica: Vegetable Kingdom*, repr., Taipei: Southern Materials Center, 1987.

Su T'ien-chüeh, *Yuan wen-lei*, Taipei: Shih-chiai shu-chü ying-hsing, 1967.

Sudzuki Osamu, "The Silk Road and Alexander's Eastern Campaign", *Orient: Report of the Society for Near Eastern Studies in Japan* 11 (1975), pp. 67~92.

Sun, K'o-k'uan, "Yü Chi and Southern Taoism during the Yuan", in John Langlois, ed., *China under Mongol Rule*, Princeton University Press, 1981, pp. 212~55.

Suter, Heinrich, *Die Mathematiker und Astronomen der Araben und Ihre Werke*, repr., New York: Johnson Reprint Corp., 1972.

Szalontai-Dmitrieva, Judith, "The Etymology of the Chuvash Word *Yunśa*, 'Sorcerer'", in András Roná-Tas, ed., *Chuvash Studies*, Wiesbaden: Otto Harrassowitz, 1982, pp. 171~77.

Szyliowicz, J. S., "Functional Perspectives on Technology: The Case of the Printing Press in the Ottoman Empire", *Archivum Ottomanicum* 11 (1986-88), pp. 249~59.

Ta-Yuan sheng-cheng kuo-ch'ao tien-chang, repr. of the Yuan edn, Taipei: Kuo-li ku-kung po-wu yuan, 1976.

Tampoe, Moria, *Maritime Trade between China and the West: An Archaeological Study of the Ceramics from Shiraf (Persian Gulf), 8th to 15th Centuries*, Oxford, BAR Publications, 1989.

T'an Ch'i-hsiang, ed., *Chung-kuo li-shih ti-t'u chi*, vol. VII: *Yuan Mong-te ch'i*, Shanghai: Ti-t'u ch'u-pan-she, 1982.

T'ao Tsung-i, *Cho-keng lu*, Chin-tai mi-shu ed.

Taqizadeh, Seyyed Hasan, "Various Eras and Calendars Used in the Countries of Islam", *BSOAS* 9 (1939), pp. 903~22.

Tarn, William W., "Alexander the Great and the Unity of Mankind", *Proceedings of the British Academy* 9 (1933), pp. 123~66.

Tasaka Kōdō, "An Aspect of Islam(ic) Culture Introduced into China", *Memoirs of the Research Department of Toyo Bunko* 16 (1957), pp. 75~160.

Taylor, Romeyn, "Review of Rashīd al-Dīn, *Successors of Genghis Khan*", *Iranian Studies* 5 (1972), pp. 189~92.

Teall, John L., "The Byzantine Agricultural Tradition", *Dumbarton Oaks Papers* 25 (1971), pp. 33~59.

Tekin, Talat, *Irk Bitiq: The Book of Omens*, Wiesbaden: Otto Harrassowitz, 1993.

Ten Broeck, Janet Rinaker, and Yiu Tung, "A Taoist Inscription of the Yuan Dynasty: The Tao-chiao pei", *TP* 40 (1950), pp. 60~122.

Terent'ev-Katanskii, A. P., *S Vostoka na zapad: Iz istorii knigi i knigopechataniia v stranakh Tsentral'noi Azii VIII-XIII vekov*, Moscow: Glavnaia redaktsiia vostochnoi literatury, 1990.

Tha'ālibī, *The Book of Curious and Entertaining Information: The Latā'if al-Ma'ārif of Tha'ālibī*, trans. by C. E. Bosworth, Edinburgh University Press, 1968.

Thorley, John, "The Silk Trade between China and the Roman Empire at its Height, circa A. D. 90-130", *Greece and Rome*, 2nd series, 18 (1971), pp. 71~80.

Tibbetts, Gerald R., "Later Cartographic Developments", in Harley and Woodward, *History of Cartography*, vol. II, bk. 1, pp. 137~55.

Tikhonov, D. I., *Khoziaistvo i obshchestvennyi stroi uighurskogo gosudarstva, X-XIV vv.*, Moscow and Leningrad: Nauka, 1966.

Tikhvinskii, S. L., ed., *Tataro-Mongoly v Azii i Evrope: Sbornik statei*, 2nd edn, Moscow: Nauka, 1977.

(Togan), Ahmet Zeki Validi, "Islam and the Science of Geography", *Islamic Culture* 8 (1934), pp. 511~27.

Togan, Zeki Velidi, "The Composition of the History of the Mongols by Rashīd al-Dīn", *CAJ* 7 (1962), pp. 60~72.

Tolmacheva, Marina, "The Medieval Arabic Geographers and the Beginnings of Modern Orientalism", *International Journal of Middle Eastern Studies* 27 (1995), pp. 141~56.

Toussaint-Samat, Maguelonne, *A History of Food*, Oxford: Blackwell, 1992.

Ts'ai Mei-piao, *Yuan-tai pai-hua pei chi-lu*, Peking: K'o-hsüeh ch'u-pan-she, 1955.

Tsien Tsuen-hsuin, *Paper and Printing*, in Joseph Needham, *SCC*, vol. V, pt. 1.

T'u Chi, *Meng-wu-erh shih-chi*, Taipei: Shih-chieh shu-chü, 1962.

Tugusheva, L. Iu., trans., *Fragmenty uigurskoi versii biografii Siuan-tszana*, Moscow: Nauka, 1980.

T'ung-chih t'iao-ko, Hangchou: Che-chiang ku-chi ch'u-pan-she, 1986.

Turner, Howard R., *Science in Medieval Islam: An Illustrated Introduction*, Austin: University of Texas Press, 1995.

Twitchett, Denis, "Chinese Biographical Writing", in W. G. Beasley and E. G. Pulleyblank, eds., *Historians of China and Japan*, London: Oxford University Press, 1961, pp. 95~114.

Ullman, Manfred, *Islamic Medicine*, Edinburgh University Press, 1978.

_____, *Die Nature- und Geheimwissenschaften im Islam*, Handbuch der Orientalistik, Ergänzungband VI. 2; Leiden: E. J. Brill, 1972.

Al-'Umarī, Ibn Faḍl Allāh, *Das mongolische Weltreich: al-'Umarī's Darstellung der mongolischen Reiche in seinem Werk Masālik al-abṣār fī mamālik al-amṣār*, trans. by Klaus Lech, Wiesbaden: Otto Harrassowitz, 1968.

Unschuld, Paul U., ed., *Approaches to Traditional Chinese Medical Literature*, Dordrecht, Boston and New York: Kluwer Academic Publishers, 1989.

_____, *Medical Ethics in Imperial China: A Study in Historical Anthropology*, Berkeley: University of California Press, 1979.

_____, *Medicine in China: A History of Ideas*, Berkeley: University of California Press, 1985.

_____, *Medicine in China: A History of Pharmaceutics*, Berkeley: University of California Press, 1986.

_____, "Terminological Problems Encountered and Experiences Gained in the Process of Editing a Commentated *Nan-ching* Edition", in Paul U. Unschuld, *Approaches to Traditional Chinese Medical Literature*, pp. 97~107.

Unschuld, Ulrike, "Traditional Chinese Pharmacology: An Analysis of its Development in the Thirteenth Century", *Isis* 68 (1977), pp. 224~48.

Van Ess, Joseph, *Der Wesir und seine Gelehrten*, Wiesbaden: Franz Steiner, 1981.

Vardan Arewelc'i, "The Historical Compilation of Vardan Arewelc'i", trans. by Robert W. Thomson, *Dumbarton Oaks Papers* 43 (1989), pp. 125~226.

Varisco, Danel Martin, "Medieval Agricultural Texts from Rasulid Yemen", *Manuscripts of the Middle East* 4 (1989), pp. 150~54.

Vaṣṣāf al-Ḥaẓrat, *Ta'rīkh-i Vaṣṣāf*, Tehran: Ibn-i Sīnā, 1959.

Vesel, Živa, "Les traités d'agriculture en Iran", *Studia Iranica* 15 (1986), pp. 99~108.

Voegelin, Eric, "The Mongol Orders of Submission to the European Powers", *Byzantium* 15 (1940-41), pp. 378~413.

Voiret, Jean-Pierre, "China 'Objektiv' Gesehen: Marco Polo als Berichterstatter", *Asiatische Studien* 51 (1997), pp. 805~21.

Wang Kuo-wei, ed., *Meng-ku shih-liao ssu-chung*, Taipei: Cheng-chung shu-chü, 1975.

Wang Shih-tien, *Mi-shu chih*, Taipei: Wei-wen tu-shu pan-she, 1976.

Watson, Andrew, *Agricultural Innovation in the Early Islamic World: The Diffusion of Crops and Techniques, 700-1100*, Cambridge University Press, 1983.

Watson, Gilbert, *Theriac and Mithridatium: A Study in Therapeutics*, London: Wellcome Historical Medical Library, 1966.

Watson, William, "Iran and China", in Ehsan Yarshater, ed., *The Cambridge History of Iran*, Cambridge University Press, 1983, vol. III/1, pp. 537~58.

Wechsler, Howard J., *Offerings of Jade and Silk: Ritual and Symbol in the Legitimation of the T'ang Dynasty*, New Haven, Conn.: Yale University Press, 1985.

Weiers, Michael, "Münzaufschriften auf Münzen mongolischer Il-khane aus dem Iran", *The Canada-Mongolia Review* 4/1 (1978), pp. 41~62.

Wheatley, Paul, "Analecta Sino-Africana Recensa", in H. Neville Chittick and Robert I. Rotberg, eds., *East Africa and the Orient: Cultural Synthesis in Pre-Colonial Times*, New York: Africana Publishing Co., 1978, pp. 76~114.

_____, "Geographical Notes on Some Commodities Involved in Sung Maritime Trade", *Journal of the Malayan Branch of the Royal Asiatic Society* 32/2 (1961), pp. 5~140.

Whipple, Allen D., *The Role of the Nestorians and Muslims in the History of Medicine*, Princeton University Press, 1967.

Whitehouse, David and Andrew Williamson, "Sasanian Maritime Trade", *Iran* 11

(1973), pp. 29~49.

Wilber, Donald N. and M. Minovi, "Notes on the Rab'-i Rashīdī", *Bulletin of the American Institute for Iranian Art and Archeology* 5 (1938), pp. 247~54.

Wilkinson, Endymion, *The History of Imperial China: A Research Guide*, Cambridge, Mass.: Harvard University Press, 1973.

Wittfogel, Karl A. and Feng Chia-sheng, *History of Chinese Society, Liao (907-1125)*, Transactions of the American Philosophical Society, n.s., vol. XXXVI, Philadelphia, 1949.

Wong, K. Chimin and Wu Lien-teh, *History of Chinese Midicine*, 2nd edn, repr., Taipei: Southern Materials Center, 1985.

Woods, John E., "The Rise of Tīmurīd Historiography", *Journal of Near Eastern Studies* 46/2 (1987), pp. 81~108.

Wright, Arthur R. and Denis Twitchett, eds., *Confucian Personalities*, Stanford University Press, 1962.

Wright, David Curtis, *The Ambassadors' Records: Eleventh Century Reports of Sung Ambassadors to the Liao*, Papers on Inner Asia 29; Bloomington: Research Institute for Inner Asian Studies, Indiana University, 1998.

Wu, Kwang Tsing, "Chinese Printing under Four Alien Dynasties", *HJAS* 13 (1950), pp. 447~523.

Wu Han, *Teng-hsia ch'i*, Peking: Hsin-chih san-lien shu-tien, 1961.

Wylie, Alexander, *Notes on Chinese Literature*, Shanghai: Presbyterian Mission Press, 1922.

Yabuuti, Kiyosi, "Astronomical Tables in China from the Wutai to the Ch'ing Dynasties", *Japanese Studies in the History of Science* 2 (1963), pp. 94~100.

_____, "Indian and Arabian Astronomy in China", in *Silver Jubilee Volume of the Zinbun Kagaku-Kenkyusyo Kyoto University*, pp. 585~603.

_____, "The Influence of Islamic Astronomy in China", in David A. King and George Saliba, eds., *From a Different Equant: A Volume of Studies in the History of Science in the Ancient and Medieval Near East in Honor of E. S. Kennedy*, New York: New York Academy of Sciences, 1987, pp. 547~59.

_____, "Islamic Astronomy in China", *Actes du dixième congrès international d'histoire des sciences*, Paris: Hermann, 1964, pp. 555~57.

Yang Chih-chiu and Ho Yung-chi, "Marco Polo Quits China", *HJAS* 9 (1945-47), p. 51.

Yang Hsüan-chih, *A Record of Buddhist Monasteries in Lo-yang*, trans. by Yi-t'ung Wang, Princeton University Press, 1984.

Yang Yü, *Beiträge zur Kulturgeschichte Chinas unter der Mongolenherrschaft: Das Shan-kü sin-hua des Yang Yü*, trans. by Herbert Franke, Wiesbaden: Franz Steiner, 1956.

Yao Tao-chung, "Ch'iu Ch'u-chi and Chinggis Khan", *HJAS* 46 (1986), pp. 201~19.

Yazdī, Sharaf al-Dīn 'Alī, *Ẓafar-nāmah*, ed. by M. 'Abbasī, Tehran: Chap-i rangin, 1957, vol. I.

Yee, Cordell D. K., "Taking the World's Measure: Chinese Maps between Observation and Text", in John B. Harley and David Woodward, *History of Cartography*, vol. II, bk. 2, pp. 96~127.

Yuan Chüeh, *Ch'ing-jung chü-shih chi*, Ssu-pu ts'ung-k'an ed.

Yuan-shih, Peking: Chung-hua shu-chü, 1978.

Yule, Sir Henry, *Cathay and the Way Thither, Being a Collection of Medieval Notices of China*, repr., Taipei: Ch'eng-wen Publishing Company, 1966, 4 vols.

Yūsuf Khāṣṣ Hājib, *Wisdom of Royal Glory (Kutadgu Bilig): A Turko-Islamic Mirror for Princes*, trans. by Robert Dankoff, University of Chicago Press, 1983.

Zhang Zhishan, "Columbus and China", *MS* 41 (1993), pp. 177~87.

Zhou Shide, "Shipbuilding", in *Ancient China's Technology and Science*, pp. 479~93.

Zhukovskaia, N. L., *Kategorii i simvolika traditsionnoi kul'tury Mongolov*, Moscow: Nauka, 1988.

Zieme, Peter, "Zu den nestorianisch-türkischen Turfantexten", in Georg Hazai and Peter Zieme, eds., *Sprache, Geschichte und Kultur der altaischen Völker*, Berlin: Akademie Verlag, 1974, pp. 661~68.

Zuev, Iu. A., "*Dzhāmi' al-tavārīkh* Rashīd al-Dīn kak istochnik po rannei istorii Dzhalairov", *Pis'mennye pamiatniki vostoka, 1969*, Moscow: Nauka, 1972, pp. 178~85.

찾아보기

(항목 괄호 안에서 '人'은 인명을, '地'는 지명을 말한다.)